Chile
mit Osterinsel

Susanne Asal

D1725199

DUMONT RICHTIG REISEN

Inhalt

Die verrückteste Physiognomie der Welt

Reisen in Chile

Santiago – Wandel unter der Kordillere

Die zentrale Küstenzone – Chiles Meeresstrandbad

Der ›Kleine Süden‹ – Land der Mapuche, Land der Deutschen

Die Isla de Chiloé – Die anmutige ›Große Insel‹

Die Carretera Austral –
Jenseits von Chile

Magallanes und Feuerland –
Glücksritter im tiefen Süden

Der ›Kleine Norden‹ – Das Minenland
zwischen La Serena und Chañaral

Verzeichnis der Karten und Pläne

Die verrückteste Physiognomie der Welt

Einladung an die Sinne

Der 5. Oktober 1988 war eines der folgenreichsten Daten in der politischen Geschichte Chiles. An diesem Tag hatten die Chilenen in einem Referendum darüber zu befinden, ob sie einer Verlängerung der Amtszeit des Diktators Augusto Pinochet und seiner Regierung zustimmten oder nicht. An diesem Sonntag herrschte Grabesruhe im Land. Die Restaurants waren geschlossen, die Fußgängerzonen unbelebt. Den Frühlingssonntag verschönten weder die sonst so fröhlichen Eisverkäufer noch Blumenhändler. Der Verkehr ruhte. Die Moderatoren der Nachrichtensendungen beeilten sich, die Siegeszahlen Pinochets bekanntzugeben, untermauert von kleinen Reportagefilmchen. Unisono lautete es, wie in Diktaturen üblich: Es herrscht Ruhe im Land, es bleibt so, wie es war.

In den frühen Morgenstunden des 6. Oktober durchströmte schwach eine Sprachmelodie den Tagesbeginn: *Un pueblo unido jamás será vencido,* »ein geeintes Volk wird niemals besiegt werden« – diese alte spanische Hymne der Linken drang durch die Fensterläden und kündete davon, daß in dieser Nacht etwas vorgefallen war, womit niemand vorher gerechnet hatte. Eine Vereinigung aus 17 verschiedenen Parteien und politischen Gruppierungen unter der Leitung des Vorsitzenden des Partido Demócrato Cristiano, Patricio Aylwin, der einmal ein Freund Pinochets und seiner politischen Konzepte gewesen war, hatte den Umschwung eingeleitet. Die Chilenen hatten mit 55 % gegen die Amtsverlängerung Pinochets als Präsident gestimmt.

Doch was sind 55 %? Wenn die Zahlen nicht gefälscht wurden, dann waren es knapp über die Hälfte der politisch bewußten Chilenen, die zur Abstimmung gegangen waren. Ein überragender Sieg ist das keineswegs. Der 6. Oktober 1988 und viele der folgenden Tage konnten indes den Eindruck hinterlassen, daß alle Chilenen gegen Pinochet gestimmt hatten. Alle waren jetzt irgendwie dagegen, und alle waren am Anfang, am 11. September 1973, dafür.

An diesem 11. September 1973 wurde der Präsidentenpalast von Militärmaschinen bombardiert, der Präsident kam ums Leben. Es geschah nicht, weil dieser Präsident Tausende von Menschen auf dem Gewissen hatte wie der, der ihm folgen sollte. Während der Unidad-Popular-Regierung von Salvador Allende ist es zu Verfilzungen und illegalen Aktionen gekommen, aber Regierungsgegner wurden nicht gefoltert und getötet, es wurden nicht Zehntausende ins Exil getrieben wie unter Augusto Pinochet. Er begann nur mit einem sozialistischen Experiment, wie es zu jener Zeit nicht in die politische Landkarte paßte.

Chile verschwand in diesem Sog. Waffenstarrendes Militär, das in toten Straßen über die Einhaltung der Ausgangssperre wacht und an jeder Ecke die Papiere kontrolliert, paßt nicht zum entdeckerischen Tourismus. Dieser wunderbare ›letzte Winkel der Welt‹, wie Chile sich selbst apostrophiert, war wirklich zum letzten Winkel geworden.

Voller natürlicher Wunder ist dieses Land, was paradoxerweise auch an seiner Zerrissenheit liegt. Es hat sich nie gleichmäßig mit gebündelten Kräften entwickeln können. Viel zu unwegsam sind die immensen Berglandschaften, zu hoch die Gipfel, zu lebensfeindlich

Patagonischer Zauberwald bei Puerto Natales

die Wüste, zu undurchdringlich der kalte Nebelwald, zu zersplittert die Archipele, zu zerfurcht die Fjordlandschaft seiner Küsten. Die größten zusammenhängenden Eismassen der Südhalbkugel außerhalb der Antarktis, die Campos de Hielo Norte y Sur, betten sich über das gesamte untere Drittel des Gummibandlandes, das an seiner schmalsten Stelle nicht breiter als 80 km ist. Im obersten Norden thront der höchstgelegene See der Welt, der Lago Chungará, auf 4750 m unter dem Gipfel des Vulkans Parinacota. Jahrtausende alte Geoglyphen, die noch nicht enträtselt wurden, bedecken kahle, sandige Bergflanken. Dieses Nebeneinander fesselt ungemein.

Die Spanier schenkten dem Land wenig Beachtung, weil die ersten Entdeckungszüge keine großen Reichtümer versprachen. Das war ein Glück für *Chili,* das ›Land des Südens‹, wie es die Inka in ihrer Sprache getauft hatten.

Die junge chilenische Nation hatte nach ihrer Unabhängigkeit 1818 nichts Dringlicheres zu tun als das spärlichst besiedelte, auf 4300 km auseinandergezogene, unwegsame Gebiet zu konsolidieren. Das ging nicht ohne ausländische Wirtschaftshilfe. Den Norden übernahmen in den 40er Jahren des 19. Jh. die Engländer, die zunächst die Gold- und Kupferminen bei Chañarcillo und Candelaria ausbeuteten und die Infrastruktur aufbauten. Später traten die US-Amerikaner ihre Nachfolge an. Im tiefen Süden Patagoniens und Feuerlands schufen britische und galizische Viehbarone ihr Imperium, und den Dschungelwald im ›Kleinen Süden‹ um den Lago Llanquihue rodeten von 1853 an hessische Flüchtlinge, die nach der gescheiterten bürgerlichen Revolution 1848 aus den deutschen Staaten geflohen waren.

Die Besiedlung glich folglich Inseln, die in einem Meer aus Landschaft schwammen. Das heitere, hübsche Iquique entstand 1855 am Strand einer wasserlosen Wüste als Repräsentierplattform für die durch Salpeter reich gewordenen Geschäftsleute. Im 1000 km von der Antarktis und 4943 km von Iquique (wenn es denn eine Straße auf chilenischem Terrain geben würde) entfernten Punta Arenas ragten Glitzerpaläste aus der sechs Monate währenden Schneedecke, und zitternde Rosen gediehen in Wintergärten aus Kristallglas. Nur 40 km weiter südlich wurden die Schwerverbrecher des Landes eingekerkert. So am Rande der Welt lag das alles, war versteckt hinter der Kordillere der Anden und umringt von einem Ozean, der die Magnetnadeln verrückt machte.

Und dann gab es auch noch die Osterinsel, die 1888 der chilenische Marinekommandant Policarpo Toro dem chilenischen Territorium einverleibte. Sie ist der Mittler zwischen Südamerika und Polynesien, der am weitesten von einem anderen bewohnten Punkt entfernte Platz auf dem gesamten Erdball, eine fesselnde Welt für sich.

Reisen wir mit dem Finger die Konturen der Landkarte Chiles entlang. Derlei ›Randexistenzen‹ sind auch heute nicht ungewöhnlich. In Punta Arenas sitzt Germán Muñoz von der EMAZA (Empresa de Abastacimiento de Zonas Aisladas) vor seinem Bullerofen und erzählt von immergrünen Inselchen, die von zwölf Personen bewohnt werden und die Stacheldraht brauchen oder getrocknete Linsen. Das wunderschöne Lehmkirchlein von Parinacota auf 4300 m Höhe pflegen 150 Aymara als Zeremonialzentrum ihrer Ethnie, umgeben von Vikunjas, Torfmooren und Eisvögeln. Wie abgesprengte Eiskristalle eines Schneeballes nisten winzigste Siedlungen von sechs Personen in nicht vorstellbaren Zonen, zwischen schwarzen Granitzacken und zerwühlten Meeresufern, auf 4500 m Höhe in dünnster Luft oder umgeben von den silberschäu-

menden Wogen des Pazifiks. Wie viel Spaß macht es, diese Gebiete kennenzulernen, zu entdecken, ihre Geschichte nachzuvollziehen, die Wege zwischen diesen Inseln zu betreten wie ein Pionier.

Und welch einen Kontrast zu den Verhältnissen auf dem Land stellt Santiago dar, in dem sich 6 Mio. Einwohner konzentrieren. Es prangt in seinen leuchtenden postmodernen Konstruktionen, die den frisch erworbenen Status einer Wirtschaftswunder-Metropole dokumentieren. Die *barrios populares,* die staubigen Viertel der einfachen Leute, sind die logische Kehrseite der Medaille.

In den verspiegelten Bauten wird über das Schicksal des langen Landes entschieden – aber beileibe nicht immer zu dessen Vorteil. Denn der Reichtum Chiles wurzelt in seinen natürlichen Ressourcen, die – selbst nach Meinung bescheiden auftretender Ökologen – verscherbelt werden, ohne auch nur einen Gedanken an die Konsequenzen für das Land zu verschwenden.

Exakt dieser Reichtum an Natur ist es ja auch, mit dem Chile so üppig beschenkt wurde. Aus surrealen Traumbildern scheint dieses lange, dünne Land in seiner kontrastreichen Fülle gewoben zu sein, aus undurchdringlichen Wäldern und menschenleeren Hochwüsten, aus Erde, die die Sonne wie einen Kuchen zusammenbackt, aus einem Himmel, in dem gelöste Eiskristalle herumflirren, und Wolken, die sich wie Daunendecken um schneebedeckte Vulkane schmiegen. Die Leere und die Fülle seiner Landschaften, die Ernsthaftigkeit einer indianischen Zeremonie, die überschwenglichen Feste – all das stellt eine Herausforderung an die Sinne dar. Wie schön, daß dieser Schatz jetzt wieder offenliegt für eine unvoreingenommene Betrachtung.

So südlich ... – Geographie

Chile, das »schmale Blütenblatt aus Meer und Wein und Schnee«, wie Pablo Neruda es nannte, hat seinen Namen von den Inka bekommen. Das ›Land des Südens‹ liegt zwischen dem 17. und 56. Grad südlicher Breite und dem 68. und 76. Grad westlicher Länge und hat einen keilförmigen Anteil an der Antarktis.

Chile fehlen die Tropen – aber sonst wahrhaftig nichts. Seine Attraktivität rührt schlicht von der Tatsache her, daß es – ohne den antarktischen Bereich – über 4300 km auseinandergezogen ist, man also von Mitteleuropa bis in die Sahelzone reisen müßte, um eine vergleichbare Fülle an Eindrücken zu erhalten, die dann doch unvollständig blieben, weil sich die geologische Architektur der Alten von der der Neuen Welt fundamental unterscheidet.

Mit den Anden hat es ein erdgeschichtlich junges Gebirge, dessen Ausformung noch nicht abgeschlossen ist und das Land immer wieder mit Erdstößen plagt. Die Chilenen selbst ignorieren die kleineren Wackeleinheiten, für sie gehören sie zum Alltag. Die Tatio-Geysire bei San Pedro de Atacama und die heißen Quellen, die im ganzen Land anzutreffen sind, begleiten die seismischen Prozesse.

Gleich einem Rückgrat durchziehen die Anden den gesamten *Cono Sur* und trennen Chile von Argentinien. Hier, in ihrem südlichen Abschnitt, schwingen sie sich zu ihren höchsten Höhen empor: Der Aconcagua mißt 6959 m und liegt auf argentinischem Gebiet ungefähr auf gleicher Höhe wie Santiago, weiter im Norden stoßen die Gipfel ebenfalls fast an die 7000-m-Grenze.

Neben der Andenkette, deren Ausformung im Tertiär begann, ist die erdgeschichtlich wesentlich ältere Küstenkordillere aus dem Paläozoikum und Mesozoikum das zweite herausragende gestalterische Element des Landes. Sie erstreckt sich ebenfalls über die gesamte Längsausdehnung, wobei sie südlich von Puerto Montt in den Pazifik versinkt und den submarinen Sockel für die Myriaden von Inselsplittern bildet, die wie eine Kometenschar den Konturen Südchiles folgen. Die Gebirge im Westteil des Nationalparks auf der Isla de Chiloé gehören ebenfalls zur Küstenkordillere. Ein zentrales Längstal trennt auf dem Festland die beiden Gebirgsketten, die im Norden miteinander verschmelzen. Breite, wasserführende Quertäler strukturieren die Landmasse.

Um die geographischen Unterschiede griffig zusammenzufassen, wird Chile in fünf Zonen geteilt: Großer Norden, Kleiner Norden, Zentralzone, Kleiner Süden und Großer Süden.

Der **Große Norden** schließt die Wüsten- und Hochplateauzonen von Arica und das Tal von Azapa bis zur Atacama-Wüste ein, der trockensten Wüste der Welt. Die von bis zu 6000 m hohen Vulkanen überragte, salpeterreiche Hochebene präsentiert sich als Schutt- und Steinwüste, die von Gebirgsabtragungen gefüllt wird. Das Längstal nimmt hier die Gestalt der beckenähnlichen Pampa de Tamarugal an, die – an der Oberfläche wegen der starken Sonneneinstrahlung verkrustet und salzig – den gleichnamigen Baum gleichsam aus der Luft ernährt.

Im südlichen Teil, beim Salar de Atacama, durchzieht der breite Gebirgszug der Cordillera Domeyko das Längstal und türmt sich dort zur glitzernden Cordillera de la Sal (›Salzkordillere‹) auf. Die einzige Feuchtigkeit in dieser Region ist das Schmelzwasser der Berge. Es bildet Lagunen, die in der Wüstenhitze verdunsten und unterirdische, mit Mikroben und Krill gefüllte Salzseen hinterlassen. Nur ein einziger Fluß schafft es, diese wundersame Welt aus Steinen, Bergen, Felsen, geröllgefüllten Tälern, Wüsten und Salaren zu durchschneiden: Der kräftige, hufeisenförmige Río Loa überwindet auf seinem Weg zum Meer wohl tausend Durststrecken.

Von Copiapó bis zum Tal des Aconcagua reicht der **Kleine Norden,** der durch stets Wasser führende Täler, die *Valles Transversales,* gegliedert wird. Ein aufsehenerregender Kontrast bestimmt sein Aussehen: Während in den wüstengleichen Faltenwürfen der Anden Mineralien und Erze lagern, die im gesamten 19. Jh. den ganzen Reichtum des jungen Nationalstaats bildeten, begleiten frische, grüne Vegetationsbänder die Flußläufe. Die höchsten Gipfel Chiles konzentrieren sich in dieser Region um den Ojos del Salado (6893 m). In der Nähe von Copiapó bedeckt alle fünf Jahre die ›blühende Wüste‹ den sonst kahlen Boden: Winterliche Regenfälle zaubern bunte Kräuter- und Wiesenteppiche hervor.

Die fruchtbare **Zentralzone** um Santiago entfaltet ein eigenes Mikropanorama: Die in diesem Abschnitt stets vergletscherte Andenkordillere erlaubt durch nie versiegendes Schmelzwasser ausgedehnte Bewässerungskulturen in der mittleren Senke, und so birgt diese Region auch den landwirtschaftlichen Reichtum des Landes – was allerdings tiefgreifende Veränderungen zur Folge

hatte: Das durch die Landwirtschaft veränderte ökologische Gleichgewicht des Bodens produziert jetzt mediterrane Strauchvegetation, die dieser Zone eigentlich nicht zuzuordnen ist.

Der Río Bío Bío markiert seit Jahrhunderten die Grenze der sogenannten Zivilisation. Südlich davon dehnte sich das Herrschaftsgebiet der Mapuche aus: Warum sie sich hier niederließen, ist leicht ersichtlich: Es herrscht ein angenehmes Klima, und das Land ist außerordentlich fruchtbar. Die Anden lösen sich hier, im **Kleinen Süden,** in Vulkanstaffeln auf, die von üppigen Wäldern mit reichen Wasserfällen und juwelenfarbenen Seen umgeben werden. Die Mittelzone um Angol und Quillán wurde von den Spaniern zur Kornkammer ausersehen. Die Mapuche kultivierten in diesem niederschlagsreichen und warmen Landstrich Apfelbäume und die Zapfen tragende Araukarie.

Die hohe, stark gegliederte Küstenkordillere säumen malerisch geformte Buchten. Im Gegensatz zu den weiter

Die größten Eisflächen der Südhalbkugel außer der Antarktis: der Campo de Hielo Sur mit dem Cerro Fitz Roy im Hintergrund

nördlich gelegenen Regionen ist das *Valle Longitudinal* hier nicht vulkanisch, sondern glaziar geformt.

Der **Große Süden** vereint sehr unterschiedliche geographische Einheiten. Er umfaßt die Insel- und Kanalwelt, die Andenkordillere, die Tafelbergzone um Coyhaique und die anschließenden Kältesteppen in Patagonien und auf Feuerland. Das macht etwa 30 % des gesamten Territoriums von Chile aus. Die prosperierende Hafenstadt Puerto Montt markiert die nördliche Grenze.

Dieser Landesteil ist wegen seiner über weite Strecken ausgeprägten Unwirtlichkeit nur spärlich besiedelt. Sein Reichtum liegt nicht nur unter, sondern auch auf dem Boden: Neben dem Erdöl auf Feuerland und ein wenig Gold um Punta Arenas war (und ist) es das dürre Steppengras, mit dem sich genügsame Schafe (ab-)speisen ließen. Anfang des 20. Jh. bedeckten riesige Schaffarmen Patagonien und große Teile Feuerlands. Die größte zusammenhängende Eismasse südlich des Äquators außerhalb der Antarktis, der Campo de Hielo Sur, trennt den nördlichen Teil dieser Region vom südlichen. Die bei Puerto Montt beginnende Straßenverbindung, die Carretera Austral, arbeitet sich abschnittsweise durch den Regenwald bis hinunter nach Puerto Yungay. Nach Punta Arenas, wo die fjordreiche Küste und die eisglänzenden Vulkangipfel der Anden eng aneinanderrücken, gibt es (noch) keine Landverbindung.

Die **Isla de Chiloé** wird dem Großen Süden zugeschlagen, obwohl sie wiederum ein neues, diesmal überraschend sanftes Landschaftsbild beisteuert. Die weichen Wellenlinien ihrer grünen Hügel kontrastieren scharf mit der dramatischen Landschaft, die gegenüber auf dem Festland zu finden ist. Keine Straße durchdringt den Süden der Insel, deren Taille zu Inselchen zersplittert ist. Unberührt hier, gerodet dort: Intensiver Holzeinschlag und radikale Ausbeutung des Reichtums an Meeresfrüchten sind das fatale Schicksal von Chiloé seit der Kolonialzeit.

Landeskunde im Schnelldurchgang

Fläche: 756 626 km² (ohne Antarktis-Anteile)
Bevölkerung: 14,2 Mio.
Hauptstadt: Santiago
Amtssprache: Spanisch
Währung: Chilenischer Peso ($)
Zeit: MEZ –4 Std. bzw. MESZ –6 Std.

Geographie: Chile bildet zusammen mit Argentinien, Uruguay und Paraguay den *Cono Sur* (›Südkegel‹) des südamerikanischen Kontinents. Zum Staatsgebiet gehören die 3765 km entfernt im Pazifischen Ozean liegende Osterinsel und die Islas Juan Fernández. Chile ist ein Unikum: Über 4300 lange Kilometer dehnt es sich aus, mißt an seiner schmalsten Stelle aber lediglich 80, an seiner breitesten 180 km. Im Norden grenzt es an Peru, im Nordosten an Bolivien und im Osten an Argentinien. Zwei parallel verlaufende Gebirgszüge (Küstenkordillere bis zu 2000 m, Anden bis zu 7000 m), die im nördlichen Abschnitt miteinander verschmelzen, prägen das Landschaftsbild. Breite Quertäler und das Längstal *(Valle Longitudinal)* gliedern die Landmasse. Im Süden, bei Puerto Montt, versinkt die Küstenkordillere ins Meer, ein Teil bildet die Höhenzüge im Nationalpark der Isla de Chiloé und den Inselsockel entlang der südlichen Küste, der in Form von Myriaden von Eilanden wieder aus dem Pazifischen Ozean emporragt. Der Norden besteht aus über 3500 m hoch gelegenen Salpeterwüsten und Salaren, die von Vulkanen eingefaßt werden. Das fruchtbare Herzstück des Landes gehörte einst den Mapuche.

Geschichte: Chile war aufgrund seiner komplizierten Geographie in präkolumbischer Zeit nur sehr bruchstückhaft besiedelt, und die landschaftlichen Charakteristika ließen über große Teile lediglich halbnomadenhafte Wirtschaftsformen zu. Aymara, Atacameños, Diaguita, Puelche, die chilotischen Chono, die südpatagonischen Alacalufes und die feuerländischen Yahgan und Ona haben den Zusammenstoß mit der weißen Zivilisation kaum überlebt; nur die Mapuche verteidigten ihre Gebietsansprüche und ihre Kultur. Als spanische Kolonie ist Chile nie richtig aufgeblüht; dazu waren die erbeuteten Gewinne zu gering und die Konflikte mit den Mapuche zu groß. Als Bernardo O'Higgins 1818 die Unabhängigkeit von Spanien erkämpfte, existierte kein gleichmäßig entwickeltes Land. Das Caudillo-System der Provinzfürsten bestimmte auch Chiles postkoloniale Geschichte. Gleichzeitig mit der zentralistisch geprägten Politik in der Mitte des 19. Jh. durchlebte Chile einen Boom der Ausbeutung seiner Bodenschätze: Kupfer, Salpeter und Gold. Die im Salpeterkrieg gegen Peru und Bolivien erbeuteten Salpeterlagerstätten machten das Land wohlhabend, ebenso wie die Schaffarmen in Patagonien und Feuerland. Die wirtschaftlichen Strukturen ließen eine starke Industrie- und Landarbeiterschaft, gleichzeitig eine Handelsbourgeoisie entstehen. Durch die Exportabhängigkeit produzierte ökonomische Krisen und instabile Regierungen begleiteten das Land ins 20. Jh. Chile gilt als eines der wenigen südamerikanischen Länder mit verwurzelten demokratischen Verhältnissen, doch der

Putsch von Augusto Pinochet 1973 strafte diese Ansicht Lügen. Seit 1988 kämpft das wieder demokratisch gewordene Chile mit dieser Vergangenheit.

Wirtschaft: Das prosperierende Chile gründet seine Ökonomie auf einer klassischen Dritte-Welt-Basis: Ausbeutung von Rohstoffen, ausländische Investitionstätigkeit wird stimuliert, nicht aber die eigene Industrie. Außerdem existiert eine enge Verquickung mit dem asiatischen Markt. All diese Symptome machen das unter der Pinochet-Regierung eingeführte neoliberale Wirtschaftsmodell kurzfristig erfolgreich im Sinne einer stabilen Investitionsbasis, produzieren aber höchste Arbeitslosenraten. Die demokratischen Regierungen verfolgen denselben Kurs und mildern leicht die sozialen Auswüchse.

Bevölkerung: Als klassisches Emigrationsziel im 19. Jh. auf den ersten Blick ein weißes, katholisches (europäisches) Land, hat Chile mit etwa 7 % einen hohen Anteil an indianischer Mapuche-Bevölkerung. Die indianischen Verbände im Norden und im patagonischen Süden sind dagegen zahlenmäßig recht gering, auf Feuerland wurden sie grausam vernichtet. Ein stark pyramidaler Altersaufbau und die Bevölkerungskonzentration in der Hauptstadt (6 Mio.) weisen Chile trotz recht breiter Mittelschicht der Dritten Welt zu. Die geographische Verteilung ist aufgrund der klimatischen Verhältnisse extrem polarisiert: Zwischen Temuco und Santiago, einer Region, die etwa 20 % der Landmasse ausmacht, leben fast 80 % der Chilenen.

Flora und Fauna: Entsprechend der großen Längsausdehnung und dem Durchlaufen sämtlicher Klimazonen von subtropisch bis antarktisch ist der Pflanzenkatalog Chiles vielgestaltig. Kandelaber- und Säulenkakteen, Polsterpflanzen und Flechten beleben die ›leeren‹ Hochwüsten im Norden, während der valdivianische Regenwald dem Süden eine Fülle an Bäumen, Farnen und Orchideen schenkt. Den Schätzen der Natur arbeitet die Wirtschaft entgegen, denn Holz, Fischmehl, Lachse und Meeresfrüchte gehören zu den Exportschlagern. Höhepunkt der Tierwelt sind die Flamingo-Kolonien in den Salaren des Nordens, pittoresk die Kolonien der Magellanpinguine im tiefen Süden. Mit etwas Glück erhascht man in den Anden einen Blick auf einen Kondor. Das ganze Land, vom höchsten Norden bis zum tiefsten Süden, bevölkern Lamas, Alpakas, Vikunjas und Guanakos.

Klima und Reisezeit: Die Klimazonen Chiles sind äußerst vielfältig. Regionen in der Atacama-Wüste kennen keinen nennenswerten Niederschlag, Feuchtigkeit entsteht dort nur durch Verdunstung, während im Süden ergiebige Regenfälle auch im Sommer zur Tagesordnung gehören. Die Kühle des Humboldtstroms besänftigt die Wüstentemperaturen, und die nördlichste Stadt Chiles, Arica, weist das ganze Jahr über frühlingshafte Temperaturen um die 24 °C auf. Die Zentralzone um Santiago kennt heiße Sommer und kurze, feuchtkühle Winter, in der Region um Temuco klettert das Thermometer selten über 30 °C, die Sommernächte sind erfrischend, und der Regenreichtum nicht zu unterschätzen. Die Temperaturen nehmen südwärts ab, der Niederschlag nimmt zu. Ganz verrückt spielt das Wetter um Punta Arenas und im Nationalpark Torres del Paine: Alle vier Jahreszeiten an einem Tag sind dort nichts Ungewöhnliches.

Schön extrem – Klima

Egal, zu welcher Jahreszeit man unterwegs ist – ein Streifzug durch Chile bedeutet immer, durch einen ganzen Kontinent zu reisen. Im **Großen Norden** schirmt die Küstenkordillere die Atacama-Wüste gegen Steigungsregen ab und verschafft den Küstenstädten Arica und Iquique eine hohe Luftfeuchtigkeit. Der Einfluß des kalten Humboldtstroms verleiht ihnen trotz der hohen Sonneneinstrahlung ganzjährig angenehme, frühlingshafte Temperaturen und viel Nebel. In der Atacama-Wüste im Landesinneren hingegen fehlt nahezu jeglicher Niederschlag.

An der Küste und in den Andentälern klettert das Thermometer tagsüber auf mehr als 25 °C. Morgens ist es oft bewölkt, klart aber während des Tages auf. In den hochgelegenen Wüsten herrschen extreme Temperaturschwankungen. Im Südsommer, zwischen Dezember und Februar, kann es leicht bis zu 40 °C warm werden, um nachts auf 0 °C abzukühlen. Die Temperaturen im Andenhochland fallen noch weiter unter den Gefrierpunkt. Im Südsommer kann es vereinzelt auch einmal zu wärmeren Nächten kommen.

Eine mildere Variante zeichnet den **Kleinen Norden** von Chañaral bis zum Tal des Aconcagua aus. Es herrscht semiarides Klima vor, die jahreszeitlichen Unterschiede treten deutlicher hervor. Mit dem Nationalpark Fray Jorge weist die Küste oberhalb von La Serena bei Ovalle eine klimatische Besonderheit auf: Eingekapselt in die trockene Umgebung, hat sich durch den starken Küstennebel eine kleine Nebelwald-Insel (100 km[2]) gebildet.

In der **Zentralzone** zwischen Zapallar im Norden und Concepción im Süden sind die vier Jahreszeiten deutlich ausgeprägt. Durch die Lage Chiles auf der Südhalbkugel verhalten sie sich reziprok zu den mitteleuropäischen. Von Dezember bis März dauern die langen, sehr warmen Sommer; Weihnachten in Santiago bei 36 °C ist nichts Ungewöhnliches. Die Winter sind kühl und feucht, aber nicht wirklich kalt; die Hauptniederschlagsmenge fällt zwischen Mai und September und nimmt nach Süden hin zu. Im Frühling und Herbst, also von September bis Ende November und im April bis Ende Mai, sorgen moderate Temperaturen und eine relativ niedrige Luftfeuchtigkeit für ein angenehmes Klima. An der Küste ist dann mit starker Nebelbildung zu rechnen.

Der **Kleine Süden** bringt freundliche Temperaturen, aber auch starke Regenfälle zustande. Durch den Einfluß zyklonaler Westwinde ist es immerfeucht mit einem Regenmaximum im Winter. Während der Sommermonate, die sich hier bis in den März hinein ausdehnen, werden leicht 25 °C gemessen; es kann wärmer, aber auch wesentlich kühler mit recht niedrigen nächtlichen Temperaturen werden. Während des kalten und feuchten Winters sind die Andenpässe häufig wegen Schneefalls gesperrt.

Klimatisch wesentlich vielfältiger aufgrund seiner starken geographischen Gliederung präsentiert sich der **Große Süden** mit einer Reihe von Mikroklimata, z. B. im Parque Nacional Torres del Paine und um den vom Islandeis abgeschirmten Lago General Carrera. Beide können milde mittelchilenische Verhältnisse aufweisen, wobei der Nationalpark das einzige Gebiet der Welt ist, wo pazifische Westwinde, unge-

Herbststimmung im Parque Nacional Torres del Paine

bremst durch das Fehlen starker Gebirgsformationen, bis in das Herz des Landes vordringen können. Das hat Versteppungen und Deformationen des Baumwuchses zur Folge. Generell sind die Sommer kurz und nur bis etwa 20 °C warm, und die Winter fallen lang, feucht und ausgesprochen kühl aus. Auch im Sommer kann Punta Arenas noch von Schneestürmen überrascht werden.

Wegen ihres Klimas ist die **Isla de Chiloé** oft mir Irland verglichen worden – und das nicht zu Unrecht. Wind und Temperaturen und vor allem auch die Niederschlagsmenge sind denen des nordwestlichen Europa nicht unähnlich.

Rubinblumen und kleine Kamele – Flora und Fauna

Wem die Wüste leer erscheint, der täuscht sich, wer im Süden nur Eiszapfen erwartet, ebenfalls. Chile hat eine prunkende Natur aufzuweisen. Doch die Regierungen gehen mit ihren natürlichen Ressourcen ausgesprochen verschwenderisch um, so, als gelte es nicht, noch bestehende Urwälder und damit die grüne Lunge und das Bioklima des Landes zu schützen, als seien Wälder dazu da, abgeholzt zu werden, als seien natürliche Fang- und Zuchtmethoden überflüssig, als könnten ungestraft die ältesten Flechten der Erde entrissen werden.

Gleichzeitig wird betriebsam wiederaufgeforstet, aber zumeist nicht mit den heimischen Sorten, werden Wasserläufe bis zu ihrer Erschöpfung genutzt, um dürren Boden zu bewässern.

Mit 13 000 km² Plantagenwald zählt Chile zu den Spitzenländern mit Kunst-

forstflächen. Wird das angeschlagene Tempo beibehalten, ist in 25 Jahren der gesamte Primärwald Chiles vernichtet. Das Land wird zur Kulturlandschaft umgearbeitet, so drastisch es eben geht, aber nicht mit dem Ziel, seine Bevölkerung autark zu ernähren. Es bietet seine natürlichen Reichtümer wie Holz, Fisch, Kupfer, Gold, Salpeter auch freigiebigst ausländischen Investoren an, ohne daß sie ihre Gewinne versteuern müßten (s. S. 52). Und dennoch: Die Naturerlebnisse in Chile sind spektakulär und einzigartig.

Umfangreiche Flamingo-Kolonien machen wegen der eisigen Sommerstürme im benachbarten bolivianischen Hochland ausgiebig Station im Salar de Atacama auf 2000 m Höhe und an der Laguna Verde auf 4000 m Höhe und zählen zu den größten Attraktionen im **Großen**

Vikunjas im Parque Nacional Lauca

Norden. Man sollte sich ihnen bewußt und vorsichtig nähern. Der Chilenische Flamingo *(flamenco chileno)* wird bis zu 1 m groß und trägt die Farben der Salare: weiß und rosa, mit dunklen Flügelspitzen. Der größere Anden-Flamingo *(parina grande)* hat ein helles, blaßrosa Federkleid, der kleine James-Flamingo volle Dienste. Schurtermin für das Wollkleid ist allerdings nur alle zwei Jahre. Sie stammen von den zierlicheren, milchkaffeefarbenen Guanakos ab, die auch heute noch wild in Chile leben. Nicht domestizieren lassen sich die Vikunjas, deren feines Leder und zartes Wollkleid den grazilen Tieren fast zum

Chilenische Flamingos im Salar de Atacama

(parina chica) terrakottafarbene Füße. Ihre Nahrung bilden Krill und Mikroorganismen der Salare. Das Verbreitungsgebiet des Chilenischen Flamingos erstreckt sich über das gesamte Land, vom Lago Chungará, dem höchstgelegenen Vulkansee der Welt, bis hinunter nach Feuerland. Der Anden-Flamingo bewohnt die Salare des Nordens, den James-Flamingo trifft man vom Salar de Pedernales, nördlich des Ojos del Salado, bis in den hohen Norden an.

Die kleinen Kamele der Anden beleben die Hochwüste und den *altiplano.* Lamas und Alpakas werden von den indianischen Familien wegen ihres Wollreichtums gehalten, früher leisteten die robusten Lamas auch als Lasttiere wert-

Verhängnis wurde. So spinnwebfein ist die Faser, daß nur noch Seide sie übertrifft. Im zweijährigen Rhythmus produzieren sie lediglich eine kleine Handvoll davon (ca. 180 g). Die Tiere wurden gejagt und fast vernichtet. 1973 existierten in ganz Chile nur noch 1000 Exemplare, was den Naturschutz aktivierte. Mittlerweile gibt es wieder 27 000. Dieses Glück hatte die Chinchilla nicht. Ursprünglich hier beheimatet, ist sie längst wegen ihres ausgefallenen Pelzkleides ausgerottet worden.

An den Küsten leben Pelikane, Kormorane und Robben. Der Parque Nacional Lauca bei Putre verfügt über einen Vogelreichtum, der ausgedehnte ornithologische Exkursionen rechtfertigt

Pelikan

gespeicherten Luftfeuchtigkeit zu ernähren, Blattwerk und Früchte dienen Schafen und Ziegen als Nahrung. Weil er ebenfalls zu Beginn des 20. Jh. in die Brennöfen wanderte, beteiligten sich einige Salpetergesellschaften an einer Wiederaufforstung von 3000 ha. Die Conaf schützt 236 km² Waldfläche, und es entstehen immer weitere *tamaruga*-Reservate zwischen den kleinen Ortschaften Pintados und Zapiga.

Bis hinunter zum Río Loa, in die Region des ›Kleinen Nordens‹, erstreckt sich das Verbreitungsgebiet des imposanten, bis zu 7 m hoch werdenden Säulenkaktus, aus dessen Holz Türen geschnitzt werden. Er gedeiht zwischen 2600 und 3800 m Höhe.

In den *quebradas* zwischen Arica und Iquique und im landwirtschaftlich genutzten Valle de Azapa gibt es Akazienarten, und dort wachsen verschiedene kultivierte subtropische Früchte.

Der **Kleine Norden** verfügt wegen seiner intensiv ausgebauten Kulturlandschaft nicht über dieselben natürlichen Reize, doch ist der Kontrast von tiefgrünen Bewässerungsoasen entlang schmaler Flußläufe zu den ockerbraunen Wüstenbergen einfach sensationell. Aufgrund der Bewässerungsmöglichkeiten war diese Region schon von den Diaguita besiedelt worden. Während der Kolonialzeit konzentrierten Großgrundbesitzer drei Viertel allen bebaubaren Bodens in ihren Händen. Heute ist der Grund des Valle del Elqui kilometerweit mit den Spalieren der Pisco-Traube gemustert, und die sonnenverwöhnte Gegend präsentiert sich als ein wahres Schatzkästlein für den Obst- und Gemüseanbau: Papaya, Chilepfefferschoten, Paprika, Tomaten, Ölbaumkulturen, andalusische Pfirsich-, Aprikosen- und Feigenbäume versorgen die Märkte der großen Städte. Seitdem man dem Tre-

(z. B. seltene Bleßhuhnarten in den Gewässern des Lago Chungará).

Die fruchttragende *quínoa* und der Kandelaberkaktus sind in großem Maße der Abholzung zum Opfer gefallen, weil sie als Brennmaterial für die Kupfermine Chuquicamata gebraucht wurden. Beide sind extrem widerstandsfähige und vielseitig einsetzbare Pflanzen, die in großer Höhenlage wachsen. Die *quínoa* wird daher von der UNESCO als Lebensmittel der Zukunft gefeiert (s. S. 254). Auch die äußerst langsam wachsende Flechte *llareta,* die mit ihren harten, winzigen hellgrünen Sternen die Steine in der Wüste bepolstert, gilt mittlerweile als schützenswert.

Einer Pampa den Namen gegeben hat der *tamaruga,* der in der Region von Taracapá vorkommt. Der widerstandsfähige Baum ist in der Lage, sich von der sterschnaps Pisco Exportfähigkeit bescheinigt hat, reduziert sich diese Fülle zum Nachteil der chilenischen Bevölkerung allerdings.

Was nicht Kulturland ist, überzieht eine halbwüstenhafte Vegetation. Die Kakteen erreichen eine große Höhe und auch Vielfalt: 145 endemische Arten nennt Chile sein eigen, und sie gedeihen in dieser Zone oft entlang der Küste, aber auch in Lagen bis zu 4500 m Höhe. Den Früchten der *chuchampe* werden aphrodisische Wirkungen nachgesagt; der bis zu 8 m Höhe erreichende *quisco* muß sich dagegen damit zufriedengeben, daß man ihn als Zaungewächs benutzt. Eine halbkugelförmige Gestalt hat der *sandillón de los ratones,* die *copiapoa de carrizal* wächst stark verzweigt. Vom Aussterben bedroht ist der *napín,* der, wie alle anderen Kakteen, in vielen verschiedenen Formen auftritt.

Im Kleinen Norden verdichtet sich die Strauch- und Polstervegetation gen Süden zu üppigen, grünen, krautigen Teppichen. Ein kleines Wunder tritt von Zeit zu Zeit zwischen Chañaral und La Ligua auf: Die Wüste prangt nach winterlichen Regenfällen mit zahlreichen Lilien- und Orchideenarten in Gelb, Violett und Rot. Ein besonderes Einsprengsel ist der Nationalpark Fray Jorge, der durch täglich auftretende Hochnebel ein Pflanzenkleid aus 800 verschiedenen Arten entwickelt hat, das man dem valdivianischen Regenwald zurechnet – und der liegt immerhin 1250 km weiter südlich in einer klimatisch völlig andersartigen Region. Allerdings schwindet der Regenwald durch die Umweltzerstörung rapide; Experten rechnen mit seinem völligen Verschwinden in 25 Jahren.

Neben den Lama-Arten kommen hier die Viscachas, kleine Nagetiere, Füchse und ganz selten der Puma und der Kondor vor. Eine Besonderheit bietet auch die Tierwelt. Auf den Inseln Damas, Chañaral und Choros, nördlich von La Serena, leben Humboldtpinguine in geschützten Zonen, und im Pazifik tummeln sich Delphine.

Zentralchile ist in Kulturlandschaften aufgesplittert, Spuren der ursprünglichen Vegetation sind nirgendwo mehr anzutreffen. Durch die Nutzung und Entwässerung des Bodens haben sich in den peripheren Winkeln für dieses Gebiet atypische Vegetationsformen herausgebildet, nämlich Zwergsträucher und Kakteen. Auf dem Rücken der in diesem Abschnitt relativ flachen Küstenkordillere breitet sich eine der mediterranen Macchie ähnliche Gebüschformation aus. Sie besteht aus Sträuchern und niedrigen, immergrünen Hartlaubbäumen. Die Hänge der Anden bedecken in den nicht bewässerbaren Landesteilen dürftige, gen Norden immer stärker mit Strauchgewächsen durchsetzte Weideflächen.

Die blühende Kulturlandschaft und ihre agrosoziale Struktur indes haben auch ihren Reiz für das Auge. Ausgedehnte Pappelalleen künden von der Existenz einer *hacienda,* eines *fundo,* denn wie in Argentinien sind die Auf- oder Einfahrten prächtig mit den hochgewachsenen *alamos* gesäumt. Im Valle de Maipo und auf dem Weg von der Hauptstadt zur Küstenkordillere weisen sie auf Weingüter hin, einen wesentlichen Landwirtschaftszweig der Zentralzone.

Ihr fruchtbarer Boden bringt Zuckeräpfel, Äpfel, Birnen, Erdbeeren, Orangen, Zitronen, Avocados und Pfirsiche, daneben Alfalfa als Viehfutter, Raps und Mais hervor. Klassisches Produkt des *campo de rulo,* des Trockenfeldbaus, ist der Weizen. Inmitten all dessen gibt es aber noch eine typische Pflanze der Zentralzone: Die hochgewachsene Chilenische Palme *(palma chilena)* besiedelte einst üppig die Küsten. Sie hat den dicksten Stamm aller Palmenarten und wächst am weitesten südlich. 80 Jahre braucht sie, um ihre nußartigen Früchte zum ersten Mal zu tragen. Ihr Stamm ist glatt wie Haut, die Krone gleicht einem Tuff mit Ästen, die wie befiedert wirken.

Unbestritten ist der Kondor mit bis zu 3 m Flügelspannweite der Star der Vogelwelt Mittelchiles – der Vogel, den jeder sehen will. Doch hier kommen auch der lustig buntgestreifte Papagei *tricahue* vor, die unauffällige, endemische *turca,* die rundliche Chile-Wachtel und der Kormoran.

Starke, der Ausbeutung des Bodens geschuldete Kontraste beherrschen das Bild des **Kleinen Südens.** An der Grenze zu Zentralchile, in den ehemaligen Mapuche-Hochburgen um Los Angeles, Chillán und Angol, ist die Kornkammer Chiles entstanden – nicht ohne nachteilige Effekte: Das Mikroklima hat sich verändert, der Boden ist durch einseitigen Anbau ausgelaugt. Die dort ursprünglich gedeihenden Südbuchenarten *roble* und *raulí,* Zypressen und *mañíos* wurden an die Ränder der Kordillere zurückgedrängt. Der üppige Reichtum der vielgestaltigen Wälder bezaubert dort, wo sie noch bestehen. Laubabwerfende Südbuchenwälder und immergrüne Regenwälder verbinden sich zu sattgrünen Dickichten, lorbeerblättrige Gewächse, Myrten- und Bambusarten bilden den Unterwuchs.

Die Chilenen nennen ihn den ›verrücktesten Baum des Landes‹ – analog zu ihrem Selbstporträt, das Land mit der verrücktesten Physiognomie zu sein –: die Araukarie, der ›Regenschirm‹. Einem *paragua* ähnelt sie auch ein bißchen mit ihrem starken Stamm und der weit ausladenden Krone, deren Äste dicht mit dunkelgrünen, saftigglänzenden Schuppen überzogen sind, wie besonders zierlich gearbeitete Schindeldächer. Sie ist ausschließlich in Argentinien und Chile beheimatet und war eines der wichtigsten Kulturgewächse der Mapuche, die von den Inka Araukarier, ›freies Volk‹, genannt wurden. Sie ernten die Zapfen *(piñones),* rösten sie und mahlen sie zu Mehl. Besonders schön sind die Araukarien an den Hängen des Vulkans Llaima im in der Nähe von Temuco gelegenen Parque Nacional Conguillío zu sehen.

Weiße und rote Bartnelken, Tagetes, Kuckuckslichtnelken, Margeriten, blaue Hyazinthen, Rittersporn, Azaleen und Birken bilden den mediterran anmutenden, importierten Blumen- und Baumschmuck der Region um den Lago Villarrica. In den dichten, von Kolibris durchschwärmten Wäldern blitzt die rubinrote Ampel der zierlichen Nationalblume *copihue,* einer Fuchsienart, hervor. Weitaus reichhaltiger allerdings wird man sie im ›Großen Süden‹ sehen.

Puerto Montt bildete das Eingangstor für die deutschen Kolonisten, die 1853 nach Chile auswanderten. Damals war das gesamte Gebiet mit dichten Urwäldern aus dem heiligen Baum der Mapuche, dem *canelo,* dem immergrünen *avellano,* dem *ciruelillo* mit seinen roten, wie Feuer sprühenden Blüten, den zimtfarbigen *arrayanes* mit ihren kühlen Stämmen, dem Lorbeergewächs *tepa* und dem weißblühenden *ulmo* versiegelt; heute zeigt es sich als Landwirtschaftsregion mit sattem Weideland. Mitgebrachte Johannisbeersträucher, Brombeeren und Himbeeren beruhigten die damals heimwehkranken Gemüter.

Inseln gleich schwimmen die ursprünglichen Vegetationsformen heute noch in dieser Kulturlandschaft. Der valdivianische Nebelwald ist dicht mit Parasitenpflanzen besternt, die oft so hübsch aussehen, daß man ihnen den häßlichen Namen nicht geben will;

Flechten, die rhabarberähnliche *nalca* und zahlreiche Arten von Farnen verleihen ihm das Aussehen eines shakespearschen Zauberwaldes.

Dieselben Vegetationsformen setzen sich auch im **Großen Süden** fort. Aufgrund seiner vielfältigen Bodengestaltung und unterschiedlichen Klimazonen kommt es dort nicht zu einem einheitlichen Bild. Die Carretera Austral wird im nördlichen Abschnitt von demselben prunkenden Pflanzenkleid flankiert, das durch die dramatische Ursprünglichkeit der Landschaft noch aufsehenerregender wirkt. Unterhalb des Vulkanes Hornopirén schützt ein riesiger Nationalpark die natürlichen Bestände der Alercen, die an anderen Orten wegen ihrer hervorragenden Eigenschaften ausgerottet wurden. Sie wachsen extrem langsam und nehmen alle drei Jahre nur 1 mm an Durchmesser zu.

In der Tafelberglandschaft um Coyhaique herrscht ein trockenes, windiges Klima, das die dichte Vegetationsdecke weggepustet hat. Gleich eingelagerten Inseln weisen der Parque Nacional Torres del Paine und der Lago General Carrera ein milderes Klima und deswegen auch ein anderes Pflanzenkleid auf. Immergrüne Feuchtwälder, Hochmoore und der mit blauen Beeren überzogene *calafate*-Strauch bestimmen ihr Aussehen. Subantarktischer Sommerwald und verstrauchte, vegetationsarme patagonische Kältesteppe steuern – besonders um Punta Arenas und Puerto Natales herum – die weiteren Facetten zum Pflanzenkleid des ›tiefen Südens‹ bei.

Für eine Einführung in die Tierwelt allein schon lohnt sich der Besuch des Parque Nacional Torres del Paine: Guanakos und Nandus, die südamerikanische Straußenart, nähern sich neugierig auf Fotografiernähe; die anmutigen Schwarzhalsschwäne, Dampfschiffenten, Ibisse, Reiher und der sehr scheue Huemul, eine Hirschart, leben hier. Bei Punta Arenas gibt es außerdem riesige Pinguin-Kolonien.

Die typischen Bäume des Mapuche-Landes: Araukarien im Parque Nacional Conguillío

Ein Land wird geeint – Geschichte

Indianische Kulturen

Die ältesten Mumien der Welt stammen nicht etwa aus Ägypten, sondern aus den Wüsten des chilenischen *altiplano*. Im Museo Antropológico in San Miguel de Azapa in der Nähe von Chiles nördlichster Stadt Arica lagern sie unter Glas und sind der Allgemeinheit leicht zugänglich. Vermutlich 7000 Jahre alt sind die fest in Stoffe gewickelten menschlichen Überreste, bei denen man allerdings ein anderes Verfahren als das ägyptische zur Mumifizierung anwandte: Alles Fleisch wurde entfernt und die Haut mit Stroh unterfüttert. In der **Chinchorro-Kultur** wurde nicht der Mensch mit seinem Fleisch bewahrt, sondern lediglich seine Silhouette nachgebildet.

Allgemein gilt als gesichert, daß die ältesten Spuren menschlicher Besiedlung auf chilenischem Boden in das 10. vorchristliche Jahrtausend datieren. Der Norden war trotz seiner Unwirtlichkeit inselhaft, aber gut besiedelt. Die Völker ernährten sich durch Fischfang, wie aufgefundene Angelhaken aus Kaktusstacheln belegen, und gingen auf die Jagd. Die in der Umgebung von Arica und Iquique anzutreffenden, riesigen Scharrbilder an den glatten Bergflanken sind zwar noch nicht erschöpfend entschlüsselt, vor allem, was ihre Datierung betrifft, belegen aber einen regen Handel mit den *altiplano*-Kulturen Boliviens. Könnte (Meer-)Salz das begehrte Handelsgut gewesen sein? Die Waren wurden auf den Rücken von Lamas transportiert.

Die **Tiwanaku-Kultur** des Lago Titicaca (zur Hälfte in Bolivien, zur Hälfte in Peru) mit ihren spezifischen Mond- und Sonnenritualen eroberte vermutlich ab dem 10. Jh. n. Chr. den Norden Chiles, wo die **Aymara** Kartoffeln und Mais anbauten und Herden von Lamas und Alpakas hielten.

Die **Atacameños** verfolgten eine ähnliche Lebensweise. Wie Satelliten umgeben immer noch lose miteinander verbundene Gemeinden, die indianischen *ayllos,* ihren Kern San Pedro de Atacama. Die aus dem *altiplano* stammenden Atacameños bewohnten seit dem 8. vorchristlichen Jahrtausend die Senken der Andenregion als Jäger und Sammler. Ihre Kulturpflanze ist der *chañar*-Baum, dessen Früchte, als Sirup eingekocht, noch heute auf dem Markt von San Pedro de Atacama angeboten werden. Vor 3000 Jahren entstanden ihre ersten dörflichen Zentren. Sie zähmten Tiere und bauten Ackerfrüchte an. Die kleine Aldea de Tulor (800 v. Chr.–500 n. Chr.) in der unmittelbaren Nähe von San Pedro gibt ein Beispiel ihrer Architektur: Unter einer konservierenden Sandschicht begraben, haben sich einige wenige Rundbauten der Atacameños erhalten. Aus dem 12. Jh. n. Chr. datiert die Pukará de Quitor, ein indianischer Festungsbau, der später zum Schutz gegen die Inka ausgebaut wurde.

Die **Inka** unterwarfen dann von 1470 an die nördlichen Kulturen Chiles und dehnten ihr Reich bis zum Bío-Bío-Fluß aus, wo sie auf den Widerstand der Mapuche trafen, an denen kurze Zeit später auch die Spanier verzweifeln sollten. Sie forderten Tributzahlungen und Unterwerfung unter ihren Götterkosmos, aber sie vernichteten die alten Kulturen nicht. Von ihnen stammten der Inkapfad (ca-

mino del inca), eine Schneise durch das schwierige Gelände der Anden-Hochebene, die von den Spaniern als *camino real,* als ›königlicher Weg‹, weiter benutzt wurde. Er diente als Handelsweg, war mit kleinen Posten ausgestattet und stabil genug gebaut, daß auch Lamakarawanen darauf entlangziehen konnten (s. S. 208 f.).

Der Küstenstreifen des Nordens wurde von den **Chango** bewohnt, die mit ihren Booten aus Seehundfell sogar Wale erlegten.

Als kulturell höherstehend werden die um das Jahr 1000 aus Argentinien in die Region um La Serena eingewanderten **Diaguita** bewertet, die vom Maisanbau lebten. Ihre Existenz hingegen ist nur noch museal: Im städtischen Museum von La Serena sind Beispiele ihrer hochentwickelten Töpferkunst ausgestellt.

Im chilenischen Kernland zwischen dem Illapel-Tal und der Insel Chiloé lebten die **Mapuche** *(gente de la tierra,* ›Menschen der Erde‹), aufgeteilt in Picunches und Huiliches. Sie waren im 11. Jh. aus Ostpatagonien eingewandert und kultivierten Mais, Bohnen, Kartoffeln, Äpfel und Araukarien in einer halbsozialistischen Produktionsweise, die von lose verbundenen Clans dominiert wurde. Privateigentum bestand lediglich bei den Dingen des täglichen Gebrauchs, Viehherden und Land besaßen und kultivierten alle gemeinsam.

Die ein wenig weiter südlich siedelnden **Tehuelche,** die der erste Weltumsegler Fernão de Magalhães (Magellan) 1520 *patagones (patas grandes,* ›große Füße‹) nannte, weil er ihre Fußspuren als riesenhaft empfand, lebten als nomadisierende Jäger und Sammler und tauschten Guanakofelle und Straußenfedern mit den ersten Kolonisten. Als zu Beginn des 20. Jh. die ersten europäischen Siedler ihr Land betraten und or-

ganisierte Viehzucht betreiben wollten, duldeten sie die *patas grandes* nicht mehr. Sie wurden in Reservate gebracht, und – so ist in den Annalen nachzulesen – der Verlust ihres nomadischen Lebensentwurfs, eingeschleppte europäische Krankheiten und der schwierige Akkulturationsprozeß – was immer man darunter verstehen mag – besiegelten ihr Aussterben.

Das tragischste Schicksal erlitten die indianischen Bewohner Südpatagoniens und Feuerlands: Sie wurden einfach ausgelöscht. Die **Yahgan** (Yamana) lebten als Wassernomaden ausschließlich in ihren Kanus zwischen den Inseln des Beagle-Kanals mit Zentren um die Inseln Navarino und Hoste und ernährten sich von Muscheln und Meeresfrüchten. Sie kleideten sich in Guanakofelle und rieben ihre Haut mit dem Fett von Walen

Nur noch das Magellan-Denkmal in Punta Arenas erinnert an die Selk'nam. Der Statue den Fuß zu küssen soll Glück bringen...

Geschichte

27

und Robben ein, um sich gegen die Kälte zu schützen. Ihr Brauch, das Feuer in den Kanus nie erlöschen zu lassen, bewog den Weltumsegler Magellan 1520, die Gegend, die er als erster Europäer sah, *Tierra de los Humos* zu taufen, das später in *Tierra del Fuego* umbenannt wurde.

Die **Selk'nam** (Ona) streiften durch die Kältesteppen Patagoniens und lebten in den dichten Wäldern des argentinischen Teils von Feuerland. Ihr Leben war in Gefahr, als Chile beschloß, ihr traditionelles Siedlungsgebiet europäischen Einwanderern zur Erschließung zu überlassen, die daraus eine einzige Schaffarm machten. Sie regierten bald uneingeschränkt und heuerten Kopfjäger an, die Selk'nam zu vernichten. Milder gestimmte Viehbarone trieben sie den Missionen der Anglikaner und Salesianer zu, die sich von der Mitte des 19. Jh. an dort etabliert hatten. Der Breslauer Pfarrer und Anthropologe Martin Gusinde lebte in den 20er Jahren zwei Jahre bei den Selk'nam und hat ihr erstaunliches Leben in Fotodokumentationen überliefert, für das es keine überlebenden Zeugen mehr gibt.

Die sehr isoliert und in kleinen Verbänden lebenden Gruppen der **Alacalufes** flüchteten sich in die unwegsamsten Regionen, zogen sich in das südpatagonische Insellabyrinth westlich der Carretera Austral zurück. Die Statistik vermeldet es ungerührt: Zwölf reinrassige Alacalufes sollen heute noch in Puerto Edén leben.

Gewisse indianische Lebensformen existieren im hohen Norden des Landes indes noch weiter, und das liegt paradoxerweise daran, daß den spanischen Eroberern das Gebiet schlicht zu wertlos erschien. Auch verschmolzen hier indianische und katholische Glaubensinhalte zu einem Synkretismus. Die Feierlichkeiten zu Ehren der Jungfrauen von Andacollo und Aiquina (s. S. 30 f.) geben davon ein beredtes Beispiel. Dennoch kam es auch in diesem Gebiet immer wieder zu Zusammenstößen, die mit größter Brutalität geführt wurden.

Die Eroberung von Chile

Kolumbus katapultierte mit der Entdeckung Amerikas die Welt in die Neuzeit. Den geistigen Horizont des ausgehenden Mittelalters hatte er überwunden, doch parallel zu den Entgrenzungen des Weltbildes fand eine Einkerkerung der Sinne statt, die sich in erster Linie in Pogromen gegen die Juden und in der Verfolgung der Mauren als Nichtgläubige äußerte.

Diese Sichtweise ließ es nur als selbstverständlich erscheinen, daß die Lebewesen, welche die Spanier in den neu entdeckten Ländern antrafen, ihnen als unterlegen, als niedrig, als Geschmeiß vorkamen. Dies war schließlich offizielles staatliches Weltbild. Dazu addierte sich die katholische Auffassung, die den Eroberungen – die, ihrer Ideologie entkleidet, nichts als Raub- und Vernichtungsfeldzüge waren – den Charakter von heiligen Kreuzzügen verlieh. Die armen Wilden, die nicht an Gott glaubten, mußten zwangsbekehrt oder eben umgebracht werden.

Chile gehörte nicht zu den ersten Gebieten der Neuen Welt, die von den spanischen Konquistadoren in Besitz genommen wurden. Es war nicht mit Gold gesegnet wie Mexiko (1519) und Peru (1532), und es hatte sich dort keine Hochkultur etabliert. Damit wies es auch nicht deren hierarchische und fest definierte Sozialstruktur auf mit einem Gottkönig oder Hohepriester an der Spitze und einem festen Heer. So merkwürdig

Diego de Almagro

es klingen mag: Jene Länder waren leichter zu erobern gewesen – zum Teil, weil sich die indianischen Imperatoren Feinde bei unterworfenen Völkern geschaffen hatten und die Spanier dadurch leicht Verbündete fanden oder aber, weil aller Widerstandswille auf den Schultern eines festen Heeres lag, und, wenn dieses und der Gottkönig geschlagen waren, das Volk sich widerstandslos unterwarf.

In Chile hingegen gab es viele verschiedene Gruppierungen, die nomadisierend zusammenlebten und sich deswegen schlechter kontrollieren und eben auch schlagen ließen. Die Konquista Chiles erschien aus dem Blickwinkel der goldsüchtigen Eroberer weitaus weniger lohnend, und sie gestaltete sich auch wesentlich schwieriger. Im Jahr 1535 setzte sich von Peru aus ein umfangreiches Heer unter der Leitung des in Spanien wegen Mordes gesuchten **Diego de Almagro** in Richtung Süden in Bewegung. Doch die Unwirtlichkeit

des Landes und dessen kriegerische Bewohner zerrieben die Spanier und die in spanische Dienste gezwungenen Inka-Truppen. Aus enttäuschter Gier und Wut verwüstete Almagro das Land. Die Expedition scheiterte.

Der Bezwinger des Inka-Reiches in Peru, Francisco Pizarro, beauftragte 1540 **Pedro de Valdivia** mit einem erneuten Vorstoß. Valdivia, der vom Scheitern Almagros wußte und auch, daß er auf ein kriegsbereites, Rache forderndes Volk treffen würde, willigte ein und erreichte mit 150 Kämpfern und 1000 peruanischen Sklaven am 12. Februar 1541 das fruchtbare Tal des Río Maipo. Das eilends angelegte San Yago de la Nueva Extremadura widerstand den Angriffen der **Mapuche** nur sechs Monate. Die zunächst noch durch die Brutalität Almagros eingeschüchterten Stammesverbände wogen die Invasoren zunächst in Sicherheit, da sie auch damit rechneten, nur eine kleine Vorhut vor sich zu haben. Später dann griffen die Mapuche an und zerstörten alles.

Der Kampf gegen die Mapuche erwies sich als ein endloses Unterfangen, denn mit ihrer Guerillataktik zermürbten sie die spanischen Truppen. Die Brutalität nahm zu. Vorposten wurden in das Mapuche-Kernland getrieben, Concepción (1550), Imperial (1551), Valdivia, Villarrica, Angol, Arauco und Tucapel (alle 1552) wurden als Forts angelegt. Concepción – und nicht Santiago – wurde zur Hauptstadt bestimmt, doch die indianischen Angriffe ließen die Spanier zurück in das erdbebengeplagte Santiago flüchten. Pedro de Valdivia selbst wurde 1553 von den Mapuche gefangengenommen und hingerichtet. Deren Anführer ist heute häufiger in chilenischen Straßennamen verewigt als der spanische Invasor: Lautaro, der von Valdivia als Pferdeknecht versklavt worden war.

Jungfrauen in der Wüste

S eine Höhen und Tiefen sieht man dem Minenstädtchen Andacollo durchaus an. *La Reina de Metal,* die ›Metallkönigin‹, wurde zwischenzeitlich auch schon als Geisterdorf gehandelt, als es mal wieder auf der wirtschaftlichen Talsohle landete. Denn die Grundlagen seiner Existenz sind abhängig von der Marktlage: Die sonnenbraun leuchtenden Bergzüge, die das wüstenhafte Andacollo umgeben, liefern Gold, Silber, Mangan und Kupfer. Das war bereits den Inka bekannt, die Andacollo seinen Namen gaben.

Der von den spanischen Konquistadoren in großem Umfang unterhaltene Minenbetrieb wurde im 17. Jh. aufgegeben, der Ort verlassen. Zwei Jahrhunderte später erstand Andacollo erneut, und bis 1996, als die Gold- und Kupferminen von zwei kanadischen Gesellschaften gekauft wurden, hielten sich die sogenannten *pirquineros* mit kleinen *trapiches,* schlichten Goldwaschanlagen, in Andacollo über Wasser.

Der Ort 55 km östlich von La Serena liegt unschön im Zangengriff seiner Abraumhalden, aber seine 12 000 Einwohner erleben jedes Jahr um Weihnachten eine wahre Invasion. 150 000 Gläubige ziehen, fahren, rutschen auf Knien in das Städtchen, um einer 90 cm großen Statue aus Zedernholz ihre Ehre zu erweisen, die sie liebevoll ›La Chinita‹ (›die kleine Dienerin‹) nennen. Die so heftig verehrte *Virgen del Rosario* ist die Heilige der Minenarbeiter – und davon gibt es im Norden Chiles eine ganze Menge.

Wie bei vielen der südamerikanischen Heiligenbilder liegt ihr Ursprung im Ungewissen. Sie gilt als Schutzpatronin von La Serena und wurde, als die spanische Gründung von 1544 unter indianischen Angriffen zerbarst, in die Berge von Andacollo gebracht. Einer anderen Theorie zufolge soll die Jungfrau einem Bauern namens Collo in selbigen Bergen erschienen sein.

Den *chinos,* die, in leuchtende Rot- und Gelbtöne gekleidet, die 1676 aus Lima importierte Muttergottes mit einem recht lebendigen Jesuskind auf dem Arm mit ihren Tänzen, Gesängen und Prozessionen feiern, dürfte diese Debatte weniger am Herzen liegen als die Erfüllung ihrer Wünsche, die sie der Jungfrau vortragen. Die inbrünstige Verehrung und die farbenprächtigen, phantasievollen Kostüme legen den Schluß nahe, daß sich im Kult um die *Chinita* katholische mit indianischen Glaubenselementen vermischen. Denn das Herz der Festlichkeiten, die zwischen dem 23. und 27. Dezember (Höhepunkt: der 26. 12.) Andacollo in ein Farbenmeer verwandeln, sind die – relativ unkatholischen – Tänze und die von Perkussionsinstrumenten vorangetriebene Musikbegleitung. Einige der Gruppen, wie die *Bailes de Turbantes* und die *Bailes de Danzantes,* bestehen seit 200 Jahren; Historiker wie Jaime Alaniz Carvajal gehen sogar davon aus, daß die ersten Tänze für die *Virgen del Rosario* schon 1580 abgehalten wurden.

Ihre Herkunft aus Lima beweist, daß die indianischen Völker sich recht wenig um die Grenzen scherten, die ihnen die Spanier aufgezwungen hatten. Um *La Chinita* zu feiern, strömen auch heute Bolivianer und Peruaner in das kleine Andacollo mit seiner riesigen Basilika, die 1883 gebaut wurde, um 10 000 Pilgern Platz zu bieten. Doch die imposanten Gewölbe mit den hohen Marmorsäulen liefern der Muttergottes nur zu ihren Festtagen die adäquate Bühne, die übrige Zeit bezieht sie ihren angestammten Platz im benachbarten *Templo Antiguo* von 1789.

Bleibt neben den Feierlichkeiten für die *Virgen del Rosario* in Andacollo durchaus Platz für das Alltagsleben, so vermeldet Aiquina das krasse Gegenteil. Im hohen Norden, zwischen Vulkanen und *altiplano,* scharen sich ein paar archaisch anmutende Häuser um eine schlichte Kathedrale mit Wellblechdach, und wenn es nicht der Wallfahrtsort für die Jungfrau von Guadalupe wäre, dann wüßte kein Mensch, wie es sich denn so lebt, etwa 40 km von Bolivien entfernt, verloren zwischen erbärmlich schlecht geschotterten Wegen, Fünftausendern, salzigen Lagunen und ein paar Schafen und Lamas.

Aber so erfahren es alljährlich Zehntausende von Pilgern, die sich am 7. und 8. September zu den Festtagen der *Nuestra Señora de Guadalupe* in das Geisterdörfchen begeben, das im Alltag nur 50 Bewohner zählt. Viele rutschen auf Knien, viele kommen auch wandernd aus dem 60 km entfernten Calama hinauf. Sie ziehen in die leerstehenden Häuschen mit Dächern aus *paja brava* und Böden aus gestampftem Lehm ein und feiern mit Beten, Prozessionen und rituellen Tänzen zwei Tage und Nächte durch. Alkoholkonsum ist strikt verboten.

In Aiquina beschließt die *marcha a la alba,* die ›Prozession in den Morgen‹, die Zeremonien. Am letzten Festabend kreiseln sich die Vortänzer der verschiedenen Tanzgruppen in Trance und leiten damit die große Abschlußfeierlichkeit ein. Morgens dann marschieren alle Festteilnehmer in strikter Disziplin links

Die Jungfrau von Guadalupe in Aiquina

an der Kirche vorbei und wandern zum Ortsrand. Dort schreien sie sich alles von der Seele, was sie im vergangenen Jahr bewegt hat – ihre Sorgen, ihren Ärger, ihre Wut – manche weinen, manche brüllen, das Tal ist erfüllt von ihrem Lärm. Danach kehrt Ruhe ein, und die Teilnehmer kehren schweigend in ihre Häuser zurück. Sie haben ihre Seele gereinigt, sagen sie, Frieden gefunden für das kommende Jahr, und sie haben sich mit den Unbilden und dem Hader des abgelaufenen Jahres versöhnt.

Ein dunkles Omen allerdings schwebt über dem Vortänzer, der aus seiner Trance nicht rechtzeitig erwacht: Ihm verbietet die Jungfrau, im nächsten Jahr wiederzukommen.

Einem Perpetuum Mobile glich dieser Krieg. Sogar im Jahr 1881 noch wurde ein Fort für den Kampf gegen die Mapuche angelegt: Temuco.

Mit ungeheurer Repression hielten die Konquistadoren den Subkontinent letztlich doch in Schach. Ihren Beutezügen folgten Strafexpeditionen und vice versa, und später – etwa ab der Mitte des 16. Jh. – trat an die Stelle der Tötung die Entwürdigung und Versklavung der Menschen. Gleich einem Fangnetz wurde ein System zur Herrschaftsabsicherung über die Stämme geworfen, die Einheimischen dem Konquistador zum Schutz anempfohlen. Als schützenswerte Objekte stand es ihnen zu, verteidigt und geistig erzogen zu werden, als Gegenleistung konnte ihr neuer Herr Tributzahlungen und Arbeitseinsatz fordern. Es entstand die *encomienda,* ein System zynischer Schönfärbereien.

Die Wirklichkeit sah ganz anders aus. Obwohl sie nicht eigentlicher Besitz waren, wurden die Indios damit versklavt, denn für ihre als Arbeitseinsatz maskierte Fronarbeit erhielten sie keinerlei Lohn oder Ausgleich, beispielsweise in Naturalien. Gleichzeitig bestand das Verbot, für den eigenen Haushalt zu arbeiten, was bedeutete, daß ihre Überlebensfähigkeit im Ermessen der *encomenderos* lag.

Die spanische Kolonialherrschaft

Spanien versuchte, der so weit entfernten Kolonie ein Minimum an politischer Struktur zu verleihen. 1567 wurde die erste *Real Audiencia* in der damaligen Hauptstadt Concepción einberufen, eine Art Oberstes Gericht. Chile stuften die spanischen Könige als viel zu geringwertig ein, um ihm den Status eines Kö-

nigreiches mit dem dazugehörigen Machtapparat zu verleihen. Es wurde vom *Virrey de Perú,* dem Vertreter des spanischen Königshauses auf dem südamerikanischen Subkontinent, verwaltet. Wirtschaftlich knebelten Kolonialverträge die Entwicklung des Landes, denn es war ihm nicht gestattet, die erwirtschafteten Produkte anders als über Spanien zu vermarkten. Der Handels- oder Warenverkehr innerhalb der lateinamerikanischen Kolonien war strikten Beschränkungen unterworfen, und dieses Reglement behinderte zwangsläufig jeden wirtschaftlichen und politischen Fortschritt. Auch verteuerten die hohen Transportkosten die Waren ins Absurde, denn die Krone hatte beispielsweise verfügt, welcher Kolonialhafen für den Außenhandel benutzt werden durfte und welcher nicht. Callao, Cartagena und Valparaíso traf das Los. Als Konsequenz erblühte das Schmugglerhandwerk.

Wie überall in Spanien übernahm auch in Chile der Klerus Ausbildung und Erziehung. Im 16. Jh. waren bereits Franziskaner und Dominikaner eingereist, um 1680 folgten Augustiner und Jesuiten. Die Jesuiten ließen sich hauptsächlich auf der Isla de Chiloé und im Süden nieder. Städte existierten kaum; eine dauerhafte Entwicklung konnten praktisch ausschließlich die Hauptstadt Santiago und ihr Hafen Valparaíso für sich reklamieren. Andere Siedlungen – insgesamt 200 im 16. Jh. – welkten dahin, wurden von Erdbeben oder den Angriffen der Mapuche erschüttert.

Andererseits hatte die Kolonie eine auf 4300 km langgestreckte Küstenlinie, die es zu verteidigen galt. Im Landesinneren in unablässige Kämpfe gegen die Mapuche verfangen, hatten es die Spanier am Pazifik mit niederländischen und britischen Piraten zu tun. Als im 18. Jh. der Reichtum des Südmeers an

Walen und Robben entdeckt worden war, kreuzten vor Chile ungezählte Flotten und machten sich die ungeschützten Buchten zunutze. Bis hinunter nach Valdivia und auch auf der Isla de Chiloé versuchten die Spanier, ihr Terrain mit Befestigungsanlagen zu markieren.

Im Jahr 1777 wurde das unübersichtliche Gebilde des Vizekönigreichs Peru zugunsten kleinerer und griffigerer Verwaltungseinheiten aufgelöst. Ein Jahr später erhielt Chile den Status eines unabhängigen Generalkapitanats, was eine Lockerung der wirtschaftlichen Gebote nach sich zog. In allen Kolonien entstanden Handelsbourgeoisien und eine Intelligenzia. Jene sollten – wie in allen anderen Kolonien – auch in Chile das Ende der Kolonialmacht Spanien einläuten.

Der Unabhängigkeitsheld Chiles: Bernardo O'Higgins

Die Unabhängigkeit

Das Fanal indes setzten die Spanier selbst. Napoleon eroberte 1808 Spanien und hob seinen Bruder Joseph auf den Königsthron in Madrid. Die erste Nationalregierung Chiles sprach unter Führung des Großgrundbesitzers Mateo de Toro y Zambrano 1810 der alten Kolonialmacht Spanien die Treue aus. Frankreich als ihren Usurpator wollte sie keinesfalls dulden. Überall in den spanischen Kolonien Südamerikas waren in diesem Machtvakuum Juntas gegründet worden, die im Namen der spanischen Krone politische Kontinuität gewährleisten sollten.

Ein Jahr lang bekannte sich die regierungsführende Junta in Santiago noch zum spanischen König, aber seine Macht über Chile wollte sie nicht länger tolerieren. 1811 rief sie den ersten Nationalkongreß aus. Wirtschaftlich und politisch potente Familien schürten den antiroyalen Widerstand und bestimmten

1814 den aus Irland stammenden **Bernardo O'Higgins** zum Oberbefehlshaber nationaler, also chilenischer Truppen, die jedoch zunächst von den Spaniern geschlagen wurden.

Bernardo O'Higgins flüchtete mit seinem Heer über die Anden, wo sich in Mendoza der argentinische Unabhängigkeitsstratege General José de San Martín aufhielt. Eine gemeinsam aufgestellte Armee schlug die Spanier in zwei Schlachten entscheidend: bei Chacabuco 1817 und bei Maipú 1818.

Damit war die Kolonialmacht verjagt, deren Reste sich – erstaunlicherweise toleriert – auf der Isla de Chiloé einigelten, bis auch diese 1826 von den Chilenen eingenommen wurde. Mit der Inthronisierung von Bernardo O'Higgins war aber noch keine politische Sicherheit etabliert. Chile war, wie so viele südamerikanische Länder nicht organisch gewachsen, sondern usurpiert worden. Die sozialen Unterschiede waren eklatant. Das agrarisch genutzte

Denkmal am Lago Llanquihue für Bernhard Philippi und die ersten deutschen Siedler, die 1846 nach Chile kamen

Land war in riesige Acker- und Viehfarmen zusammengefaßt worden, die von *latifundistas* beherrscht wurden. Kleinbauern gab es so gut wie nicht, nur Pächter, die das Land in Abhängigkeit von den Großgrundbesitzern bewirtschafteten und eine Geldrente dafür zu entrichten hatten. Aber sie besaßen keinerlei Recht auf den Boden und waren dementsprechend leicht zu vertreiben.

Wenig daran interessiert, ihre Machtsphären zu teilen und von ihrer politischen Haltung eher konservativ-patriarchalisch, gerieten die *latifundistas* mit dem neu entstandenen Handelsbürgertum in Konflikt, das – wirtschaftlich nicht weniger potent – weltoffeneren Geistes sein mußte. Bernardo O'Higgins richtete seine erste, fortschrittliche, aber autoritäre Politik gegen die Großgrundbesitzer. Adelstitel ließ er abschaffen und

schürte damit den Widerstand der Aristokratie gegen seine Reformpolitik. Schon fünf Jahre nach der Unabhängigkeit wurde er entmachtet; doch danach bildete sich in Chile eines der stabilsten politischen Systeme Südamerikas heraus: ein autokratisches Präsidialsystem mit einem Präsidenten, der gleichzeitig die Position des Oberbefehlshabers der Armee innehatte. Das Wahlrecht erhielten ausschließlich Mitglieder der bereits etablierten, vermögenden Schichten – Großgrundbesitzer und Handelsbürgertum –, die sich in zwei Parteien organisierten.

Im Laufe des 19. Jh. bündelten die Liberalen die Macht auf ihrer Seite. Diese Entwicklung war den zunehmenden wirtschaftlichen Erfolgen bei der Vermarktung von Gold, Silber und Kupfer, später von Salpeter geschuldet, die als Stützpfeiler der Ökonomie Chiles deren bisherige Grundlage, die Landwirtschaft, auf den zweiten Rang verwiesen. Eine Industriearbeiterschaft entstand, die sich auch aus den von den Großgrundbesitzern vertriebenen Kleinpächtern rekrutierte.

Das Ende der Mapuche

Bis zur Mitte des 19. Jh. wies Chile immer noch eine inselhafte Besiedlung auf. Im Süden existierten aufgrund der permanenten Feindseligkeiten mit den Mapuche nur wenige chilenische Niederlassungen. Der Bedarf an neuen Bodenflächen zur Ausweitung der Landwirtschaft (zur Bedienung der Exportnachfrage, aber auch für den gestiegenen Eigenbedarf) führte dann allerdings zur systematischen Vertreibung der Mapuche. Bemäntelt durch Kauf- und Schenkungsurkunden, die das Papier nicht wert waren, wurde die indianische Bevölkerung in sogenannte Reduktionen ›zusammengeführt‹. Ende der 80er Jahre des 19. Jh. kulminierte diese Politik in einem grausamen Eroberungskrieg.

Das brutal eroberte Land sollte nun endlich genutzt und bearbeitet werden. Aber von wem? Der Marineoffizier **Bernhard Philippi** legte mit seinen Erkundungsreisen 1831–1837 den Grundstein für die deutsche Besiedlung der Landstriche zwischen Valdivia und dem Lago Llanquihue.

Nicht alle Deutschen waren Bauern. Während sich das städtische Valdivia zu einem Kristallisationspunkt des Manufakturwesens und der Industrie entwickelte und die deutschen Neubürger teilweise in ihren erlernten Berufen arbeiten konnten, fanden die später Eingetroffenen – unter ihnen zahlreiche Intellektuelle, für die es in den deutschen Staaten nach der gescheiterten bürgerlichen Revolution von 1848 gefährlich geworden war – Land vor, das unter härtesten Bedingungen in kultivierbaren Boden verwandelt werden mußte.

Gleichzeitig wurden die Grenzen im Süden befestigt. Mit der Gründung des Fuerte Bulnes an der Magellanstraße behauptete Chile 1843 seinen Anspruch auf diese Region.

Der Salpeterkrieg

Der Bergbau in Nordchile, das damals bei Taltal endete, war immer ein bedeutender Industriezweig gewesen. Als Chilenen Salpeter in der angrenzenden bolivianischen Provinz Antofagasta fanden und dort in großem Maßstab zu investieren begannen, einigten sich Bolivien und Chile auf eine gemeinsame Ausbeutung aller Vorkommen zwischen dem 23. und 25. Breitengrad – das entspricht etwa der Gegend 50 km nördlich von Taltal bis hinauf nach Mejillones.

Nicht gehaltene Absprachen und die Nationalisierung peruanischer Salpetervorkommen, an deren Ausbeutung ebenfalls chilenische Kapitaleigner beteiligt waren, setzten einen kriegerischen Konflikt zwischen Peru und Bolivien auf der einen und Chile auf der anderen Seite in Gang, den nach vier Kriegsjahren 1883 Chile mit massiver Unterstützung Großbritanniens für sich entschied. Peru mußte 1883 die Provinz Tarapacá abtreten, Bolivien im Friedensvertrag von 1904 die Provinz Antofagasta. Im Gegenzug verpflichtete sich Chile zum Bau einer Eisenbahnstrecke vom Pazifikhafen Arica hinauf in die Hauptstadt Boliviens, La Paz. Mit dem Verlust Antofagastas hatte Bolivien nämlich seine Verbindung zum Meer eingebüßt.

Der Krieg hatte handfeste wirtschaftliche Gründe. Salpeter war zu jener Zeit ein extrem gefragter Exportartikel, mit dem sich hohe Gewinne erzielen ließen. Sowohl als Düngemittel wie auch als Grundstoff für die Erzeugung von Schießpulver fand es im Europa der Industrialisierung und später des Ersten Weltkriegs reißenden Absatz. Chile verfügte um die Wende zum 20. Jh. über das Monopol, an dessen Gewinnen allerdings zu 70 % Großbritannien beteiligt war.

Die enormen wirtschaftlichen Umwälzungsprozesse zogen eine soziale Umstrukturierung nach sich. Eine mächtige Industriearbeiterschaft entstand, gleichzeitig verstärkte sich die Tendenz zur Urbanisierung. 1875 lebten 27 % der Bevölkerung in Städten, im Jahr 1907 waren es bereits 43 %. Fünf Jahre nach der brutalen Niederschlagung des ersten massiven Aufstandes, den die Salpeterarbeiter wegen unzumutbarer Ar-

Der Fluch des ›weißen Goldes‹

Schuttfarbene Mauerfragmente und einsame Friedhöfe mit Gräbern aus Holzgestellen begleiten die *Carretera* im ›Großen Norden‹. Kaum vorstellbar, daß es sich um Überreste einer einstmals blühenden Industrie handelt, die dem ganzen Land rund 50 Jahre lang zu Wohlstand und Ansehen verholfen hat.

Die auf den heutigen Landkarten immer noch verzeichneten Namen der *oficinas*, Abraumhalden und Wohnstätten, beschwören eine Vergangenheit, in der sich alle Gewinne und Tragödien bündeln, die für eine rasch hochgezogene Industrialisierung typisch sind. Sie heißen Buena Esperanza und Rica Aventura, ›gute Hoffnung‹ und ›reiches Abenteuer‹, was etwas über die Gewinne aussagt, die sich hier erzielen lie-

ßen, und sie lagen in der Pampa del Indio Muerto, der ›Pampa des toten Indianers‹, was viel über die Lebensbedingungen erzählt, die die Minenarbeiter durchlitten.

Mit der Salpeterindustrie verschaffte sich Chile Zugang zum internationalen Parkett der wirtschaftlichen Modernität, gleichzeitig spotteten die unmenschlichen Arbeitsbedingungen jeglicher Form des aufgeklärten Kapitalismus. Im Norden wurde, was nur folgerichtig ist, die Wiege der ersten Arbeiterpartei gezimmert.

Das ›weiße Gold‹, dessen Eignung als Schießpulversubstanz bereits 1528 dem Vizekönig von Peru, Francisco de Toledo, bekannt gewesen war, gab es in Mengen. Es lagerte in Schichten im *altiplano*, man brauchte es einfach nur abzukrat-

Erinnerung an eine glorreiche Vergangenheit: In der Oficina Humberstone

zen. Den aus dem böhmischen Kreibitz stammenden Naturforscher Thaddäus Haenke, der vom spanischen Marineministerium auf Weltreise geschickt worden war, verblüffte, daß es kaum einen Ort gab, »in dessen Maultier- und Viehpferchen man nicht eine bedeutende Menge von Salpeter zur Pulvererzeugung sammeln könnte; überall auf diesem Wege, den Viehweiden und Hügeln bildet die Natur auf den Hängen dieses Salz aus den faulenden Stämmen der Kakteen und anderen Pflanzen durch den Kontakt mit der Luft«.

Er kannte sich auch im späteren Chile aus: »Im Gebiet von Tarapacá findet man Gold- und Silberminen, Kupfer, Blei, Eisen, Schwefel, Mangan, Salpeter (Nitro) und Salze. Die Zahl der Adern, die hier streichen, die Trockenheit, die hier herrscht, ist groß, 1. wegen der von Salzen bedeckten Oberfläche und 2. weil es keinen Regen gibt, der sie befruchtet.«

Haenke gelang es 1809 als erstem, Natronsalpeter in Kalisalpeter umzuwandeln, indem er ihn mit Asche von Kakteen und Tang auslaugte. Ein Jahr später entstanden in Peru die ersten Salpeter-*oficinas*. Die Bedeutung für die in dieser Zeit kriselnden Kolonialsysteme läßt sich leicht einschätzen: Die königlich-spanischen Regierungen bestellten das Schießpulver gleich tonnenweise bei Haenke.

Salpeter ließ sich jedoch nicht nur zu Sprengstoff und Salpetersäure verarbeiten. Seine Bedeutung als Düngemittel erschloß sich wenig später. 1830 verließen die ersten Salpeterschiffe den Hafen des damals noch peruanischen Iquique in Richtung USA und Europa. Den *altiplano*-Ländern Peru, Bolivien und Chile war auf natürliche Weise ein Exportschlager für das industrialisierte Europa zugewachsen. Dort waren die Böden ausgelaugt, Fabriken und Manufakturen lockten mit neuen Erwerbsmöglichkeiten, und gleichzeitig stieg der hygienische Lebensstandard an, so daß ein Bevölkerungswachstum einsetzte. Der Umfang der landwirtschaftlichen Produktion hielt der wachsenden Nachfrage nach Lebensmitteln nicht stand. Salpeter, an dessen Erschließung und Kommerzialisierung von Beginn an Großbritannien beteiligt war, verschaffte den Ländern bequeme wirtschaftliche Polster. 1840 betrug die Förderung bereits 73 000 t, 1874 mehr als 500 000 t.

Nur: Die Chilenen hatten daran den fettesten Anteil, nicht nur auf peruanischem, sondern auch auf bolivianischem Boden. Die drei Länder hatten sich zu einer gemeinsamen Ausbeutung des Gebietes zwischen dem 23. und 25. Breitengrad entschlossen, einer Region, die damals zu Bolivien und Peru gehörte und nördlich von Taltal beginnt. Bolivien kündigte seine Unterschrift, als der volle Umfang der Vorkommen bekannt wurde, Chile zog sich bis zum 24. Breitengrad zurück und verlangte im Gegenzug von der bolivianischen Regierung, daß die dort niedergelassenen chilenischen Gesellschaften nicht besteuert würden. Doch Bolivien hielt sich nicht daran.

Als dann Peru die Nationalisierung des peruanischen Salpeters verfügte, suchte Chile die Konfrontation. Um die Interessen der Chilenen, die im bolivianischen Antofagasta bereits 1872 den Stadtrat dominiert hatten, und ihrer Entepreneurs wie José Santos Ossa zu schützen, die gemeinsam mit britischen Gesellschaften Eisenbahnlinien zum Abtransport der Rohstoffe quer über den *altiplano* gezogen hatten, initiierte Chile den Salpeterkrieg. In diesem Krieg (1879–1883), der heute noch als nationale Heldentat gefeiert wird, fielen alle salpeterreichen Gebiete an Chile. Für Bolivien endete er in einer Tragödie: Es verlor seinen einzigen Korridor zum Meer.

Bis zum Beginn der 30er Jahre vergoldete der Salpeterboom die Wirtschaft des Landes und machte Chile zum mächtigsten und reichsten Land Südamerikas. Zwar hielt Großbritannien 70 % des Kapitals, das in die Salpeterindustrie floß, aber der Boom stimulierte die heimische Industrie und Agrarproduktion.

Hier die Gewinner, dort die Verlierer. In den einzelnen *oficinas* schufteten bis zu 3000 Arbeiter unter frühkapitalistischen Verhältnissen. Ihr Lohn bestand aus Spielgeld, den *fichas,* deren Verbreitung und Benutzung der Staat erst 1924 untersagte. Für diese Metall- und Hartgummiplättchen konnte man zu überhöhten Preisen in den Kramläden der *oficinas* einkaufen: Für Wasser verlangte man dort mehr als für Schnaps – und das in einer der trockensten Gegenden der Welt.

Arbeitszeitregelungen, hygienische Unterbringung in den Wohnlagern oder gar ärztliche Versorgung der Arbeiter, die extrem gesundheitsschädlichen Dämpfen ausgesetzt waren, waren den Salpeterbaronen Fremdworte. Falls sie sich überhaupt einmal auf den Geländen der *oficinas* aufhielten, gingen sie ins Theater, ins Ballhaus oder Kasino, die eigens für die Angestellten-Elite unter dem Wüstenhimmel hochgezogen worden waren. Selbstverständlich hatten die Arbeiter keinen Zutritt.

Die extreme Ausbeutung beantworteten die Arbeiter mit dem ersten Streik in der Geschichte Chiles. In Iquique versammelten sich im Dezember 1907 etwa 40 000 Menschen, um höhere Löhne und bessere Arbeitsbedingungen zu fordern. Zwei Tage blieben sie in der Stadt, bis das Militär sie unter Ankündigung vager Versprechen auf Zügen wieder in ihre *oficinas* transportierte. Die, die sich weigerten, trieb man in die Schule Santa María und erschoß sie – darunter Frauen und Kinder der Streikenden. Das Massaker setzte ein Fanal: Die ersten Arbeiterparteien entstanden.

1918, gegen Ende des Ersten Weltkriegs, in dem Europa mit 3 Mio. t Salpeter beliefert worden war, entdeckte der deutsche Chemiker Fritz Haber ein Verfahren zur künstlichen Herstellung von Nitraten. Die Nachfrage nach dem Naturprodukt Salpeter ging in der Folge deutlich zurück.

beitsbedingungen 1907 in Iquique gewagt hatten, setzte die Gründung politischer Parteien ein. 1912 konstituierte sich die Sozialistische Partei, es folgten die Demokratische Partei und die Radikale Partei im Jahr 1920, die Unterstützung im neuen Mittelstand fanden. Ihr gemeinsamer Präsidentschaftskandidat **Arturo Alessandri y Palma** begründete nach gewonnener Wahl 1920 eine gerechtere Arbeits- und Sozialgesetzgebung, verankerte die Tolerierung gewerkschaftlicher Arbeit und führte eine Sozialversicherung ein.

Aufbruch in die Moderne

Zu Beginn des 20. Jh. war Chile ein innerlich zerrissenes Land. Tief unten im Süden herrschten die Schafbaron-Familien Braun, Menéndez, Nogueira und

Behety, die ihren Reichtum durch untereinander geschlossene Ehen zu konsolidieren verstanden und die indianische Urbevölkerung vernichteten, ohne daß die chilenische Regierung Einwände erhob; gleichzeitig hatten Goldfunde auf Feuerland Glücksritter und Abenteurer aus aller Welt angezogen, die die Region ihren selbstgezimmerten Gesetzen unterwarfen. Dort galt das Faustrecht.

Unübersichtliche Besiedlungsverhältnisse herrschten in der unzugänglichen Gegend um die Carretera Austral, wo eine Handvoll chilenischer Bauernfamilien das Land beackerten. Dieses gehörte rechtmäßig Kapitalgesellschaften, die sich um den Boden jedoch nicht kümmerten.

1909 war Valparaíso von einem gewaltigen Erdbeben zerstört worden und Santiago eine Schmelztiegel-Metropole mit geschätzten 330 000 Einwohnern, mit Pracht- und Luxusalleen und trostlosen Mietkasernen.

Der gesamte Norden entwickelte sich unter dem Zeichen des Salpeters, wie schon im 19. Jh. die Ausbeutung der Gold-, Silber- und Kupferminen alle infrastrukturellen Entwicklungen allein hervorgebracht hatte. Häfen, Städte, Eisenbahnen, Kirchen, Kneipen und Hotels entstanden dort, wo sie für den Transport und die Unterhaltung der Minen und ihrer Arbeiter notwendig waren. Lohnte sich der Abbau eines Vorkommens nicht mehr und schloß eine Mine, verfiel die künstlich hochgezogene Ortschaft, und die Menschen zogen fort.

Die soziale Situation war alles andere als ausbalanciert. Einer zahlreichen Industriearbeiterschaft standen indianische Dorfgemeinschaften gegenüber; deutsche Bauern beackerten relativ friedlich den Boden des Südens, während die Chiloten um ihre Existenz in den vom Holzeinschlag verwüsteten Gebieten ihrer Insel bangen mußten. Eine superreiche Oberschicht bestimmte unangefochten die Politik, Fischer an der stürmischen Nordküste richteten sich in Behausungen aus Schwemmholz, Walrippen und Stoffstreifen ein, und in russischen Syndikaten gereifte, eingewanderte Landarbeiter entfachten Aufstände gegen die Großgrundbesitzer des Südens, die jene mit Maschinengewehrsalven beendeten.

Als **Arturo Alessandri y Palma** 1920 zum Präsidenten gewählt wurde, sammelte sich die Macht zum ersten Mal in der Geschichte der Nation auf der Seite der arbeitenden Bevölkerung. Mit einer fortschrittlichen Arbeitsgesetzgebung (Acht-Stunden-Tag, Verbot von Kinderarbeit, kollektive Tarifverhandlungen, Gründung von Gewerkschaften) und einer neuen Verfassung plazierte er Chile im Kontext seiner südamerikanischen Nachbarn an erster Stelle, was eine sozialverträgliche Politik betraf. Der Widerstand war immens, und bestimmte Programmpunkte ließen sich nur verwirklichen, weil sich Teile des Militärs auf die Seite Alessandris schlugen.

Die Auseinandersetzung gipfelte in seiner Absetzung und der Etablierung der sogenannten ›Legalen Diktatur‹ des **Carlos Ibáñez del Campo** (1927–1931).

Beträchtliche wirtschaftliche Rückschläge charakterisierten seine Regierungszeit. Zur Weltwirtschaftskrise von 1929 kam der rasante Verfall des Weltmarktpreises für Salpeter, dessen synthetische und wesentlich preiswertere Erzeugung dem deutschen Chemiker Fritz Haber gelungen war. Erst die gesteigerte Kupferproduktion der Mine Chuquicamata, die 1911 in Betrieb genommen worden war, setzte der Talfahrt der Wirtschaft ein Ende.

Als **Arturo Alessandri y Palma** zum zweiten Mal in den Präsidentenpalast

Moneda einzog (1932–1938), tastete er zwar die nordamerikanische Beteiligung an den ertragreichen Kupferminen Chuquicamata, El Teniente und Potrerillos, die immerhin 87 % ausmachte, nicht an, förderte jedoch durch eine aktive staatliche Wirtschaftspolitik das Aufblühen der nationalen Industrie. Die zuvor gültige Richtlinie des wirtschaftlichen Wachstums durch Export wurde durch das Konzept der importsubstituierenden Industrialisierung abgelöst.

Mit **Pedro Aguirre Cerda** (1938–1942) an der Spitze eroberte zum ersten Mal in der Geschichte Chiles ein Bündnis aus linken Gruppierungen die staatliche Macht. Er war gemeinsamer Kandidat einer Koalition aus Radikalen, Sozialisten und Demokraten, die sich für eine Verbesserung der Lage der Arbeiterschaft und für soziale Reformen einsetzte. Auf diesem Gebiet hatte Alessandri versagt, die Volksfront-Regierung von Aguirre Cerda konnte überdies einen neuen urbanen Mittelstand, eine entstehende Industriebourgeoisie und jüngere Offiziere für sich interessieren. Doch die parlamentarische Mehrheit vermochte Aguirre Cerda mit seinem Sieg nicht zu erringen. Und so scheiterte die Verwirklichung seiner Vorhaben in vielen Fällen am Parlament, so daß am Ende ein einziges bedeutsames Projekt übrig blieb: die Schaffung einer staatlichen Planungs- und Industrieförderungskorporation.

›Chilenisierung des Kupfers‹ unter Eduardo Frei

Spätestens bis zu den Wahlen von 1958 hatte sich eine stabile Parteiengrundlage gebildet, die in Chile eine aufgeklärte, reformfreudige Demokratie fest verankerte, ohne jedoch die weiter existierenden, extremen sozialen Unterschiede zu bannen.

Diese Probleme in politisch-wirtschaftliche Konzepte zu fassen gelang dem Christdemokraten **Eduardo Frei Montalva,** als er 1964 mit klarem Vorsprung die Wahlen gewann. Sein Augenmerk galt dem wirtschaftlichen Herzen Chiles, der Kupferproduktion, die weiterhin von nordamerikanischen Firmen betrieben wurde, weshalb die daraus erzielten beträchtlichen Gewinne außer Landes abflossen. Unter dem Schlagwort ›Chilenisierung des Kupfers‹ erwarb der Staat 51 % an der Mine El Teniente in Rancagua. Obwohl Frei mit dem Wahlversprechen angetreten war, das Kupfer zu nationalisieren, war dies ein bedeutsamer Beginn.

Ein vergleichbarer Kurs charakterisierte auch sein Vorgehen bei der Agrarreform. Er löste zwar die Erstarrung der Verhältnisse auf dem Land, ohne sie aber seinem geplanten Ziel zuzuführen: Verändert wurden beispielsweise die Besitzverhältnisse auf Feuerland und in der südpatagonischen Provinz Magallanes, wo sich die immensen, teilweise 3 Mio. ha umfassenden Schaffarmen befanden. Der Widerstand der Großgrundbesitzer (7 % der Landeigentümer besaßen fast 80 % der landwirtschaftlichen Nutzfläche) ließ Frei nur einen relativ kleinen Spielraum, den er aber zu nutzen wußte: Er enteignete etwa ein Viertel der Gesamtnutzfläche. Unter seiner Ägide wurden um die 1400 Latifundien mit nahezu 3,5 Mio. ha Fläche aufgeteilt und genossenschaftlich organisiert. Als Maßstab diente dabei eine angenommene Musterfarm von 80 ha Land, das auch bearbeitet werden konnte; alle nicht verwertbaren Bodenstücke wurden in diesem Maßstab nicht einbezogen. Die Enteigneten wurden entschädigt.

Für die breite Masse der Bevölkerung erfocht die christdemokratische Regierung einschneidende Verbesserungen. Die Landarbeiter erhielten zum ersten Mal einen Geldlohn, das Bildungssystem wurde ausgeweitet, kommunale Selbsthilfeorganisationen kümmerten sich um die Bewohner in den Elendsvierteln, das öffentliche Gesundheitswesen wurde verbessert.

Das sozialistische Experiment Salvador Allendes

Denkbar knapp gingen die Wahlen 1970 aus. Diesmal gelang es dem bereits dreimal unterlegenen Arzt, überzeugten Marxisten und Gründer der Sozialistischen Partei, **Salvador Allende Gossens** und der linken Allianz **Unidad Popular,** mit 36,6 % der Stimmen Jorge Alessandri (35,3 %) und den Christdemokraten Radomiro Tomic (28,1 %) zu schlagen. Das große sozialistische Experiment begann unter den wachsamen Augen der Weltöffentlichkeit. Für das im Mai 1968 auch wegen des Vietnamkriegs aufgewachte Europa war dieser Sieg ein Stimulans; die liberale Welt sah ihm skeptisch, das rechte Spektrum argwöhnisch zu.

Die politische Landschaft Chiles präsentierte zu diesem Zeitpunkt ein relativ geschlossenes Bild. Die Christdemokraten, die unter Frei wesentliche Impulse zur gesellschaftlichen Veränderung gegeben hatten, standen den Vorhaben Allendes nicht grundsätzlich ablehnend gegenüber. So hatte sich auch ihr Kandidat Radomiro Tomic für eine vollständige Verstaatlichung der Bergwerksgesellschaften stark gemacht. Der damalige Senatspräsident Patricio Aylwin, der später als Vorsitzender des Partido Demócrato Cristiano die Ablösung der Pinochet-Diktatur initiieren und durchsetzen sollte, erklärte, daß seine Partei in Allendes Programmen durchaus verwandte Konzepte erkennen könne.

Mit der Unterzeichnung eines Verfassungsgarantieabkommens bekannte sich die Regierung der Unidad Popular zur Anerkennung aller demokratischen Institutionen, der Pressefreiheit und des Rechts auf Eigentum. Die Etablierung eines totalitären Regimes schien damit gebannt. Allende versuchte, den dritten – neben dem chinesischen und dem sowjetischen – friedlichen Weg zur Durchsetzung des Sozialismus zu beschreiten.

Der chilenische Weg verbuchte Erfolge: Die Einführung von Sozialpro-

Salvador Allende, Initiator des sozialistischen Experiments in Chile

grammen, Lohnerhöhungen für einkommensschwache Schichten, Preiskontrollen für Grundnahrungsmittel und Bildungsreformen begeisterten die bislang stark benachteiligten unteren Schichten. Als am 11. Juli 1971 der Bergbau ohne Entschädigungszahlungen nationalisiert wurde, löste sich Chile damit aus den internationalen wirtschaftlichen Verflechtungen, die sich fast ein Jahrhundert lang seiner Reichtümer bedient hatten, ohne nennenswerte Reinvestitionen zu tätigen. Weitere Schlüsselindustrien, Banken und Versicherungen, in- und ausländische Monopole und der Außenhandel wurden verstaatlicht. Es folgten eine Justiz- und Verfassungsreform sowie eine Agrarreform. Für die Linken der Welt hieß dies: Chile hatte gesiegt.

Doch bei allen Vorhaben galt, daß Allende parlamentarische Verbündete finden mußte, die seine Projekte unterstützten, was ihn zu wechselnden Koalitionen zwang. Dies führte zwangsläufig zu Kompromißlösungen. Trotzdem: In den Jahren 1971 und 1972 wurden rund 80 % der industriellen Kapazität Chiles nationalisiert. Am Ende des ersten Regierungsjahres wies die Bilanz Wachstumsraten in allen Produktionsbereichen auf.

Es war jedoch offensichtlich, daß diese Politik in einigen Kreisen auf unverhohlenes Mißfallen stieß. Die mächtige Familie Ibáñez del Campo bediente sich dabei eines der wirksamsten Instrumente: Auf den Seiten ihrer praktisch konkurrenzlos operierenden großen Tageszeitung ›El Mercurio‹ durften sich die Regierungsfeinde tummeln, und die geschädigten nordamerikanischen Wirtschaftsimperien spielten ihren politischen Draht zu Washington aus. Massive Kapitalflucht hatte indes schon vorher eingesetzt. Salvador Allende regierte bald ein Pulverfaß.

Seine Agrarreform wurde unbestreitbar von illegalen Vorgängen flankiert. Die Besitzverhältnisse auf dem Land wurden nicht etwa aufgehoben und neu

Schauplatz des Putsches am 11. September 1973: Die Moneda in Santiago

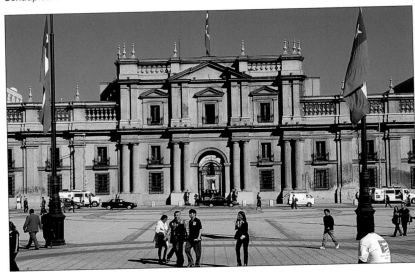

geordnet, sondern Land wurde oftmals unter Gewaltanwendung beschlagnahmt und besetzt. Die revolutionäre Linke (Movimiento de Izquierda Revolucionaria, MIR) spielte dabei eine Schlüsselrolle.

Die agrarische Produktion erlitt schon bald einen empfindlichen Rückgang, und Lebensmittel mußten in großem Umfang importiert werden. Die Hausfrauen-Demonstrationen der ›leeren Kochtöpfe‹, der *ollas vacías,* sorgten in den ausländischen Medien für große Aufmerksamkeit. Mit den USA, denen das ausgesprochen kubafreundliche Chile selbstverständlich mehr als nur ein Dorn im Auge war, hatte sich das Land dem weltweit potentesten Gegner zu stellen. Die Weltbankkredite wurden gestrichen, die Entwicklungshilfe eingestellt. Die sozialdemokratische deutsche Regierung Brandt ließ nur wenige projektgebundene Gelder ins Land fließen, wie für die deutsche Klinik in Santiago und den Wiederaufbau des 1960 vom Erdbeben zerstörten Hafens von Puerto Montt.

Vom Oktober 1972 an flammten heftige Streiks auf, die mit einem Protest der Transportunternehmer in der Provinz Aisén begannen und viele Mittelständler sowie Schüler und Studenten anzogen. Teilweise konnten sie durch die Vermittlung von Oppositionspolitikern eingedämmt werden. Doch der von extremen Flügelkämpfen mitverschuldete Niedergang der Regierung Allende, die sich zeitweise nur mit Notverordnungen und einer Beteiligung des Militärs an der Regierung halten konnte, war absehbar.

Als am 11. September 1973 das Militär gegen Allende putschte, befand sich der Oberkommandierende des Heeres, General **Augusto Pinochet Ugarte,** noch keinen Monat im Amt. Er hatte es

erst am 22. August von seinem Vorgänger, dem Allende gegenüber loyalen Carlos Prats übernommen. Die Bilder von den Bombenangriffen auf den Regierungssitz La Moneda und damit auf eine legal gewählte Regierung lösten weltweit Bestürzung aus. In dieses Attentat auf die Demokratie war die CIA zutiefst verstrickt. Salvador Allende hatte schon die Nacht zuvor im Präsidentenpalast verbracht und verteidigte nun seine Regierung mit einer Maschinenpistole, die ihm Fidel Castro geschenkt hatte.

»Ich habe die Gewißheit, daß mein Opfer nicht umsonst gewesen sein wird. Ich habe die Gewißheit, daß es wenigstens eine moralische Lehre sein wird, an der die Hinterhältigkeit, die Feigheit und der Verrat zu tragen haben werden.« Mit diesen Worten verabschiedete sich Allende in einer Rundfunkübertragung von den Chilenen, ehe er in der Moneda ums Leben kam. Die genauen Umstände seines Todes blieben lange Gegenstand von Spekulationen, doch mehren sich die Anzeichen, daß er Selbstmord begangen hat.

Die Pinochet-Diktatur

Die politische Entwicklung nach der Machtübernahme Pinochets bezeichnet die überwiegende Mehrzahl selbst der Chilenen, die damals den Putsch unterstützten, als widerlich. Die Beendigung der bürgerkriegsähnlichen Zustände, der von den USA forcierten Lebensmittelverknappung, der verfilzten Regierungsgeschäfte war von großen Teilen der Bevölkerung herbeigesehnt worden, aber nicht das, was Pinochet dann anrichtete.

Der General rief umgehend das Kriegsrecht aus. Abertausende Chilenen

Das Erbe der Diktatoren
Die Colonia Dignidad

Seit ihrer Entstehung ist die Colonia Dignidad ein permanenter Skandal. Sie beruht auf einer Gründung des wegen fortgesetzten Kindesmißbrauchs gesuchten Deutschen Paul Schäfer, der 1961 aus Siegburg flüchtete, wo er zusammen mit dem Baptistenprediger Hugo Baar die Sekte Private Sociale Mission – die Vorgängerin der Colonia Dignidad – ins Leben gerufen hatte.

Eine sich auf nationalsozialistische Ideologie gründende Verzahnung aus Erlösergedanken, Reichsvorstellungen und totalitärer Ordnung bestimmt heute wie damals diese Sekte. Oberster Befehlshaber ist der Gründer selbst, der auch dem ›Herrenabend‹ vorsitzt, einem Gremium seiner Günstlinge. Der katholischen Glaubenswelt sind Beichte – die Paul Schäfer persönlich vornimmt –, Teufelsaustreibung und der Glaube an das Böse entnommen.

Die Gemeinschaft ist extrem brutalisiert, Kinder werden zwecks ›besserer Verfügbarkeit‹, wie der 1984 aus der Kolonie geflohene Hugo Baar berichtete, von ihren Eltern getrennt, Frauen und Männer in gesonderten Baracken untergebracht. Sie unterliegen ständiger geistiger Manipulation, erhalten weder Schul- noch Berufsausbildung, sprechen kein Spanisch und dürfen unter Androhung strengster Strafen die Kolonie nicht verlassen. Privatbesitz ist verboten.

Von systematischer Folter, Mord, Psychoterror, Zwangsarbeit und totalitärer Überwachung, von Kinderschändung und dem Einsatz von Psychopharmaka sprechen diejenigen, denen die Flucht gelang. Die ›Kolonie der Würde‹, das steht mittlerweile fest, war nicht nur das größte Folterzentrum des chilenischen Geheimdienstes DINA, sondern von 1975 an eine Folterschule, in der laut einem Hearing im US-Senat ehe-

wurden ermordet, verhaftet, in eilends geschaffene Konzentrationslager deportiert, gefoltert, vergewaltigt, umgebracht. Zehntausende flohen ins Exil. Das Militärregime hob die Verfassung sowie alle bürgerlichen Grund- und Freiheitsrechte auf und verbot Gewerkschaften sowie politische Parteien. Das politische Programm, das alle diese Maßnahmen rechtfertigen sollte, lautete einfach: Bekämpfung des Marxismus.

Tiefe Schnitte setzte man am Wirtschaftssystem an. Unter der Ägide der Milton-Friedman-Schüler, der sogenannten *Chicago Boys,* hielt ein neoliberales Wirtschaftsmodell Einzug in Chile. Die monetaristischen Konzepte konnten praktisch ungehindert wie in einem Laboratorium ausprobiert werden, denn eine politische Opposition, die dies hinterfragt hätte, gab es ja nicht mehr. Neoliberalismus bedeutete den kompletten malige Gestapo- und SS-Offiziere DINA-Mitgliedern Unterricht gaben. Wenn unter der herkömmlichen Folter 50 % der Informationen herausgeholt werden, so sind es bei der Colonia Dignidad 100 %, hatte ein ehemaliger Gefangener in einem Prozeß um einen Verschwundenen erklärt.

In der chilenischen Öffentlichkeit genoß die Kolonie bei Parral im Süden Chiles zunächst einiges Ansehen. Man wußte aber auch nichts Genaues darüber, außer, daß Krankenhaus und Internat kostenfrei arbeiteten, was in der strukturschwachen Region erleichtert aufgenommen wurde. Im sauberen Restaurant bedienten gedrillte, blondbezopfte Mädchen und vermittelten das typische Deutschen-Idyll von Ordnung und Effizienz.

Doch das Blatt hat sich schon lange gewendet. Die enge Verstrickung zwischen Nazideutschen, Neo-Nationalsozialisten und Pinochet-Parteigängern tritt immer deutlicher hervor, seit Untersuchungen über die Kolonie nach Beendigung des Pinochet-Regimes endlich ins Rollen gekommen sind. Die erste Anklage erhob Amnesty International 1977. 1984 recherchierte der Reporter Gero Gembella von der Zeitschrift ›Stern‹.

Sämtliche Anschuldigungen, die während der Pinochet-Diktatur erhoben wurden, fruchteten freilich damals nicht. Die Recherchen hatten ergeben, daß Regimegegner in der Colonia Dignidad gefoltert und umgebracht wurden, man dort das Giftgas Sarin produzierte und an Tieren und Häftlingen erprobte. Ganz in der Nähe des Colonia-Geländes wurden im Gefangenenlager Monte Maravilla Regimegegner medizinischen und hypnotischen Experimenten ausgesetzt und zur ›Erlösung von ihrer Schuld‹ getötet.

Chile zieht zaghafte Konsequenzen. 1991 wurde der Kolonie, die sich in Villa Baviera umgetauft hat, der Titel einer juristischen Person aberkannt, ihren fünf Anwälten droht der Zulassungsentzug. Interpol sucht aufgrund einer ganzen Reihe von Anklagen Paul Schäfer wegen sexuellen Mißbrauchs. 1998 wurde das Gelände der Colonia sechs Wochen von Polizeikräften besetzt und eingehend examiniert. Eine Stadt unter der Stadt hatten die Sektenmitglieder angelegt, mit Verhörbunker und Isolierzellen.

Alles, was man über die Colonia Dignidad mittlerweile weiß, liest sich wie ein schrecklicher Spuk. Daß sie immer noch existiert, ist ein Erbe Pinochets und der mächtigen Militärs.

Rückzug des Staates aus der Wirtschaft. Sämtliche unter Allende nationalisierten Betriebe wurden binnen Jahresfrist reprivatisiert, das enteignete Land zurückgegeben, die genossenschaftlich organisierten Betriebe aufgelöst. Ein- und Ausfuhrzölle wurden drastisch gesenkt. Für Auslandskapital galt derselbe Steuersatz wie für einheimisches Kapital, Gewinne durften unbegrenzt ins Ausland abgeführt werden. Ideologisch verbrämt hieß das ›geglückte Weltmarktintegration‹.

Selbstverständlich rief die neoliberale Umgestaltung des Landes tiefe Zufriedenheit bei ausländischen Investoren hervor. Sie besiegelte die Konkurrenzunfähigkeit der heimischen Produktion mit anschließender krasser Verarmung der Bevölkerung, da die Arbeitslosigkeit immens anstieg. Betrug sie zu Beginn der Ära Pinochet 20 %, steigerte sich die

Augusto Pinochet, Ex-Diktator im Fadenkreuz der internationalen Justiz

Rate derart, daß Arbeitslose (z. B. in der Bergarbeiterstadt Lota) in sogenannten Beschäftigungsprogrammen zum Ausheben und anschließenden Zuschütten von Gräben ›angestellt‹ wurden, um die Bilanz zu schönen. Sie blieb während der gesamten Regierungszeit Pinochets doppelt so hoch wie in den 60er Jahren. Die Reallöhne gingen nach dem Putsch um fast 50 % zurück. Gleichzeitig führte der unbehinderte Zugang internationaler Wirtschaftsunternehmen zu einer Vernichtung der nationalen Lebensgrundlagen und natürlichen Ressourcen, beispielsweise durch Überfischung und exzessiven Holzeinschlag.

Mit Hilfe einer auf ihn zugeschnittenen Verfassung zementierte Pinochet 1981 die politischen Verhältnisse mit ihm als Staats- und Regierungschef. Die politische Rolle des Militärs wurde als »Garant der geschützten Demokratie«

festgeschrieben. Doch bereits 1984 ließ Pinochet erneut den Ausnahmezustand ausrufen, da durch eine Wirtschaftskrise landesweite Proteste aufflammten.

Im Oktober 1988 schließlich wollte der Diktator durch ein Referendum die Verlängerung seiner Herrschaft bis 1997 absichern lassen. Doch oppositionelle Gruppierungen und lange Zeit verbotenen Parteien – einzig die rechten Parteien Renovación Nacional (RN) und Unión Demócrata Independiente (UDI) waren an der Regierung beteiligt – nutzten die Chance und schlossen sich zu einem Bündnis gegen Pinochet zusammen. Die **Concertación** aus 17 verschiedenen Gruppen führte der Christdemokrat **Patricio Aylwin** an. Mit (offiziellen) 55 % der Stimmen hoben die Chilenen beim Plebiszit den Diktator aus dem Sattel, und die Wahlen im Mai 1989 bestätigten dieses Ergebnis.

Patricio Aylwin, der Architekt der Concertación, wurde als gemeinsamer Kandidat gegen den Rechten Hernán Büchi, einen *Chicago Boy* reinsten Wassers und Finanzminister unter Pinochet, nominiert und siegte haushoch. Pinochet allerdings ergriff sofort Gegenmaßnahmen und ließ sich seinen Oberbefehlshaber-Posten bis 1997 und die Möglichkeit, als *senador vitalicio* einen Senatsposten auf Lebenszeit zu besetzen, in der Verfassung verankern. Aylwin stimmte zu – der nationalen Versöhnung zuliebe?

Die Demokratie triumphiert

Der Wiedereintritt in die Demokratie wurde von vielen sozialen Verbesserungen begleitet, darunter der Einführung eines Mindestlohns und damit der Anhebung der Realeinkommen. Die Arbeitslosigkeit sank auf ein Rekordtief, die sozialen Unterschiede milderten sich, der jährliche Zuwachs des Bruttosozialprodukts stieg von 2 % auf 10,4 %.

Während unter Pinochet die Hälfte aller Chilenen unter der Armutsgrenze lebte, sich also nicht ausreichend kleiden, ernähren, bilden und wohnen konnten, waren es unter Aylwin ›nur noch‹ 30 % – natürlich lag die Ziffer immer noch viel zu hoch. An den wirtschaftlichen Konzepten des Neoliberalismus hielt Finanzminister Foxley weiter fest. Die Investitionsrate lag 1992 bei etwa 22 % – die höchste in der chilenischen Geschichte überhaupt. Diese Politik ist immer – auch aus den eigenen, christdemokratischen Reihen – als nicht weitreichend genug kritisiert worden, doch die Regierung verteidigte sich stets mit dem Hinweis auf ihr Bemühen, wirtschaftliches Wachstum mit sozialem Ausgleich unter demokratischen Verhältnissen absichern zu wollen.

Als 1993 erneut Präsidentschaftswahlen ins Haus standen, konnte der Kandidat des Partido Demócrato Cristiano und der inzwischen zusammengeschmolzenen Concertación, **Eduardo Frei,** den Sieg davontragen. Das Ergebnis signalisierte den Wunsch nach Kontinuität. Von Aylwin übernahm der Sohn des erfolgreichen Präsidenten der 60er Jahre ein relativ gesichertes Chile, allerdings eine noch immer bedrohte Demokratie, da der Ex-Diktator Pinochet sich weiterhin den bereits von Aylwin vorgebrachten Anklagen wegen Menschenrechtsverletzungen mit Drohgebärden gegen die Demokratie entzog. Die Früchte der Arbeit der 1991 eingesetzten Comisión para la Verdad y la Reconciliación (Kommission für die Wahrheit und die Versöhnung) wurden insofern ignoriert, als die Anschuldigungen gegen das Militär nicht weiter verfolgt wurden.

Die Bemühungen der beiden Präsidenten der Concertación, Aylwin und Frei, schwebende Gerichtsverfahren zu beschleunigen bzw. abzusetzen, lassen sich als Bestrebungen interpretieren, Pinochet nicht ins Gehege zu kommen. Gleichwohl erzielte Frei immer wieder Achtungserfolge, wie die Verurteilung des ehemaligen Geheimdienstchefs Manuel Contreras und seines Stellvertreters, Brigadier Pedro Espinoza, wegen Mordes am Allende-Kanzler Orlando Letelier.

Chile präsentiert sich heute als stabiles Land. Eine gleichbleibend hohe Wachstumsrate seit Antritt der Concertación hatte Konsumausgaben und Investitionen gleichermaßen steigen lassen. Die prognostizierten weiteren Wachstumschancen zogen ausländisches Kapital an. Keiner Regierung jedoch gelang es, die extremen sozialen Unterschiede wirklich zu beseitigen. Allenfalls eine marginale Veränderung ist eingetreten, wie der Tageszeitung ›República‹ zu entnehmen war: 1990 war das reichste Zehntel der Bevölkerung 36mal reicher als das ärmste Zehntel, 1996 hatte sich die Situation kaum verändert; denn 42 % aller Geldeinkünfte entfielen auf das reichste Zehntel, während die ärmsten 10 % sich mit 1,5 % aller Geldeinkünfte des Landes bescheiden mußten.

Die sogenannten enclaves políticos, politische Machteliten, blieben unberührt bestehen Auch das problematische Verhältnis der Politik zum Militär harrt noch immer einer Neu-Definition.

Doch mit dem Sieg des Sozialisten Ricardo Lagos bei den Wahlen im Dezember 1999 gewann die Regierung in dieser Hinsicht schärfere Konturen. Lagos, der unter der Regierung Aylwin Erziehungsminister und unter Frei Bauminister war und der Concertación angehört, wurde während seines Wahlkampfes weltweit als der Tony Blair Chiles gefeiert. Doch sein Sieg über den Kandidaten des rechten Flügels der Christdemokraten, Lavin, (die auch in der Concertación vertreten sind und mit Aylwin und Frei zwei Mitglieder aus ihren Reihen als Präsidenten gestellt hatten) geriet erstaunlich knapp und verdeutlichte einmal mehr die tiefe politische Gespaltenheit des Landes.

Mittlerweile schreitet die Aufklärung der Metzeleien während des Pinochet-Regimes weiter voran. Der CIA ermöglicht den Zugang zu seinen Dossiers und Geheimakten; Pinochet wird der Prozeß in Chile gemacht, nachdem der energische spanische Richter Baltasar Garzón im November 1998 einen London-Aufenthalt des Ex-Diktators nutzte, um ihn festzusetzen und wegen Menschenrechtsverletzungen vor dem Madrider Gerichtshof anzuklagen. Seine Ermittlungen setzten endlich das ersehnte Fanal: Ein Diktator kann nicht länger ungestraft von der Weltöffentlichkeit Tausende von Andersdenkenden foltern und umbringen lassen. Garzón beschränkte sich nicht auf Pinochet: 37 weitere Haftbefehle ergingen an Mitglieder des alten Regimes, darunter der Ex-Polizeigeneral Rudolfo Stange und der Chef der Geheimdienstpolizei, Humberto Gordon.

Heute zeigt sich Chile bemüht, die dunklen Flecken seiner Geschichte aufzuarbeiten. Nachdem Pinochet aus Großbritannien in sein Heimatland zurückkehren konnte, ruhte der Oberste Gerichtshof von Chile keineswegs aus. Der Ex-Diktator soll wegen der ›Todeskarawane‹ vor Gericht, einer Militäreinheit, die inhaftierte Regimegegner ermordete. Immer mehr Greueltaten der Militärs wurden enthüllt, etwa daß Regimegegner ins Meer geworfen wurden. Pinochets Strategie, um den eigenen Kopf zu retten, hochrangige Militärs zu beschuldigen, fügte der Armee unter Ricardo Izurieta grobe Risse bei.

Derweil setzt Chile wieder auf den ökonomischen Anschluß an die USA. Die stark exportabhängige Wirtschaft drängt auf einen Beitritt zur NAFTA, der Freihandelszone von USA, Kanada und Mexiko, um sich neue Märkte zu erschließen.

Zeittafel

um 10 000 v. Chr.	Chile ist inselhaft von indianischen Verbänden besiedelt, die als Jäger und Sammler leben.
um 7 000 v. Chr.	Die ältesten Mumien der Welt entstammen der nordchilenischen Chinchorro-Kultur (bei Arica).
um 5 000 –3 000 v. Chr.	Aufsplitterung der Tätigkeiten (aber noch kein Feldbau); erste dörfliche Zentren entstehen (*ayllos* der Atacameños).
um 0	Halbnomadische Lebensweise, Domestizierung von Lamas, Beginn der Bewässerungskulturen; Metallbearbeitung, älteste Keramikfunde. El-Molle-Kultur im Valle del Elqui.
um 900	Einwanderung der Diaguita aus Argentinien in die Region um Copiapó; hochentwickelte Metallverarbeitung und v. a. Keramik.
um 1000	Die um den Titicacasee beheimatete Tiwanaku-Kultur strahlt in den Norden Chiles aus; Gebrauch von Halluzinogenen. Die Mapuche wandern aus Ostpatagonien nach Chile ein.

1470	Beginn der Inka-Invasion, die den Süden Chiles erreicht.
1535	Der erste spanische Eroberungszug nach Chile unter Diego de Almagro scheitert.
1540	Erneute spanische Expedition unter Pedro de Valdivia; Gründung von San Yago de la Nueva Extremadura (1541), La Serena (1544), Concepción (1550), Imperial (1551), Valdivia, Villarrica, Angol, Arauco und Tucapel (alle 1552)
1553	Pedro de Valdivia stirbt im Kampf gegen die Mapuche. Chile untersteht dem Vizekönigtum Peru.
1567	Die *Real Audiencia,* das Oberste Gericht, wird in der damaligen Hauptstadt Concepción eingerichtet.
16. Jh.	Erbitterte Kriege gegen die Mapuche; etwa 200 Siedlungen können sich nicht einmal bis ins 17. Jh. halten. Dominikaner und Franziskaner beginnen mit ihrer Missionstätigkeit.
1612	Das spanische Hoheitsgebiet endet am Río Bío Bío.
1680	Ankunft der Augustiner und der Jesuiten, die hauptsächlich im Süden und auf der Isla de Chiloé missionieren.
1777	Chile erhält den Status eines Generalkapitanats.
1808	Napoleon erobert Spanien.
1810	Die erste Nationalregierung Chiles erklärt ihre Solidarität mit Spanien.
1814	Beginn der Unabhängigkeitskriege.
1817/1818	In den Entscheidungsschlachten bei Chacabuco (1817) und Maipú (1818) besiegt O'Higgins endgültig die Kolonialmacht Spanien.
1826	Die Isla de Chiloé wird chilenisch.
1846	Die ersten deutschen Siedler treffen in Valdivia ein.
1879–1883	Salpeterkrieg gegen Bolivien und Peru. Chile gewinnt den Krieg und erhält die Regionen Tarapacá und Antofagasta.
Ende 19. Jh.	Riesige Schaffarmen im Süden führen zur Vertreibung und Verfolgung der Selk'nam und Yahgan. Vertreibung der Mapuche und Ansiedlung in Reduktionen.
1907	Die erste Arbeiterversammlung in Iquique endet in einem vom Militär angerichteten Blutbad.
1911	Inbetriebnahme der Kupfermine Chuquicamata.
1912	Gründung der Sozialistischen Partei.
1920	Die Demokratische Partei unter Arturo Alessandri y Palma gewinnt die Wahlen.
1938	Wahlsieg eines linken Bündnisses unter Pedro Aguirre Cerda.
1945	Literatur-Nobelpreis für die Lyrikerin Gabriela Mistral.
1964	Unter dem Christdemokraten Eduardo Frei Montalva beginnt die Verstaatlichung der Schlüsselindustrien.
1970	Wahlsieg der Unidad Popular unter Salvador Allende Gossens.
1971	Literatur-Nobelpreis für Pablo Neruda.
1973	Putsch der Armee unter General Augusto Pinochet; Liberalisierung der Wirtschaft, brutale Verfolgung von Regimegegnern.

1988	Referendum über eine Verlängerung der Amtszeit Pinochets, die die Bevölkerung ablehnt.
1989	Wahlsieg eines breiten Parteienbündnisses (Concertación) unter Patricio Aylwin; Rückkehr Chiles zur Demokratie.
1993	Erneuter Wahlsieg der Concertación unter Eduardo Frei.
1998	Augusto Pinochet wird zum Senator auf Lebenszeit ernannt. Während eines Aufenthalts Pinochets in London stellt der Gerichtshof in Madrid ein Auslieferungsgesuch an die britische Regierung, dem die Lordrichter später zustimmen. Pinochet soll wegen Menschenrechtsverletzungen vor Gericht.
2000	Mit Ricardo Lagos regiert erstmals seit 1973 wieder ein Sozialist. Im März kehrt Augusto Pinochet zurück nach Chile.
2001	Der ehemalige Diktator steht in Chile vor Gericht. Er wird später für dement erklärt.
2002	Die Sozialistin Michelle Bachelet wird zur Verteidigungsministerin ernannt. Sie ist die erste Frau Lateinamerikas auf diesem Posten.
2003	Die Tochter des früheren chilenischen Präsidenten Salvador Allende, Isabel, wird zur Präsidentin des Unterhauses gewählt.

Dritte-Welt-Ökonomie und ihre Schattenseiten – Wirtschaft

Der ›Tiger Lateinamerikas‹, wie Chile gerne genannt wird, hat seine wirtschaftlichen Wachstumsraten mit einschneidenden sozialen Nachteilen und bedeutsamen ökologischen Verlusten erkauft. Die Merkmale eines Dritte-Welt-Landes bestimmen Chiles wirtschaftliches Profil bis heute: Ausbeutung von Rohstoffen mit deren Weiterverarbeitung in anderen Ländern, Importabhängigkeit sowie durch die reduzierte Produktpalette der wirtschaftlichen Erzeugnisse eine extreme Abhängigkeit vom Weltmarkt.

Unter der Militärregierung Pinochets wurden die entscheidenden Weichen gestellt. Als die an der Universität von Chicago von dem Nobelpreisträger Milton Friedman ausgetüftelten Konzepte, die man allgemein als neoliberal bezeichnet, in Chile verwirklicht wurden, sollte damit ein wesentlicher Beitrag zur sogenannten Modernisierung der Wirtschaft geleistet werden. Die dominante Rolle des Staates und die protektionistischen Praktiken, mit denen Arturo Alessandri sehr zaghaft begonnen hatte und die unter Eduardo Frei und natürlich vor allem unter Salvador Allende ausgebaut wurden, verstand diese Ideologie als eklatante Hemmschwelle eines ökonomischen Aufblühens.

Ein 1980 verabschiedetes Reformprojekt beschnitt den Spielraum der Gewerkschaften, privatisierte Sozialversicherungs- und Gesundheitssystem, dezentralisierte die Primär- und Sekundärschulbildung mit der Möglichkeit der Privatisierung, privatisierte die universitäre Ausbildung, reduzierte drastisch staatliche Studienhilfen, stiftete die Landwirtschaft zur Exportorientierung an und beschloß eine Regionalisierungspolitik, wobei deren politische Träger nicht durch Wahlen bestimmt, sondern von Pinochet eingesetzt wurden.

Als der 1985 zur Beilegung einer Wirtschaftskrise als Finanzminister ins Kabinett bestellte parteilose Hernán Büchi antrat, wurde das Modell noch einmal neu geschneidert. Der Staat übernahm erneut die Kontrolle über den Finanzmarkt, der Währungskurs wurde staatlich festgelegt und gezielt zur Exportförderung eingesetzt. Exportsubventionen wurden der Landwirtschaft erteilt, und die Getreideproduktion über Stützungspreise stimuliert. Damit einher ging eine drastische Arbeitsmarktpolitik. Bei umfangreicher Subventionierung und Steuererleichterungen für die Unternehmen wurden Löhne und Sozialausgaben einschneidend gesenkt. Ergebnis war der Export von gar nicht oder nur gering weiterverarbeiteten Rohstoffen auf der Grundlage nichtqualifizierter, billiger Arbeitskraft.

Doch dieses Modell barg und birgt große Gefahren. Die Palette der Exporte wurde zwar diversifiziert, aber die Produktbereiche gehören nicht zu denen, mit denen auf dem Weltmarkt große Gewinne zu erzielen sind. Die Preise von Kupfer, Holz, Zellulose, Obst und Meeresprodukten schwanken und verfallen. Außerdem sind die Absatzchancen extrem empfindlich: Man erinnere sich an die Krise, als Trauben durch den Einsatz umweltschädigender Mittel vergiftet wurden und sich nicht verkaufen ließen.

An die neoliberalen Wirtschaftsprinzipien klammern sich die Concertación-

Großflächige Rodungen an der Carretera Austral bei Coyhaique

Regierungen nach Pinochet unvermindert fest. Es wird immer weiter privatisiert; das dafür zuständige Ministerium für Öffentliche Arbeiten vermittelt interessierten ausländischen und nationalen Investoren Straßenabschnitte, Flughäfen, Häfen, Krankenhäuser und Schulen.

Doch die praktizierte Handelspolitik trägt zwangsläufig zu ihrem eigenen Niedergang bei: Wälder und Meere können nicht folgenlos geplündert werden. Das eindrücklichste Beispiel für die Janusköpfigkeit der rein auf quantitative Wachstumsraten ausgerichteten Wirtschaftspolitik mit dem Ziel der globalen Vermarktung liefert der Holzeinschlag. Dieser Sektor ist heute nach dem Bergbau der dynamischste im gesamten Außenhandel. Doch eine Studie des Banco Central de Chile hat 1996 ermittelt, daß Chile in 25 Jahren seinen gesamten Primärwald vernichtet haben wird, sollte der Holzeinschlag im Umfang wie bisher weiter betrieben werden.

Die Militärregierung unter Pinochet ließ bereits das Abholzen drastisch subventionieren. Und die neuen Regierungen wußten es nicht besser. Ein eindrückliches Beispiel liefert der multinationale Holzkonzern Trillium, der 26 000 km^2 *lenga*-Wald auf Feuerland erwarb, um ihn abzuholzen und daraus Möbelteile, Faxpapier und Spanplatten zu produzieren. Die nur auf Feuerland beheimatete Südbuchenart, hier noch Primärwald, sollte in einem Rhythmus von 200 km^2 pro Jahr geschlagen werden – dies wurde dann noch als umweltschützende Maßnahme hochgejubelt. Offenbar hatte die Regierung allerdings ihren wertvollen Südbuchenwald so preiswert an die Multis verscherbelt, daß nachgebessert werden mußte, als die Kaufsumme bekannt wurde – Trillium legte noch einmal 900 000 Dollar drauf.

An Stelle der kostbaren Hölzer treten Plantagen aus Kiefern und Eukalyptus, die Fremdkörper auf chilenischem Boden sind. Ihr Holz ist nicht verwertbar, Kiefern saugen 170 % des Wasserbedarfs von Naturwald aus dem Boden, Eukalpytus verhindert das Entstehen einer Humusschicht, was den Boden sterilisiert. Die Umweltschäden sind katastrophal.

Dieselbe Entwicklung nimmt der Fischereisektor, der mit 12 % jährlichem Wachstum zu den am schnellsten wachsenden Wirtschaftszweigen gehört. Allein die Lachszucht katapultierte Chile aus dem Stand heraus, innerhalb einer Zeitspanne von sieben Jahren, zum zweitgrößten Exporteur dieser Fischart nach Norwegen. Fast 90 % der Fänge allerdings wandern in fischverarbeitende Fabriken, die nicht in Chile stehen. Es sind vor allem Japaner, Russen und Spanier, die mit ihren Fabrikschiffen vor den Küsten Chiles den Meeresboden abgrasen und dabei Jungtiere und geschützte Arten vernichten. Manche früher weitverbreiteten Muschel- und Krebsarten sind vom Aussterben bedroht oder es gibt sie überhaupt nicht mehr.

Chile schlingert also weiter zwischen Aktivposten, die ihm einen guten Ruf als Handelspartner und Investitionsland beschert haben. Es produzierte in den 1990er Jahren fast ausnahmslos eine positive Handelsbilanz, hat Devisenreserven von 14 Mrd. Dollar angesammelt und konnte seine Auslandsverschuldung beim Internationalen Währungsfond tilgen. Doch die immer drastischer sich abzeichnenden Schattenseiten sind die weitere Verarmung der Bevölkerung, obwohl sich ebenfalls in den 90er Jahren eine Million Bürger mehr als Mittelklasse definieren konnten, was ihre finanzielle und berufliche Ausstattung betraf.

Chiles Wurzeln – Kulturkaleidoskop

Nachdem Kriege ausgefochten, Land erobert, Terrains abgesteckt und die Muttermacht Spanien aus dem Land getrieben waren, hatten die Kolonisten Zeit für die Frage, worin eigentlich ihre Kultur bestand.

Die Presse sei die Artillerie der Gedanken, hatte Simón Bolívar, der blendendste Vertreter und Chef-Theoretiker der südamerikanischen Befreiungshelden, provokant formuliert, und so war das erste Produkt einer nationalen chilenischen Kultur die Zeitung ›La Aurora de Chile‹, die der junge, aus Valdivia stammende Fray Camilo Henríquez 1812 noch während der Unabhängigkeitskriege herausgab. Offiziell von der Regierungs-Junta bezahlt, ließ er sich in seinen liberalen Ansichten weder vom traditionellen Klerus noch vom Großbürgertum beirren, was zur Einstellung der Zeitung und zur sofortigen Entstehung des ›Monitor Araucano‹ 1813 führte. 1814 mußte Henríquez vor der spanischen Reconquista in Chile nach Buenos Aires flüchten. Aber sein Vermächtnis wirkte nachhaltig in seinem Heimatland: Literatur – und im weiteren Sinne auch Theater – sollte eine bildende und aufklärerische Funktion ausüben.

So waren die ersten Zeitungen Chiles, wenn auch die mangelnde finanzielle Ausstattung sich bis in die Setzkästen ihrer Druckereien bemerkbar machte, blühende Diskussionsforen für ein neues, chilenisches Selbstverständnis, welches damals auch die Respektierung der Rechte und des Terrains der Indios einschloß. Im ›Monitor Araucano‹ erschien ein *Reglamento a favor de los Ciudadanos Indios,* das emanzipatorisch forderte, Kasten und Klassen aufzuheben und die Indios mit Land, Vieh, Getreidesamen und Arbeitsgeräten auszustatten.

Der revolutionäre Aufbruch, eine neue Gesellschaft zu gestalten und ideologisch sowie kulturell zu definieren, wurde in den folgenden Jahrzehnten von den Wirren des Regierens aufgesogen. Bald waren die Klassen wieder fein säuberlich getrennt. Das Großbürgertum – und vor allem die eingewanderten Salpeter- und Schafbarone – fühlte sich dem europäischen Kosmos verwurzelt. Alle Aufmerksamkeit galt den gleißenden Zentren des 19. Jh., Paris, Rom, Venedig, Berlin, London, auch Moskau und Athen. Architektur, die Schönen Künste, Musik und Mode unterlagen den Schulen und Inspirationen der Alten Welt, was durchaus befruchtend war. Sogar die China-Manie der 20er Jahre wurde getreulich in Santiagos Stadtpalästen nachgebetet.

Besonderer Beliebtheit erfreute sich die italienische Oper, und so nimmt es nicht wunder, daß die erste chilenische Oper überhaupt, ›Das Blumenmädchen von Lugano‹, von Eleodoro Ortiz de Zárate (1865–1952) während eines Europa-Stipendiums entstand. Uraufführung war 1895 in Valparaíso im Teatro de la Victoria.

Derweil wurden heftig – und auch sehr amüsant, wenn man Jorge Edwards und seinem Buch ›Erinnerungen an Pablo Neruda‹ folgt – die Klingen im literarischen Bereich gekreuzt. Die Frage nach einem politischen Auftrag der Dichtung erörterte man Anfang der 20er Jahre unter Androhung ewiger Feindschaft. Zwei traf es: Pablo Neruda und Vicente Huidobro.

Chile und seine Dichter

Wer Chile kennenlernen will, greife zuerst zu einem Buch. Die Suche nach geeignetem Futter ist höchst vergnüglich und vor allem fruchtbar. Denn das Land läßt kaum einen seiner Dichter oder Autoren kalt. Mit prägnanten Wortbildern laden sie dazu ein, in dieses unbekannte Land zu reisen, einzutauchen in ihre heimatliche Natur, die sie zu Metaphern bannen oder selbst Hauptdarsteller spielen lassen.

Von der ersten chilenischen Nobelpreisträgerin für Literatur, der bei uns nicht sehr bekannten **Gabriela Mistral** (1889–1957), stammt folgendes Gedicht:

Nacht
»Die Berge lösen sich auf
Außer Sicht die Herde.
In ihre Schmiede kehrt die Sonne
   zurück:
Alle Welt ist auf der Flucht.

Allmählich verlöscht der Garten
Untergetaucht ist der Hof
Meine Kordillere versenkt
ihren Gipfel und ihren grellen Schrei

Auf der Schräge gleiten
die Geschöpfe ins Vergessen.
Auch wir, Kind, wir beide,
rollen abwärts in die Nacht.«

Die Grenzen zwischen der Natur und der Gestalt der Autorin sind verwischt, das Gedicht malt expressionistisch eine Landschaft und gibt gleichzeitig ihren Seelenzustand preis. Stellt man sich hier schnell den sonnendurchglühten, einsamen Norden ihrer Heimat im Valle del Elqui vor, die braunen Gipfel der Präkordillere, so evozieren andere Autoren Bilder des Südens.

Besonders lebhaft und würzig durchdringt die Liebe zum Land das Werk von **Pablo Neruda** (1904–1973):

Die erste Reise
»Seitdem meine Liebe
war das Holz
und was ich berührte, verwandelt sich
   in Wald.
Es bringen sich mir
Augen und Blätter durcheinander,
gewisse Frauen mit dem Frühling
des Avellanoriesen, der Mann mit dem
   Baum,
ich liebe die Welt des Windes und des
   Laubes,
ich unterscheide zwischen Lippen nicht
   und Wurzeln.«

In den Erzählungen von **María Luisa Bombal** (1910–1980) verweben sich Naturschilderungen und Erinnerungszustände ihrer Protagonistinnen zu einem schwebenden Geflecht voller sprachlicher Musikalität und Feinheit. Weibliche Körper beschreibt sie als Blüten, als Weiden, und tatsächlich trägt Yolanda (›Die neuen Inseln‹) einen flaumzarten Flügelansatz unterhalb ihrer Schulter. Sie erfindet Bilder, die »den ruhig sinnlichen Genuß der Landschaft ausstrahlen«, wie sie selbst sagt. Aber es ist nicht die gezähmte, beherrschte Landschaft, die sie beschreibt, sondern eine Flucht in die rätselhafte, undurchdringliche Natur, so wie sie natürlich ist. Wasser, die Laute des prasselnden Regens auf die Blätter eines Gummibaumes, klare, kühle Teiche, stürmische Winde, die staubbedecktes Laub aufwirbeln, beschwören Bilder vom Süden und von herrschaftlichen Villen, in denen sich die Frauen bewegen wie Gefangene, während die Männer der Jagd nachgehen.

In seinem labyrinthischen, zynischen ›Landhaus‹ setzt der Meister des modernen chilenischen Romans, **José Donoso** (1924–1999), Natur als Gleichnis ein. Das Landhaus, Symbol von Herrschaft und Zuflucht vor der alles verschlingenden Natur, die sich außerhalb seiner Mauern und Grenzen in unbekleideten Arbeitern und Menschenfressern manifestiert, wird von einer Ebene aus Wollgras umgeben, deren Samenbüschel die Atem- und Speiseröhren austrocknen und verstopfen. Das Geraschel der Ähren, die Geräusche der reifenden Samenkapseln begleiten den Fortgang der Geschichte. Zunächst bleibt alles unwirklich, wie ein Albtraum, um sich dann in einer schrecklichen Wirklichkeit zuzuspitzen.

Natur selbst zum Gegenstand haben die Erzählungen von **Francisco Coloane** (geb. 1910), die auf Feuerland und in Magallanes spielen. Zu Hauptfiguren hat er harte Helden gekürt: gestrandete Pioniere, vereinsamte Matrosen, Glücksritter, denen das Unglück die Gefühle ausgetrieben hat und die Ruhe nicht finden können – auch nicht in der Konfrontation mit dem normalen Alltagsleben. Wie Coloanes ›Feuerland‹ spielt ›Die Welt am Ende der Welt‹ im äußersten Süden mit seiner sinnverwirrenden Topographie aus Inseln, Buchten, Kanälen und Fjorden. Die mit grünen Eilanden übersäte Landkarte der Carretera Austral, von Chiloé und Magallanes, die Gletscher, Kliffs und schäumenden Gewässer des Pazifik erstehen fesselnd neu in dem kleinen Öko-Thriller von **Luis Sepúlveda** (geb. 1949).

Pablo Neruda

Natur als Bild verwendet **Raúl Zurita** (geb. 1951) in seinem Gedichtband ›Vorhimmel‹, der sich mit der Diktatur Augusto Pinochets auseinandersetzt und darin eine persönliche Möglichkeit der Verarbeitung des Regimes sucht:

Wie Spreu sind sie zerstoben
»Niemals legten sie Hand an die Täler, die
sie verbrannt wie Stroh allein der
wütende Sturm lullte sie ein
Wie Spreu sind sie zerstoben, Chiles verbrannte
Weiden verblichen verbraucht wie Rußflecken, die
auf diesen Ebenen sich verbreiten

Selbst die Wüsten waren blühende Gärten im
Vergleich zu diesen Aschefeldern.«

Und zum Abschluß noch einmal Pablo Neruda über den Süden Chiles, weil es so schön ist:

La condition humaine

»Hinter mir, dem Süden zu, hatte das Meer
die Landstriche zerbrochen mit seinem Hammer von Eis
aus der klirrenden Einsamkeit
wurde das Schweigen plötzlich zum Archipel
und grüne Inseln umgürteten die Taille meines Landes
wie Pollen oder Blütenblätter einer Meeresrose,
und außerdem, tief waren die von Leuchtkäfern
glühenden Wälder, der Schlamm phosphoreszierend,
die Bäume ließen lange Seile hängen
wie in einem Zirkus, und das Licht lief Tropfen zu Tropfen
wie des Dickichts grüne Tänzerin.«

Politik und Dichtung durchdrangen sich immens; Neruda und auch die erste Literatur-Nobelpreisträgerin Chiles, Gabriela Mistral, vertraten ihr Land in diplomatischen Diensten – ein schöner Brauch, der in Südamerika gepflegt wird. Als Sonderbotschafter veranlaßte **Pablo Neruda** (1904–1973) die Emigration Tausender spanischer Flüchtlinge während des Bürgerkriegs, ergriff Partei für Stalin, unterstützte die Unidad Popular seines Freundes Salvador Allende und starb ein paar Tage nach dem Pinochet-Putsch im September 1973. Wenn wir seinen Spuren folgen, erreichen wir schnell das Herz von Chile. Er darf ohne Zweifel als der glänzendste, schillerndste Botschafter seines Landes gelten. Auch **Gabriela Mistral** (1889–1957) war eine glühende Verfechterin des *criollismo,* eines künstlerischen Konzeptes, das die unverwechselbare kreolische Identität beschwört.

Violeta Parra (1917–1967) gelang dies ebenfalls. Die Malerin, Sängerin und Komponistin berühmter sozialkritischer Lieder, die uns das unnachahmliche ›Gracias a la vida‹ (vor allem in der Version der Argentinierin Mercedes Sosa) geschenkt hat, hob den Schatz der vielfältigen chilenischen Folklore. Sie bewegte sich auf Pionierpfaden; denn die bäuerlichen Gesänge bei Ernten und Geburten, bei der Weinlese und der Hochzeit hatten zuvor nicht als schützenswerte Hochkultur gegolten. Sie rei-

Gabriela Mistral

ste in die entlegensten Regionen, um Lied- und Tanzversionen zu sammeln und gründete 1957 an der Universität von Concepción das Museum für Volkskunst. Ihre Kinder Angel und Isabel führten das Erbe fort – gemeinsam mit dem Komponisten, Schauspieler, Sänger und Theaterregisseur der ITUCH (Teatro de la Universidad de Chile) Víctor Jara, einem der ersten, den die Militärs nach dem Pinochet-Putsch im Nationalstadion von Santiago umbrachten.

Mit ihrer ruhigen, ernsten, facettenreichen Folklore gelang der Gruppe **Inti-Illimani** unter Horacio Salinas, den Widerstand gegen das Pinochet-Regime im Ausland in einen Mantel aus Klängen zu hüllen. Ihre Instrumente spiegeln südamerikanische Wurzeln: der *charango* etwa, eine bolivianische Gitarre mit fünf Doppelsaiten, die andinen Hirtenflöten und die Trommeln der Schwarzen.

Die Kultur der Mapuche

Um die erstaunlichen Mapuche rankt die Geschichtsschreibung viele Legenden. Verwurzelt in dem Epos eines spanischen Soldaten, der mit den Konquistadoren in das Land des Südens, *Chili*, einfiel, die ›Araucanía‹ des Alonso de Ercilla y Zúñiga, erstrahlten ihr Kampfesmut und ihre Unbeugsamkeit über die Jahrhunderte hinweg. Bezwungen wurden sie letztendlich nicht im Krieg, sondern durch Betrug und auf einem Feld, auf dem sie sich nicht auskannten: der Trunkenheit.

In den vergangenen Jahren mühen sich die Regierungen, das zerrüttete Verhältnis zu kitten. Die Mapuche, die einst zwischen Chillán und Puerto Montt siedelten, waren 1882 in 22000 Reduktionen weggesperrt worden, die die Land-

karten auch heute noch verzeichnen. Unter Patricio Aylwin (1989–1993) setzte die Rückgabe des Mapuche-Territoriums ein, ohne jedoch je die tatsächlichen Forderungen der indianischen Gemeinden zu befriedigen. Staatliche Gelder fließen in Projekte zur Verbesserung der Infrastruktur der Mapuche-Gemeinden.

Die Mapuche durchsetzen mit durchaus wahrnehmbaren Zeichen die chilenische Kultur, am auffälligsten mit ihrem dekorativen Schmuck aus Alpaka-Silber, der in Kunstfotobänden gewürdigt und in Temuco zum Kauf angeboten wird. Die stets wieder aufflammende Ethnomode hat ihn sich schon einverleibt. Der *akucha,* der vielgliedrig die gesamte Brust der Frauen bedeckt, die Hüftbinde *nitrowe* und der *trarilonco,* der wie ein Stirnband getragen wird, sind vielleicht zu außergewöhnlich für den Massengeschmack, aber Ohrringe mit anthropomorphen Darstellungen und Fibeln füllen in zahlreichen Kopien die Boutiquen von Pucón und die Kunstgewerbegeschäfte.

Die Mapuche haben damit nur wenig zu tun. Sie halten sich von städtischen Einflüssen fern, beschicken die Märkte ihres Kernsiedlungsgebietes um Temuco und Carahue aber mit ihren landwirtschaftlichen Produkten. Nie bauten sie Städte oder Dörfer, und sie tun es bis heute nicht. Sie leben in (früher matriarchalisch organisierten) Familien zusammen. Ihre strohgedeckten, geräumigen *rucas* (Gehöfte) mit den Tier-Pferchen davor liegen in den Wäldern verstreut. Wer aufmerksam durch Mapuche-Gelände streift (z. B. in der Gegend um den Quetrupillán), entdeckt ihre Gebetsfelder an Gebinden aus *canelo*-Ästen und *colihue*-Stangen.

Der Clanvorstand *(lonko)* und die Heilerin/Schamanin *(machi)* regeln das Alltags- und das spirituelle Leben, wobei die *machi* (früher Männer in Frauenkleidern, heute Frauen) in Verbindung zum göttlichen Kosmos der Mapuche steht. In ihren Glaubensvorstellungen existiert kein natürlicher Tod, nur ein von bösen Geistern verursachter. Und auch die Krankenbehandlung, die ihr obliegt, ist eigentlich eine Austreibung böser Geister, der *wekufe*. Unvertraute Vorstellungen, unvertraute Welt: Jeder Zoll, welcher der Kultur der Mapuche zugestanden wird, ist ein Gewinn.

Die Schindeln von der Isla de Chiloé

Wer es nicht weiß, mag achtlos daran vorüberstreifen – doch die Schindeln *(tejuelas)* von der Isla de Chiloé sind es wert, genauer betrachtet zu werden. Sie sind kleine Kunstwerke, aber sie brauchen nicht die schnelle Aufmerksamkeit, sondern den geduldigen Blick.

Womit kann man, wenn es häufig regnet und ausschließlich – billiges – Holz zur Verfügung steht, Häuser so fest versiegeln, daß der Regen nicht durchdringen kann? Indem man kleine Holzscheiben so übereinanderschiebt, daß sie wie Schuppen einer Fischhaut ineinandergreifen.

Die Häuser werden auch heute noch auf diese Art und Weise gebaut. Doch Holz ist wegen seiner Verknappung teuer geworden. Die Ärmeren greifen oft genug zum Wellblech, das längst nicht so viel Schutz bietet. Denn für einen *quincho,* einen kleinen Pavillon, in dem *curanto* und *parillas* für Feste zubereitet werden, schneiden fünf Männer zwei Tage lang *tejuelas.* Wer kann sich deren Bezahlung und natürlich das Holz schon leisten? *Time ist money* auch in Quemchi, und so greift Schneidemeister

Die Kirche von Achao mit den typischen Schindeln der Isla de Chiloé

Arcadio bedauernd zum trockneren *canelo,* obwohl der *mañío* viel besseres Holz für die Schindeln hergibt, doch der war zu feucht.

Früher, als der Rhythmus noch gemächlicher war, erledigten die Nachbarn den Hausbau in Gemeinschaftsarbeit und warteten auf den geeigneten Zeitpunkt. Unter der heute üblichen Aufsplitterung in ›richtige‹ Berufe leidet aber auch die Solidarität.

Oft erstrahlen die geschindelten Häuser in den buntesten Farben. Originalgetreu ist das aber nicht. Das früher naturbelassene Holz dunkelt nach und hüllt die Gebäude in anthrazitfarbene Melancholie. Kenner behaupten, daß damit die Schönheit des kunstvollen Schnittes besser zur Geltung gebracht werde.

Acht verschiedene Schnittmuster haben die Holzbauer entwickelt. Das einfachste ist die *cabeza recta,* die später an den Wänden angebracht so aussieht wie aneinandergereihte Holzplättchen. An die Kontur eines kleinen Bootes erinnert die *cabeza biselada,* die man nur auf der Isla Quinchao sehen kann. Die *cabeza convexa* mit ihren Bogenkanten bedeckt die Kirche von Dalcahue, in Wellenformen ziehen sich Reihen der *cabeza concava convexa* über die Gebäude von Curaco de Vélez, die trapezförmigen und besonders widerstandsfähigen *tejuelas cabeza triangular* findet man in Tenaún und eine besondere Formenvielfalt in Ancud und Castro.

Früher maßen die Schindeln 90 cm in der Länge, 15 cm in der Breite und 1 cm in der Dicke, heute sind sie nur noch 50 cm lang. Lediglich ein Drittel davon ist sichtbar. Man sollte sie aufmerksam betrachten, denn sie sind handgeschnittene Kostbarkeiten, die es in dieser Fülle nicht überall zu sehen gibt. Und vielleicht werden sie bald unerschwinglich sein für die einfachen Leute von Chiloé, die sie erfunden haben.

Schätze aus dem Meer – Chiles Küche

Die chilenische Küche kennt weder Verzierungen noch Raffinessen, denn sie entstand, um die Menschen satt zu machen. Wenn man kompliziert klingenden Bezeichnungen auf der Speisekarte begegnet, liegt das daran, daß die Rezepte der Wohlhabenden stets europäische Küchenkreationen zu kopieren trachteten. So wird das Steak in Traditionshäusern von der Café-de-Paris-Butter begleitet, obwohl die *pebete,* eine selbstgemachte Kräutersauce mit zerstoßenen Pfefferschoten, viel besser das Aroma eines rustikalen *churrasco* unterstreicht.

Wenn aber so ein Genußmensch wie Pablo Neruda eine Ode an den *congrio* (Kongeraal) verfaßt, dann muß an ihm etwas dran sein. Und das ist es auch: Fische und Meeresfrüchte schmecken in Chile unvergleichlich. Der Umgang mit frischen Produkten ist so verwurzelt auch in einfachen Restaurants, daß mitunter die Gäste beim Mittagstisch gebeten werden zu warten, bis der Fischer wieder zurückgekehrt ist und man seinen Fang zubereiten kann. Das ist dann keine komplizierte Aufgabe, und niemand muß lang auf seinen Teller warten: Schnell in die Pfanne oder roh zerkleinert als *ceviche* – da braucht es nicht mehr als ein bißchen Pfeffer und eine Spur Limonensaft.

Die Vielfalt der Muscheln ist frappant – allein von der Miesmuschel existieren drei Varianten unterschiedlicher Größe: *choro, cholga* und *choro zapato* (so groß wie ein Schuh). Dazu kommen ein Potpourri aus Kamm-, Pfahl- und Venusmuscheln, die Krabben und Krebse und eine riesige Meeresschnecke, der leider von der Ausrottung bedrohte, festfleischige *loco.* Star auf jeder Meeresfrüchteplatte ist der knallorange *piure*, weich und so jodhaltig, daß Neulinge ihn kaum verspeisen mögen, und der *picoroco*, der aussieht wie ein überdimensionaler Vogelschnabel. Man packt ihn furchtlos an seiner Spitze und streift das weiche, helle Fleisch mit der Gabel von seinem Chitingerüst.

Picoroco und *cholgas* gehören in die Flitterwöchnersuppe *(Sopa Luna y Miel)*, den Seeigel *(erizo)* schlucken die Chilenen am liebsten roh. Daß man Austern *(ostras)* eventuell dämpfen oder gar braten könnte, käme ihnen nie in den Sinn, aber die Jakobsmuschel *(ostión)* und die *macha* dürfen überbacken, mit Knoblauch und Käse gewürzt oder in einer Brühe voller *pilpil*, einem scharfen Gewürz, gegart werden. Ein Teller voll gegarter Meeresfrüchte heißt *paila marina*, die rohe Variante *mariscal*.

Rindfleisch *(vacuno)*, Geflügel und Schwein wandern normalerweise einfach in die Pfanne, einzig die *maiala*, eine reich gefüllte, große Rinderroulade, die zum Verzehr in Scheiben aufgeschnitten wird, bildet eine Ausnahme. Köstlich kann ein *asado de cordero* sein, weil die Lämmer aus dem Süden frisches Kraut fressen und *a fuego lento* gebraten werden – ganz, ganz langsam.

Meist sehr lecker fällt die *cazuela* aus, ein mit Kräutern gewürzter Eintopf aus Huhn oder Rindfleisch mit den indianischen Ingredienzien Kichererbsen, Mais, Kürbis, Karotten und Kartoffeln. Die chilenischen *empanadas* werden mit verschiedenen Ragouts gefüllt und im Ofen gebacken. Typisch ist der *pino*, eine orientalisch gewürzte Mischung aus Hackfleisch, Rosinen, Oliven und Eiern. Der *pastel de choclo* aus Schichten von

Wichtige Bestandteile der chilenischen Küche: Paprika- und Pfefferschoten

Sehr begehrt für chilenische Töpfe: Alles, was aus dem Meer kommt

Mais, Fleisch und Käse trägt eine karamelisierte Haube.

Kräftige deutsche Einflüsse zeichnen die Küche des Südens aus. Da kommt zum Frühstück schon die Wurstplatte auf den Tisch, wo normalerweise ein Nescafétütchen und ein eingepacktes Hörnchen zum Verzehr verführen wollen, und nachmittags ißt jeder *kuchen*. Die *longaniza* versöhnt jeden Bratwurstfreund, dazu gibt es eine Portion Kartoffelbrei.

Die Essenszeiten unterscheiden sich nicht von den mitteleuropäischen, rutschen höchstens ein wenig nach hinten. Firmeneigene Kantinen sind dünn gesät, und so wird man überall preiswerte Mittagstische finden. Besonders beliebte kleine Gerichte sind die köstlichen Sandwiches und die mayonnaisehaltigen, mit Huhn oder Krabben gefüllten Tomaten oder Avocadohälften (*palta*) auf Salat.

Standardaperitifs sind *Pisco Sour*, ein Tresterschnaps mit Limonensaft und etwas Zuckersirup, und die nach Zimt und Eiern duftende, süße *vaina*. Chilenische Weine verkörpern eine Qualitätsklasse für sich, und zum Abschluß eines Essens kommt den Chilenen am liebsten ein Wässerchen in die Kehle – worunter aber kein Klarer, sondern ein Kräutertee zu verstehen ist. Dies sei zur Nachahmung empfohlen – er bringt jeden leicht verrenkten Magen und angesäuselten Kopf über Nacht wieder in Ordnung.

Arriero mit Viehherde in der Nähe des Lago General Carrera an der Carretera Austral ▷

Reisen
in Chile

Santiago

Wandel
unter der Kordillere

■ (S. 337) Das Pflaster von Santiago hätte viel zu erzählen. Die abgetretenen Ränder der Katzenbuckelsteine in den Straßen um die Plaza de Armas in der Innenstadt, der feine Plattenbelag an der Plaza de la Constitución vor dem Regierungspalast Moneda, die glatten, in Wellen gemusterten Marmorquadrate in der Geschäftszone der Avenida Apoquindo, der staubbedeckte, schadhafte Asphalt der Avenida Brasil – sie alle tragen das ihre bei zu dem Bild der Vielfalt, als das sich Santiago präsentiert.

Kühl wie Alabaster, ruht das Pflaster der Feine-Leute-Avenida Goyenenchea unter den Wassergüssen der Privatgärtner, die sich um den Erhalt der Gartenzäune aus Buchsbaumhecken und Bougainvilleen kümmern. In den Avenidas Providencia und Suecia flirrt und flimmert es unter den teuren Maßschuhen der Geschäftsleute und den Stilettos der Boutiquenschlenderinnen. Es quietscht unter den Turnschuhen der Day-Pack-bewehrten Touristen an der Kathedrale, und es zerbröselt unter der Hundepisse in der Gegend um den Mercado de las Flores. Ewig schadhaft und rissig, bedeckt es die zentrale Santiago-Achse Avenida O'Higgins, und der Spaziergänger stolpert fluchend zwischen den Pflasterlöchern umher und schwört, das nächste Mal besser aufzupassen.

Aber es wird nachgebessert. Immer wird irgendeine Zone flugs dem neuen Bild von Santiago angepaßt – zumindest dem, wofür es sich hält: aufgeschlossen, frisch, modern und wohlsituiert, poliert und stabil, kosmopolitisch eben. Das teuerste Shopping-Center von ganz

Südamerika, die niedrigsten Arbeitslosenzahlen seit Jahrzehnten, beste Bedingungen für ausländische Investments – die aber bitte nur mit Langzeitgarantie – sollen die schlimmen Jahre vergessen machen, als das Pflaster tot war und unter Ausgangssperren und Panzergeräuschen litt. ›Tiempos Nuevos‹, ›Neue Zeiten‹, heißt sogar ein Andenkenladen mit Kunstgewerbe und umschreibt den Aufbruch in die Zeit nach der glorreichen *transición*.

Dies meint die Periode des Übergangs, als die Chilenen erneut den Weg in die Demokratie beschritten. Die politische Öffentlichkeit hat sie mit dem Spanien des Felipe González verglichen, der sein Land aus der Franco-Diktatur energisch in das moderne Europa überführte. Musik, Mode, Filme, Sport, Weine – plötzlich waren Madrid und Spanien in aller Munde.

Die Bewohner von Santiago blicken voller Stolz auf diesen Vergleich. Denn die Metropole galt noch zu keiner Zeit als aufregend wie beispielsweise die Hafenstadt Valparaíso. Die ›Preußen Südamerikas‹ bewohnten eine Stadt, an der viele Besucher ein eigenes Profil vermißten, die sie als langweilig, provinziell und schläfrig empfanden.

Bis in die Anfänge des 20. Jh. hatte Santiago sein koloniales Kolorit bewahrt. Die Häuser pflegten mit Ausnahme der Prachtbauten der Oberschicht einstöckig zu sein, und wer etwas auf sich hielt, residierte im Zentrum. Der Wandel vollzog sich parallel zur wachsenden Industrialisierung und zu den schwindenden Arbeitsmöglichkeiten auf dem Land, über das die *latifundistas* geboten. Mietskasernen zur Unterbringung von Arbeitern wurden hochgezogen, meist Gebäude mit mehreren Stockwerken, in denen sich Einzimmerwohnungen an einem Gang an-

Blick vom Cerro San Cristóbal
◁ *über das Zentrum von Santiago*

einanderreihten. Noch 1952 lebten etwa 30 % der städtischen Bevölkerung in diesen sogenannten *conventillos*. Sie muß auch Pablo Neruda kennengelernt haben: »Tausende von Häusern waren von Unbekannten und Wanzen bewohnt«, urteilte er 1921 ungerührt über ihren Zustand.

Doch das Bild von Santiago änderte sich rasch. Das großbürgerliche Zentrum entwickelte sich zur Dienstleistungs-City und war nicht länger der Platz, wo man ungestört in seinem Prunk residieren wollte. Die Reichen siedelten sich im Osten der Stadt an, im Barrio Alto, der kühlen, frischen Kordillere zu. In der City streckten sich bald Jugendstil und Art-déco-Architekturen in den Himmel, und als neue Mieter zogen Banken und mondäne Kaufhäuser ein – ganz im Stil der europäischen 20er Jahre.

Die Stadtgrenzen zerfransten derweil unter dem Bevölkerungsanstieg. 1895 zählte Santiago 260 000 Einwohner, 1920 waren es über 500 000, und 20 Jahre später stieß es bereits an die Millionengrenze. Staatliche und halbstaatliche Gesellschaften übernahmen in den 50er Jahren den Bau von Reihenhaussiedlungen, den *poblaciones planificadas,* im Süden. Wie Zwiebelschichten legten sich ein wenig später die *tomas* (Landbesetzungen) und die daraus entstandenen *callampas* (illegale Hüttenviertel) um den Ballungsraum, die unter der Allende-Regierung legalisiert und mit Strom- und Wasseranschlüssen versorgt wurden. Industriezonen säumten die Hauptausfallstraßen und zogen den Aufbau von Arbeitervierteln nach sich. Santiago wuchs zur sich weit spreizenden Stadtlandschaft, in der einzelne Segmente wie zufällig aneinandergereiht sind.

Gondelt man mit dem *teleférico* den Stadtberg San Cristóbal hinauf, einen versprengten Boten der nahegelegenen Präkordillere, gleicht es mit seinen geschätzten 6 Mio. Einwohnern einem mit bunten Bausteinchen übersäten Kinderzimmer. Ein Patchworkteppich aus verschiedenen *barrios* (Vierteln) bedeckt das Tal des Río Mapocho zu Füßen der Kordillere. Leider verhüllt dichter, braunrosa Industriesmog die Schönheit der Lage an den meisten Tagen. Die schneegleißenden Anden, die in dieser Region mit dem Aconcagua den höchsten Gipfel Südamerikas (6959 m) aufweisen, bilden nämlich einen phantastischen Hintergrund des Stadtgemenges – wenn man sie denn einmal sieht.

Überall auf dem Talgrund schillern anthrazitgraue, smaragdgrüne und turmalinblaue Klötzchen, an vielen wird gearbeitet, dazwischen gähnen die braungrauen Löcher der Baustellen. Die Stadt gleicht einem *work in progress*. Die schiefergrauen Türme der Kathedrale und das sienarote Backsteindach des Konvents Santo Domingo identifizieren die historische Stadtmitte. Ein grünes Rechteck im Süden, umrahmt von staubfarbenen Straßen mit uniformen Wohnblocks, markiert das Nationalstadion. Die bunten Glitzertürme im Osten bekräftigen die Zugehörigkeit zur Postmoderne und die ausgeglichenen Zahlungsbilanzen, die vom Laubgrün überschatteten Avenidas dahinter die Wohlhabenheit der hier Residierenden. Der wandernde Blick erspäht das Gedränge um den zentralen Busbahnhof und noch weiter im Westen die grünen Kleckse der Volksparks Quinta Normal und Parque O'Higgins. Gleich einem haferflockenfarbenen, schaumweiß gekrönten Band durchschneidet der Río Mapocho den Stadtgrund von Osten nach Westen in einem Bett aus saftigen Grünanlagen.

Eine Hauptstadt entsteht

Im Stadtmuseum von Santiago (Museo de la Ciudad) in der Casa Colorada ist eine Kopie des ersten Stadtplanes ausgestellt, den der spanische Gründer der Stadt, Pedro de Valdivia, 1541 anfertigen ließ. Er gleicht jenen kleinen Papierfetzen, die andere Konquistadoren von ihren Eroberungen und Neugründungen gemacht hatten, wie ein Ei dem anderen. Um die Plaza Mayor gruppieren sich die Häuser der Würdenträger und die Kathedrale. Rechtwinklig zueinander sind die drei, vier Gäßlein angelegt, in denen die Soldaten sich ansiedelten, das Ganze wurde von einem Palisadenzaun schützend umgeben.

So grob skizziert der Stadtplan, so wenig dauerhaft seine Bedeutung: San Yago de la Nueva Extremadura (die meisten Konquistadoren kamen aus dieser spanischen Provinz, dem damaligen Armenhaus des Landes) bestand ein halbes Jahr, dann wurde es von aufständischen Indianerverbänden dem Erdboden gleichgemacht.

Es brauchte die Geduld von Jahrhunderten, den Hauptstadtsitz in der Landesmitte – die als solche natürlich noch nicht definiert war – zu halten. Die Vitrinen im Museo de la Ciudad visualisieren die Stationen der Zerstörungen, der Erdbeben, des ständigen Wiederaufbaus und der Verlassenheit. In der isolierten spanischen Enklave konzentrierten sich bald die Missionen. Zwölf Klöster mit den ihnen angeschlossenen Kirchen, den Schulen und der ersten Universität des Landes bedeckten um 1647 etwa ein Drittel des städtischen Geländes.

Das jüngste Erdbeben verlieh 1730 der Stadt Schwingen: Es gab den Impuls zu reger Bautätigkeit repräsentativer Häuser. Die zaghaft beginnende Herausbildung einer großbürgerlichen Schicht und deren Wunsch, sich in der Prachtentfaltung gespiegelt zu sehen, schlug sich in den Architekturmoden nieder, so auch bei dem Gebäude, in das das Museo de la Ciudad eingezogen ist. Die neoklassizistischen Bauwerke des italienischen Architekten Joaquín Toesca, die zwischen 1780 und 1808 entstanden,

Traditionelle und moderne Transportmittel vor dem Mercado Central von Santiago

setzten neue Akzente, die sich vom ländlichen Kolonialstil abwandten, und schufen der Stadt eine eigene, unverwechselbare Identität.

Nicht nur die Gebäude, auch die Straßen wurden in Bühnen der Repräsentation verwandelt. Fand der Berliner Maler Otto Grashof, der sich 1854 mehrere Monate in Chile aufhielt, für Santiago nur wenig lobende Worte, so beeindruckte ihn doch das lebhafte Treiben während eines Festtages auf der Alameda, »einer fast eine Stunde langen, ziemlich breiten Pappelallee. Es halten reiche, neue Equipagen, in ihnen Señores und Señoritas im reichsten, neuesten Modenschmuck. Viele Reiter und Amazonen schwärmen in den Seitengängen, um dem guten Musikorchester beizuwohnen.«

Am Entwurf dieser gepriesenen Flanier-Avenida war der *Libertador,* der Befreier Chiles, Bernardo O'Higgins, nicht ganz unschuldig, denn sie entstammt seinem Entwicklungskonzept, das städtische Terrain zu öffnen und luftiger zu machen. Die stattliche Prachtallee erhielt einen vierreihigen Saum aus chilenischen Pappeln *(alamos)* und im Laufe der Zeit reifte sie zur bevorzugten Adresse der Reichen: Wo sonst, wenn nicht an dieser schicken Esplanade, die sich jeden Sonntag in einen Jahrmarkt der Eitelkeiten verwandelte, konnte man seinen exquisiten und teuren architektonischen Geschmack besser vorführen? Avenida de las Delicias, ›Allee der Entzücken‹, wurde sie getauft, später bekam sie den Namen des *Libertador,* gebräuchlicher ist aber jener Name, der an ihren ursprünglichen Baumbestand erinnert: Alameda.

Und so sind die verschiedenen Phasen der Besiedlung Santiagos leicht zu entdecken. Modeviertel – einst prachtvoll aufgeputzt – wurden aufgegeben und neue Flächen besetzt. Es entstanden in den vergangenen 150 Jahren Stadtvillen und Kirchen, Plätze und Alleen um verstreute eigene Kerne wie selbstgenügsame Satelliten. Einige sind heute der Vergessenheit entrissen und neu verschönt worden, wie z. B. das Viertel París-Londres. Andere, wie der Barrio Brasil, harren noch dieser Entwicklung. Neu geschaffene Wohnbereiche fingern sich zu Rändern der Stadt zusammen, denn wer etwas auf sich hält und über genügend Einkommen verfügt, entflieht den Abgasen und der Unrast des Zentrums und schlägt seine Wohnstatt weit außerhalb auf, abgegrenzt durch Country Clubs und Polofelder. Andere Viertel bleiben ihrer Geschichte verhaftet, wie z. B. La Recoleta, das schon immer Kleine-Leute-Viertel war mit Rinnsteinen, in denen sich der Staub und der Abfall sammelt.

Gemäß der Logik Santiaguiner Stadtgeschichte ist das neue Zentrum auch in einer neuen Gegend um die Avenidas Providencia und Apoquindo herum entstanden. Sie zerschneiden ein maßvoll geordnetes Straßensystem zu Wohnblocks und Einkaufsmalls mit neuen Glitzerbars für den Drink der *young urban professionals* nach Geschäftsschluß, Business-Hotels und neuen, auf alt getrimmten Villen, in denen Dekorationsgegenstände für die Haussalons und Designermode die Auslagen verschönern. Die Vergangenheit wurde zu den Akten gelegt, hier frönt man der unbeschwerten Gegenwart des Konsums. Ein neues Leben braucht ein neues Symbol, eine neue Chiffre, auch architektonisch – das ist eindeutig. Die Viertel sind Symbol der neuerstarkten Wirtschaftsmacht und Manifestationen des Wohlstandes. In diesem Kosmos feiert Santiago seine frisch errungene Internationalität.

Stadtrundgang durch Santiago

Rund um die Plaza de Armas

Das spanische Kolonialstilmuster der Stadtanlage hatte Pedro de Valdivia zurechtgeschnitten, und im Grunde korrespondiert es bis heute mit dem Herzen der Stadt. Das Netz aus einfachen *manzanas* und *solares,* aus dem die Stadtskizze bestand, wurde im Laufe der Zeit durch Passagen zugänglicher und luftiger gemacht. Den Rahmen bilden die bereits bekannte Flanier-Avenida Bernardo O'Higgins – kurz Alameda – im Süden, der Mapocho-Fluß im Norden, der Cerro Santa Lucía im Westen und die Avenida Norte-Sur im Osten.

Im alten Zentrum um die **Plaza de Armas** 1, den Waffenplatz, gibt es viel zu sehen. Die frische grüne Insel im Häusermeer bietet Sitz- und gleichzeitig Aussichtsplatz auf die stattliche Kathedrale, das in pastellfarbenen Orgien bemalte Postgebäude, den Palacio de la Real Audiencia, heute Sitz des Museums für Nationalgeschichte, die Casa Colorada und die Arkaden des Portal F. Concha, unter denen sich die eifrigst besuchten *empanada*-Buden befinden. Es regiert der feine Unterschied: Mögen andere Viertel das neue Santiago repräsentieren, die Plaza de Armas beansprucht das Recht auf Unverwechselbarkeit: Wer in dieser halb volkstümlichen, halb spätbürgerlichen Atmosphäre nicht laufen oder zumindest Eis essen gelernt hat, ist arm dran.

Am nordöstlichen Rand der Plaza de Armas stößt man auf ein monumentales Reiterstandbild Pedro de Valdivias. Zusammen mit einer Skulptur des ersten Kardinals der chilenischen Kirche, Car-

Die Plaza de Armas – Mittelpunkt des Lebens in Santiago

denal Caro, und einer Allegorie der indianischen Völker Chiles bildet es den klassischen Monumentenschmuck, an dem die zahlreichen Passanten allerdings meist acht- und rastlos vorbeiströmen. In der Mitte des Platzes befindet sich ein blaßgoldener Musikpavillon, und Fotografen mit altmodischen Stativapparaten versprechen schöne Schnappschüsse fürs Familienalbum. Zeitungspavillons und Schuhputzer gehören seit Jahr und Tag zu den zuverlässigen Institutionen der Plaza, ebenso wie die leicht angeschmuddelten Eiscafés an ihren Rändern und die fixen Bleistift-Porträtmaler.

Das Zentrum um die Plaza de Armas spiegelt die Vielfalt von Santiago wider: mit seinen behäbigen Häusern aus der Gründerzeit, als Blattgoldüberzug noch das Symbol für Reichtum sein durfte, und mit seinen Straßenmusikanten und -händlern, den halbgelittenen Boten der Schattenökonomie, die schnell ihre Habseligkeiten zusammenraffen, wenn eine Polizeikontrolle naht und ihre zerbrechliche wirtschaftliche Existenz bedroht. In den angrenzenden Passagen der Straßen Agustinas und Bandera tummelt sich die Business- und Börsenwelt und speist in klimagekühlten, diskret behaglichen Lunch-Restaurants; und zum Zentralmarkt in der Calle Puente, wo Mapuche-Frauen Liebesamulette und heilbringende Kräuter verkaufen, ist es nur ein Katzensprung. Hier pulsiert und strömt zu jeder Uhrzeit das Alltagsleben. Und das meist so sehr, daß sich der eilige Passant in Geduld fassen sollte.

Das Erbe an städtebaulichen Relikten fällt, geschuldet den Verwüstungen durch Erdbeben, allerdings sehr spärlich aus. Die **Casa Colorada** **2** war zum Zeitpunkt ihrer Entstehung (1769) vermutlich ebenso visionär wie die spiegelglasverbrämten schmalen Bankenpfei-

ler an der Avenida Apoquindo es heutzutage sind. Das zweite Stockwerk des langgestreckten Gebäudes vertritt reinste Kolonialstilklassik in ochsenblutrotem Backstein mit umlaufender Holzgalerie, das Parterre jedoch trägt eine Steinverblendung über dem *ladrillo*-Kern. Das Haus befand sich im Besitz von Mateo de Zambrano, der von der Vertreibung der Jesuiten aus Südamerika 1767 profitierte, ihre Haciendas erwarb und sich später von der spanischen Krone den Titel eines *Conde de la Conquista* erkaufte.

Das hier residierende **Museo de la Ciudad** verfolgt ein leichtes, fast unwissenschaftliches Konzept, aber gewonnen ist damit eine größere Anschaulichkeit. Alltagsszenen und bewegte Bilder in Glasschaukästen werden ergänzt durch fotokopierte Dokumente und ein riesiges Stadtrelief – das mit der Geschwindigkeit, in der sich die Stadt permanent aus alten Hüllen löst, freilich nicht mithalten kann.

Gleich nebenan sind in dem Kolonialstilgebäude des **Palacio de la Real Audiencia** (ehemaliger Königlicher Appellationsgerichtshof) **3** die Schätze der Nationalgeschichte ausgebreitet, inklusive der unvermeidlichen großformatigen Schlachtenbilder der Unabhängigkeitskriege, dem Cinemascope des 19. Jh. sozusagen: eine Jesuitenkapelle, zahlreiche guterhaltene Möbel und Dekorationsgegenstände der Kolonialmoden, Kutschen sowie Dinge, die den großbürgerlichen Alltag ins 20. Jh. begleiteten, darunter Damentoiletten und Opernprogramme.

Man könnte es fast für ein Museumsgehäuse halten, so ausladend macht die Hauptpost **Correo Central** **4** auf sich aufmerksam. Die bunten Farben der Fassade korrespondieren mit der Üppigkeit der Pilaster, Gesimse, Rosettenfen-

Die Innenstadt von Santiago

ster und der Parade an Fensterbalkon-
säulchen. In ihrem Innern entfaltet sich
der diskrete Prunk einer Zeit, als die Post
noch keine Konkurrenten hatte: Schalter
aus Holz mit milchigem Fensterglas,
vom behaglichen Licht der Kronleuchter
überstrahlt.

Die **Kathedrale** 5 besteht erst seit
1745, doch sie ist die fünfte Version an
derselben Stelle. Als klassischer Grundriß mit einem Haupt- und zwei Seiten-
schiffen konzipiert, bot sie den architektonischen Moden der verschiedenen
Epochen reichlich Platz zur Ausgestal-
tung. Joaquín Toesca wurde 1780 damit
beauftragt, Fassadenentwürfe für die
Kathedrale und die Sakristei vorzulegen,
und er vermischte klassische mit barok-
ken Elementen. Umgebaut wurde 1899 –
und zwar, wie Kritiker meinen, mit

wenig Geschmack. Die Vertäfelung aus geschnitztem und vergoldetem Zedernholz wich Stuck- und Gipsornamenten. Schutzpatronin der Kathedrale ist die Virgen de la Asunción, die den Hauptaltar dominiert. Südlich schließt sich an das Gotteshaus der ehemalige Erzbischöfliche Palast an.

Den südlichen Zugang zur Plaza de Armas bildet die Fußgängerzone **Paseo Ahumada** 6, eine mit ehemals eleganten Einkaufs-*galerías* besetzte Flaniermeile aus den Anfängen des 20. Jh., als sich das Großbürgertum dem damals modernen Genuß der Konsumtempel hingab. Drängeln ist auch heute noch absolut unmöglich. Es wird zwar nicht mehr flaniert, der geschwinde Business-Schritt hat auch diesen Laufsteg erobert, doch der Paseo Ahumada ist immer voll. Hinter die würdigen Fassaden sind nun volkstümlichere Kunden eingezogen, denn als Zentrum des Luxus hat die Innenstadt längst ausgedient. Drogerie- und Fast-Food-Filialen, Plattengeschäfte und das Traditionskaufhaus Falabella wetteifern miteinander im kleinbürgerlichen Design der vollgestopften Schaufenster.

Am Freitagabend betreiben Hi-Fi-Geschäfte Eigenwerbung und laden zur improvisierten Freiluftdisko. Boxen werden aufs Pflaster gezerrt, die neuesten Hits von Ricky Martin herausgedröhnt, und die Passanten tanzen und klatschen hingebungsvoll. Schräg gegenüber des in würdigen Stein gekleideten **Banco de Chile** locken kürzestberockte Bedienungen die meist (halb-)reife männliche Kundschaft in die seriösen Steh-Cafés ›Haití‹ und ›Caribe‹, ein Schauspiel, das nicht zu verachten ist. Und der Kaffee ist wirklich ausgezeichnet.

Die weitere Erkundung des Waffenplatzes führt unter die Arkaden des **Portal Fernández Concha** mit *empanada*-Bäckereien und Sonnenbrillen-Ständen. An ihrem Ende steht das **Edificio Edwards,** eine in Frankreich vorfabrizierte, aufsehenerregende Eisenkonstruktion aus dem Jahr 1898.

Im Norden verläßt die **Calle Puente** die Plaza de Armas, das Paradies der Billigschuhmarken und der Plastiktaschenhändler. Der elegante und ausgesprochen einladende **Mercado Central** 7 dagegen umgibt sich mit einem Kranz von Hähnchenbratereien und Kräuterweiblein. Im Innenraum der luftigen, zartbogigen Eisenkonstruktion aus dem Jahr 1872 prangen Pyramiden aus glattpolierten Früchten, Gemüseinseln, Artischockenberge und Kräuterbuketts, die von den Deckenlichtern sanft erleuchtet werden – ein funkelnder Gegensatz zur Geschäftigkeit der Speiselokale, besonders um die Mittagszeit, wenn die Handys der Kundschaft bimmeln und

Folklore-Troubadoure lautstark um die Wette singen, ist schwer vorstellbar.

Die ausführlichen Erklärungen der geschäftstüchtigen Kellner zur rohen Meeresfrüchteplatte lassen sich anschließend an dem von Eisblöcken gekühlten Getier in der Fischabteilung des Marktes, auf Holzpaletten dargeboten, verifizieren. Der noch lebende *picoroco* wandert tatsächlich mitsamt seiner Heimat, einem Felsbröckchen, in die Einkaufstüte und später in die Suppe – alles echt.

Schräg gegenüber verschnauften früher die Dampflokomotiven, die aus Valparaíso kamen, heute dient die 1912 gebaute **Estación Mapocho** 8 als Kulturzentrum für Konzerte und die alljährliche Buchmesse. Auch sie ist ein attraktives Monument der Eisenarchitektur, deren filigranes Material selbst die ornamentiertesten Bogenfüllungen nicht verkitscht. An Samstagen treibt die Menschenmenge einen förmlich über die **Calicanto-Brücke** hinüber ans andere Mapocho-Ufer, wo man vor die Tore des lauten, bunten **Mercado de las Flores** stolpert. Die Brücke selbst wurde zum Handelslager umfunktioniert, und es gibt kaum etwas, was sich dort nicht erstehen läßt: Radiergummis, Tennissokken, digitales Spielzeug, Einwegrasierer, Handtücher, Nähgarn, Schminke, Musikkassetten.

Am Río Mapocho ist die nördliche Grenze der Innenstadt erreicht. Parallel zur Calle Puente geleitet die Calle 21 de Mayo zum einstmals größten und einflußreichsten Kloster der Stadt, dem **Convento de Santo Domingo** 9, welches einen gesamten *solar* bedeckte. Die Dominikaner unterhielten von 1619 an für 130 Jahre auch die erste Universi-

Nebeneinander von alter und neuer Architektur im Zentrum von Santiago: Kathedrale und modernes Bürogebäude

tät des Landes, die dann 1747 von einer öffentlichen Universität abgelöst wurde. Für einen Monatslohn von 30 Pesos wurde Joaquín Toesca 1795 kontraktiert, der Klosterkirche Gestalt zu geben – ihre vierte übrigens, die früheren waren Erdbeben zum Opfer gefallen. Zwei Backsteintürme krönen die stark gegliederte Fassade aus einem weißen Stein, der in klostereigenen Steinbrüchen geschlagen wurde. Den Hauptaltar der dreischiffigen Kirche schmückt ein Bildnis der Virgen del Rosario de Pompeya.

Die älteste Madonna der Stadt ziert den Hauptaltar der **Basílica de la Merced** in der Calle MacIver, eine Virgen de las Mercedes (barmherzige Jungfrau) der Cuzqueñer Schule aus dem Jahr 1548. Verfolgt man die Calle Merced in westlicher Richtung, verwandelt sie sich zur Compañía, an der im ehemaligen königlichen Zollgebäude das **Museo de Arte Precolombino** 10 seinen Sitz aufgeschlagen hat. Das stattliche, luftige Haus umgibt als wohlrestaurierter Rah-

men die großzügig präsentierten Schauen zur prähispanischen Kunst, in denen man viel Platz und Licht hat, um die 4500 Exponate der Inka-, Azteken- und Mapuche-Kulturen zu betrachten. Parallel dazu werden Wanderausstellungen gezeigt. Vom Design erinnert es eher an ein Schmuck- als an ein Völkerkundemuseum, und das angeschlossene Café verzeichnet durchaus Treffpunkt-Qualitäten um die Mittagszeit.

Die blütenweiße neoklassizistische Fassade des ehemaligen **Nationalkongresses** 11, umgeben von einer wohlgepflegten Gartenanlage, schmückt die Calle Bandera. Bis auf zwei kleinere Sitzungssäle und eine umfassende Bibliothek ist das Gebäude heute unbehaust, denn Augusto Pinochet verfügte die Kongreß-Verlegung nach Valparaíso.

In den Straßen Bandera, Morandé, Compañía und Moneda reihen sich die diskret gestalteten Bankhäuser aneinander. **Banco de Santiago** (Bandera/Agustinas), **Banco O'Higgins** (Bandera/Agustinas), **Banco Central de Chile** (Agustinas 1180) und **Banco Sudamericano** (Morandé 226) entstanden allesamt zwischen 1918 und 1930, letzterer liefert ein schönes Beispiel des Art déco. Das hochaufgeschossene Gebäude der **Bolsa de Comercio** (Handelsbörse) mit kuppelgekröntem Turm und Uhraufsatz befindet sich in einer Passage der Calle Bandera, und die angeschlossene Passage Nueva York könnte regelrecht von dort eingeflogen worden sein: attraktive 40er-Jahre-City-Architektur, international.

Ein geräumiger Platz ordnet das Straßen- und Passagengewirr um den langgestreckten, neoklassizistischen Regierungspalast **La Moneda** 12. Die Plaza de la Constitución ist heute die in einer Demokratie übliche und gebräuchliche Adresse für Bürgerproteste, war aber

Neoklassizismus pur: Der Nationalkongreß

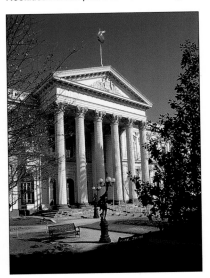

bei dem Bombardement der Moneda 1973 Zeugin wenig verfassungsgemäßer Hubschrauberangriffe. Nachdem sie lange geschlossen war, wurde die Moneda unter der Regierung von Ricardo Lagos dem Publikum wieder geöffnet. Und auf der Plaza de la Constitución steht ein Denkmal für Salvador Allende.

Im Jahre 1805 stellte Joaquín Toesca für einen Monatslohn von 100 Pesos die ehemalige Münzprägeanstalt fertig. Die ausbalancierte Würde der durch Balustraden und hohe Fenster gleichmäßig strukturierten Süd-Fassade der Moneda ließ sie lange Zeit als eines der schönsten Kolonialbauwerke Südamerikas gelten. Als Münzprägeanstalt – *Moneda* – diente sie nicht lange, schon 1846 wurden die Werkstätten in die Quinta Normal ausgelagert, und Präsidenten zogen ein – als erster 1846 Manuel Bulnes, als letzter Carlos Ibáñez (1952–1958).

Die Westseite der Plaza de la Constitución nimmt das elegante, stilistisch pure Art-déco-Hotel **Carrera** ein.

Die Fußgängerzone Huérfanos und die Calle Agustinas schlagen Schneisen durch den Innenstadtbereich zum Cerro Santa Lucía. Dort, wo man schon die Kühle und den Schatten der dichten Laubdächer des Hügels zu spüren vermeint, stehen sich die Residenz der einflußreichen Familie Subercaseaux und das **Teatro Municipal** 13 schräg gegenüber, ersteres ernst, sein Pendant strahlendweiß und verspielt. Einer der Architekten des Pariser Opernhauses, Charles Garnier, wurde 1853 gebeten, in Santiago, »im letzten Winkel der Welt«, tätig zu werden und den Sitz der ersten nichtkonfessionellen Universität San Felipe und der ersten Tageszeitung Chiles, ›La Aurora de Chile‹, in ein Theaterhaus zu verwandeln. Zur Eröffnung am 17. September 1857 gab man Verdi, wie zu dieser Zeit überall auf der Welt.

Das Edificio Edwards, Eisenkonstruktion vom Beginn des 20. Jh.

Die Umgebung der Alameda

Sich der Alameda als Zentralachse zu bedienen, ist keine schlechte Wahl, denn sie durchwandert das halbe Santiago bis zum Doppelplatz Plaza Baquedano/Plaza Italia, wo sie mit der Avenida Providencia verschmilzt. Ob mit dem Flugzeug, der Eisenbahn, dem Autobus – wer in der Stadt eintrifft, landet unweigerlich auf der Alameda Bernardo O'Higgins. Der Flughafenbus endet an der Metrostation Los Héroes, und auch die anderen Bus-Terminals versammeln sich hier (Metrostationen Estación Central, Universidad de Santiago). Wer sie entlangflaniert, wird einen lebendigen Querschnitt des Alltags von Santiago zu sehen bekommen. Die Universität liegt neben der Eisenwarenhandlung, grelle Farben bedecken Jugendstilfassaden,

Theater in Santiago

»Wir fühlen uns als Wächter von etwas sehr Zerbrechlichem, und wir wissen, daß es unsere Pflicht ist, die Schlafwandler zu wecken. Denn irgendwer muß wach bleiben, um, wenn alle anderen erwachen, erklären zu können, was der Welt zugestoßen ist.«

Gustavo Meza, Leiter der Gruppe
Teatro Imagen

Chiles Theatergeschichte setzt spät ein. Erst zu Anfang des 20. Jh. entstehen professionelle Häuser wie das Teatro Nacional. Zu diesem Zeitpunkt hat das gesamte Europa das bürgerliche Bildungstheater als Gegenbewegung zur höfischen Kunst schon längst verdaut und wendet sich aufgeschlossen frischen Experimenten zu. George Grosz malt Bühnenbilder für expressionistische Dramen, Stanislawski erarbeitet eine neue Wahrhaftigkeit des körperlichen Ausdrucks, die Montagetechnik des Films wird kopiert. In Chile versucht man derweil, in Abwendung von spanischen Theatertraditionen eine eigene Sprache zu finden und Themen aufzugreifen, die die Geschichte des Landes widerspiegeln. Der Präsidentschaftskandidat der Linken 1920, Luis Emilio Recabarren, schreibt Stücke aus dem Arbeitsalltag in den Salpeterminen.

In Santiago gründen sich in den 40er Jahren Theaterwerkstätten an den Universitäten, die bis zum heutigen Tag stilistisch und inhaltlich führend bleiben, denn sie verkörpern durch ihre Verzahnung von Theorie und Praxis die per-

und auf dem Mittelgrünstreifen wird gelesen, gegessen und geschlafen. Man kann sich – und das ist eine maßgebliche Erleichterung für müdegelaufene Füße – auch der Metro bedienen, die unterirdisch zuverlässig, pünktlich und modern ihre Dienste tut.

Die Alameda entstammt dem Ende der Kolonialzeit, als man begann, einen Arm des Mapocho umzuleiten. Auf der Höhe der heutigen Plaza Baquedano wurden Dämme errichtet, und das neudefinierte Flußbett verlief fortan weiter nördlich. Die Alameda de las Delicias entwickelte sich in den 70er Jahren des 19. Jh. zur Bühne des sozialen Lebens. Zwischen der Avenida Brasil und dem Barrio Cívico um die Moneda pflegte die Haute Volée zu flanieren. Das erklärt den Schatz an Bürgerpalästen und wohlgeformten Fassaden, der sich auf die angrenzenden Viertel ausdehnte.

An der in klassizistischer Würde gehaltenen **Nationalbibliothek** 14 (teilweise interessante Wanderausstellungen) vorbei, gelangt man zu einer wahren Augenweide, dem Hügelchen **Cerro Santa Lucía** 15, das unter dem Präsidenten Vicuña Mackenna 1872 und 1875 mit einem Netz von Annehmlichkeiten aus-

manente Suche nach neuen darstelleri-
schen Mitteln, Methoden und Inszenie-
rungsstilen. Das Teatro de la Universidad Católica hält sich mit seinem Ensemble und seiner agilen Leiterin María
de la Luz Hurtado schon seit Jahren an
der Spitze, was Erfindungsreichtum
und Qualität betrifft. Mag sein, daß es
an seiner Wiege, der Universität, liegt –
das chilenische Theater hat sich immer
als politisch begriffen.

Der unumstrittene Star der chilenischen Theaterszene durchlief jedoch
nicht diese Schule, sondern eine französische, die Weltruf genießt: Andrés
Pérez aus Punta Arenas lernte und ar-
beitete beim Theâtre du Soleil der Ari-
ane Mnouchkine und gründete, 1988
nach Santiago zurückgekehrt, das Gran
Circo Teatro. Seine Inszenierung eines
Gedichts von Roberto Parra, ›La Negra
Esther‹, 1989 zum ersten Mal aufge-
führt, genießt Kultstatus und ist die er-
folgreichste Aufführung der chilenischen Theatergeschichte. Der 2002 ver-
storbene Regisseur mit der Aura eines
sympathischen Paradiesvogels war ein
vielgefragter Mann und entfaltete auch

auf internationalen Bühnen bilderreich
und grotesk seine Festspektakel, was
ihn aber nicht daran hinderte, bei seinen Aufführungen in Santiago selbst
im Kassenhäuschen zu sitzen.

Der expressiven, drastischen Vitalität
seines Inszenierungsbegriffs stehen andere Regisseure diametral gegenüber
und verleihen dadurch der chilenischen
Theaterszene Spannung: Ramón Grif-
fero, La Troppa, das Teatro Camino und
das Teatro La Memoria des Alfredo
Castro, Marco Antonio de la Parra und
Verónica García de Huidobro inszenie-
ren aus ganz unterschiedlichen Blick-
winkeln.

Glück hat, wer Ende Januar in Santiago ist. Dann nämlich zeigen die Theater die beliebtesten Stücke der Saison
unter freiem Himmel, in Parks und auf
den Plattformen des Cerro Santa Lucía.
Im Museo de Bellas Artes stellen die
Regisseure gleichzeitig Auszüge aus
ihren Arbeiten für die kommende Saison vor. Ein Gewinn für die internationale Theaterszene ist das ausgesprochen rührige Goethe-Institut, das häufig
deutsche Regisseure nach Chile einlädt.

gestattet wurde. Ein Wandgemälde zu
Ehren der nobelpreisgekrönten Lyrikerin
Gabriela Mistral schmückt seine Südseite zur Alameda hin, barock gestaltete
Treppenaufgänge und baumbestandene
Wege geleiten zu verschiedenen, bezau-
bernd gestalteten Terrassen und Brunnen. Eine Aussichtsplattform gestattet
Weitsicht, sofern nicht die übliche rosa-
braune Smogschicht über den Stadtkon-
turen wabert. Ein kleines spanisches Fort
und ein Denkmal zu Ehren der Mapuche,
die den Cerro Santa Lucía *Huelén,*
›Schmerz‹, nannten, krönen den Gipfel.
Zur Abendstunde gleichen die steiner-

nen Bänke den Wagensitzen in einem
Autokino der frühen 60er Jahre, Spätvor-
stellung. Im Sommer schlagen die bekanntesten Bühnen des Landes hier ihre
Provisorien auf und präsentieren Glanz-
lichter der abgeschlossenen Spielzeit.

Östlich des Cerro Santa Lucía erreicht
man eine weitere Insel in der Großstadt,
die Plaza del Mulato Gil de Castro in der
Calle Lastarria. Auf dem Weg streift man
das einzige Programmkino mit Tradition
und integrierter Intellektuellenkneipe,
die sogar unter der Diktatur geöffnet
blieb, das unerschütterliche und sympathische ›Biógrafo‹. Die winzige Stadt-

Haus im Barrio París-Londres

oase **Plaza del Mulato Gil de Castro** N, in ländlicher Kolonialstiloptik mit Kopfsteinpflaster, ist eine Ode an den guten, wohlbalancierten Geschmack: Neben einem ausgesprochen netten Bistro liegen hier das Archäologische Museum, eine Kunstbuchhandlung und – hinter den Adobe-Fluren und hohen, schweren Holztüren – gepflegte Geschenkboutiquen für den gehobenen Geschmack. Das nicht sehr umfangreiche, 1992 zur 500-Jahr-Feier der Eroberung Amerikas eingerichtete **Archäologische Museum** prangert – und das ist ein absolutes Novum – die Zerstörungen durch die Kolonialmacht an. Gegenstände des täglichen Gebrauchs und religiöser Riten sind in lichtdramaturgisch recht ausgefeilten kleinen Räumen präsentiert, hinzu kommt eine Schau von indianischen Musikinstrumenten.

Schräg gegenüber dem Cerro Santa Lucía befindet sich die älteste noch bestehende Kirche Santiagos, die burgunderrot bemalte **Iglesia de San Francisco** N. Die ursprüngliche Einsiedelei wurde 1553 den Franziskanern überlassen und fiel rund 30 Jahre später einem Erdbeben zum Opfer. Der heutige Steinbau mit dem Grundriß eines lateinischen Kreuzes wurde 1618 geweiht, der Konvent 1622 fertiggestellt. Im Innenraum der Kirche entsteht durch die kostbar geschnitzte Decke ein intimer, warmer Rahmen für das schlicht gestaltete Gotteshaus.

Das angrenzende **Museo de Arte Colonial** in den Gemächern des ehemaligen Klosters birgt die aus dem Italien der Renaissance stammende Virgen del Socorro, von der die Sage geht, Pedro de Valdivia habe sie ständig an seinem Sattel mitgeführt. Weiterer Höhepunkt: die Nobelpreisurkunde der Gabriela Mistral. Auf dem hübschen kleinen Platz mit einem runden Springbrunnen findet man im Winter oft Hausfrauen, die selbstgemachte *sopaipillas* anbieten, kleine runde Maisküchlein, die die Chilenen zu Hause gerne zum Wein knabbern.

Der benachbarte **Barrio París-Londres** verblüfft mit einer Reihe phantasievoller Hauskonstruktionen aus den ersten Jahrzehnten des 20. Jh. Im Jahr 1913 verkauften die Franziskaner Teile ihres Grundbesitzes, die anschließend zu einem der mondänen Wohnviertel der Oberschicht wurden. Die bewußt ausgesprochen unterschiedlich gestalteten Gebäude folgen einem städtebaulichen Konzept, das sich gegen die Moderne richtete. Wo dort die Funktionalität als Kompaß diente, sollte hier die Verschwendung auftrumpfen. Doch das Viertel ist nicht mehr das, was es einmal war: Wie sein Zwilling weiter westlich, der Barrio Brasil, als Prostituiertenmilieu verschrieen, versucht inzwischen eine Bürgerinitiative mit einer Zeitschrift auf Hochglanzpapier, París-Londres zu rehabilitieren.

Heute ist es kaum vorstellbar, daß der gesamte südliche Bereich der Stadt – einer der am dichtesten bebauten – ausgedehntes Weide- und Ackerland war, Konvente und deren Schulen und Gärten beherbergte. Lediglich die Iglesia de San Francisco ist davon geblieben. Die Avenida Portugal war in kolonialen Zeiten die Straße der Töpfer, und an ihr liegt (Nr. 351) der **Claustro del 900** 18, das rekonstruierte Kloster des Ordens Sagrado Corazón de Jesús, heute Sitz der Frauenorganisation CEMA (Central Relacionadora de los Centros de Madres – 1964 gegründeter Dachverband der Mütterzentren). Adobe und Eichenholz, Patios und Arkadenbögen bewahren die Kolonialstilmerkmale. Im Inneren sind indianisches und chilenisches Kunstgewerbe ausgestellt: Keramik, Stickereien, gewebte Stoffe, Schnitzereien, Muschelarbeiten von der Osterinsel und Seide.

Der auffällig zitronengelb gestrichenen **Universidad de Chile** aus dem 19. Jh. liegt der **Club de la Unión** 19 gegenüber (Alameda 1091), ein Hort der – männlichen – Mitglieder der höheren Gesellschaft, der eine der interessantesten Sammlungen chilenischer Malerei sein eigen nennt – allerdings kommt man nicht hinein, wenn man kein Mitglied ist. Der chilenischen und argentinischen *Libertadores,* Bernardo O'Higgins und José de San Martín, wird gleichermaßen mit Bronzemonumenten gedacht, die sich ungefähr auf der Höhe der Moneda gegenüberliegen.

Wer sich für pariserisch inspirierte Prachtarchitektur des ausgehenden 19. Jh., *hecho en Chile,* interessiert, erhält in Avenida Ejército Libertador und Calle Dieciocho Anschauungsmaterial. Am bekanntesten und attraktivsten ist der **Palacio Cousiño** 20 (Dieciocho

438). Der Prunk des eigenen Landes erschien nicht genug, und so importierte die steinreiche Familie, Kohlengrubenbesitzerin in Lota, Kupferminenbesitzerin, Schiffs- und Weinguteigentümerin, was damals in Europa Mode war: Kamine aus Carrara-Marmor, Ming-Vasen auf Elfenbeinsockeln, italienische Kacheln, Genfer Spitzenvorhänge, Nußbaummöbel, die eigentlich für den Zaren von Rußland bestimmt gewesen waren, und Onixvasen aus den Tuilerien.

Auffallende Häuser, die nicht zu besichtigen, nur von außen zu betrachten sind, reihen sich an der Dieciocho aneinander (Nr. 424, 286, 202, 190, 164 und 121), auf dem Weg zum **Palacio Errázuriz** 21 (diese Familie war ebenfalls im Kupfer- und Kohlengeschäft äußerst erfolgreich) im neoklassizistischen Stil sowie dem benachbarten Glas- und Stahl-Palast **Palacio Ariztía** von 1917. Die Innenansicht eines der traditionsreichsten Cafés der Stadt tröstet darüber hinweg: In der **Confitería Torres** 22 wurde nach einer Idee des Präsidenten Ramón Barros Luco (1835–1919) aus einem gebratenen Stück Fleisch und einem heißen Stück Käse eines der schmackhaftesten Sandwiches des Landes kreiert, der mittlerweile überall erhältliche *barros luco.* Aber stilecht verzehrt man ihn natürlich hier, wo er zum ersten Mal serviert wurde, umgeben vom zierlichen Fin-de-Siècle-Ambiente.

Der **Barrio Brasil** setzt diese Epoche stilistisch fort. Richtig heruntergekommen, aber auf dem Sprung, die Skala des Glanzes erneut zu erklimmen, ist die staubige, löchrige Avenida Brasil mit einem sehr volkstümlichen Platz, der in den 20er Jahren Treffpunkt der Jugendlichen war. Das Kleine-Leute-Viertel – einige meinen: Kleinkriminellenmilieu mit einem Hauch Prostitution, ein bißchen verrucht halt – läuft in Richtung Alameda in den erstaunlichen **Conjunto Habitacional Concha y Toro** [23] aus, der wie das Viertel París-Londres eine Gegenbewegung zur Moderne darstellt, eine vorweggenommene Postmoderne sozusagen, mit einer Fülle an Stilzitaten. Passagen und kleine Sackgassen triumphieren über die klassische Rechtwinkel-Geometrie, und verschwenderisch eingesetzte Bogen, Erker und pompöse Stuckverzierungen feiern die fröhliche Überflüssigkeit.

Zwischen Parque Forestal und Cerro San Cristóbal

Der Flußlauf des Río Mapocho hat ein unschönes Bett aus grauem Beton bekommen, aber an seinen Ufern sind schattige, ruhige Parkzonen entstanden, die von Museen, kleinen Plätzen und Denkmälern geschmückt werden. Sie beginnen an der Calicanto-Brücke an der Estación Mapocho und enden im Stadtteil Providencia. Im vorderen Abschnitt, dem 1900 verwirklichten **Parque Forestal,** der europäischen Gartenanlagen seiner Epoche mit einer Fülle verschiedenster Baumarten nachgebildet wurde, liegt der wie ein Lustschloß gestaltete **Palacio de Bellas Artes** [24] mit dem Museum der Schönen Künste und dem Museum für Zeitgenössische Kunst. Beide Museen verfügen über umfangreiche Schauen an Gemälden, Plastik, Stichen und Radierungen und geben einen Überblick über die Entwicklung der chilenischen Kunst. Sammlungen holländischer, französischer und italienischer Meister sind ebenfalls zu sehen.

Gleich am Beginn des Parque Forestal, schräg gegenüber dem Monumento a las Glorias Navales, geleitet die MacIver zur 1765 fertiggestellten **Posada del Corregidor** [25]. Das Haus des Landvogts besticht durch die ausgesprochen ländliche Anmut seiner Kolonialstilklassik mit dicken weißen Adobemauern, wunderschön geschnitzter Holzgalerie, zarten Säulen und rotem Ziegeldach. Jedes Fenster fällt stilistisch unterschiedlich aus.

Ein paar Schritte weiter an der MacIver liegt die **Casa de los Velasco** [26], die noch ein wenig jünger ist und stilistischer Pionier für die *solana* war, den überdachten Balkon. Das stämmige, braunrot gestrichene Gebäude hat einen voluminösen Eingang, der groß genug war als Durchlaß für Karossen, und mit kunstvollen Schmiedeeisengittern geschützte Fenster. Es gibt einen Plan, das Haus als Museum einzurichten, zumal es schon mehrfach mit originalen Materialien restauriert wurde, aber bislang ist noch nichts geschehen.

In unmittelbarer Nähe, zum Mercado Central hin, breiten sich die Paradiese für nähende Damen aus. Unter überdachten Passagen reiht sich ein Litzen- und Bortengeschäft an das nächste, und die erfreute, kundige Kundschaft wühlt in Seidenblümchen, Aufstickmotiven, Bändern und verzierten Knöpfen. Nur Übelgelaunte könnten diesen kleinen Rückfall in eine seidenglänzende Zeit als altmodisch bezeichnen.

Die Puente Calicanto führt zum Mercado de las Flores und dem volkstümlichen **Barrio La Recoleta.** Man betritt eine Welt aus Mietskasernen der 20er Jahre, Lagerhallen für den nahen Markt, kleinen Kneipen, in denen die Lagerarbeiter schon mal um zehn Uhr morgens ein Bier trinken. Blumenstengel und Obstreste sammeln sich im Rinnstein, in kleinen Geschäften konkurriert Plastikschick aus Taiwan mit Schmuck aus falschem Gold. Auch wer nicht viel Geld hat, möchte schön aussehen.

In die Berge und zum Wein

Mal kurz raus aus Santiago? Da gibt es eine Menge Alternativen. Küste oder Kordillere, zum Beispiel. Falls es das Letztere sein soll, dann bietet sich der Cajón de Maipo an. Keiner muß selber fahren, es gibt mittlerweile eine Menge Touren in das wilde Tal des Maipo, mitten hinein in das Herzstück der Anden, deren Gipfel an dieser Stelle 4700 Meter erreichen und eine aufregende Kulisse liefern. Die zum Teil recht ungezähmte Landschaft wurde touristisch erschlossen, und so versammeln sich kleine Wirtschaften, Hotels, Weinschenken und Picknickplätze an den idyllisch grünen Rändern des Cajón del Maipo. Der Parque Los Héroes bildet den Ausgangspunkt für eine Bootstour auf dem an Stromschnellen reichen Fluß. Nach 69 km auf der Landstraße erreicht man die Thermalquellen Baños Morales.

Wie kam die Traube nach Chile? Ganz einfach: Die Geistlichen, die das Heer der Konquistadoren begleiteten, brauchten Meßwein, und den mußten sie sich erst einmal anbauen. Die Weine Chiles genießen mittlerweile Weltruf.

Einige der traditionsreichsten Winzer sind von Santiago aus schnell zu erreichen, so zum Beispiel Viña Undurraga, Concha y Toro und Cousiño Macul, die ihre Führungen auch auf Englisch anbieten. Zum Abschluß der Besichtigungen werden die besten Tropfen kredenzt. Für alle, die es genauer wissen wollen und denen die Landpartie Spaß macht, gibt es auch eine Tagestour in das Valle Casablanca oder eine Zweitagestour in das Valle Colchagua mit Besuch der schönen alten Landgüter und einer Übernachtung in Santa Cruz.

Östlich schließt sich der **Barrio Bellavista** an. Beide zusammen umfassen das ursprüngliche La Chimba – in der Sprache der Quechua: ›An der anderen Seite des Flusses‹. Dort unterhielten die Inka ihre Gärten und Äcker. Die spanischen Konquistadoren entrissen ihnen dieses Gelände zu Füßen des Cerro San Cristóbal und gaben es den Franziskanern, den Dominikanern und später dem *Corregidor* Zañartú, der damals die Casa del Corregidor bewohnte. Bellavista war das erste Viertel, das nach der

Diktatur den Sprung ins Nachtleben schaffte, ein veritables Bohemienviertel, in dem der größte, aber auch fleißigste aller chilenischen Bonvivants lebte: Pablo Neruda. Die Felder und Äcker zwischen dem Mapocho und dem Cerro San Cristóbal hatten sich gehalten, und erst, als der Cerro in den 1920er Jahren als Parkanlage umgestaltet wurde, entstand hier ein Wohnviertel.

Tagsüber verläuft das Leben unaufgeregt. In den ruhigen, schmalen, laubbeschatteten Straßen trifft man auf den

Nachbarn, der seinen Hund ausführt und den Baum vorm Haus begießt. Hinter den gepflegten, bunten Fassaden residieren neuerdings Architekturbüros und Designstudios. Galerien, unkonventionelle Theaterbühnen (z. B. das Conventillo), Buchhandlungen und Cafés komplettieren das künstlerisch-intellektuelle Gepräge. Außerdem hat die gastronomische Vielfalt hier eine Heimat gefunden: Vom arabischen *kefte* bis zum peruanischen *suspiro limeño* wird hier so ziemlich alles aufgetischt. An den Wochenenden verwandeln Kunstgewerbler und Handleser die Bordsteine in ihre kostenlosen Geschäftsauslagen.

Verschmolzen mit dem Cerro San Cristóbal sind die Konturen der Neruda-Hausanlage **La Chascona** 27 in der Calle Marquéz de la Plata. Drei kleine Komplexe liegen übereinandergestuft in einem abschüssigen Garten mit winzigen Plätzen und kleinen Treppen. Sie sind bunte, lebhaft gestaltete Tempelchen für die Sammelwut des großen chilenischen Dichters. Seine araukanische Heimat symbolisiert ein ausgestopftes Pferd, die mexikanische Gläsersammlung darf als perfekt bezeichnet werden, alles trägt seine unverkennbare, leichte, humorvolle und lebhafte Handschrift. Seine dritte Ehefrau Matilde Urrutia hat in diesen Würfelhäuschen voller materialisierter Erinnerungen nur sparsam eigene Akzente gesetzt. Der Dichter der Revolution und Allende-Freund hatte keine Liebhaber unter den Militärs: La Chascona wurde nach dem Tod Allendes und Nerudas von den Militärs verwüstet, der unterste Komplex durchflutet. Erst 1990 wurde sein Haus in ein Museum umgewandelt.

Wer den 869 m hohen **Cerro San Cristóbal** 28 nicht besteigen, ihn aber besuchen will, kann am Ende der Calle Pío Nono in eine Art Ritterburg eintreten und von dort aus eine Reise mit dem *funicular,* einer Standseilbahn, hoch zur Aussichtsplattform und zur Virgen de la Immaculada Concepción unternehmen. Die 14 m hohe, eiserne Skulptur ist so weiß, wie man sich die Statue einer unbefleckten Empfängnis nur vorstellen kann, und breitet ihre schützenden Arme über der Stadt aus. Von El Cumbre, dem Gipfel, schaukeln die Gondeln der Seilbahn *(teleférico)* die östlichen Hänge des Berges hinunter und erreichen bei der Mittelstation Tupahue ein wunderschönes Schwimmbad mit ausgedehnten Liegewiesen, das Nobelrestaurant El Camino Real, die *Enoteca,* ein Weinmuseum, und eine Reihe attraktiver Spazierwege. Das Naherholungsgebiet des Cerro San Cristóbal erfreut sich uneingeschränkter Beliebtheit. Kein Chilene, der seinen Besuch nicht stolz auf den *mirador* führt und die Stadt zeigen möchte. Man joggt, geht spazieren, ruht sich im Grünen aus, befindet sich in der Stadt und doch wieder nicht.

Die Talstation des *teleférico* liegt gegenüber von Providencia, nicht weit vom **Parque de las Esculturas** am Río Mapocho entfernt. Diese ausgedehnte Parkanlage wurde 1988 chilenischen Bildhauern als Präsentationsfläche zur Verfügung gestellt, momentan befinden sich dort sieben szenische Arbeiten ausgestellt, weitere sollen hinzukommen.

Quinta Normal und Parque O'Higgins

Ohne Zweifel besonders schön ist der Besuch der Quinta Normal und des Parque O'Higgins am Sonntag. Schon an den entsprechenden Metrostationen staut man sich an den Treppenaufgängen. Tausende Träger von Ghettoblastern können nicht irren. Die Zugänge erinnern an Fußballveranstaltungen oder Großkonzerte: Eis, Popcorn, geröstete Erdnüsse, die fehlende *gorra* (Baseballkappe) – alles läßt sich noch auf dem Weg in die Parkanlagen erstehen, damit das Vergnügen ein ungetrübtes werde.

Das zu den Anfängen des 19. Jh. weit vor den Toren Santiagos gelegene Gelände der **Quinta Normal**  wurde von der Stadt gekauft, um dort landwirtschaftliche Versuchsfelder anzulegen, und später ausgeweitet. Einen botanischen Garten und eine entsprechende Sammlung anzulegen, beauftragte die Universität von Chile den aus Kassel stammenden Biologen Rudolph Armandus Philippi, der schon vorher in der Atacama-Wüste tätig gewesen war.

Die Quinta Normal verbindet heute ein erbauliches Nebeneinander von Museen, Seen und Picknickplätzen. Das ausgesprochen familienfreundliche **Museo Nacional de Historia Natural** hat als besondere Attraktion ein komplettes Walskelett von der Decke baumeln und viele anschauliche Vitrinen zur Natur- und Erdgeschichte Chiles. Jede Region wird komplett präsentiert. Das moderne **Wissenschafts- und Technikmuseum** (Museo de Ciencia y Tecnología) residiert in einer Kopie eines griechischen Tempels, und in einem Freiluftmuseum sind die ersten Eisenbahnen Chiles ausgestellt, darunter Dampflokomotiven und ›La Lenteja‹, die zwischen dem argentinischen Mendoza und Santiago die Anden überwand. Der ausgesprochen attraktive **Pabellón Paris,** zur Pariser Weltausstellung 1889 entworfen und dortiger Repräsentant Chiles – und mehr noch der Architekturmode Gustave Eiffels –, beherbergt ein interaktives **Kunstmuseum** (Museo Artequín), das sich speziell an Kinder wendet. Reproduktionen der berühmtesten Kunstwerke der Welt, Computerdateien mit den Biogra-

Marienstatue auf dem Cerro San Cristóbal

phien der wichtigsten Künstler sowie Sommerwerkstätten und -kurse für Kinder werden von der *Municipalidad Santiago,* von verschiedenen Firmen und der Tageszeitung ›El Mercurio‹ gesponsert. Und am schönsten: Wenn man sich das alles angeschaut hat, kann man auf dem See Ruderboot fahren oder unter Baumkronen picknicken.

Ähnlich beliebt wie die Quinta Normal ist der **Parque O'Higgins** 30. Zu seinen Attraktionen zählen eine Rollschuhbahn, ein See, ein Schwimmbad und mehrere kleine Museen wie das **Museo de Insectos y Caracoles** (Insekten- und Schneckenmuseum), das **Museo de Fauna Menor** (Kleintiermuseum) und das **Huaso-Museum,** das den chilenischen Cowboys gewidmet ist. Kunstgewerbegeschäfte und volkstümliche Restaurants tragen zweifellos zum Gelingen eines typischen Wochenend-Ausflugstages bei.

Die zentrale Küstenzone

Chiles Meeresstrandbad

Die Avenida Bernardo O'Higgins führt von Santiago direkt hinaus in Richtung Küstenkordillere nach Valparaíso, Viña del Mar und zu den beliebtesten Strandbadeorten des Landes.

Es ist eine pittoreske, vielfältig gegliederte Küstenzone, an der sich lange und feine Sandstrände, kleine Buchten und gerade Küstenstrecken mit Klippen, Felsen, Erkern und Auswölbungen der Küstenkordillere abwechseln, so daß einige kürzere Straßenabschnitte im Landesinneren verlaufen. Bis auf Valparaíso kann kein Ort auf eine längere Geschichte zurückblicken. Viele sind um die Wende zum 20. Jh. aus der Idee heraus entstanden, diese Küste, so nah an der Hauptstadt, zu einer Strandferienzone zu modellieren. Es hat geklappt, und die allmorgendlich zur Ferienzeit im Fernsehen übertragenen Stimmungsreportagen aus den Sommerzentren vermelden regelmäßig: »Strand voll«.

Daran ändert auch das kapriziöse Sommerwetter nichts, das wegen des kühlen und wolkenreichen Pazifiks und der steilen Küstenkordillere oft neblig und ausgesprochen frisch ausfällt. Wenn das Thermometer im 120 km entfernten Santiago im Januar fast jeden Tag mühelos über 30 Grad klettert, kann es in Viña gerade mal 18 Grad zustandebringen, was dem Strandleben aber meistens keinen Abbruch tut.

Die Ferientradition der Küste rührt aus einer Zeit her, als die Oberschicht des Landes der Hitze und Sonne zu entfliehen gedachte und Sonnenbräune und Fitneß noch nicht zu den kulturellen Obligatorien der Gesellschaft gehörten. Geräumige Sommervillen wurden unter schattenwerfende Laubkuppeln und zwischen leuchtende Blumenbeete plaziert, und man blieb unter sich. Das ist in Zapallar noch heute so, wo die sommerliche Stammbesucherschaft die wenigen, in Hotels logierenden Gäste gar nicht so gerne zwischen ihren Hecken aus Bougainvilleen herumspazieren sieht, oder in Las Rocas de Santo Domingo, wo sie sogar die Sperrung der Durchfahrt durch ihr ›Bessere-Leute-Dorf‹ durchsetzen konnte.

Heute bietet die Ferienküste für jeden Geschmack etwas: Viña del Mar vereinigt die Kontraste eines luxuriösen Seebades mit Stränden, die von Hochhäusern à la Costa del Sol gesäumt werden und wo der Sand nach einem langen Badetag aussieht wie ein zerwühltes Bett; Reñaca ist die Playa Pop, wo die hübschesten Argentinierinnen und Chileninnen ihre Bikinis spazierenführen und die ganze Nacht über – in Privathäusern – die Hölle los ist; und Isla Negra steht für die ruhige Idylle, in der Pablo Neruda sein Sommerhaus zwischen Pinienwäldern an die Klippen stellte; Horcón dagegen zieht Hippies und Studenten an: Man schläft, feiert und lebt am Strand.

◁ *Am Strand des Seebades Papudo*

Valparaíso – Einmal um die Welt

■ (S. 348) Der Name ist Programm. Wenn eine Stadt so heißt, erwartet man einiges, doch was man bekommt, ist das pure Gegenteil: Kein paradiesisches, palmenumwedeltes Tal gibt es hier zu bestaunen, sondern eine wilde, bunte Häuseransammlung, die ihren Flickenteppich über 60 steil zum Meer abfallende Hügel geworfen hat. Die Furchen und Abhänge dazwischen blieben ebenfalls nicht unbesiedelt. Valparaíso ist laut und lebhaft – allenfalls das Format der Bucht kann einem paradiesisch vorkommen.

Die ersten europäischen Besucher waren ziemlich entsetzt. Der Forschungsreisende Eduard Poeppig urteilte 1827 gnadenlos: »Das undankbare Erdreich allein ist imstande, Büsche mit holzigen Ästen und grauen Blättern zu ernähren. Zahlreiche kleine Häuser hängen, den Vogelnestern fast vergleichbar, stufenweise an den ausgehauenen Felsen.« So ähnlich sollte man sich das heute noch vorstellen.

Nun, blühende Gartenlandschaften sind Valparaísos Sache bis heute nicht. Doch Esprit sollte bald dafür einziehen. Seit 1536 kolonisiert, von Pedro de Valdivia als Ausfuhrhafen für Santiago bestimmt und mit einer Kirche und ein paar Strandhütten markiert, machte es heftige Karrieresprünge als Zwischenstation zwischen dem peruanischen Hafen Callao und dem Süden. Chile war ja dem Vizekönigreich Peru unterstellt und besaß keine eigenständigen Handelsbefugnisse, die ein sukzessives, geradliniges Aufblühen erlaubt hätten. Erst nach der Unabhängigkeit 1818 verankerte sich Valparaíso durch seine strategisch günstige Lage als wichtigster Hafen an der Pazifikküste für die Schiffe auf dem Weg zum Kap Hoorn und in den Atlantik.

Englische, holländische, französische und deutsche Kaufleute etablierten sich allmählich mit Import-Export-Kontoren, von denen auch die junge Flora Tristan in ›Meine Reise nach Peru‹ berichtete. Besagt die Legende, daß in den finsteren Höhlen von Valparaíso noch immer der Schatz der englischen und holländischen Piraten des 17. Jh. – besonders der von Francis Drake natürlich – schmort, bot der Ort in Wirklichkeit bald keinen Platz mehr für solche Schlupflöcher. Valparaíso fand sich rasch eingesponnen im Koordinatennetz der internationalen Handelsgesellschaften und einer kosmopolitischen Einwohnerschaft mit ihren vielfältigen Gepflogenheiten.

Aus einer facettenreicheren Tradition als dieser kann eine Stadt kaum schöp-

Fischer an der Caleta Portales
bei Valparaíso

fen. So ist Valparaíso die chilenischste, internationalste, originellste Stadt des Landes geworden, die sämtliche Spuren der zahlreichen Hausses und Baisses ihrer Geschichte auf ihrem Antlitz trägt. Hauptstadt der 5. Region, seit 1990 mit einem Marmor-Beton-Glas-Monstrum von Kongreßgebäude gesegnet, strahlt sie die Atmosphäre einer Stadt aus, die tausenderlei Widersprüche sich einzuverleiben verstanden hat und gerade daraus ihr Profil bezieht. »Wenn wir alle Treppen Valparaísos begangen haben, sind wir um die Welt gereist«, hat der Valparaíso-Liebhaber Pablo Neruda einmal geschrieben.

Valparaíso ist bunt, arm und reich. Es gibt einen deutschen, einen italienischen, einen britischen und einen jugoslawischen Hügel, die allesamt in den Anfängen des 20. Jh. bezogen wurden, des weiteren ein Finanz- und Bankenviertel sowie ein Handelsviertel, das auf dem schmalen ›Plan‹ kaum Platz findet, einem in der Mitte des 19. Jh. zu einem Drittel dem Meer abgerungenen Stück Land am Hafen.

Die Hafengegend war einstmals wie alle Hafengegenden dieser Welt verrufen, heute kann man getrost an der Muelle Prat in ein Ausflugsboot steigen und zwischen Pelikanen und Hochsee-

Valparaíso

frachtern eine Exkursionsstunde lang herumschippern. Anfangs wurden vor allem die Bodenschätze des Landes, jetzt werden auch die Agrarprodukte hier umgeschlagen. Internationale Handelsorganisationen und Regierungsinstitutionen vertragen sich naturgemäß schlecht mit proletarischem Gelichter, und so ist zumindest diese Gegend von Valparaíso ziemlich herausgeputzt. Aber es geht natürlich auch anders. Ganz Valparaíso wirkt an keiner Ecke besonders aufgeräumt.

Wie in jeder echten Hafenstadt spinnt sich Seemannsgarn durch seine Geschichte. Abgesehen von dem als sicher definierten Standort für die Schatzhöhle des Francis Drake neben dem Gebäude der größten chilenischen Tageszeitung ›El Mercurio‹ an der Calle Esmeralda gilt es als ebenso sicher, daß der kleine Neptunbrunnen an der Plazuela Aníbal Pinto vor dem Café Riquet aus Frankreich angespült worden ist. Und der Wirt des Spelunkenrestaurants La Playa behauptet steif und fest, in seinem Etablissement befänden sich zwei der sieben Spiegel, die einst das berühmteste Hurenhaus der Pazifikküste, die ›Casa de los Siete Espejos‹, schmückten – und das stand selbstverständlich in Valparaíso.

Die Treppen von Valparaíso

Am besten, man folgt dem Ratschlag Pablo Nerudas und lernt die ganze Welt in Valparaíso kennen. Es ist nicht nötig, alle Treppen erklimmen zu wollen, denn die Stadtverwaltung hat schon vor etwa einem Jahrhundert Erbarmen mit den Fußgängern gehabt und Standseilbahnen und Aufzüge über die Hügel gebreitet. Insgesamt sind es 45. Da Valparaíso

einen zentralen Platz nicht hat, sondern derer gleich mehrere, beginnt der Spaziergang am ideologischen Zentrum der Stadt, dem **Hafen** und der **Plaza Sotomayor** ▮1▮. Umringt wird die von Autos leider stets zugeparkte Plaza von einigen repräsentativen Bauten aus den ersten Jahrzehnten des 20. Jh., z. B. dem heute leicht heruntergekommenen Hotel Reina Victoria, der Post mit ihrem imposanten Treppenaufgang und der schaumweißen Ex Intendencia von 1910, dem ehemaligen Verwaltungsgebäude und heutigen Marinehauptquartier. Gegenüber gedenkt das Monumento de Los Héroes de Iquique der verlorenen Seeschlacht während des Salpeterkrieges. An der für den Besucherverkehr ausstaffierten **Muelle Prat** kann man Popcorn, Filme, T-Shirts und Kunstgewerbe erstehen und zur Hafenrundfahrt starten. Um die Ecke liegt an der Almirante Señoret/Blanco eines der urigsten Restaurants der Stadt, das Valparaíso Eterno.

Der Komplex der Straßen Errázuriz, Blanco, Cochrane und Prat, die, parallel angeordnet, ein wenig Struktur in das Straßendurcheinander der Stadt bringen – auf hügeligem Untergrund läßt es sich nun mal schlecht rechtwinklig bauen – umfaßt den **Plan.** Er wurde wegen seiner exponierten Lage während des verheerenden Erdbebens 1906 leichte Beute der Verwüstungen; die alten Kaufmannshäuser gibt es nicht mehr. Die meisten Gebäude, die sich heute an ihm versammeln, entstammen späteren Perioden. Auf der Prat reiht sich zwischen den Straßen Urriola und Concepción eines der auf Hochglanz polierten Stein-Marmor-Bronze-*mansiones* aus den 30er Jahren an das nächste. Der bürgerliche Glanz setzt sich in der Calle Esmeralda und an der Plaza Aníbal Pinto fort, die das Ende der Geschäftszone bildet. Von hier aus läßt es sich über die Al-

mirante Montt zum Cerro Concepción hinaufklettern oder mit dem gleichnamigen *ascensor,* dem ersten seiner Art in der Stadt, von der Calle Prat aus hochgondeln.

Der **Cerro Concepción** zählt, wie der benachbarte Cerro Alegre, zu den ehemaligen Top-Adressen mit schönen Aussichtspunkten und hübschen Häusern aus den Jahren um 1900, z. B. am Paseo Gervasoni, der mit dem Aufzug in Windeseile erreicht ist, oder am Paseo Atkinson, dem Refugium der Briten, dem heute leider die Sicht verbaut wurde. Am Paseo Gervasoni sitzen sich das Spitzenrestaurant Turri und die **Casa Mirador de Lukas** 2 gegenüber.

Der **Cerro Alegre** ist von hier zu Fuß über die pittoreske winzige Pasaje Gálvez, die Calle Urriola, die Pasaje Bavestrello und abschließend die Calle Álvaro Besa zu erreichen, die in den **Paseo Yugoslavo** 3 mündet. Diesen Vorzeige-Paseo auf dem als ersten besiedelten Vorzeigehügel von Valparaíso schmücken Gärten und schöne Ausblicke. Hier befindet sich in dem gut restaurierten Stadtpalast Baburizza des Salpeterbarons Zanelli das **Museo de Bellas Artes** 4. In den Seitenstraßen gibt es noch mehr sehenswerte Wohnhäuser zu entdecken. Wieder zurück zum Plan gelangt man mit dem Ascensor Peral, der an der Plaza Justicia landet.

Von der Calle Serrano führt der Ascensor Cordillera auf den gleichnamigen Hügel mit dem Museo del Mar Lord Thomas Cochrane hinauf. Die **Calle Serrano** hat in jeder Hinsicht schon einmal bessere Tage gesehen, da sie im 19. Jh. das Feine-Leute-Viertel war, was sich an manchen, mittlerweile aber stark mitgenommenen Hausfassaden noch able-

sen läßt. Später haben sich zwischen den kleinbürgerlichen Läden, die in der Folge einzogen, Hafenbars breitgemacht, doch die sind ebenfalls gewichen, als Valparaíso Ende der 80er Jahre wieder schick aufgeputzt wurde.

Neben dem Aufzug klettert eine schmale Treppe den wohl steilsten Abhang der Stadt hinauf. Oben auf dem **Cerro Cordillera** mündet sie in die Plaza Ramírez, die auf den Ruinen des

von Erdbeben verschlungenen spanischen Forts Castillo San José angelegt wurde. Südlich davon okkupiert das **Museo del Mar Lord Cochrane** 5 gleich einem Balkon die Plattform oberhalb eines Steilabhangs. Es ist mit historischen Schiffsmodellen angefüllt, doch mindestens ebenso aufsehenerregend sind das Kolonialhaus selbst und der Blick aufs Meer. An dieser Stelle stand das erste Observatorium Chiles.

Zurück auf der Serrano, erreicht man nach zwei Blocks die sehr volkstümliche, laute **Plaza Echaurren** 6, auf der Straßenhändler alles mögliche von der Plastikhaarspange und Unterwäsche über Einweg-Rasierapparate bis hin zu Obst und Gemüse feilbieten. Fische kann man hier ebenfalls leicht erstehen, sofern man dafür nicht den **Mercado del Puerto** vorzieht, der sich direkt an die Plaza anschließt. Lautstärke und Atmosphäre gemahnen an Italien, südlichster Zipfel.

Auf der gegenüberliegenden Seite der Plaza Echaurren beginnt eines der volkstümlichsten und ärmsten Viertel von Valparaíso, der **Barrio Santo Domingo**. Die **Iglesia Matriz de Valparaíso** 7, die Mutterkirche, ein langgestrecktes, mit Zinkplatten verkleidetes Gebäude, markiert seinen Beginn. Hier stand die erste Kirche der Stadt, doch die heutige Konstruktion hat mit jener aus dem Jahr 1559 nichts mehr gemein. An die geräumige, unbebaute Plaza davor grenzte in früheren Zeiten das Hafengelände, und die Fischerboote landeten praktisch an den Kirchenstufen. Im Inneren gibt es einen *Cristo de la Agonía* aus dem 17. Jh. – damals ein beliebtes Motiv der Christusdarstellung – aus der Sevillaner Bildschnitzerschule zu sehen.

Kleine Treppengäßchen verknäulen sich auf dem **Cerro Santo Domingo** 8, dessen Zentrum als *zona típica* geschützt wird und ein bißchen so aussieht, wie man sich Zilles Milljöh auf chilenisch vorstellen könnte: mit zerfledderten Holzhäuschen, von Katzen bewohnten Steigen und dem einen oder anderen scharfen Spruch. Durch weitere ähnliche, herzlich heruntergekommene Zonen steigt man hinab zur **Plaza Wheelwright** an der Küstenlinie, neben der auffallend asymmetrisch das prachtvoll blau gestrichene Zollhaus plaziert ist. 1854 im Kolonialstil erbaut, ist es immer noch einsatzbereit.

Von hier aus erklimmt der Ascensor Artillería den gleichnamigen Hügel und endet in dem eleganten Paseo 21 de Mayo. Die Aussicht auf Meer und Hafen ist ganz exquisit. Hier wäre das **Museo Naval** 9 mit den sterblichen Überresten des Arturo Prat zu besichtigen. Die weiteren Säle sind nach historischen Abschnitten gegliedert und zeigen Modellschiffe und Dokumente. Von hier aus ist auch die **Caleta Membrillo** 10 zu sehen, der kleine, von einer dick bemalten Petrusstatue überwachte Fischerhafen. Bis in die Mittagsstunden ist man Zeuge des lebhaften Handels, danach wandern die – hoffentlich – besten Exemplare auf die Teller der Gäste im Restaurant El Membrillo.

Weitere Sehenswürdigkeiten liegen im Osten der Stadt. Zunächst jedoch lohnt es sich, die Avenida Alemania mit einem ganz normalen Linienbus zu befahren, weil man hier praktisch den ersten Stock von Valparaíso kennenlernt. Ein gekrümmtes Teilchen der Avenida ist über den Ascensor Polanco ganz im Südosten zu erhaschen. Kaum lassen sich die Kurven mitzählen, bis man an der **Sebastiana** 11 angelangt ist, einem der Häuser von Pablo Neruda. Im Rohbau gemeinsam mit dem Künstlerehepaar Marta Martner und Francisco Velasco 1961 erworben, thront das letzte von dem Nobelpreisträger gekaufte Haus wie ein gemütliches Möwennest in drei übereinandergestapelten kleinen Stockwerken an einem Hang. Halbrunde Erker verleihen seinem Profil Verwegenheit. Im Innern sind die zirkushafte Wohnausstattung und vor allem die Phantasie und die Sammelleidenschaft des Dichters zu bewundern.

Der Weg in den Osten der Stadt führt zur **Plaza Victoria** 12, die, begrenzt durch die Kathedrale und von hundertjährigen Bäumen beschattet, noch am ehesten die Bedeutung einer zentralen Plaza der Stadt einnehmen könnte. Das war sie schon einmal in den 80er Jahren des 19. Jh. Damals bildete sie den Brennpunkt des eleganten Lebens mit einem Theater und den raffiniert-repräsentativen Villen der Schickeria. Das Erdbeben von 1906 hat dies alles dem Erdboden gleichgemacht, sämtliche

Die Caleta Portales nördlich von Valparaíso

heutigen Gebäude entstammen späteren Zeiten.

Die Plaza Victoria markiert den Ausgangspunkt zum Besuch weiterer Sehenswürdigkeiten der Stadt. Einen Zugang zum **Museo a Cielo Abierto** 13 verschafft zunächst die Calle Molina westlich des Club Naval, später die Calle Alduante. Als bequemere Alternative bietet sich der Aufzug Espíritu Santu an der Calle Molina an. Auf der gesamten Hügelkuppe nur Wandmalereien, ausgeführt von dem Instituto de Arte de la Universidad Católica de Valparaíso nach Entwürfen der 17 wichtigsten Künstler Chiles – so etwas sieht man nicht alle Tage. Um einen von Marta Martner entworfenen Platz gruppieren sich beispielsweise *murales* von Matilde Pérez, Eduardo Vilches und Ricardo Irarrázabal. Im ganzen Land gibt es kein vergleichbares künstlerisches Experiment.

Von der Plaza Victoria geleitet die Avenida Pedro Montt in östliche Richtung an dem Parque Italia und dem hübschen kleinen Jugendstiltheater Velarde vorbei auf den **Congreso Nacional** 14 zu. Seine Architektur weiß durch Mächtigkeit zu beeindrucken. Schließlich handelt es sich um das größte Zivilgebäude Chiles, das Senat und Abgeordnetenkammer vereinigt. Allein der noble Speisesaal für besondere Gelegenheiten würde einem Fünf-Sterne-Grandhotel zur Ehre gereichen.

Die Schwesterorte Valparaíso und Viña del Mar trennen nur 5 km auf der Costanera entlang des Meeres, und hier ist ordentlich was los. Einen Punkt sollte man sich nicht entgehen lassen: die **Caleta Portales** 15 auf halber Strecke. Sie ist nicht zu verfehlen, denn die einzige Ampel auf der Stadtautobahn regelt hier den Verkehr. Jeden Morgen landen hier die Fischer von Valparaíso an und bringen ihren Fang an den Mann, die benachbarten rustikalen *marisquerías* quellen über von verführerischen Angeboten.

Viña del Mar –
Senkrechtstart in die Sommerfrische

■ (S. 350) Wie Valparaíso wirkt Viña del Mar alles andere als lieblich, seine 300 000 Einwohner leben primär vom Tourismus. Im ausgehenden 19. Jh. legte es einen Senkrechtstart als Sommerfrische hin, entstand aus zwei Land- und Weingütern südlich und nördlich des Sumpfflüßchens Marga Marga, das die Stadt auch heute noch in zwei Hälften teilt.

Als es 1855 gelungen war, die schwierige Eisenbahnstrecke durch das Küstenbergland nach Viña zu führen, verlockte dies vermögende Hauptstädter und – meist ausländische – Bewohner von Valparaíso zum Bau möglichst luxuriöser Sommervillen. Daraus sind Paläste in bester Südstaatenmanier entstanden.

Die erste größere Anlage, die nach der Eisenbahn, der Villa Quinta Vergara und einer Kirche gebaut wurde, gibt Aufschluß über die damaligen Bewohner, deren Moden und Vorlieben: Als 1882 der Sporting Club mit Pferderennbahn, Tennisplätzen und Reitgeländen eröffnet wurde, war dies ein hochmodernes und hochmodisches Ereignis, das deutlich bekundet, wer es sich hier hauptsächlich gutgehen ließ: Europäer. Entweder waren sie im Salpetergeschäft oder in den Banken Valparaísos reich geworden.

Mit viel Ehrgeiz behauptet Viña bis heute seine Spitzenposition im Ringelreihen der übrigen Strandorte. Ein hochgepäppeltes, von den chilenischen Medien regelmäßig als Superstar-Ereignis aufgeblasenes Schlagerfestival versetzt den Ort jeden Februar in Aufruhr, halb Lateinamerika sendet seine Vertreter. Da es sich um ein gesamtamerikanisches Ereignis handelt, treten auch US-Sänger auf, selten allerdings die erste Garde. Die fotogene Quinta Vergara liefert die appetitliche Kulisse – so etwas hat eben allein Viña zu bieten.

Von der **Quinta Vergara** 🔳 nämlich kann mit Fug und Recht behauptet werden, prototypisch für alle weiteren Sommeranwesen gewesen zu sein. Das gesamte Quinta-Gelände, das früher bis nach Valparaíso reichte, hatte ein portugiesischer Kaufmann und Schiffsmakler erworben. Seine Frau legte darin einen botanischen Garten an, der bis heute seinesgleichen in Chile sucht. Später ließ die Familie einen *palacio* als Mischung aus venezianischem Dogenpalast und arabisch-andalusischer Phantasie gestalten. Heute ist im Palacio Vergara das durchaus sehenswerte **Museo de Bellas Artes** untergebracht. Es macht Spaß, in den gepflegten, erholsamen Gärten herumzuspazieren und sich die Konzertmuschel anzuschauen, auf der das Schlagerfestival präsentiert wird.

Die Quinta liegt im älteren Teil der Stadt, einen Block südlich des Bahnhofs. Heute erscheint es wegen der Lärmbelästigung eher erstaunlich, früher galt es als *fashionable:* Entlang der Einfahrtstrecke der Eisenbahn – und nicht etwa an der Küste – ließen die Reichen ihre Residenzen errichten, und so wird der, der über die Avenida Álvarez eintrifft, einige attraktive Bauten sehen, die sich aber meist nicht mehr in privater Hand befinden.

An die relativ bescheidene Plaza Sucre, die zum besseren Autoabstellplatz herabgewürdigt wurde, schmiegt sich die **Plaza Vergara**  mit einer Galerie von herausgeputzten Kutschen. Hier schlägt das Herz des alten Viña: Hier liegt die Residenz der Familie Subercaseaux, die in das Hotel Español umgewandelt wurde, nebenan das Teatro Municipal und im Norden das Gran Hotel O'Higgins – alles 30er-Jahre-Bauten im gehobenen neoklassizistischen Stil.

Fein säuberlich trennt eine der Hauptachsen der Stadt, die Avenida Valparaíso, die Plaza Sucre von der Plaza Vergara. Westlich davon verwandelt sie sich in die turbulente Haupteinkaufsmeile von Viña mit einer ausgesprochen reichen Ausstattung an *galerías* und Fast-Food-Lokalen. Ein Fels schließt sie zum Meer hin ab. Dahinter umrundet die Avenida Marina Viñas Klippen, und hoch oben thront ein neogotisches Holzschloß, das verwinkelte **Castillo Wulff**

, das 1906 ein Salpeterbaron bauen ließ. Neben einer Meeresausstellung und einer Dokumentation über den Dichter Salvador Reyes findet man in seinem Inneren ein Zimmer mit einem Glasfußboden, durch den man die Wellen an die Klippen prallen sieht.

Vis-à-vis dem winzigen Marga-Marga-Delta, das die Puente Casino überspannt, versteckt sich in üppigen Gartenanlagen das **Kasino** von Viña. Die beiden Avenidas Prat und San Martín führen geradewegs zu Viñas Strandzonen, den **Playas Acapulco, 15 Norte** und **Los Marineros,** die insgesamt eine Länge von mehr als 5 km zusammenbringen. Wir sind im neuen Teil der Stadt angelangt, dessen übersichtliches rechtwinkliges Straßenmuster von einem unübersichtlichen Namenssystem chaotisiert wird: Hier regieren

Beliebter Treffpunkt: Die Muelle Vergara in Viña del Mar

Nummern und Himmelsrichtungen über den Orientierungssinn des Spaziergängers. Eine Augenzier ist die **Muelle Vergara** 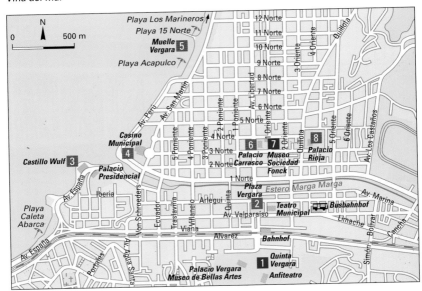, die jedem britischen Strandbad Ehre machen würde, denn als Besuchermole hat sie auf patinierten, rutschigen Holzplanken genau diese altmodische Mischung aus ruhigen Anglern, zirkushaften Zuckerwatteverkäufern und einer verschnörkelten Meeresfrüchtebar hinter bleigefaßten Glasfenstern zu bieten.

Das Meer mag an einen Saum aus Ferienapartmentblöcken branden, die in ihrer Gesichtslosigkeit kaum voneinander zu unterscheiden sind, dahinter aber öffnet sich eine ruhige Hotelzone an baumbestandenen Straßenzügen, die eher an ein bürgerliches Wohnviertel erinnert. Sehenswürdigkeiten bilden auch hier prachtvolle, zu Museen umfunktionierte Ferienvillen: Der 1912 erbaute **Palacio Carrasco** an der Avenida Libertad verfügt über vier Ausstellungssäle für Wanderausstellungen und das Archivo Histórico. Um die Ecke, an der 4 Norte, überrascht die ehemalige Residenz Delano mit dem außergewöhnlich opulent bestückten **Museo Sociedad Fonck**. In seinen ethnologischen Abteilungen zeigt es die umfangreichste Schau zur Kultur der Osterinsel (ein *Moai* steht im Garten) und zu den Mapuche.

Zwei Blocks weiter (der Eingang befindet sich an der Calle Quillota) steht der **Palacio Rioja** der allgemeinen Bewunderung offen. Prunk pur herrscht in diesem aufwendigen Bauwerk mit imposantem Treppenaufgang und stuckverzierten, riesigen Sprossenfenstern. Es wurde vom selben Architekten entworfen wie der Palacio Carrasco und gehörte einem spanischen Bankier. Schönes Aperçu: Hier befindet sich ein *cine arte*, ein kleines Kino, das sich jenen Filmen widmet, die man sonst in den auf Hollywood-Mainstream kaprizierten chilenischen Kinos nicht zu sehen bekommt.

Viña del Mar

Der Litoral Central

Von Viña del Mar nach Norden

Von Viña del Mar schlängelt sich die Küstenstraße in Richtung Norden an mehreren Felsvorsprüngen und der windgeschützten **Playa Las Salinas** vorbei auf **Reñaca** 1 (S. 335) zu, das alleingelassene Jugendliche und Mittzwanziger allsommerlich in eine einzige Open-Air-Party verwandeln. Genauso Sümpfchen, genauso Sandstrand wie Viña auch, ist seine Entstehungsgeschichte doch jünger, und eigentlich bot es zunächst Ferienmöglichkeiten familiäreren Zuschnitts. Die ersten Sommerhäuser am 1,5 km langen Sandstrand haben längst Apartmentblocks Platz gemacht, und die ausgedehnte Residenzzone Jardín del Mar südlich von Reñaca in den Bergen beweist den regen Zuspruch, den diese Region erhält. Außerhalb der Ferienmonate macht das verwaiste, unbelebte Reñaca allerdings einen traurigen Eindruck, denn die Betonfassaden gehören nicht gerade zum Schönsten, was der Küstenabschnitt zu bieten hat.

Den außersaisonalen Besuchern von Concón dürfte es da nicht anders ergehen. Dafür aber könnte die 10 km lange, dazwischenliegende Küstenstrecke abwechslungsreicher nicht gestaltet sein: Grobe Felsen wie die **Puntilla de Montemar** mit dem Instituto de Biología Marina, samtige Strände wie die **Playa Cochoa,** weite, helle, hohe Sanddünen, ein Aussichtsplatz zur Beobachtung von Seelöwen, das kuriose, unter Naturschutz gestellte Felsmassiv **Roca Oceánica,** die **Caleta Higuerilla** mit zwei kleinen Yacht- und einem Fischer-

hafen und zahlreiche Strandrestaurants verwandeln die Fahrt in einen lohnenden Ausflug, den die Sommerurlauber gerne in die Zeit des Sonnenuntergangs legen.

Der Ferienkomplex **Concón** 2 (S. 302), aus einer kleinen Kupferschmelze und einem Ausfuhrhafen für landwirtschaftliche Produkte der Flußtäler im Landesinneren erwachsen, hangelt sich an mehreren Buchten und Klippen bis zur Mündung des Río Aconcagua entlang und verfügt an seiner Küstenpromenade Avenida Borgoño über drei Strände, die Playas Negra, Amarilla und Concón.

Das auf einer löwenköpfigen Klippenzunge errichtete **Quintero** 3 glänzt eher im Licht seines Yachthafens und seiner Tauchschulen, für Strände lassen die Felsvorsprünge nämlich nicht sehr viel Platz, doch sie umgürten gleich Perlen an einer Kette die Klippe. Die beliebteste der zehn kleinen Buchten ist die Playa Papagayo im Süden.

Horcón 4 (S. 308) ist über eine kurze Stichstraße zu erreichen und war über lange Zeit die ursprünglichste Fischerbucht an dieser ansonsten so nachdrücklich erschlossenen Ferienküste. Sie ist klein und malerisch, beliebt bei Pelikanen, die ungestört auf der Mole herumspazieren. Strände befinden sich im Norden von Horcón. Die buntgestreiften Fischerbötchen schaukeln auch heute noch auf den Wellen. Doch zunächst kam die junge internationale Rucksackschar und war begeistert von der unverfälschten Idylle, die es andernorts nicht mehr gab und gibt, wenig später entdeckten chilenische Studenten diesen Ort, denn dort läßt es sich noch preiswert leben, zelten und essen. Es entstand ein allsommerliches Mini-Woodstock mit Privatfeiern, das sich ganz besonders gegen Ende Januar großer Beliebtheit erfreute. Kunsthandwerker und Künstler fühlten sich von der leicht bohemienhaften Mischung aus Unbeschwertheit, Intellekt und sanftem Drogenkonsum angezogen, die zu Hippie-Zeiten populär war. Ganz so idyllisch präsentiert sich Horcón heute nicht mehr, es kursieren Gerüchte über Alkohol- und Drogenexzesse, auch erweisen sich die sanften Touristen oftmals leider als ganz umweltsünderisch.

Das krasse Gegenteil davon liegt in einem wohlgestalteten Rahmen von 276 ha Grün ein paar Kilometer nördlich: Die Ferienanlage **Marbella Resort** ⑤ (S. 314) wartet mit den üblichen Schickeria-Schikanen auf. Golfplätze – einer davon für Kinder – und Tennisplätze, ein eigener Bäderbetrieb mit Fitneß-Oasen und ein Fünf-Sterne-Hotel – das alles ist hier entstanden und soll die finanzstarke Kundschaft anlocken.

Wer nach **Zapallar** ⑥ (S. 352) will, muß sehen, wo er unterkommt, denn der winzige Ort besteht auf seiner Exklusivität, und das bedeutet, daß der, der hier nicht über eine eigene Villa verfügt, in den Außenbezirken nächtigen muß. Auch die Palette der abendlichen Unterhaltungsvarianten ist für den, der nicht

privat eingeladen wird, recht beschränkt, denn das schöne Strandrestaurant César stellt gegen 19 Uhr die Stühle auf die Tische. Der Ort Zapallar entsprang der Laune eines reichen Geschäftsmannes, mit seinen Freunden einen Platz an der Küste zu kaufen und es sich dort für die Ferien nett zu machen. Alle Freunde wurden verpflichtet, ihre Anwesen mit Gärten und Parks zu umgeben – und sie haben sich daran gehalten.

Die Dienerschaft – und die hatte man zu Beginn des 20. Jh. natürlich reichlich – wohnte ebenfalls in eigenen Häuschen in Zapallar, und so ist der Ort zwiegespalten und dadurch einigermaßen normal. Die Residenzzone ist postkartenreif. Blumenduft aromatisiert die Luft, Hibiskusblüten segeln auf die Plattenwege, und das Entlangflanieren an wohlgestalteten Gärten und mitunter kühnen Hauskonstruktionen gipfelt im Besuch des intimen Strandes von perfekter Mondsichelform. Weitere Spazierwege wurden oberhalb des kräftig an die schwarzen Klippen schlagenden Mar Bravo auf der Avenida Costanera und in entgegengesetzte Richtung auf der Rambla angelegt.

Das 20 km entfernte **Papudo** 7 (S. 318) ist aus ganz anderem Holz geschnitzt. In einer weiten, geschützten Bucht plaziert, entstand es auf dem Reißbrett der Sociedad Balneario de Papudo 1917 als ebenfalls recht luxuriöser Badeort, wovon noch einige wenige Gebäude aus den 20er Jahren zeugen. Doch die Erdbeben von 1906 und 1965 nagten an seiner Substanz. Wegen der guten Bademöglichkeiten ist es heute ein belebter Familienstrandort mit einer ganzen Reihe an Unterkunftsmöglichkeiten.

Von Valparaíso nach Süden

Die über die Carretera 78 erreichbare südliche Küstenzone zwischen Algarrobo und Las Cruces und die dazwischengestreuten Strände erstrahlen nicht im Glamour der nördlichen Bäder wie Viña, Zapallar und Reñaca. Man trifft auf ein Familienpublikum, das in freundlichen Strandbädern in vergleichsweise preiswerten Hotels oder Bungalowanlagen Ferienfreuden sucht.

Die ausgedehntesten Strände und auch eine mehr als hundertjährige Ge-

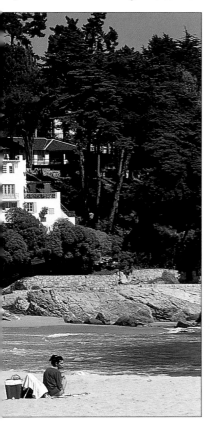

Am Strand von Zapallar

Segelschiffe vor der Küste bei Papudo

schichte als Badeort hat **Algarrobo** (S. 291) aufzuweisen. Die Fischerbucht, der Yachtclub und die Strandflaniermeile Avenida Allessandri mit sommerlichen Kunstgewerbemärkten machen den Aufenthalt unterhaltsam. **El Quisco** , einige Felsklippen südlich davon, besteht aus zwei miteinander verbundenen Strandzentren und hat eine umfangreiche Infrastruktur an Hotels, Pensionen und *cabañas*.

Die bedeutendste Sehenswürdigkeit an diesem Küstenabschnitt hat allerdings gar keinen Badestrand: **La Isla Negra** (S. 310), die dann auch gar keine Insel ist. Dafür steht hier aber die **Ferienvilla Pablo Nerudas,** die täglich Hunderte von Besuchern anlockt. Sie wurde nach dem Putsch Pinochets im September 1973 ähnlich verwüstet wie La Chascona in Santiago, doch heute ist dieser ausgesprochen heitere Ort zu besichtigen. Durch überladen dekorierte, kurze Gänge sind die verschiedenen kleinen Gebäudekomplexe miteinander

verbunden. Hier baumeln die Galionsfiguren von Decken und Kaminen, darunter auch eine postkartenschöne weinende und eine männliche, die angeblich Francis Drake darstellen soll.

Die Gegend ist voller Anmut: Zwischen den schwarzen, von der Brandung rundgeschliffenen Klippen ballt sich der Küstennebel wie Watte, und viele hübsche Ferienhäuser verstecken sich in duftenden Pinienhainen.

Aufsehenerregend an dem folgenden Ferienflecken **El Tabo** (S. 306) ist sein kilometerlanger feinsandiger Strand ein wenig südlich des Örtchens, das im wesentlichen aus einer Hauptstraße besteht. Die Ferienhäuser schließen sich brav rechts und links davon an. Auf der Avenida trifft man sich zum Einkauf, Schwatz, zum Abendessen und Flanieren, wenn die Sonne über der Playa Larga untergegangen ist.

Beeindruckendster Flecken an der Sommerküste ist zweifellos **Cartagena** (S. 298), ein ideeller Zwilling von

Valparaíso, ebenfalls in Hanglage übereinandergetürmt, und ausgesprochen proletarisch. Die Straße erreicht zuerst den oberen Teil, der eine Art Miniplateau bedeckt, und rutscht dann als Avenida Cartagena hinunter auf einen Felsen zu, der die beiden Strände des Badeortes voneinander trennt. Links und rechts des Küstenpanoramas strecken sich mitunter aufsehenerregende Holzkonstruktionen in die Luft, die durch abenteuerlich übereinandergestapelte Terrassen miteinander verbunden sind. Eine bunte Kette aus Strandrestaurants, hält die Playa Chica fest besetzt, und Hotels säumen die Uferpromenade. Zeigt Isla Negra das Haus von Pablo Neruda vor, so antwortet Cartagena mit Haus und Grab des großen Dichterfeindes von Neruda, Vicente Huidobro, in den steil aufragenden Küstenkordillerenfalten hinter der Playa Chica. Nicht nur aus diesem Grund versucht eine Künstlerinitiative allsommerlich, die attraktiv-verschlampte Kulisse von Cartagena für ein Festival zu nutzen.

Der vornehmere Teil von Cartagena konzentriert sich nördlich des eigentlichen Städtchens als **San Sebastián** mit üppigem Sandstrand.

Richtig vornehm geht es dann in **Las Rocas de Santo Domingo** 13 (S. 313) zu. Exklusivität zu schaffen war das Ziel von drei reichen Grundbesitzern. Sie ließen Las Rocas de Santo Domingo als Privatferienstadt von nordamerikanischen Architekten entwerfen. Reine Residenzregion, stolpert man am nördlichen Rand der ausgedehnten und sehr windigen Strandzone geradezu über das einzige Hotel des Ortes. Ein riesiger Golfclub und der eigene Flugplatz weisen auf die Betuchtheit der Kundschaft hin.

Die zentrale Küstenregion (Litoral Central)

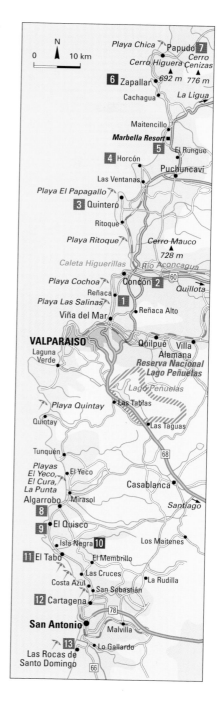

Der ›Kleine Süden‹

Land der Mapuche, Land der Deutschen

Sie geben ein seltsames Paar ab, die beiden Kulturen, die das reiche Land südlich des Bío-Bío-Flusses entscheidend gestalteten. Es waren Mapuche und von der Mitte des 19. Jh. an deutsche Einwanderer, die der Landschaft zwischen Concepción und Puerto Montt, die politisch Chiles Neunte und Zehnte Region umfaßt, ihre Spuren aufprägten. Holsteiner Fleckvieh weidet unter schneebedeckten Vulkanen, Mapuche-Gehöfte werden von Johannisbeerhecken gerahmt, von denen die Chilenen sagen, die Deutschen hätten sie mitgebracht, um ihr Heimweh zu bekämpfen, und hölzerne indianische Gebetsfiguren wurden neben Kinderspielplätzen aufgestellt. Mapuche-Frauen verkaufen Himbeeren und indianischen Mais, und die Telefonbücher der Region führen seitenweise die Namen Schmidt, Bauer und Müller im Register.

Das Gebiet erstreckt sich über eine Länge von gut 600 km der fruchtbarsten Erde, die Chile zu bieten hat: eine Kostbarkeit, um die bis zur Vernichtung und Vertreibung der indianischen Siedler erbittert gekämpft wurde. Es verfügt über eine stark gegliederte, spärlich bewohnte Küstenlinie mit einigen kleineren Hafenorten und über weite, reiche Kulturlandschaften. Die Andenkordillere, die Chile mit Argentinien verschweißt, löst sich hier in eine Kette von Vulkanen auf, die geradewegs einem Bilderbuch hätten entnommen sein können.

Die Grenze der Zivilisation

Der imponierende, heute durch sechs gigantische Stauprojekte stark gezähmte Río Bío Bío hat bei Concepción die stark gefaltete Küstenkordillere durchgegraben und sich ein kilometerbreites Mündungsbett geschaffen. Bis in das 19. Jh. hinein markierte er die Grenze der sogenannten Zivilisation. Die Mapuche fügten sich über die Jahrhunderte hinweg keineswegs in die ihnen zugedachte Rolle, ihr Leben und ihre fruchtbare Erde an fremde Invasoren abzutreten. Und so war das umkämpfte Gebiet stets ein unsicheres, trügerisches Terrain. Pedro de Valdivia hatte Santiago 1541 gegründet; es bestand ganze sechs Monate. Anderen Siedlungen, die er kurze Zeit später weiter südlich in das Mapuche-Land trieb, war ein vergleichbares Schicksal beschieden. Valdivia selbst starb unter den Angriffen der Mapuche, von denen er einmal gesagt haben soll, sie kämpften wie die Deutschen.

Und doch beharrten die Spanier auf diesen Besitzungen, die damals so mühselig erkämpft worden waren. Der Reichtum an Metallerzen im Norden des Landes war noch nicht entdeckt worden, aber zu irgend etwas mußte dieses halbwegs eroberte, widerspenstige Land ja taugen, und sei es, darauf Schweine zu halten und Getreide auszusäen. Die Mapuche, die schon den Inka widerstanden hatten, wehrten sich erbittert.

Regelmäßig mußten in den ersten Jahren der spanischen Konquista die spanischen Familien Säbel und Röcke raffen und sich eine neue Bleibe suchen: Santiago, Concepción, Villarrica, erneut

Blick über den Lago Llanquihue auf den Vulkan Osorno

◁ *Araukarien im Parque Nacional Conguillío*

Der König von Patagonien

E r hat es weit gebracht für einen ganz gewöhnlichen Sterblichen, Orllie-Antoine de Tounens aus La Chèze im französischen Perigord. Es ist ihm nicht an der Wiege gesungen worden, daß er einmal König von Patagonien sein würde. Und dies aus eigener Kraft, gegen die Stürme der Ignoranz und den Argwohn der Behörden, gegen finanzielle Schwierigkeiten und die Verstrickungen der Diplomatie. Orllie-Antoine verfügte über die Chupze, eine Welt für seine Vision vom eigenen Königreich herauszufordern. Und es wäre ihm fast geglückt.

Der Monarch von eigenen Gnaden hatte sich schon von der ersten Minute seines Lebens im Jahr 1826 an mit dem Ignorantentum der Bürokraten herumärgern müssen. Sein ungewöhnlich buchstabierter Vorname entsprang nicht den kapriziösen Vorstellungen seiner Eltern, sondern den bedauernswert schlechten Orthographiekenntnissen eines Standesbeamten im heimischen La Chèze.

Aber Orllie war klug und gewitzt. Er studierte Jura, denn das erschien ihm für seinen künftigen Lebensweg als König am sinnvollsten, und bewies in sieben Jahren währenden Rechtsstreitigkeiten, daß seine Familie adligen Ursprungs und auf den galloromanischen Senatoren und Präfekten namens Tonentius Fereolus zurückzuführen sei. Von da an hieß er ›de‹.

Aber warum hatte er sich ausgerechnet das so weit entfernte Patagonien für seine royalen Pläne ausgesucht? Hier waren bei Orllie bürgerliche und adlige Seelen in einer Brust vereint. Er verehrte mit romantischer Sehnsucht das mutige Volk der Mapuche, von dem er in der Schule gehört hatte, und dessen Kampf um die Unabhängigkeit von Chile. Aber seine Liebe bedeutete nicht, daß er sie so frei belassen wollte, wie es dem Volk wohl selbst am besten gefiel. Nein, er wollte versuchen, es der französischen Krone zu gewinnen.

Und so beginnt die Geschichte 1858. Damals war Orllie-Antoine 32 Jahre alt, Mitglied der Freimaurerloge und Passagier auf einem Dampfer von Southampton nach Südamerika.

Zunächst waren seine Unternehmungen wenig prinzlicher Natur. In La Serena lernte er Spanisch und kümmerte sich um die Kupferpreise, denn der Handel mit diesem Metall sollte seinen Lebensunterhalt finanzieren. Doch offenbar verlor er das Vertrauen in diese Möglichkeit und ersann das Vorhaben einer Eisenbahnlinie zwischen Kamtschatka und Nordamerika. Für diesen Zweck sei allerdings die Beringstraße aufzuschütten, gab er brieflich seinen Freunden in Frankreich zu bedenken und bat sie, Financiers zu finden. Als dies nicht gelang, wandte sich Orllie-Antoine de Tounens 1860 direkt in das Land der Mapuche.

Diese Region dehnte sich südlich des Bío-Bío-Flusses aus. Nur wenige Weiße hatten sich getraut, sich in der *frontera* – dem Grenzgebiet, das auch heute noch diesen Namen führt – niederzulassen. Die Inka unter Tupac Yupanqui mußten im 15. Jh. in ihren Eroberungsgelüsten vor den Araukanern, wie sie das Volk nannten, kapitulieren, und Pedro de Valdivia fand in dem Heerführer Caupolicán 1451 seinen Meister. Nirgendwo sonst in ganz Lateinamerika konnte ein indianisches Volk die spanische Kolonialmacht stoppen – hier schon. Über 300 lange Jahre. Die chilenische Regierung unter Manuel Montt (1851–1861) dann verfolgte wirtschaftliche Interessen, als sie die Mapuche aus ihrem fruchtbaren Gebiet vertrieb. In Australien und Kalifornien, später in England und Frankreich waren neue Absatzmärkte für chilenisches Getreide gefunden worden, und die fruchtbaren Böden im mittleren Chile waren erschöpft. Man mußte die Chancen nutzen und Ersatz schaffen.

Die Mapuche ließen sich die Enteignung nicht gefallen. Der Boden war bereitet für den Aufruhr, der ein Jahr später in einen Aufstand unter Führung des legendären Nicolás Tirapegui gipfelte. Der Befehlshaber der chilenischen Armee, Cornelio Saavedra, gab sich in Arauco, Chillán und Nacimiento geschlagen.

Und nun platzt Orllie-Antoine in die Geschichte. Der Thronaspirant will sich mit Quilapán, dem Sohn des berühmten Kaziken Manil, treffen. Seine Ankunft liefert Zündstoff. Er hat sich die Haare auf Schulterlänge wachsen lassen und kleidet sich in einen Poncho, um seine Verbundenheit mit den indianischen Völkern zu demonstrieren.

Seine in den Gerichtssälen von Périgueux geschulte Rhetorik und seine stählerne Willenskraft lassen Orllie-Antoine überzeugend wirken, und das Husarenstück gelingt tatsächlich: Die Mapuche akzeptieren ihn als ihren König.

Quilapán macht er zu seinem Kriegs- und Außenminister.

Drei Tage später unterrichtet Orllie-Antoine *le Premier de la Nouvelle France, Roi de la Araukanie,* die chilenische Presse und Regierung von seiner Thronbesteigung, die unter einem Zimtbaum stattfand. Aber zunächst findet er keine Resonanz.

Doch das sollte sich ändern. Den Chilenen war ein Aufrührer in diesem aufrührerischen Land mehr als unlieb. Der eigene Dolmetscher verriet Orllie-Antoine an die chilenische Polizei. Der König von Patagonien landete im Gefängnis. Um einen Zusammenprall mit Frankreich zu vermeiden, entschloß man sich, die Militärpolizei von den Untersuchungen zu entpflichten und ließ den ›König‹ für geisteskrank erklären: »Sires, seine Pläne sind eine Romanvorlage, aber kein Delikt«.

Oder war er doch nicht nur auf sich gestellt, genoß er, wenn schon nicht die Unterstützung, so doch das Wohlwollen des französischen Kaisers? Dies zumindest beunruhigte die Chilenen. Aber zunächst reist Orllie-Antoine de Tounens am 28. Oktober 1862 an Bord eines französischen Kriegsschiffes aus. Noch zwei weitere Male versuchte er, in sein Königreich zu gelangen. Er hielt in den Pariser Cafés Hof und umgab sich mit Phantasie-Adligen, er annoncierte in Zeitschriften und bat um Subskription für seinen von Vaterlandsliebe beseelten Plan einer Kolonie in Südamerika. Er verfaßte landeskundliche Broschüren und bot »allen Enterbten, die in ihrer Heimat keine Chance hätten, ihre Kraft und Intelligenz einzusetzen«, Plätze in seinem Königreich an.

Eine ernsthafte Erkrankung beendet seine royalen Höhenflüge. Eine Operation lehnt der Todkranke, zurück in Frankreich, ab. Am 17. September 1878 stirbt der erste König von Patagonien. Einen Freund hat der kinderlose Orllie-Antoine zu seinem Nachfolger bestimmt, der sich allerdings nie für sein Königreich interessierte.

Damit ist die Geschichte aber noch nicht zu Ende: Unweit des Regierungspalastes La Moneda in Santiago gibt es eine Bank, die sich mit den Zimtbaum-Münzen des nicht existenten Königreiches von Patagonien schmückt.

Wer ihre Geschichte kenne, wüßte, daß sie sich nie einem fremden Herrscher unterworfen hätten, sagen die Mapuche, die etwa 7 % der Gesamtbevölkerung Chiles stellen. Sie befolgen ihre Riten wie eh und je, sie pflegen ihre Kultur und ihre Religion, sie wohnen in ihren *rucas* und nicht in Städten,

und die Regierungen haben ihnen die Erde wegnehmen, sie aber nicht vernichten können. Und sie kämpfen unentwegt weiter um das Land, das ihnen einstmals gehörte.

Wer ihre ›neuen‹ Herren sind, interessiert sie nicht, sie nennen alle ›Spanier‹. Und sie braten weiterhin Pferdefleisch bei ihren Festen, als Zeichen ihres Triumphes über die spanischen Eroberer. Vielen indianischen Völkern waren die europäischen Eindringlinge als Halbgötter erschienen, die mit einem Tier verwachsen waren, das ihnen unbekannt war: dem Pferd. Die Mapuche glaubten nur kurz an deren Ruf als unbesiegbare Zentauren, als Gottmenschen, als Strafe der indianischen Völker. Dann durchschauten sie den Trick.

Santiago, das 1599 endgültig Hauptstadt wurde, und Osorno. Wie auf einem meerbewegten Stelzengrund lebten sie, wie auf einem Schiff, das hin- und hertreibt. Bis sich dann die beiden feindlichen Lager konzentriert und Station bezogen hatten: die Spanier nördlich des Bío Bío, die Mapuche südlich des Flusses.

Bis ins 19. Jh. wagten sich nur Glücksritter und Händler in diese unruhige Gegend, das Zwischenland, in dem die Grenzen je nach Kampfverlauf permanent neu gesteckt werden mußten. Die ersten Deutschen kamen am 12. Februar 1846 mit der hochoffiziellen Genehmigung nach Valdivia, sich die Erde zu nehmen, nachdem die chilenische Nation die Mapuche in Reservaten (Reduktionen) zusammengepfercht hatte. Bernhard Philippi, der Bruder des Biologen Rudolph Amandus Philippi, der im Norden Chiles eine bedeutende Rolle gespielt hatte, holte 1853 als Kolonisa-

tionsagent hessische Familien nach Puerto Montt, von dem damals nur eine Hafenmole existierte.

Ohne offizielle Genehmigung hingegen reiste ein wunderlicher Franzose ein, um sich als König von Patagonien ausrufen zu lassen und die Mapuche zu befreien (s. S. 108 ff.). Verwundert, überrumpelt und aufgebracht über diese scheinbare Einmischung eines anderen Landes in ihre inneren Angelegenheiten, schickte ihn die chilenische Regierung schnell wieder zurück.

Die Mapuche aber, die mit ihrer Guerillataktik spanische und chilenische Armeen gleichermaßen zermürbt hatten, werden sich schon selbst befreien: Bis heute schlingen die Frauen ihren dekorativen Silberschmuck um Kopf und Hals und marschieren los, die verlorengegangene, geraubte Erde einzufordern. Fotogen bis in die Fingerspitzen, präsentieren sie sich unermüdlich in Presse, Radio und Fernsehen und attakkieren Politik und Präsident. Sie werden so lange nicht ruhen, bis das Unrecht behoben ist. Die Chilenen betrachten sie wegen ihrer Nichtanpassung mit einer Mischung aus kaschiertem Mißtrauen und unverhohlenem Interesse – und suchen, wenn die Medizin des studierten Arztes nicht hilft, mitunter die indianische Heilerin auf.

Der Turbulenz der Geschichte steht die Friedlichkeit der Landschaft geradezu diametral gegenüber. Getreide, Vieh, Felder – mit der ihr eigenen Geometrie ist die gesamte, landwirtschaftlich genutzte Region von Concepción bis hinunter nach Osorno überzogen. Fast ein wenig langweilig wirkt so viel bäuerliche, säuberliche Idylle, gäbe es da nicht Straßen, die über Lavafelder klettern müßten, Straßen auch, die plötzlich im Nirgendwo endeten, unter regentriefenden Dächern aus dichten Baumkronen, neben juwelenfarbenen kleinen, tiefen Seen, am Fuß eines gleißenden Vulkans. Denn diese Kulturlandschaft so adrett und sauber zu halten, wie sie heute aussieht, hatte irrsinnige Mühsal bedeutet, besonders im Süden. Wenn man sie heute durchstreift, erscheint es unvorstellbar, daß die ersten deutschen Einwanderer im Schlamm steckenblieben, sich in den dunklen Urwäldern verirrten und mit Beeren betäubten, um ihr Los zu vergessen.

Doch nur ein wenig abseits der Panamericana beginnt bereits die Wildnis. Die zahlreichen Seen, die die Andenklüfte füllen – auch touristische Hochkaräter wie der Lago Villarrica –, sind nicht unbedingt gut erschlossen. Manche erreicht man auf glitschigen Schotterpisten, oder es rutschen kleine Feldwege an eine Wasserspitze, der Rest ist nur zu Pferd oder per Boot zu erkunden.

Die Wälder sind reich und dicht, voller *mañío, lingue, pitra, ulmo, notro* und *raulí,* was die irrige und irreversible Konsequenz mit sich gebracht hat, daß sie in einem umweltzerstörerischen Maßstab abgeholzt werden. Mit einer tragischen Geschwindigkeit, schlimmer noch als in den brasilianischen Amazonasgebieten, vernichtet man die Wälder Chiles, seit die Militärregierung unter Augusto Pinochet den Holzeinschlag subventionierte und privatisierte. Mit dem Tod der Wälder wurden damals jährliche Wachstumsraten von 8 % erkauft. Aus Hölzern so stark und fest, daß sie als Eisenbahnschwellen benutzt werden konnten und zum Hausbau dienten, werden Späne für die japanische Zellulosefabrikation geschreddert, und der Hafen von Puerto Montt, in dem sich diese Chips zu 100 m hohen Bergen auftürmen, veranschaulicht das erschütternde Ausmaß der Zerstörung.

Waren es zunächst die deutschen Siedler, die für ihre landwirtschaftlich genutzten Areale die Wälder abbrannten, so fügt ihnen jetzt die Holz- und Papierindustrie einen unvergleichlich höheren Schaden zu. Mit schnellwüchsigem Eukalyptus, der die Humusbildung verhindert, und Pinien, die dort das Bodenklima säuern, wo sie nicht ihr natürliches Habitat vorfinden – und das tun sie hier nicht –, sind Feigenblatt-Pflanzungen angelegt worden, um den erodierten Grund nicht noch weiter zu ruinieren. Die Absolutheit, mit der das Primat wirtschaftlicher Interessen immer noch vor die Erhaltung natürlicher Ressourcen gestellt wird, ist frappant – folgt jedoch einer langen chilenischen Tradition, der man offenbar auch in anderen Bereichen treu bleiben will. Denn aus dem Stand heraus katapultierte sich Chile in den vergangenen Jahren zum zweitgrößten Lachsexporteur der Welt, ohne daß diese Tiere jemals im Pazifik beheimatet gewesen wären.

Temuco

■ (S. 345) Die ruhige, ländliche Umgebung von Temuco täuscht: Die Hauptstadt der Neunten Region liegt in einem friedlichen Bett aus Weiden und Feldern, eingefasst von Vegetationsbändern, doch erklimmt man den Cerro Ñielol inmitten des Stadtgebiets, erblickt man in der Ferne undurchdringliche Waldmassen, die ursprünglich auch diesen vulkanischen Boden bedeckt hatten.

Das nur 667 km von Santiago entfernte Temuco gehört, 1881 gegründet, zu jenen Befestigungsanlagen, die damals wegen der Konflikte mit den Mapuche in den unruhigen Süden getrieben wurden. Die Kolonisation durch europäische Einwanderer war für die Regierungen seit 1846 längst beschlossene Sache, und den Deutschen, Spaniern, Franzosen, Schweizern und Engländern sollte halbwegs gesichertes Terrain übergeben werden. Obwohl sie ihr Leben in demütigenden Reservaten fri-

sten mußten, hat sich dennoch der Einfluß der immer noch mächtigen Mapuche überall manifestiert und ist gerade in der Hauptstadt unübersehbar.

Eines dieser Doppelbilder ist der **Cerro Ñielol** ■. Er trägt einen indianischen Namen (›grabenreicher Berg‹), und war Schauplatz eines *parlamento,* einer der sogenannten Aussprachen – in diesem Fall zwischen Mapuche und Chilenen, die scheinbar über die Übernahme des Gebietes verhandelten. Das Ergebnis allerdings stand schon vorher fest: Die Mapuche wurden aus der Gegend vertrieben.

Auf dem üppig bewaldeten Cerro Ñielol, der unter dem Schutz der staatlichen Forstbehörde Conaf steht, wurde Platz für beide Kulturen freigeräumt. Ein hochinteressantes *nguillatán,* ein Gebetsfeld der Mapuche, ist mit menschlichen Silhouetten aus Holz besteckt. Die männlichen Figuren tragen Hüte, die

Hartes Feilschen auf der Feria Libre Pinto in Temuco

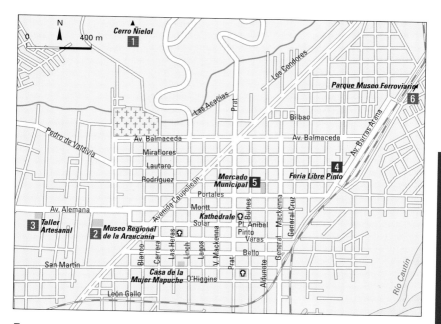

Temuco

weiblichen sind durch Brüste symbolisiert. Spazierwege breiten sich über den Hügel und führen zu Kinderspielplätzen und Ausflugsrestaurants. Ein ganzer Prospekt schneegekrönter Vulkane ist von diesem Standort aus zu sehen: Aufgereiht wie Zinnsoldaten erheben sich der Vulkan Llaima (3125 m), die Nevados de Solipulli, der argentinische Vulkan Lanín (3747 m) und die Vulkane Quetrupillán (2009 m) und Villarrica (2840 m) aus den gerodeten Ebenen.

Zwei bemerkenswerte Sehenswürdigkeiten der jungen Stadt stöbert man an der Avenida Alemania auf, die aus dem Zentrum hinaus in ein beschauliches Wohnviertel führt. Das **Museo Regional de la Araucanía** 2 in der eleganten Gründerzeitvilla des deutschen Einwanderers Carlos Thiers war praktisch das erste, das sich wissenschaftlich mit den Mapuche auseinander-

setzte; seine Bibliothek arbeitet auf Universitätsniveau. Die Exponate zur Mapuche-Kultur und der deutschen Kolonisation füllen zwei Stockwerke. Im weitläufigen Gartenareal verstecken sich Dahlienbeete und eine alte Dampflok unter den weit ausladenden Schirmkronen der Araukarien.

Der **Taller Artesanal de la Universidad Católica** 3 nebenan versteht sich als künstlerische Interessenvertretung der Indianer sowie als Möglichkeit, unbeschadet von kommerziellen Anliegen und der Ausbeutung ihres künstlerischen Potentials Traditionen zu bewahren. Den Silberschmieden, Webern und Töpfern stehen Werkstätten zur Verfügung, in einem gesonderten Verkaufsraum sind ihre Produkte unter fachkundiger Beratung zu erwerben.

In die Innenstadt mit ihren Geschäftszonen in den Straßen Prat, Bulnes, Varas und Montt muß man sich schon hineinschieben, wenn man hineinwill, denn in Temuco liebt man das Einkaufen. Ein paar versprengte Holzhäuser und einige wenige Steinbauten in pastellfarbenem Art déco künden von der alten Zeit, ansonsten setzt das kommerziell ausgerichtete Zentrum von Temuco keinerlei augenfällige Akzente. Nach Aníbal Pinto wurde die zentrale **Plaza** benannt, und mehr Bäume kann man eigentlich nur noch an der Plaza von Valdivia zählen. Bunte Tulpenbeete rahmen die pathetische Denkmalsallegorie **La Araucanía** aus Bronze ein, und die *municipalidad* hat dort einen Pavillon für Wanderausstellungen hingestellt.

Vier Straßenzüge davon entfernt versinkt Temuco in pure Ländlichkeit mit stillen Gassen, niedrigen Häuschen und kleinen Rosengärten davor. Bestes Beispiel dafür: die **Feria Libre Pinto** 4 gegenüber dem Bahnhof, auf der Mapuche ihre Landwirtschaftsschau abhalten. Selbstgemachter Käse, Honig, Karotten, Getreide in 50-Kilo-Säcken, Maiskolben, Knoblauch, *ají*-Schoten und ein umfangreiches Sortiment an Früchten lagern auf hölzernen Paletten unter freiem Himmel. Die Pferdegespanne der Mapuche warten in den Nebenstraßen.

Dezenter geht es auf dem **Mercado Municipal** 5 in der Innenstadt zu. Das umfangreichste Areal ist dem Kunsthandwerk vorbehalten. Mapuche-Schmuck, Körbe, Stoffe, Holzschnitzereien und Amulette stapeln sich – höchst souvenirtauglich – in den Verkaufskiosken. Die beliebten Marktrestaurants sind von ordentlicher Qualität, denn die Quelle sprudelt gleich nebenan: Fisch, Fleisch, Meeresfrüchte, Obst und Gemüse schicken ihre einladenden Aromen zu den Tischen hinüber.

Die einzige Personenzugverbindung Chiles verkehrt auf der Strecke Santiago–Temuco mit einem Exemplar, das die Aufnahmeprüfung in das Eisenbahnmuseum im **Parque Museo Ferroviario** 6 leicht bestehen würde. Auf dem Gelände der alten Maschinenfabrik erinnern 15 Dampflokomotiven aus der chilenischen Pionierzeit daran, daß Eisenbahnen als erstes Verkehrsmittel den unruhigen Süden durchdrangen – die älteste stammt aus dem Jahr 1903.

Ausflug in den Parque Nacional Conguillío

Über Vilcún und an vielen Einzelgehöften vorbei führt ein Ausflug zum **Sector Las Paraguas** des Nationalparks. *Paraguas,* Regenschirme, nennt man die endemischen Araukarien im Volksmund – ein treffender Spitzname, denn mit ihren kuriosen, weitausschwingenden, hohen Kronen erinnern sie tatsächlich daran. Die Bäume stehen unter Naturschutz und dürfen nicht mehr abgeholzt werden. Aus den Zapfen der Araukarie *(piñones)* gewinnen die Mapuche Mehl. In diesem Teil des Nationalparks klettern die Araukarienhaine leicht auf 2000 m Höhe. Spazierwege führen zu kleinen Seen, die verborgen unter den Laubgewölben der honigduftenden *ñirre, lenga* und der olivfarbenen *coigüe* ihren Dornröschenschlaf schlummern. Die ein wenig weiter nördlich gelegene Skistation und die Schutzhütte des **Vulkans Llaima** sind gute Ausgangspunkte für Streifzüge zu seinen Lavafeldern und in die weit herableckenden Schneezungen. Der bis vor kurzem noch recht lebendige **Vulkan Lonquimay** kann inzwischen wieder bestiegen werden. Dies und eine Reihe von Wanderungen und Ausritten in die Sommerfrische à la chilena lassen sich von **Curacautín** (nördlich des Parque Nacional Conguillío) aus planen.

Die ›Chilenische Schweiz‹

Rund um den Lago Villarrica

Nur 112 km von Temuco entfernt konzentriert sich am Ufer des **Lago Villarrica** **1** eines der beliebtesten Feriengebiete des Landes. See und gleichnamiger Vulkan bilden die Eingangspforte zu einer ganzen Kette tiefer, zwischen Lavafeldern und dichtesten Waldkuppeln gebetteter Gebirgsseen, die in einer unglaublichen Farbenpracht leuchten.

Der Villarrica-See liegt inmitten der ehemaligen *frontera.* Die Ortschaft, eine der frühesten Gründungen des Gerónimo de Alderete aus dem Jahr 1552, führte ein kümmerliches Dasein als isolierter und abgeschnittener Satellit. Die spanischen Kolonisten mußten sich schließlich den permanenten Attacken der Mapuche im Februar 1602 geschlagen geben. Ende des 19. Jh. fand ein letzter *parlamento* zwischen 300 Mapuche-Fürsten und Vertretern der chilenischen Nation statt. Wie in Temuco sollte der Rückzug der Mapuche fixiert werden. Am 1. Januar 1883 wurde Villarrica wiederbelebt, den Kolonisten übergeben, die sich als Gegenleistung zur Urbarmachung des Urwalds verpflichteten, und die Mapuche in Reduktionen weggesperrt.

Villarrica **2** (S. 350) mit seinen gut 20 000 Einwohnern ist noch heute seine ländliche Vergangenheit anzusehen. Sauber und frisch, besteht es hauptsächlich aus kleinen, mattbunten Holzhäusern, die der häufige Regen schief gezogen hat. *Provisiones* ist ein geeigneter Name für die Läden, in denen es fast alles zu kaufen gibt, vom Bindfaden bis zur Marmelade, von der Holzsäge bis zur Leberwurst. Landwirtschaftliche Fahrzeuge beherrschen den Straßenverkehr.

Die Kleinstadt hat sich indes beharrlich eine touristische Infrastruktur aufgebaut, um von dem Glanz des nur 27 km entfernten Pucón mit seinem internationalen Ferientrubel zu profitieren. Gepflegte Bungalowanlagen, kleine, gemütliche Hotels und einige nette Restaurants schmiegen sich um eine malerische, verträumte Bootsanlegestelle, an der man auch baden kann, und tüpfeln das Stadtbild. Alles ist freilich ganz anders als in Pucón. Und darüber entscheidet der Touristengeschmack. Villarrica ist ländlicher, ruhiger, nicht so international – und wesentlich preiswerter.

Die Südseite des Villarrica-Sees erschließt die Verbindungsstraße nach Pucón – und die wurde touristisch gut verwertet. Das gesamte abschüssige Ufer entlang hangeln sich kleine Hotels, *cabañas* und Campingplätze, die sich hinter blumengeschmückten Einfahrten und Baumeinfassungen verstecken. Wer einmal wohnen möchte wie Queen Elizabeth II., wählt das Antumalal, das so dezent an einem Waldsaum plaziert ist, daß man es fast gar nicht wahrnimmt.

In den Straßen von **Pucón** **3** (S. 322; 8000 Einwohner) dagegen wuseln in der Hochsaison die Besucher. Die letzten, wirtschaftlich günstigen Jahre haben den Ort mit einem unwiderstehlichen Schmelz überzogen. Die bäuerliche Architektur steht Pate für viele neue Gebäude. Selbst die üppig in den Ort gestreuten *galerías* und die Ferienapartments pflegen einen Mixturen-Look aus Kitzbühel und deutschem Bauernhaus. Hoffentlich halten sich die Proportionen. Denn die Lage Pucóns zwischen dem

Bilderbuchvulkan Villarrica und dem See mit seinem schwarzen Sandstrand ist schlicht traumhaft.

Frisch entdeckt wurden die vielfältigen Sportmöglichkeiten der Umgebung. Sie eignet sich blendend für Rafting, Paragliding, Trekking, Wassersport und Reiten. Ein Highlight ist sicherlich die Besteigung des aktiven Vulkans Villarrica, der allmorgendlich dekorativ seine Rauchzeichen in den Himmel bläst. Neben betuchten chilenischen und argentinischen Familien lieben inzwischen auch unkomplizierte nordamerikanische und europäische Sporttouristen diesen Ort. Abends verwandeln sie die Avenida O'Higgins in die Flaniermeile von Pucón. Die Rafter warten auf das Video, das der Veranstalter von ihrem Ausflug gedreht hat, die jungen Argentinierinnen gehen in den indischen Boutiquen einkaufen. Man trifft sich auf der kleinen Holzterrasse der Tetería oder im Garten der Hostería ¡Ecole! und diskutiert bei frischgepreßtem Orangensaft über Umweltschutz, Holzeinschlag, Trekkingziele und Politik.

Kaum zu glauben, daß das nette Pucón sich aus einem Militärlager entwickelt hat, welches 1883 angelegt wurde. An der Plaza, wo heute Familien auf Tandems radeln und ihre Eistüten spazierenführen, rasselten damals die Säbel. Wenig später gelangte mit den Herren Hilke, Martin und Holzapfel eine Vorhut deutscher Holz- und Lederhändler nach Pucón, denen bald weitere deutsche Kolonisten folgen sollten, die sich im Norden des Río Trancura ansiedelten. Über den kleinen Seehafen La Poza wurde der Vieh- und Feldfruchthandel abgewickelt, und 1924 stand das erste Hotel, das es heute äußerlich unverändert immer noch gibt, das dunkelbraune Bauernhaus Gudenschwager.

Der ehemalige Seehafen **La Poza** dient jetzt als Yachtclub, und die Playa Grande begibt sich in den Ferienmonaten Januar und Februar in Konkurrenz zur Playa Pop von Reñaca – zumindest was die Anzahl und die Schönheit der jungen Gäste betrifft.

Ausflüge von Pucón

Der Name **Reducción Quelhue** 4 legt die Vermutung nahe, die Mapuche würden heute immer noch in Reservationen leben, aber dies ist nicht der Fall. Das Gebiet nördlich des Río Trancura am Seeufer ist ihr angestammter Besitz. Die Route des kurzen Ausflugs führt hinaus aus Pucón in Richtung Flughafen, der in der Hochsaison von Santiago aus direkt angeflogen wird. Eine ausgeschilderte Abzweigung geleitet zu einer Hängebrücke über den Trancura und später zu einer kleinen Fährstation am Fluß. Die Mapuche wohnen nicht in Dörfern oder Städten, sondern in Einzelgehöften, so daß es schwierig ist, sie und das ›Fremde‹, ›Indianische‹ kennenzulernen. Das große Gebetsfeld ihres Gebietes ist an mehreren, aus Strohbüscheln geformten Symbolen zu erkennen.

Der Besucher braucht sich trotzdem nicht zu fühlen wie ein unrechtmäßiger Eindringling, denn die Mapuche lassen sich nicht ›besichtigen‹, wenn sie nicht wollen. *Comida mapuche,* kündigt eine Aufschrift an, wenn man durch das Gelände streift, Mapuche-Küche. In zwei indianisch dekorierten Zelten werden nicht nur typische Mahlzeiten serviert, sondern auch Einblick in die Lebensweise der Mapuche gewährt. Bücher liegen aus, indianische Musik läuft vom Tonband.

Am Rand des **Parque Nacional Huerquehue** 5 liegt der schmale, klei-

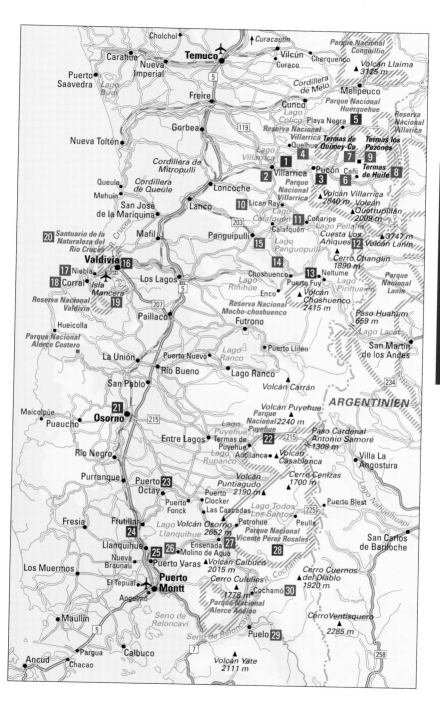

ne, extrem hübsche Waldsee Caburgua. Auf 25 asphaltierten Kilometern werden zunächst Felder und Weiden, dann Lavafelder *(pedregales)* durchstreift, schließlich mündet die Zufahrtsstraße in ein lichtes Waldstück aus *mañío, coigüe* und vielen dekorativen Farnen. Die **Playa Negra,** an der man unweigerlich landet, besteht aus grobem, schwarzem Vulkansand. Die von zimtfarbenen *arrayanes* gesäumte **Playa Blanca** an der westlichen Seite des Sees ist das krasse Gegenteil: Ihr weißer, aus kristallinem Gestein gemahlener Untergrund stammt eigentlich vom Bergland an der Küste, aber die Auffaltung der Andenkordillere hat Felsschichten abgetragen und hierher transportiert. Der Lago Caburgua liegt auf 700 m und somit 500 m höher als der Villarrica-See, und das Wasser ist recht frisch.

Schöner Stopp auf dem Rückweg: Die Wasserfälle **Ojos de Caburgua,** die wie verborgene Juwelen inmitten der üppigen *selva* liegen und bei schönem Wetter in intensivsten Tuschkastenfarben leuchten. Der dunkle Gesteinsuntergrund bringt dieses besondere Strahlen hervor. Kleine Pfade schlängeln sich zwischen moosbedeckten Steinen durch den unberührt wirkenden Wald, und Mutige benutzen ins Wasser gestürzte Äste als Sprungbrett.

Die Thermalbäder östlich von Pucón verdanken ihre Existenz der reichen vulkanischen Umgebung. Auf der Straße dorthin gelangt man zu einer Adobe-Ruine, die spanischen Kolonialzeiten entstammen und belegen soll, daß es hier eine *encomienda* zur Ausbeutung der Goldadern im Río Liucura gab. Damit wäre dies die älteste spanische Niederlassung, die auf chilenischem Boden überlebt hat. Rund 20 km hinter Pucón ist in **Cañi 6** ein privates Wiederaufforstungsgebiet erreicht. Eine Stif-

tung schützt die noch vorhandenen Wälder aus *coigüe,* Araukarien und der Südbuchenart *lenga* und veranstaltet Seminare zum Umweltschutz. (Auskunft über Besuche und Kurse erteilt die Hostería ¡Ecole! in Pucón.)

Die **Termas de Quimey-Co 7** liegen ein wenig abseits der Straße und sind mit einem Campingplatz und einem kleinen Restaurant ausgestattet. Dagegen präsentieren sich die **Termas de Huife 8** (S. 346) geradezu als Luxusanlage. Ganz mit dem Holz seiner umgebenden Wälder ausgelegt, besteht der Komplex aus zwei unterschiedlich temperierten Becken am Flußufer des Liucura und einer Vielzahl kleiner Kabinen, in denen Massagen angeboten werden und Einzelbecken untergebracht sind.

Ganz rustikal geht es in den **Termas Los Pozones 9** zu. Die mit Steinen eingefaßten Becken liegen ebenfalls am Flußrand. Es handelt sich um nichts weiter als Thermalbecken – nichts daran, nichts drumherum.

Doch nicht nur die verschiedenen Möglichkeiten zum Eintauchen in warme Gewässer machen den Ausflug zum Gewinn: Die unterhaltsame Panoramafahrt führt am **Vulkan Quetrupillán** (2009 m) entlang, der sich wegen seiner abgesprengten Kappe fast ein wenig vierschrötig gegen den anmutigen Villarrica ausnimmt.

Die Region der Siete Lagos

Eigentlich bilden sie eine geographische Einheit, die sieben Seen am Fuß der Anden, doch die Grenze zu Argentinien schließt einen davon aus: Der Lago Lacar liegt auf argentinischem Territorium bei San Martín de los Andes. Dorthin zu gelangen, erfordert präzise zeitliche Abstimmung, denn zwei verschiedene Fähren sind zu nehmen, die in der Hochsaison zwischen November und März jeweils nur zweimal täglich verkehren. Der Huahum hingegen ist der zweitniedrigste Andenpaß und steht daher ganzjährig offen.

Interessant sind die Unterschiede: Die gesamte Region auf chilenischer Seite ist pures Pionierland, denn sie gehört den Mapuche, und seit Beginn der 50er Jahre wird hier massiv Holz eingeschlagen. Davon blieb die Sozialstruktur recht unberührt. Ganz allmählich wurden chilenische Zeichen in die dschungelhafte Vulkanlandschaft gesetzt: Die Kapuzinermission in Panguipulli entstand 1903, die Eisenbahn erreichte Riñihue 1910, und ein Dampfschiff verband zur selben Zeit Coñaripe mit Lican Ray, das damals nichts als eine Mole war. Wenn wir in Villarrica die Eingangspforte zur Vulkanregion passiert haben, dann sind wir jetzt in ihrem Herz angelangt. Die Komposition aus tiefen, dunklen Waldstücken, farbensprühenden Gebirgsseen, Wasserfällen und Vulkanen ist zauberhaft. Vieles ist – wenn überhaupt – nur über rutschige, feuchte Pisten erschlossen.

Auf argentinischer Seite dagegen bildet der Parque Nacional Lanín mit dem gleichnamigen Vulkan (3747 m), den beiden Seen Lacar und Lolog und den Schweizkopien Junín de los Andes und San Martín de los Andes eine ausgesprochen beliebte Ferienregion mit einer überwältigenden touristischen Infrastruktur – als Abwechslung ganz nett.

Von der Ortsmitte in Villarrica zweigt eine Straße durch Mapuche-Gebiet nach Lican Ray am Vulkansee Calafquén ab. **Lican Ray** ⑩ (S. 313), ein 1965 aus dem satten schwarzen Boden gestampftes Ferienziel am Seeufer, strahlt eine ausgesprochen bodenständige Atmosphäre aus. Keine Extravaganz, kein Gla-

Ob für den Eigenbedarf oder für den Export – Holz spielt im ›Kleinen Süden‹ eine wichtige Rolle

mour, keine Sport-Hippies: Lican Ray zieht mit seinen ordentlichen Hotels, Bungalowanlagen, Ferienhäusern und den an der Hauptstraße aufgereihten Restaurants vor allem Familien an. An den beiden Stränden kann man Ruderboote mieten.

Gerodetes Land, Waldflächen und Lavafelder begleiten auf 20 km die asphaltierte Straße am Uferrand nach **Coñaripe** ⑪ (S. 302; ›Kriegspfad‹ in der Mapuche-Sprache *mapungdun*). Es gibt einen verschilften Strand, die meistens winderfüllte, gepflegte Hauptstraße Guido Beck de Ramberga mit einem Hotel und einige kleine Pensionen. Entstanden ist es aus einem Handelsflecken der Mapuche.

Am südlichen Ortsausgang führt eine Schotterstraße in nordöstliche Richtung auf den Vulkan Quetrupillán zu und pas-

*Mapuche-
Denkmal am Lago
Panguipulli*

siert am Tal des Río Llancahue einige Campingplätze. Wer in südliche Richtung weiterfährt, erreicht nach 7 km die dichten *raulí*-Wälder und die schroffen Bergfalten, die zum **Lago Pellaifa** abfallen. Im Mai und Juni besternen die Blüten der rubinroten Nationalblume *copihue* das undurchdringliche Grün. Der kleine dunkelgrüne See versteckt sich zunächst, bis die **Cuesta Los Añiques** 🌀 einen spektakulären Ausblick gewährt. Die kurvenreiche und anspruchsvolle Strecke setzt sich dann am Tal des Río Cuacu in Richtung Lago Neltume fort.

Die Strecke ist nicht gerade stark befahren. Einige wenige Holztransporter schaukeln unter den Laubkathedralen vom **Lago Neltume** auf Puerto Fuy zu, um am schwarzkörnigen Strand des **Lago Pirihueico** entladen zu werden. Das Kreischen der Sägewerke begleitet die Fahrt. In **Puerto Fuy** 🌀 (S. 324) drängeln sich Wellblechhäuser und einige Holzbauten an einer melancholischen Bucht für gut 300 Einwohner.

Schweine und Gänse tummeln sich in den zumeist aufgeweichten Erdstraßen. Wer will, kann am Strand zelten, sonst gibt es hier keine weitere Übernachtungsmöglichkeit, aber zwei kleine Fernfahrer-Restaurants. Im Hafen wird das Holz nach Argentinien verschifft, und die sanften Kurven des Lago Pirihueico verschwinden hinter den den kuppelförmigen, steilen Massiven Lipinza und Huirahueye.

Wer nach Argentinien will, benutzt die Autofähre, die anderthalb Stunden bis Puerto Pirihueico braucht. 12 km weiter befindet sich die Zollstation Paso Huahum, und von dort führt eine geschotterte Straße oberhalb des **Lago Lacar** durch üppige, duftende Zypressen- und Myrtenwälder nach **San Martín de los Andes,** das nach 54 km erreicht ist. Aus der reichen, dichtgesetzten Bergwelt Chiles entlassen, präsentiert sich hier ein ungewohnter Anblick, denn gleich jenseits der Viehweiden und lieblichen Kräuter- und Blumenwiesen beginnt die berühmte argentinische Pampa – und die ist reichlich kahl.

Auf chilenischem Boden setzt sich die Tour von Puerto Fuy aus am **Salto Huilohuilo** vorbei fort. Ein Schild weist auf den pittoresken Wasserfall hin, den man auf einem kurzen, rutschigen Pfad von der Landstraße aus erreicht. *Raulí*-Wälder und Vulkangestein haben den flink sprudelnden Río Fuy an dieser Stelle schmal zusammengepreßt und lassen ihn im freien Fall 10 m in die Tiefe springen.

Daß das winzige **Choshuenco** 14 an den Ufern des Río Llanquihue sich als Strandort einiger Beliebtheit erfreut, erschließt sich bei seinem Anblick nicht sofort. Man sieht ein einfaches Örtchen mit Wellblechhäusern an gerade gezogenen Straßen und hübschen Blumengärten. Das Allerschönste aber ist die

Sicht auf den schneebemützten Vulkan Choshuenco.

Die hat man auch von Panguipulli aus. Auf 44 km folgt eine gut ausgebaute, geschotterte Straße den langgestreckten Konturen des vielgegliederten **Lago Panguipulli,** der, wie so viele Seen in dieser Gegend, nur an einer Seite erschlossen ist, und landet in Panguipulli. Der Blick vom dortigen Strand ist einfach wunderbar – wenn sich der Choshuenco nicht gerade in Wolken versteckt.

Panguipulli 15 (S. 317) war (und ist) Holzhafen und Eisenbahn-Frachtstation. Aus seiner hübschen Lage läßt sich nun auch touristisch Profit schlagen, denn in den letzten Jahren sind einige Hotels und Restaurants für Gäste gebaut worden, die diese nur mäßig bekannte und ausgesprochen reizvolle Region näher kennenlernen wollen. Bunt bepflanzte Blumengärten verleihen den zumeist recht schlichten und unverschnörkelten Holzhäusern einen heiteren Anstrich. Höhepunkt im Festkalender des 8000-Einwohner-Städtchens ist dann logischerweise auch die alljährlich in der ersten Februarwoche abgehaltene Wahl der ›Miss Rose‹.

Valdivia

16 (S. 346) Die Einfahrt zieht sich in die Länge, aber dann ist die Überraschung perfekt: Valdivia ist eine der hübschesten Städte Chiles und zeigt sich zunächst von seiner Schokoladen-, nämlich der Villenseite am Fluß. Pedro de Valdivia ließ 1552 eine Siedlung just an dieser Stelle bauen, weil sie ihm strategisch günstig erschien: In der Nähe des Meeres und mit ihm durch einen gut schiffbaren Fluß verbunden, aber trotzdem geschützt. Gefahr drohte dem da-

Straßenszene in Valdivia

staunt notierten, hier sei alles deutsch. Auch das Bier übrigens, eine Erfindung des aus Calau stammenden Apothekers Carl Anwandter, der es seiner Gattin zuliebe rezeptlos zusammenbraute. Damit hat er dann später sein Vermögen gemacht, denn bis hinauf nach Panama wanderte sein deutsches Gerstenprodukt.

Carlos Anwandter war es auch, der mit den chilenischen Einwanderungsagenten 1846 zäh über den Standort der ersten deutschen Kolonie verhandelte und durchsetzte, daß sie die Isla Teja besiedeln konnte. Sie hatte mehr Glück als jene Siedler, die sich sieben Jahre später zum Lago Llanquihue durchschlugen, denn hier gab es einfach zu bebauende Erde, und die Stadt lag gleich nebenan. Es boten sich auch Möglichkeiten, in den erlernten Berufen zu arbeiten. Gerbereien, Ziegeleien, Destillen, Schuh- und Seifenfabriken sprenkelten bald Valdivias historischen Boden, und die landwirtschaftlichen Erzeugnisse aus dem Landesinnern konnten schnell umgeschlagen werden. Valdivia prosperierte, und das sieht man der Stadt auch an.

Die Fußgängerbrücke Pedro de Valdivia klammert im Innenstadtbereich die beiden Teile Valdivias über dem Río Valdivia zusammen, in dem sich der Calle Calle und der Cau Cau vereinigen. Die Stadt hat sich polarisiert. Auf der grünen **Isla Teja** liegen die bedeutende Universidad Austral, ruhige Wohnviertel und einige sehenswerte Relikte aus den Anfängen der deutschen Kolonisation. Die Geschäftigkeit einer Großstadt, die Valdivia mit ihren gut 100 000 Einwohnern durchaus verkörpert, konzentriert sich auf der östlichen Uferseite.

Attraktion der Isla Teja sind neben dem ausladenden Park mit dem **Jardín Botánico** der Universidad Austral das **Museo Austral** in dem ehemaligen

mals südlichsten spanischen Vorposten indes nicht auf dem Wasser-, sondern auf dem Landweg. Der legendäre Aufstand der Mapuche vernichtete 1599 auch Valdivia. Ein Jahr später befand sich dieser Platz bereits in der Hand des niederländischen Korsaren Sebastian de Cordes, und 1654 erkor sein Kollege Elias Erckmans ihn zur Operationsbasis holländischer Piraten.

Das veranlaßte die spanische Krone, ihren Anspruch auf Valdivia mit einem Ring von Befestigungsanlagen zu dokumentieren. Als dann die Engländer im 18. Jh. durch den Pazifik pflügten, um das Südmeer zu erobern, wurden die Anlagen verstärkt. Vor der Unabhängigkeit konnte Valdivia dann bescheiden aufblühen, es war Ordensstadt und lebte von der Ziegelbrennerei. Das heutige Stadtbild jedoch modellierten die Deutschen in einem solchen Ausmaß, daß Reisende zu Beginn des 20. Jh. er-

Wohnhaus der Familie Anwandter am Flußufer. Der gepflegte Garten öffnet sich zum Flußrand, und in der Villa gibt es Erstaunliches zum Thema deutsche Kolonisation und deren recht luxuriösem Lebensstil zu sehen. Es existiert auch eine anthropologische Abteilung, die der Belgier Maurice van de Maele zusammengestellt hat, und eine hauptsächlich aus Porträts und anderen Gemälden bestehende Sammlung zur Kolonialgeschichte. In die alte Anwandter-Brauerei nebenan ist das **Museo de Arte Moderno** eingezogen.

Das ebenfalls am Flußufer gelegene Grundstück der Familie Prochelle ist durch den Brückenschlag geteilt worden. Nördlich davon liegt die Villa mit dem Aussehen einer Sommerdatscha, im Süden ein kleiner Koniferenpark, den man besuchen kann.

Auf der gegenüberliegenden Flußseite wird neuerdings ein restauriertes Wohnviertel an der Calle General Lagos aus den 40er Jahren des 19. Jh. als **Conjunto Histórico** zur Besichtigung angepriesen. Dabei handelt es sich um repräsentative Steinbauten, die den Wohlstand der Deutschen spiegeln. Verwandt sein mögen sie eher mit vornehmen Hamburger Bürgerhäusern als mit den Holzhäusern der deutschen Kolonisten, die man weiter im Süden findet. Das **Museo Cultural El Austral** an der Calle Yungay ist ein wunderschöner Bau von 1870, reine Industriearchitektur, die prädestiniert ist für das, was sie jetzt ist: ein Sitz nämlich für Ausstellungen und Kunstwerkstätten.

Die besondere Attraktion von Valdivia jedoch ist sein am Fluß ausgebreiteter Markt, der **Mercado Fluvial,** der ein wenig nördlich der General Lagos und des Conjunto Histórico abgehalten wird. Früher regierte hier der Tauschhandel: Die Fischer kamen mit ihren Booten und handelten mit Meeresfrüchten und Fischen, die Bauern mit Kartoffeln, Obst und Gemüse. Die Palette hat sich erweitert, hinzugekommen sind Kunstgewerbe und Haushaltswaren, aber interessanter dürften die ungewöhnlichen Fruchtsorten und vor allem die getrockneten Algen und Muscheln sein, die hier als ledrige, jodrote und saftigbraune Perlenstränge von den Budendächern baumeln. Weiter nördlich gibt es sie schlicht nicht. Sie werden auf Vorrat gekauft und im Winter zu proteinhaltigen, kräftigen Suppen gekocht, die nicht viel kosten. Weiter im Süden und vor allem auf den Märkten der Isla de Chiloé findet man sie überall.

An der benachbarten **Muelle Schuster** dümpeln die Ausflugsboote zur Flußerkundung. Die drei Blocks entfernte, dämmerig beschattete **Plaza** öffnet die Geschäftszone Valdivias mit den Straßenzügen Picarte, Arauco, Pérez Rosales und Henríquez. Schöne Residenzviertel gibt es nicht nur auf der Isla Teja; hier liegen sie nördlich der Plaza zwischen der Ufer-Avenida Arturo Prat und der Avenida Carlos Anwandter.

Ausflüge von Valdivia

Das **Castillo de la Pura y Limpia Concepción de Montfort de Lemus** in **Niebla** [17] (S. 314), 18 km von Valdivia entfernt, hat einen langen Namen und eine ebensolche Geschichte, denn angelegt wurde die Befestigungsanlage bereits 1671, um ein Jahrhundert später während der britischen Südmeer-Expeditionen weiter ausgebaut zu werden. 1992 zur 500-Jahr-Feier der Eroberung Amerikas restauriert, verfügt sie nun über ein kleines **Museo del Sitio** mit einer Schau zur Kolonial- und Baugeschichte. In Niebla liegen auch die beliebtesten und entsprechend erschlossenen Flußbadestrände der *Valdivianos*.

Corral 18 (S. 304), ein hübsches kleines Dörfchen am gegenüberliegenden Flußufer, klettert dekorativ über einen gewölbten Felsenrücken. Per Boot ist es recht schnell zu erreichen. Der Landweg von Valdivia aus (62 km) ist nur anfangs asphaltiert, der umfangreichere, geschotterte Teil führt durch Flußwälder an der Isla del Rey vorbei. Traditionell der wichtigste Ausfuhrhafen von Valdivia, nutzten ihn später die deutschen Kolonisten. Attraktion ist das **Castillo San Sebastián de la Cruz**, das ebenfalls 1992 frisch aufpoliert wurde. Zweimal täglich versinkt es in Pulverdampf und Getöse, dann nämlich, wenn eine Schlacht zwischen Spaniern und Chilenen in historischen Kostümen nachgespielt wird.

Die Flußinsel **Mancera** 19 (S. 314) hat mit dem **Castillo de San Pedro de Alcántara** auch ein Fort aus dem 17. Jh. aufzuweisen, das neben Mauern und Verliesen einen prächtigen Ausblick auf die Fluß- und Meerlandschaft liefert. Unter ausladenden Bäumen verstecken sich die alten Sommervillen gutbetuchter Valdivianer.

Aus dem verheerenden Erd- und Seebeben von 1960, das die halbe chilenische Küste auffraß, ist das **Santuario de la Naturaleza del Río Cruces** 20 (S. 344) entstanden, ein plötzliches Zusammenspiel von Unterwasserflora und immergrünen Wäldern, das heimischen Vögeln herrliche Nistplätze schuf. Mit ihren Kolonien beleben sie jetzt diesen geschützten Platz. Das **Fuerte San Luis de Alba de Cruces** kann von diesem Standort ebenfalls besichtigt werden. Im 18. Jh. gebaut, verfiel es komplett, bis sich 1967 die Universidad Austral seiner Restaurierung annahm.

Osorno

21 (S. 315) Reklameschilder für landwirtschaftliches Gerät, Traktoren und Zündkerzen begleiten neben Kuhweiden und bescheidenen, vom Wetter imprägnierten Einzelgehöften die Panamericana auf ihrem Weg nach Osorno. Baumstümpfe ragen aus den Wiesen. Osorno ist eine der ältesten Gründungen der spanischen Konquistadoren.

Die 110 000-Einwohner-Stadt erinnert an deutsche Ländlichkeit der 60er Jahre. Von den Konsumtempel-Räuschen der anderen Südstädte blieb Osorno bislang verschont, und das liegt vermutlich schlicht daran, daß der Hauptanziehungspunkt ein Viehmarkt ist. Die **Feria de Osorno** ist die bedeutendste des gesamten Südens, und täglich finden sich auf dem Gelände am Río Rahue Kleinbauern ein, die ihre Produkte ausstellen. Die Garküchen liegen ebenso wie die Schlachthäuser und Fleischverarbeitungsbetriebe gleich nebenan. Sogar in den Metzgereien der Innenstadt bekommt die Hausfrau halbe Schweine, die sie als gestandene Bäuerin auch fachgerecht zu zerlegen weiß.

Das einfache, ruhige Osorno konzentriert deutsches architektonisches Erbe von solcher Anmut, daß ein Straßenblock an der Calle Juan Mackenna zum *Monumento Nacional* deklariert wurde. Er befindet sich südlich der netten Plaza mit ihrer neogotischen Beton-Kathedrale von 1961, die, ein Jahr nach dem Erdbeben gebaut, ein merkwürdiges durchbrochenes Oval ziert. Zwischen den Calles Freire und Cochrane schmücken die zierlichen, pastellfarben getönten **Casas Mohr Pérez, Schüller, Surber** und **Stückrath** die Calle Juan Mackenna, allesamt mit säulengestützten Veranden und mit von Giebeln verzierten Fassaden. Die älteste ist die Casa

Mohr Pérez aus dem Jahr 1876, die jüngste eine der drei Casas Stückrath von 1930. In der Casa Schüller thront das beste Restaurant am Platze, die Casa del Altillo, die mittlere der drei Casas Stückrath dient als Kunstgewerbegeschäft.

Die Calle Juan Mackenna führt in westlicher Richtung zum Fluß und zum **Fuerte María Luisa,** von dem nur noch ein paar Mauern übriggeblieben sind. Ein wenig weiter südlich liegt der attraktive ehemalige Bahnhof so einsam wie in einer unbenutzten Westernfilmkulisse.

Der Parque Nacional Puyehue

22 (S. 319) Erstaunlicherweise bei den Argentiniern bekannter als bei den Chilenen ist das Hotel Termas de Puyehue am Eingang des gleichnamigen Nationalparks, der sich 73 km östlich von Osorno auf über 100 km² bis zur argentinischen Grenze entfaltet und die Vulkane Puyehue und Antillanca einschließt. Die Straße dorthin durchschneidet eine einzige Viehweidenlandschaft. Nach 25 km hat man das erste und einzige Automuseum Chiles vor der Nase, das aus Privatbesitz bestückte **Auto Museo Moncopulli.**

Nach weiteren 25 km öffnet sich der 157 km² große Lago Puyehue, dessen Umgebung die Chilenen von 1900 an rodeten. Der Uferrand ist kaum erschlossen. Zwischen den abgeholzten Flächen schlagen Pfade Schneisen in den ursprünglichen Wald aus *coigüe* und *pitra,* der so dicht ist, daß man getrost bei Regen ohne Mantel darin spazieren könnte, ohne naß zu werden. Farne und Fuchsien wachsen baumhoch. Der Duft von Pilzen aromatisiert die Luft.

Die verschiedenen Trakte des Hotels **Termas de Puyehue** liegen über einen Hügel drapiert, das Restaurant ist komplett mit Panoramafenstern verglast. Da der geräumige, freundlich in Glas und Holz gehaltene Badebereich auch für Tagesgäste geöffnet ist, läßt sich die Fahrt hier angenehm unterbrechen.

Einen erloschenen Vulkan auf Skiern herunterzurauschen ist die Spezialität des **Centro Turístico Deportivo Antillanca** mit verschiedenen Aufstiegshilfen zu leichten bis sehr schweren Pisten. Es ist über eine geschotterte Straße vom Thermalhotel aus zu erreichen (22 km). Das Centro mit Skischule verfügt über ein uriges Holzhotel und liegt mitten im Nationalpark.

Doch leichter erschließt sich der Parque Nacional Puyehue über den *Camino Internacional* nach Argentinien, der Osorno mit dem Grenzbereich Complejo Aduanero Cardenal Samoré verbindet. Links und rechts der Straße öffnet sich ein immergrüner Feenwald aus den weißblühenden Ulmen, der lorbeerblättrigen *tepa* und *mañío,* und im oberen Stockwerk regieren die Südbuchen *(lengas).* Behangen mit Lianen, besteckt mit Bromelien und den langen Bärten der Parasitenpflanzen, emporragend aus einem dichten Unterholz, ist es ein richtiger Shakespeare-Wald, den Spazierwege verschiedenster Längen entschlüsseln helfen. Nicht weit entfernt von der Conaf-Station plätschern die Wasserfälle **La Princesa** (im Sommer ausgetrocknet) und **Indio**.

Rund um den Lago Llanquihue

Im Jahr 1850 ließ Francisco Geisse einen Weg von Osorno zum Lago Llanquihue brennen. So dicht war damals

*Imposante Vulkansilhouetten dominieren
die ›Chilenische Schweiz‹*

der Urwald, daß er ein Durchkommen kaum gestattete. Zwölf Monate später versuchte der Kolonisationsbeauftragte der chilenischen Regierung, Vicente Pérez Rosales, auf diesem Weg die Seespitze zu erreichen und brauchte volle drei Tage für die 53 km.

Der Llanquihue-See war zu dieser Zeit gerade erst wieder entdeckt worden. Pedro de Valdivia hatte ihn 1552 erreicht, García Hurtado de Mendoza 1558. Danach trauten sich die Spanier nicht mehr in dieses Gebiet, das die Mapuche so kräftig und erfolgreich verteidigten. Doch die Vulkanausbrüche des Osorno und des Calbuco 1735, 1780 und 1834 schlugen die indianische Bevölkerung in die Flucht, die sich in der Folge in der Küstenregion ansiedelte. 1842 stieß Bernhard Philippi auf den Lago Llanquihue und erreichte, daß er deutschen Siedlern zugesprochen wurde.

Die Region um den 860 km² umfassenden **Lago Llanquihue** erinnert viele an Deutschland oder die Schweiz. Flach gewelltes Land, schwarz-weiß gefleckte Kühe, gerade gezogene Brombeer- und Johannisbeerhecken, landwirtschaftliche Fahrzeuge, dazu ab und an ein Holzhaus und ein Unterstand an der Bushaltestelle – diese Ordentlichkeit entspricht dem Bild, das man von Deutschland hat. Als einzig irritierendes Moment in dieser deutschen Komposition sticht der Vulkan Osorno (2652 m) in den Himmel, den man dann aber wiederum mit dem Fudschijama verwechseln könnte, denn perfekter gestaltet ist sein japanischer Bruder auch nicht.

Die Ortschaften rund um den See sind aus deutschen Niederlassungen entstanden, mitunter auch nur aus einer Hafenmole. Die Schönheit der vulkanisch

geprägten Umgebung und die Unerforschtheit bestimmter Regionen haben den Lago Llanquihue – und besonders Puerto Varas und Frutillar – in eine beliebte Sommerfrische verwandelt, und mittlerweile werden auch die vielfältigen Sportmöglichkeiten von einer internationalen, jungen Klientel gewürdigt.

Das Koordinantennetz der Touristenpfade hat das 2000 Einwohner kleine **Puerto Octay** 23 (S. 329) im Norden des Sees noch nicht eingefangen. Es schleust den Besucher mit nostalgischen Ansichten in eine alte, deutsche Welt, denn hier dominieren betagte, sorgsam präparierte Wohnhäuser das Ortsbild. Die Eisenbahn hat Puerto Octay nie erreicht, und aus diesem Grund blühte es zu Beginn des 20. Jh. nicht im

selben Maße auf wie seine Nachbarn am See.

Lustig ist seine Namensgenese, denn salopp ließe sich Octay mit ›Ochs hat's‹ übersetzen: Es entstammt der Zeit, als ein gewisser Christian Ochs einen derart wohlsortierten Laden führte, daß 1859 dieser kleine Slogan als Taufname akzeptiert und eingesetzt wurde.

Puerto Octay läßt sich bequem durchstreifen. Häuser mit deutscher Kolonialvergangenheit gibt es in den Calles Wulf, Amunátegui, Muñoz Gamero und Pedro Montt. Besondere Aufmerksamkeit sollte man dem Hotel Haase in der Pedro Montt 344 widmen. Das Museo del Colono schwebt ein wenig oberhalb der Stadt an der Calle Independencia 591. Es verfügt über eine Sammlung landwirtschaftlicher Maschinen und ist liebevoll mit Möbeln der Gründerzeit ausgestattet.

5 km südlich von Puerto Octay liegt die Strandzone der dichtbewaldeten **Halbinsel Centinela** mit einer Berühmtheit auf einem kleinen Hügel: dem Hotel Península Centinela, in dem schon Prinz Edward mit Wallis Simpson übernachtete. Es war das erste Sommerferienhaus überhaupt am Lago Llanquihue und hat heute Gesellschaft von mehreren Bungalowanlagen bekommen.

Der Seeort **Frutillar** 24 (S. 307) ist in zwei höchst unterschiedliche Hälften geteilt. Er begann 1856 auf Seenivau als Hafenmole, um die sich später Destillen, Gerbereien und Mühlen gruppierten. Als die Eisenbahn den Süden erschloß, entstand 1907 das hochgelegene **Frutillar Alto** als Bahnstation. Und dort befindet sich auch heute noch der Terminal für Überlandbusse inmitten eines unangestrengten, ruhigen Dorflebens. 4 km weiter östlich hingegen entfaltet sich am Uferrand ein kleines Disneyland auf deutsch.

Frutillar Bajo besteht aus zwei langgestreckten Häuserreihen, dicht bedrängt von rasant ansteigenden, bewaldeten Hängen, hat einen langen, feinsandigen Strand und die grandioseste Sicht auf den Vulkan Osorno, die man sich vorstellen kann. Hier regiert der Tourismus – und er regiert auf deutsch. Die Bierstube serviert Eisbein und Tartar *(pernil, crudo alemán)* und bei Frau Holle werden Gästebetten ausgeschüttelt. In Frutillar Bajo erwarten den Touristen eine kunstvoll wiederbelebte schweizerisch-süddeutsche Holzarchitektur, Begoniengärten, Schwarzwälder Kirschtorte und Apfelkuchen, mit Herzchenmustern bedruckte Tischdecken und Butzenscheiben. Für die chilenischen Sommerfrischler ist dies alles höchst exotisch, für Deutsche eine Zeitreise in die 1950er Jahre.

Die Chilenen sind sehr stolz auf das **Museo de la Colonización Alemana,** ein dekoratives Freiluftmuseum mit luxuriösen Holzbauten, das ausnahmslos Wohlhabenheit, Ordentlichkeit und Disziplin abbildet, aber nichts über die Mühen der Kolonisation preisgibt. Nur einige ausgestellte Briefe verraten etwas über die damaligen Lebensumstände.

Ein Streifzug durch das Städtchen, dessen Einwohnerschaft von 5000 im Sommer auf ein Mehrfaches wächst, schließt einen Besuch der **Reserva Forestal Edmundo Winkler** ein, auf deren 33 ha die Universidad de Chile einen Lehrpfad durch den nahezu unbe-

rührten Wald angelegt hat. Gegenüber am Strand liegt der alte Friedhof.

Ist Frutillar schon während der gesamten Sommerferiensaison recht turbulent, so meldet es Ende Januar regelmäßig Überfülle, denn dann finden die *Semanas Musicales* statt. Orchester und Ballettkompanien aus dem ganzen Land reisen an, um hier ihre oft recht anspruchsvollen Erfolgsproduktionen zu zeigen.

Seitdem das nahegelegene Puerto Montt boomt und neue Arbeitsplätze geschaffen hat, haben sich viele das erholsamere **Puerto Varas** [25] (S. 330) als Schlafstadt erwählt. Dies und auch das zunehmende touristische Interesse schneiderten ihm in den vergangenen Jahren ein peppigeres Kleid. Hotels im Chalet-Stil mit Privatjacuzzi im Badezimmer entstanden, die Anzahl der Cafés und *galerías* nahm zu, und es gibt sogar ein Restaurant, in dem ausschließlich vegetarische Gerichte die Teller füllen. Traveller und junge Sporttouristen erkoren Puerto Varas zu ihrem Darling. Das verhalf den sympathischen Hippie-Märkten und einer alternativen Kunstszene zur neuen Blüte. Bei den jungen Chilenen der Region ist ökologisches Bewußtsein kein Fremdwort, und das macht sie bei der internationalen, auf Naturerlebnisse versessenen Kundschaft besonders beliebt, denn die reist meist aus Ländern an, in denen die Natur bereits empfindlich geschädigt ist. Energisch vorangetriebene Proteste gegen verschiedene Stauprojekte belegen dies. Puerto Varas ist ein Ort, in dem man vor der Kulisse des Osorno noch wunderhübsch von der internationalen Solidarität träumen kann.

Doch der Tourismus, der hier umweltverträglich gestaltet sein soll und möchte, wirft auch Schatten. Traditonelles Kleingewerbe wird verdrängt, die

Preise klettern, und die altmodischen Läden mit selbstgemachten Spitzengardinen in den Schaufenstern mußten einem Supermarkt an der Hauptstraße und teuren Sportausrüstern weichen. Der unbestreitbar große Charme von Puerto Varas könnte in einer stromlinienförmigen Ausrichtung verblassen.

Die Geburtsstunde des Ortes schlug 1854 als Seehafen und Verbindung zum Handelszentrum Puerto Montt, in dem die landwirtschaftlichen Produkte der Region grenzübergreifend vermarktet werden konnten. Auch in Argentinien waren europäische Einwanderer damit beschäftigt, den Boden zu bearbeiten und ihre Ernten zu verkaufen. Der Weg zu den argentinischen Atlantikhäfen führte durch die endlos scheinende, trockene Pampa Patagoniens, für die in Andennähe siedelnden Bauern lag Chile mit seinem Ausfuhrhafen Puerto Montt wesentlich näher. Der Deutsch-Argentinier Carlos Wiederhold kam um die Wende zum 20. Jh. auf die blendende Idee, nicht etwa die beschwerlichen Pässe in der Andenkordillere für den Transport der Waren zu benutzen, sondern sich der Seenkette zu bedienen. Ausgangspunkt bildete auf argentinischem Gebiet der Lago Nahuel Huapi, es folgten der Lago Todos Los Santos in Chile und dann sein Nachbar Lago Llanquihue.

Diese Handelsroute besitzt wegen ihrer landschaftlichen Schönheit jede Menge touristisches Potential, und heute gehört der gemächliche Grenzübergang per Boot zu einem Exkursionsschlager und Klassiker der Reiseagenturen. Puerto Varas als Endpunkt auf der chilenischen Seite wurde für diesen Zweck ein wenig aufgemotzt, auf argentinischer Seite hatte man den Pionier der Route bereits mit der Namensgebung von San Carlos de Bariloche seliggesprochen. Puerto Varas erhielt zu jener Zeit sein *Gran Hotel,* das heute das wenig verlockende Kasino beherbergt und als einziges Relikt aus dieser Bau-Periode überdauert hat. Puerto Varas war zunächst auch nicht ganz so reich, kein Ort, in dem man seine Pelze spazierenführte, wie in Bariloche. Man braucht sich bloß die **Iglesia del Sagrado Corazón** anzuschauen, die nicht an der Plaza, sondern auf einem Hügel außerhalb des Stadtzentrums thront: Sie ist aus Wellblech und wirkt recht ärmlich.

Der Reichtum kam ohne Zweifel später. Einige der alten Wohnhäuser deutscher, meist wohlhabender Familien aus den Anfängen des 20. Jh. haben dem Verfall getrotzt und sind heute noch zu besichtigen: geschindelte schöne Holzvillen mit phantasievollen Balkonen, Erkern und kunstvoll gegliederten Fassaden. Die **Casa Kuschel** aus dem Jahr 1930 an der Calle Turismo krönt sogar ein bayrisch-barockes Zwiebeltürmchen, die vier Pionierhäuser an der Ausfallstraße Nuestra Señora del Carmen sind rund 20 Jahre älter.

Neben dem Tourismus und der deutsch inspirierten Holzarchitektur dominiert die frühere kommerzielle Zweckbestimmung das Aussehen von Puerto Varas. Die steinernen Fassaden um die ufernahe Plaza herum umweht ein Hauch Großbürgerlichkeit. Dahinter residieren wie früher Bankniederlassungen und Handelsvertretungen.

Ausflug in den Parque Nacional Pérez Rosales

Die Straße schmiegt sich östlich von Puerto Varas eng ans Seeufer und streift die nicht besonders ausladenden Strände Niklitschek und Hermosa, bevor sie **La Poza** erreicht, einen kleinen, grün schillernden Teich mit einer noch winzigeren Insel, der per Boot zu erkundenden Isla Loreley. Der 5 km entfernte Río Pescado trägt seinen Namen zu Recht, denn gleich nebenan befinden sich Fischzuchtbecken.

In ein Schwarzwälder Bergtal fühlt man sich beim Anblick der **Molino de Agua** 26 (S. 314) versetzt: Zwischen duftenden Kräuterwiesen klappert tatsächlich eine Mühle neben einem imposanten Holzhaus mit Giebeldach. Passenderweise hat sich hier der Club Alemán mit einem Restaurant niedergelassen und offeriert Forelle.

Die nächste Wassermühle liegt bei Kilometer 31 hinter Puerto Varas, diesmal aus dem prächtigen Alerce-Holz der Region konstruiert, das es heute nicht mehr gibt. Sie wurde 1921 gebaut und 1950 zu einem Museum umfunktioniert.

Auch **Ensenada** 27 (S. 305) entstand, wie so viele kleine Ortschaften rund um den See, aus einem Hafen. Von seinem Ufer ist der Blick auf den Osorno geradezu atemberaubend, und genau dort haben clevere Wirtsleute ihre Fleischgrills aufgebaut, um zur Fahrtunterbrechung zu laden. Oder man stoppt an dem alten Hotel Ensenada, das aussieht wie eine Dahlemer Sommervilla mit gemütlicher Veranda.

Die Route verläßt nun den Lago Llanquihue und begleitet den Río Petrohue auf seinem Weg zum **Parque Nacional Pérez Rosales** 28 (S. 318), dem ältesten Nationalpark Chiles. Auf gut 2500 km^2 umschließt er die Vulkanlandschaft des Osorno – und die ist wahrhaft prächtig. Einer seiner Eingänge liegt gleich an einer der schönsten Sehenswürdigkeiten, den Wasserfällen des Petrohue. Hier hat die staatliche Forstbehörde Conaf eine Parkwächterstation aufgeschlagen.

Der Osorno hat durch einen Vulkanausbruch diese Region entscheidend geformt. Die Lagos Llanquihue und To-

Pferderennen der Huasos in Cochamó

dos Los Santos waren ursprünglich einmal miteinander verbunden. Ein Lavastrom trieb einen trennenden Keil zwischen die Seen, und just dieses dunkle Feld bildet heute das bizarre Bett des Petrohue. Zweimal ist dort die glühende Masse geflossen, hat sich verfestigt, zerbrach und wurde erneut von einer Schicht Lava bedeckt. Der Fluß durchschneidet den dichten Wald, bildet Wasserfälle, die dramatisch schönen **Saltos del Petrohue,** sprudelt in tiefgrüne Becken, höhlt die Felsen aus. Mehrere Pfade von unterschiedlicher Länge erschließen seine Umgebung.

Wie ein Kleinod in einer grün ausgeschlagenen Schatulle ruht der smaragdfarbene **Lago Todos Los Santos** inmitten schillernder Wälder aus Ulmen, *coigües* und immergrünen *olivillos*. Darüber schimmern die schneebedeckten Gipfel der Vulkane Osorno, Puntiagudo und Tronador.

Petrohue besteht aus einem wunderhübschen Strand am ›Allerheiligensee‹, einer weiteren Conaf-Station und einem winzigen Hafen, in dem man zwischen verschiedenen Bootsausflügen wählen kann: Einstündige Rundfahrt, Halbtagesfahrt zur Isla Margarita und ein Tagesausflug nach **Peulla** ans gegenüberliegende Ufer. Von dort kann man über den Lago Nahuel Huapi nach Argentinien weiterreisen.

Um zur **Skistation La Burbuja** zu gelangen, geht es zurück nach Ensenada und von dort aus zur nebelverhangenen **Laguna Verde,** deren unglaubliches Grün von einer spezifischen Mikrobenart im Wasser herrührt. Die Straße klettert auf etwa 1800 m und überquert, aus den Wäldern entlassen, ein riesiges Lavafeld, das seine Ströme wie Gravuren über die erodierte Ebene gebreitet hat. Die Aussicht ist beeindruckend, die Fehlkonstruktion der Skistation ebenfalls: Im Sommer ist sie – per Allradantrieb – relativ leicht erreichbar, im Winter eben nicht.

Ausflug nach Cochamó

Auf der Strecke von Puerto Varas ins 95 km entfernte Cochamó verändert sich die Landschaft dramatisch: zunächst die liebliche Ferienidylle bis nach Ensenada, dann Viehweidengelände und später das enge Tal des Gletscherflusses Río de los Palos, das von kühn aufsteigenden Bergen eingefaßt wird. So pompös wie schön tront der Vulkan Yate (2111 m) über dem **Seno de Reloncaví.** Die Asphaltierung endet hier, danach folgt eine gut ausgebaute Schotterpiste.

Der Sund steckt das Areal für die Lachszuchtfarmen ab, die den gesamten ›Großen Süden‹ von Puerto Montt aus inklusive der Isla de Chiloé beherrschen. Die Zuchtkäfige mustern das Wasser wie andernorts Ackerflächen den Boden. Die Einwohner von Cochamó leben indes traditionell von der Viehwirtschaft und unterhielten Schlachthäuser für das Vieh, das von Argentinien aus über den Paso León nach Chile getrieben wurde. Das Rodeo im nahegelegenen **Puelo** 29 zieht regelmäßig viel sachverständiges Publikum an.

Cochamó 30 (S. 302) selbst bildet die Eingangspforte zu einer nahezu unberührten Landschaft, die lediglich zu 10 % erforscht und besiedelt wurde, der **Selva Cochamó.** Üppigster valdivianischer Regenwald, Myrtenhaine, Farnbüsche, Labyrinthe von Flußausläufern und Wasserfälle, die über Granitfelsen segeln, umgeben eine Insel aus 3000 Jahre alten *alercen.* Nur 4000 Bauern leben in diesem Areal. Sie benutzen wie ihre Großväter Ochsenkarren zum Transport ihrer Feldfrüchte.

Die Bankräuber-Route – Auf den Spuren von Butch Cassidy und Sundance Kid

I n den Satteltaschen geraubtes Geld und die Versicherungsagentur Pinkerton auf den Fersen, die ihnen eine Girlande aus betrogenen Banken hinterhergeschickt hatte – so stellt man sie sich vor, die berühmtesten nordamerikanischen Banditen Butch Cassidy und Sundance Kid. Wer vermutete die beiden schon in Chile, im letzten Winkel der Welt, Vieh durch die Andenklüfte treibend und Pfeife schmauchend?

Genau dies muß den beiden auch durch den Kopf geschossen sein, als sie sich in den ersten Dekaden des 20. Jh. in den Reigen der immigrierten Bauern einreihten, die das selbst den offiziellen Landesbehörden unbekannte Land beackerten und untertauchten im anonymen Strom der Italiener, Deutschen, Syrer, Spanier und Kroaten, die gekommen waren, um hier ein neues Glück zu finden. Einem unübersichtlichen Niemandsland glich der patagonische Süden, in dem Besitzverhältnisse, Namenserfassungen und Grenzen in dem behördenüblichen Schneckentempo geklärt wurden. Oder eben nicht.

Butch Cassidy und Sundance Kid kauften sich Vieh von dem geraubten Geld, bauten im puren Oregonstil ein Blockhaus, das alle Unbilden der Zeit überwinterte und heute von dem hochbetagten Aladin Sepúlveda bewohnt wird, und ließen sich von ihrer Lebensgefährtin Etta Place den *high tea* bereiten. Keiner hatte sich damals übermäßig für die neuen Nachbarn interessiert. Auch nicht für deren Vergangenheit – viele entzogen sich in diesen Breiten der Gerichtsbarkeit.

Butch Cassidy und Sundance Kid meinten es ernst. Sie züchteten Vieh und wollten es auch verkaufen. Wie so vielen Viehbauern der Gegend lagen ihnen die chilenischen Pazifikhäfen näher als die argentinischen am Atlantik. Und so formulierten sie den Antrag, einen bereits gelegten Knüppeldamm auszubauen, der von ihrem Wohnort, dem argentinischen Cholila, über die Anden und den Paso León nach Cochamó und dann weiter nach Puerto Varas führte.

Reine Nostalgie war es nicht, die den Outsider-Veranstalter Clark Stede aus Puerto Varas getrieben hat, diesen Trail in ein Programm zu verwandeln. Es war wohl eher seine Pionier-Nase. Denn die gesamte Region von Cochamó, die etwa 2500 km² umfaßt, bietet nur 85 km Schotterpiste, keinen Meter Asphalt, aber 600 km Reitwege. Zu dem Kitzel, die Pfade der Bankräuber und die Vergangenheit der Region aufzustöbern, gesellt sich der Reiz, ein wildes, weitgehend unbekanntes Land zu durchstreifen. 4000 Bauern leben hier zwischen prächtigem valdivianischem Regenwald und den Granitdomen der Anden, an Flußläufen, deren Becken mit glattgeschliffenen Steinen gefüllt sind. Es ist eine ursprüngliche Landschaft, die nordamerikanische Besucher schnell mit dem Yosemite-Nationalpark vergleichen.

Clark Stede verließ sich auf Eulogio aus dem Viehzüchterflecken Cochamó, als er mit ihm 1990 die Gegend zu Pferd erkundete. Reiten konnte er nicht und die Berge von Cochamó waren ihm ebenfalls unbekannt. Acht Monate sind die beiden damals durch Täler und Wälder gestreift, und nun steht das daraus entwickelte touristische Projekt jedem zur Begutachtung offen. Von zwei ausgesprochen malerisch gelegenen Camps strahlen wohlausgetüftelte Reit-Wanderrouten ab. Eine davon ist ›The Road to Cochamó‹. Der Trail schlängelt sich unter dunklen Kuppeln von duftenden Ulmen, Haselnußsträuchern, Eichen und *coigües* entlang und ist manches Mal so eng in den feuchten, satten Boden getrieben, daß Farne die Schultern streicheln und Blüten auf den Reiter herabflattern. Kommt man durch Zimtbaumhaine, sinkt augenblicklich die Temperatur, denn die glatten, weißbefleckten Stämme strahlen Kälte aus. Das Untergehölz schillert in den Streulichtern der Sonne wie feingesponnenes grünes Gewebe. Ab und an blitzen durch die Dickichte die buntbemalten Stöcke der Bienenzüchter auf, Fuchsien und rubinfarbene *copihues* tupfen die ziselierten Laubwände.

Auf alten Fotos in Clarks Reisebüro waren Reiter und Herden abgebildet, auch fein angezogene Herren mit Bowler auf dem Kopf. Wie sie die durch die Wälder transportieren konnten, ohne daß sie vom Kopf fielen, ist ein Rätsel. Starke Regenfälle weichen die Erde oft halbmetertief durch, und die unbefestigten Knüppel, die den Damm bilden, rutschen dann schnell auseinander. Die Pferde müssen sich langsam den Grund suchen, auf dem sie gehen können.

Der Weg nach Cochamó wird immer noch als Viehtrail benutzt. Im behutsamen Zeitlupentempo treiben die *huasos,* die chilenischen Cowboys, ihre Herden durch die schulterschmalen Schneisen. Begegnen sich zwei, springen die Kühe behende die steilen, dicht verholzten Böschungen hinauf, denn für zwei Kühe nebeneinander ist einfach nicht genug Platz.

Wer auf dem Trail von Cochamó durch die Wildnis der Wälder streift, bewegt sich wie in einer Miniatur-Zeitreise. Das moderne Leben in Puerto Varas mit Supermärkten, ›Patagonia‹-Ausstattern, Banken, Faxgeräten und vegetarischem Essen ist bald vergessen. Schnell fühlt man sich wie ein Pionier in unbekannter Weite. Erst vom Nebelwald verschluckt und später auf den blühenden Kräuterwiesen unterhalb der verschneiten Andendome entlassen, kann man sich plötzlich den Reiz künstlicher Kinobilder oder auch den Gebrauch einer simplen Glühbirne zur Erhellung der Nacht kaum noch vorstellen, wo man doch hier die ganze Sternenkuppel zur Verfügung hat.

Puerto Montt

■ (S. 325) Bei gutem Wetter ist die Ansicht einfach hinreißend: Unterhalb der königlichen Prospekte von Osorno und Calbuco rieseln schmale Straßenzüge hügelabwärts zu einer weiten Bucht hinab, im Hintergrund lassen sich weitere Gipfel erahnen. Die Holzhäuser am Wegesrand haben das Alter, der Wind und der Regen patiniert und verbogen, die Schiebefenster klappern, und irgendeine Stelle ist immer mit Pappe und Rollband geflickt. Puerto Montt liegt wie Valparaíso einem Amphitheater gleich an der Küstenkordillere und ist genauso wie Valparaíso traditionelle Hafenstadt von Grund auf. Nur war es immer ärmer gewesen.

Lachszucht, Holzausfuhr und Export von Meeresfrüchten haben seinem Hafen jedoch zu einer neuen Karriere verholfen. Von der schwankenden Mole vor gerade frisch niedergebrannten Wäldern, auf der der damalige Regierungsbeauftragte für Einbürgerung, Vicente Pérez Rosales, 1853 deutsche Kolonisten begrüßte, zur modernen Boom-

Puerto Montt

town inmitten eines riesigen Rodungsgebietes ist Puerto Montt einen kurzen, turbulenten Weg gegangen.

Glitzernde *galerías* und einige aufgemotzte neue Hotels modeln fast gewaltsam das alltägliche Kleine-Leute-Stadtbild um, das sich in den westlichen Bezirken der Stadt in Hafennähe noch konserviert hat. Dort gibt es Nachtclubs in Kleinsthütten und *lomo à lo pobre* (Steak mit Spiegelei) zu einem auch für Matrosen erschwinglichen Preis.

Die behagliche Ästhetik der gediegenen Handelshäuser aus der Zeit um 1900 und die fast großbürgerlichen Kramläden, die man früher im Zentrum von Puerto Montt fand, wurden der Fassaden-Umgestaltung geopfert. Das hat die Stadt sicherlich nicht interessanter für den Besucher, aber bequemer für den Bewohner gemacht.

Puerto Montt mit seinen 110 000 Einwohnern war schon immer zweigeteilt gewesen: Die Innenstadt schloß neben den Handelsgebäuden den Bahnhof ein, der 1912 errichtet wurde und auch dem transandinen Verkehr diente. Der **Hafen** wurde westlich vom Zentrum aufgeschlagen und umgab sich mit seinem eigenen Kosmos **Angelmó** 🔳. Hier befinden sich die Büros der Schiffsagenturen Navimag und Transmarchilay, Handelskontore und das Büro der Luxuslinie Skorpios, die in Fünftagestouren die Fjorde an der Carretera Austral entlangschippert. In kleinen Restaurants, die aussehen wie die Eßzimmer von Fischerfamilien – und vermutlich sind sie es auch – werden Meeresfrüchte und Fisch aufgetischt. Diese Möglichkeit hat durchaus ihren Reiz, aber noch rustikaler und lustiger läßt es sich in den *marisquerías* des Fischmarktes speisen.

Eng umschlungen von den nach dem Jod der Meeresfrüchte duftenden Verkaufsständen reihen sich hier die winzigen, ausgesprochen volkstümlichen Eßstuben aneinander, die regiert werden von geschäftstüchtigen Kellnerinnen und bevölkert von hungrigen Großfamilien. In einem gußeisernen Topf, der *olla,* simmert der *curanto* vor sich hin, und dieses außergewöhnliche Meeresfrüchte-Speck-Gericht (s. S. 139) wird dann auch am häufigsten verlangt.

An der **Caleta Angelmó,** an der man Boote zur gegenüberliegenden Isla Tenglo anheuern kann, befindet sich die nicht ganz so volkstümliche Variante. Dort wurden in einer Art Restaurantgalerie einige bürgerlichere, aber immer noch originelle Eßplätze eingerichtet.

Hingebungsvolles Herumstöbern erlauben die Kioske der **Feria Artesanal** 🔳, die sich an Angelmó östlich Richtung Stadtkern anschließt. Sie hat eine derart große Reputation erlangt, daß die Nachfrage das Angebot verbreitete: Vor balinesischem Kunsthandwerk und Industrieware bleibt man hier nicht verschont, aber es gibt auch viele ortstypische Arbeiten in Leder und Holz und die berühmten Strickpullover von der Isla de Chiloé. Gegenüber dem Busbahnhof hat das **Pueblito Artesanal Melipulli** 🔳 seine Zelte aufgeschlagen.

Niemand kann behaupten, daß die Exponate im **Museo Juan Pablo II** 🔳 besonders kunstvoll präsentiert wären – im Prinzip hat man in das obere Stockwerk der stadteigenen Bibliothek alles hineingestopft, was zur Geschichte, zur Flora und Fauna von Puerto Montt und Chiloé zu bekommen war – aber wie alle Stadtmuseen ist es einen Besuch wert, denn es zeigt die Gegend nun einmal ganz unverfälscht und ungefiltert.

Grüne Parkanlagen säumen die **Costanera** 🔳 von Puerto Montt, und an der ehemaligen Mole kann man sich den scharfen Wind um die Nase wehen lassen.

Die Isla de Chiloé

Die anmutige ›Große Insel‹

Die Liebe zwischen Chilenen und Chiloten ist nicht besonders tief. Die Fähre zwischen Pargua auf dem chilenischen Festland und Chiloé benötigt nur etwa 30 Minuten, um das seichte, algenreiche Wasser zu überqueren, aber eigentlich liegt dazwischen eine ganze Welt. Die Chilenen halten die Chiloten für starrköpfig und dumm, weswegen sie einen Dummkopf früher auch nicht Dummkopf, sondern Chilote nannten, und die Chiloten pflegen lieber ihre eigene reiche Kultur, als sich mit den überheblichen Chilenen herumzuärgern.

20 km entfernt nur und doch ganz anders: Die chilotische Kultur hat sich unabhängig von chilenischen Einflüssen entwickelt. Die Unterschiede machen nicht einmal vor den Rezepten halt. Auf dem Inselarchipel gräbt man ein Loch in die Erde, füllt die Mulde mit heißen Steinen, kleidet sie mit Nalca-Blättern aus und legt dann alles hinein, was es auf der Insel gibt: Speck, Kartoffeln, Fleisch, Huhn und Meeresfrüchte. Im geselligen Chiloé wird diese Festspeise *curanto* (s. S. 139) gerne gemeinschaftlich zubereitet, und auch bei den Haus-Umzügen hilft jeder kräftig mit: Die zierlichen Pfahlbauten *(palafitos)* werden dabei einfach auf eine hölzerne Plattform gewuchtet und von Ochsenkarren weggezogen. Welchen herausragenden Stellenwert die gemeinschaftlich geleistete Arbeit auf Chiloé genießt, verdeutlicht, daß es ein besonderes Wort für diese Form der Kooperation gibt: *la minga*.

Auch der chilenische Nationaltanz *cueca* entstammt der grünen Insel. Aber die wichtigsten kulturellen Botschaften von Chiloé sind neben der *minga* die

◁ *Pfahlbauten auf der Isla de Chiloé*

wundervollen, mit Schindeln bedeckten Holzkirchen der Franziskaner- und Jesuitenmissionen aus dem 17. und 18. Jh. und ihr Legendenschatz.

Und so ist für die Schöpfung der Isla de Chiloé auch nicht Gott zuständig, sondern es sind die Erdschlange Tentenvilú und die Wasserschlange Caicaivilú. Tentenvilú schuf die Menschen; Caicaivilú, eifersüchtig auf die Leistung der anderen, entführte sie, als Tentenvilú schlummerte. Tentenvilú bemerkte den Raub und entfachte einen Zweikampf, der wegen der Ausgeglichenheit der Kräfte nicht enden wollte. Tentenvilú ließ Berge entstehen, um die Menschen vor der Wasserschlange zu schützen und Caicaivilú versenkte im Gegenzug die Erde, riß Buchten in die Küste, um sie wiederzubekommen. Des langen Ringens müde und durch den Kampf weise geworden, einigten sich die beiden schließlich, und die Landschaft Chiloés verewigt diese Geschichte: Sie ist von Hügeln übersät, und es gibt kein noch so kurzes Küstenstück, das nicht von Buchten und Landzungen geschmückt würde. Man braucht gar nicht erst zu fragen: Chile kommt in diesem Schöpfungsmythos nicht vor.

Ein wesentliches Merkmal teilt sich die 210 km lange und 80 km breite Insel allerdings mit dem Festland: Sie ist ebenfalls in weiten Gebieten unbesiedelt und unerforscht. Eine gut ausgebaute Straße verbindet die nördliche Hafenstadt Ancud mit der Hauptstadt Castro und führt erst seit kurzem bis hinunter nach Quellón, was dem Dorf an der Südspitze ein wenig verspätete Goldgräberatmosphäre schenkte, doch der fluß- und buchtenreiche Westen blieb unerschlossen. Im nördlichen Teil wurden zwei Nationalparks eingerichtet.

Chiloé ist nach Feuerland die zweitgrößte Insel des südamerikanischen

Curanto essen!

sabel Allende verlegt den *curanto* ins ferne Polynesien – woher ja bekanntlich die Bewohner der zu Chile gehörenden Osterinsel kamen – und läßt ihn über die Zwischenstation *Rapa nui* nach Chile wandern. In Valdivia wird er in Restaurants in Suppentellern serviert, aber eigentlich ist sein Stammsitz die Erde der Isla de Chiloé. Und dort sollte man ihn auch einmal probieren. Allenfalls die Fischerbüdchen auf dem Markt in Angelmó sind noch als Konkurrenten zugelassen. Die aber garen den *curanto* nicht dort, wo er hingehört, nämlich in der Erde, dem *ollo,* sondern in einem großen gußeisernen Suppentopf, der *olla.*

Der *curanto* ist ein typisches Gemeinschaftsessen, das traditionell zu bestimmten Gelegenheiten gemeinschaftlich zubereitet und verzehrt wird. Unmöglich, daß eine kalorienbewußte Single-Köchin in Santiago einem ebensolchen Single vorschlägt, abends mal schnell einen *curanto* zu kochen. Dazu müßte sie im Garten neben ihrem Apartmenthaus – sofern vorhanden – ein Loch buddeln, heiße Lavasteine hineinlegen, jene mit einer Schicht der rhabarberähnlichen Nalca-Blätter bedecken, sie dann mit Speck, Huhn, Dörrfleisch, Wurzelgemüsen, Kartoffeln, geräucherten Würsten, Pfahl-, Venus- und Miesmuscheln sowie Kartoffel-Käse-Knödeln füllen und dann etwa die halbe Nacht auf gutes Gelingen warten. Aus so vielen Zutaten besteht ein *curanto,* und er schmeckt mit seiner langen Garzeit einfach unvergleichlich, denn er ist eine Mischung aus reichlich gewöhnlich und unglaublich fein – ein kulinarisches Fest, das der Erde huldigt. Die ist auf Chiloé oft arm, aber in dem üppigen *curanto* ist ihre Kargheit aufgehoben, zerschmolzen zu einem Genuß, wie er kraftvoller kaum sein kann.

Kontinents und von der Fläche her vergleichbar mit Korsika. Vor ihrer enggeschnürten Taille sprenkeln eine Vielzahl kleiner Inseln auf der dem Festland zugewandten Seite den kalten Pazifik, und die tiefeingeschnittenen Seen Cucao und Huillinco brechen sie fast entzwei.

Trotz der gleichen geographischen Breite ähnelt ihre Gestalt nicht im entferntesten der dramatischen Wildheit der Carretera Austral. Chiloé erinnert viele Urlauber an Irland: grün vom Regen, sanft gerundet, reich an Fjorden, hügelig. Die Küstenkordillere Chiles lebt in den Gebirgsmassiven Pichué und Pirulillas fort, die nicht einmal 1000 m Höhe erreichen. Und doch verfangen sich in ihnen die Regenwolken des Pazifiks, die sich an ihren Hängen auswringen und auf der Westseite ein besonderes Mikroklima erzeugen.

Das heutige, sanfte Landschaftsbild Chiloés allerdings ist Ergebnis gnadenloser Abholzungen, die seit Jahrhunderten andauern. Bereits die spanischen Konquistadoren benutzten die heimische *alerce* zum Bootsbau. Das Holz wurde nach Lima ins Zentrum des Vizekönigreichs Peru gebracht, dessen Herrschaft Chiloé direkt unterstellt war. Was dann von den Wäldern noch stehengeblieben war, schlugen die Chilenen kahl, um daraus Schwellen für Eisenbahnschienen herzustellen, die den minenreichen, baum- und städtelosen Norden erschlossen. An Wiederaufforstung dachte damals selbstverständlich niemand. Diese gibt es nun seit geraumer Zeit, nur verfiel man auf die Idee, wegen der ekla-

tanten Erosionsgefahr schnellwüchsigen Eukalyptus anzupflanzen, der die Erde austrocknet und kein Unterholz duldet, was bedeutet, daß sich keine Humusschicht bilden kann. Die Konsequenz: Der Boden bleibt steril. Das Holz des Eukalyptus ist von minderer Qualität und besitzt nicht die Eigenschaften wie das der ursprünglichen *arrayanes, canelos* und *avellanos* oder der mit roten Blüten getupften *ciruellilos,* die man zur Möbelherstellung, zur Hauskonstruktion und zum Instrumentenbau verwenden konnte. Bis auf die *alerce,* die auf Chiloé vollständig ausgerottet wurde und auf

dem Festland unter Naturschutz steht, kann man die übrigen Baumarten aber durchaus noch antreffen.

Die eingeborene Bevölkerung der Chonos hat die Begegnung mit den spanischen Invasoren nicht überlebt. Eingeschleppte Masern und Pocken lösten wohl verheerende Epidemien aus, und die spanischen Sklaveneintreiber fielen auf der Suche nach Zwangsarbeitern für die reichen Minen in Bolivien auch über Chiloé her. In einer von jesuitischen Missionaren 1609 vorgenommenen Volkszählung wurden 12 000 Bewohner ermittelt; doch zu diesem Zeitpunkt hatten sich die Chonos bereits von den mächtigen Mapuche auf südlichere Inseln verdrängen lassen. Die einzigen Boten ihrer vernichteten Existenz sind einige Worte und Begriffe, die im Sprachgebrauch Chiloés überwintern konnten.

Die indianische Bevölkerung ernährte sich von Kartoffeln, *quínoa* und Mais und vervollständigte diese Diät mit Fischen und Meeresfrüchten. Kartoffeln und Meeresfrüchte zählen auch heute noch zu den hauptsächlichen Handelsartikeln der Insel, doch wie überall auf der Welt läßt sich mit der bäuerlichen Vermarktung landwirtschaftlicher Produkte kein nennenswerter Wohlstand erzielen – um so weniger, seit die chilenische Regierung japanischen Fangflotten die Gewässer rund um Chiloé zur Verfügung gestellt hat. Gegen die rabiaten Methoden der Ausländer steht den chilotischen Fischern, Muschelsammlern und -züchtern keinerlei Mittel zu Gebot. Politisch betrachtet fehlt ihnen ohnehin das Schwergewicht, um gegen die Vernichtung der Fisch- und Muschelgründe wirksam zu protestieren. Die massive Einführung der Lachszuchtkäfige auch auf Chiloé hat zwar Arbeitsplätze geschaffen, aber die Fischexkremente mindern die Wasserqualität und schädigen die Mollusken – und zwar so nachhaltig, daß bestimmte Sorten gar nicht mehr existieren.

Trotzdem: Für die Besucher strahlt die sanfte Insel einen ganz besonderen Reiz aus. Chiloé gehört zum Pflichtprogramm junger chilenischer Studenten, die mit Rucksack und Zelt ausziehen, die Nationalparks und Städtchen zu erobern. Hier findet man einen freundlichen, unkonventionellen Tourismus.

Typische hügelige Landschaft an der Küste von Chiloé bei Achao

Unterwegs auf der Isla de Chiloé

Ein eifriger Widersacher des Ausverkaufs der chilotischen Kultur lebt nicht weit von der Anlegestelle der Fähren in Chacao und züchtet Austern – aber richtig. **Chacao** 1 (S. 299) selbst ist ein kleiner Bauernort mit einem schönen Restaurant über dem Meeresufer und einigen netten geschindelten Häusern. Seine hell leuchtende Kirche trägt himmelblaue Mützen auf beiden Türmen.

Etwa 4 km südlich zweigt eine Straße in Richtung Puerto Elvira nach **Caulín** 2 (S. 299) ab. Um zu dem Restaurant Las Ostras de Caulín zu gelangen, läuft man ein wenig am friedlichen Strand entlang, betrachtet Schwarzhalsschwäne und Fischerbötchen und wählt anschließend in den Zuchtbecken des Ramón Molina die Austern selbst aus. Neben berechtigten Attacken gegen die japanischen ›Austernabrasierer‹, wie er sie nennt, betreibt der Besitzer auch Heimatpflege: Die außergewöhnlichen Holzkirchen der Insel gibt es bei ihm in Modellen zu bestaunen.

Ancud

3 (S. 291) Ancud ist eine exponierte Zeitzeugin der wechselhaften Geschichte Chiloés, das sich im 18. und 19. Jh. zu einem wichtigen Stützpunkt für Robbenschlächter und Walfänger auf dem Weg in das Südmeer entwickelte. Diese ausgesprochen lukrative Einnahmequelle galt es vor vagabundierenden Piraten anderer Länder zu schützen, was einen regelrechten Bauboom an Festungsanlagen einleitete.

Heute ist Ancud eine lebhafte Provinzstadt mit knapp 23 000 Einwohnern. Um den seeweiten Río Pudeto am Ortseingang versammeln sich die Fischer. Von dort holpert die Hauptstraße Avenida Prat ins quirlige Zentrum hinein. Begleitet von Geschäften und Cafés, mündet sie schließlich in die Plaza, um dann zwei *cuadras* weiter hinunter ins Meer zu fallen.

Das anmutig auf kleinen Hügeln verteilte Ancud wirkt auf Anhieb sympathisch. Latinische Atmosphäre bestimmt die Viertel um den Markt und an der **Hafenmole,** die bis in die Mittagsstunden den Schauplatz für lebhaften Fisch- und Meeresfrüchte-Verkauf bildet. Um von der Frische und Qualität ihres Fanges zu überzeugen, bieten die Fischer auch schon mal eine Auster gratis an. Die Luft schmeckt nach Algen und Salz.

Wer sich mit der Stadt vertraut machen will, muß klettern. Der **Mercado y Feria** an der Ecke Prat/Libertad im Zentrum bietet gleichermaßen etwas fürs Auge und für den Magen. In kleinen Kiosken aus stabilem, dunklem Holz stricken Frauen Pullover aus dicker, wasserabweisender Wolle. Skulpturen aus dem Sandstein *cancagua* stellen die Hauptfiguren der chilotischen Legenden dar. Wer den Markt besucht, weiß anschließend, woraus die chilotische Hausfrau ihre Menüs zusammenkocht: Karotten, Kartoffeln, Knoblauch, *ají*, Korianderkraut, Fische und Schnüre aus getrockneten Muscheln vermischen ihre Aromen zum unverwechselbaren Bukett.

Jeder lobt das **Museo Regional Audelio Bórquez Canobra** an der Libertad wegen der makellosen Kopie der ›Ancud‹, eines Holzschiffes, das an der

Die Isla de Chiloé

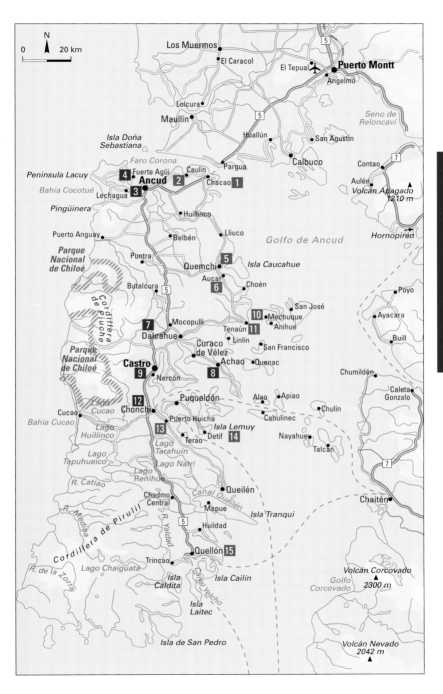

Die Körbe von Chiloé

Korb ist gleich Korb – mag man als Mitteleuropäer denken. Es gibt große und kleine, Körbe mit Henkel und Mustern oder Körbe, die das eben nicht haben. Und damit ist das Thema beendet.

Weit gefehlt! Die Chiloten haben aus dem Korbflechten eine Wissenschaft gemacht, und wer in Dalcahue auf dem Sonntagsmarkt die Verkäuferinnen nach ihren Produkten befragt, wird das bestätigt finden.

Die Schwestern Remolcoy aus Puerto Ichuac, Clementina Mancilla aus Chulchuy und Gladys Aguero aus Puchilco sind Meisterinnen ihres Faches. Sie arbeiten nach Auftrag, brauchen mindestens vier Stunden für das leichteste Muster und manchmal einen ganzen Tag. Mitunter verkaufen sie gar nicht, denn wenn die Arbeit zu hart war, ist sie unbezahlbar. Dies ist ihre eigenwillige, sympathische, ganz und gar unkapitalistische Logik: Die Produkte behalten sie in diesem Fall lieber selbst.

Zum Flechten werden die Fasern des frisch geschnittenen *junquillo* oder des *manila,* zweier Binsenarten, nachts im Freien gelagert, damit sie Feuchtigkeit aufnehmen und elastisch werden. Und dann geht es los: Für jede landwirtschaftliche Arbeit gibt es ein unterschiedliches Modell und dafür auch einen unterschiedlichen Namen. Den grobgeflochtenen *llole de papas* benutzt man für die Kartoffelernte, die feingeflochtene, biegsame *canasta* für den Weizen, die *lita* zum Weizensäubern, und den harten, flachen *piso,* um die Meeresfrüchte zu trocknen. Die *llole* ist fein und leicht porös, denn sie verwendet man zum Ernten von Muscheln und Austern.

Für jene, denen diese Unterschiede nicht differenziert genug sind, haben die Flechterinnen noch eine ganz besondere Weisheit parat: Sie teilen ein in männlich *(canastos)* und weiblich *(canastas).* Die männlichen Körbe sind grün, also ungehobelt und roh, die weiblichen hell und schön delikat, die männlichen fast durchsichtig, also sind sie ›öffentlich‹, die weiblichen undurchsichtig, was Privatheit signalisiert. Die männlichen sind schwächlich, noch nicht trocken, also verformbar und leicht zu verbiegen, die weiblichen stark. Und zum guten Schluß: Die männlichen sind flüchtig und damit ersetzbar, die weiblichen dauerhaft und damit unersetzlich.

Und so verblüffen die Korbflechterinnen auf dem Markt von Dalcahue, auf dem man eigentlich nur ein Mitbringsel erstehen wollte, ihre Kunden mit ihrer Lebensklugheit. Ein Korb ist eben doch nicht nur ein Korb, sondern ein ganzer Kosmos.

chilenischen Inbesitznahme der Magellanstraße 1843 beteiligt war. Sie thront in einem der beiden mit Muschelschalen übersäten Patios des frisch renovierten, attraktiven Holzhauses. In seinem Inneren wartet eine stolz präsentierte Schau chilotischer Volkskunst, historischer und religiöser Objekte.

Einen Block weiter westlich kurvt die **Costanera** am Meer entlang, aus städtischen Geldtöpfen mit Kugellaternenlampen aufgepeppt. Ein Spaziergang auf der Muschelschalenpromenade ist eine windige Unternehmung, die hauptsächlich von Jüngeren gemacht wird. Über dem Meer schwebt die **Fuerte San Antonio** im Nordwesten von Ancud. Die Festung entstammt dem Jahr 1770 und hatte einen unterirdischen Zugang zum gut erhaltenen Pulverturm. Einen glänzenden Ausblick auf die Stadt, auf die stark gegliederte Küstenlinie und die winzigen Felseneilande Doña Sebastiana und Cochinos genießt man vom **Mirador Cerro Huaihen.** Bei gutem Wetter macht man es wie alle anderen und stattet dem **Balneario Arena Gruesa** einen Besuch ab. Zwischen Klippen eingeklemmt, präsentiert sich dann der leicht erreichbare Stadtstrand von Ancud meistens überfüllt

Die Alternative liegt ein wenig weiter entfernt und läßt sich gut mit einem Besuch der Halbinsel Lacuy und des Fuerte Agüi verbinden. In Richtung Playa Lechagua residieren die alteingesessenen Familien in großzügig geschnittenen, mit schiefergrauen, vom Alter patinierten Schindeln bedeckten *mansiones*. Die bunte Farbe, mit denen heute oft das Schnitzwerk der *tejuelas* bemalt ist, deutet man hier als chilenischen, europäischen, nordamerikanischen Einfluß. Niedrigwachsende *maqui* und Brombeersträucher säumen die Lehmstraße, Bungalowanlagen und Campingplätze

machen unmißverständlich klar, daß es sich hier, 7 km von Ancud entfernt, um eine Feriengegend mit Zukunft handelt.

In seiner zutiefst ländlichen Umgebung inmitten saftiger Kuhweiden und Trockengestelle für Agar-Agar wirkt das **Fuerte Agüi** ▨ sehr friedlich, und auch die auf das Meer gerichtete Parade der Kanonen schüchtert nicht gerade ein. Das Fort ist nicht vollständig ausgegraben worden, wesentliche Gebäudeteile lagern immer noch unter der kleebewachsenen, fetten Erde. Erstaunlich, daß an der Ausstattung des spanischen Forts auch holländische Piraten mitgewirkt haben sollen; die Batterie ist 360 Jahre alt und stammt von ihnen. Als Aussichtspunkt ist es faszinierend, weil linker Hand die Islas Cochinos und Doña Sebastiana aus dem Meer ragen, der Leuchtturm La Corona in den Himmel blitzt, genau unterhalb die Isla de los Cangrejos liegt und sich rechts Ancud ausbreitet. Aus *cancagua* hat man diese Festung errichtet und Muschelkalk als Klebemittel benutzt.

Quemchi

Die Carretera 5 führt zur Hauptstadt und in den Süden. Eine Abzweigung holpert über 22 km an fruchtbaren kleinen Feldern entlang nach **Quemchi** ▨. Der Strandpromenade gebührt wie fast überall in diesen kleinen Küstenorten der erste Besuch, schließlich regelte man den Verkehr auf dem ärmlichen Chiloé früher hauptsächlich übers Wasser. Hier ist ständig etwas los, und selbst wenn mal kein Boot an der Mole liegt und ein wenig Abwechslung bringt, schaut man vorsichtshalber doch lieber einmal nach. Die Bewohner von Quemchi sind stolz auf die Vielfalt der phantasievoll gestalteten Holzhäuser, die als architektonisches Erbe der Insel bewertet werden. Sie wirken wie kleine bunte Schiffe in ihren Gärten aus blaublühenden Hortensien und Johannisbeersträuchern.

In Quemchi gehen die Bewohner der umliegenden Einzelgehöfte einkaufen – und das sind nicht wenige. Die Erwerbsmöglichkeiten in der Lachszucht, die einen Mindestlohn von umgerechnet etwa 200 Dollar pro Monat garantiert, haben die Sozialstruktur der Insel verändert. Die Männer vernachlässigen die Feldarbeit, die Schweine- und Schafzucht, weil sie keine Zeit dafür finden. Trotzdem sind 200 Dollar nicht viel, denn ein Kilo Lammfleisch wird auf Chiloé für etwa zweieinhalb Dollar verkauft.

4 km weiter südlich verbindet eine 600 m lange Holzbrücke **Aucar** 6 mit einer kleinen Insel, die nur aus einem Friedhof und einer Kirche besteht. Nur dreimal im Leben, sagt man hier, soll sie tunlichst benutzt werden: zur Taufe, zur Hochzeit und zur Beerdigung.

Dalcahue

7 (S. 306) Eine malerische Schotterpiste, die teilweise die Küste begleitet, endet 57 km nach Quemchi in **Dalcahue,** dem Ausgangspunkt für Schiffsausflüge in die Inselwelt und zur Insel Quinchao mit ihrer Hauptstadt Achao. Dalcahue ist ein typisches chilotisches Städtchen mit Erdstraßen, die im Regen aufweichen, und einer blitzblanken Costanera. Dort hat auch die **Feria Artesanal** ihre Zelte aufgeschlagen. Sie pflegt eine lange Tradition, denn früher reisten jeweils donnerstags und sonntags die Bauern und Hausfrauen von den vorgelagerten Inseln an und boten ihre Körbe (s. S. 144), Holzschnitzereien und Strick-

waren feil. Heute wendet sich der Markt eher an Touristen. Sein Besuch ist sonntags am lohnenswertesten, wenn die Rund- und Ausflugsfahrten auf der Isla Chiloé einen Halt einlegen und die Gäste die Möglichkeit nutzen, hier einzukaufen. Wer etwas wirklich Originales von der Insel erstehen möchte, sollte sich an die Körbe und an die Pullover, Strümpfe und Mützen aus pflanzengefärbter Wolle halten, die in großer Auswahl von den Strickerinnen selbst verkauft werden.

Gleich nebenan hat das **Museo Histórico Etnográfico** einen hölzernen Stelzenbau bezogen. Wie sein Pendant in Ancud besticht es durch die stimmungsvolle Präsentation der Exponate, einer kleinen Schau zur ursprünglichen Bevölkerung, interessanten Fotos aus dem Alltag und einer Fülle an Anschauungsmaterial zur chilotischen Kultur.

Die 1858 erbaute, typisch chilotische, dunkle **Holzkirche** liegt an der Plaza und gehört zu den größten der Insel. Auf zehn zierlichen Säulen balanciert ein tiefgezogenes, vorgebautes Dach mit neun zarten Bögen, die in einen hohen, schlanken Turmaufbau münden. Komplett aus Holz besteht auch die Innenausstattung. Der höchst kunstvoll konstruierte und doch so einfach anmutende Bau ist wunderschön.

Die Isla Quinchao

An der Mole von Dalcahue liegen Boote bereit, um die vorgelagerte Inselwelt zu erkunden. Das hügelige Quinchao liegt wie ein Pfeil nahe der chilotischen Küste und lebt vom intensiven Ackerbau und der Viehzucht. Sein bäuerlicher Hauptort **Achao** 8 (S. 291) geht auf eine Jesuitenmission von 1743 zurück und nennt stolz eine der schönsten Mis-

Marienfest bei Achao auf der Isla Quinchao

sionskirchen Chiloés sein eigen. Die ausgewogenen, sanft schwingenden Proportionen der 1998 komplett restaurierten **Iglesia Santa María,** der ältesten Kirche der Insel, und ihre prächtige barocke Innenausstattung unter einer nachthimmelgleichen Decke in Blau und Gold machen sie zu einer Augenweide. Außen schlicht in antrazitfarbene Schindeln gekleidet, die von der harmonischen Gesamtform nicht ablenken, mit dem typischen vorgezogenen, von zierlichen Säulen gestützten Dach, wirkt das kostbare Innere wie eine Schmuckschatulle.

Dieses unbestrittene Kleinod an der baumgeschmückten Plaza verstärkt noch den sanften, melancholischen Reiz, den Achao verströmt. Seine Erdstraßen verschluckt oft der Regen; und in den Schaufenstern der schiefgezogenen Holzhäuser an der Hauptstraße liegen Haarföne, Shampoos, Konserven und samtbezogene Kleiderbügel aus – die allernotwendigsten Schätze des bescheidenen Konsums.

Die Hauptstraße führt an Plaza und Kirche vorbei und läuft direkt auf die Mole, den kleinen Fischerhafen und die Küstenlinie zu, wo jeweils donnerstags und sonntags die Bewohner der umliegenden Inselchen Chaulinec und Quenac lautstark in ihre Händlerrollen schlüpfen, denn hier verkaufen sie ihre Bodenfrüchte und Fische. Ein regelmäßiger Fährdienst hält die Verbindungen zu den Inseln aufrecht. Achao ist für sie Handelshafen, Einkaufsstation, der nächstgelegene Luxus.

Jedes Jahr im Februar entwindet sich Achao der Beschaulichkeit. Eine Landwirtschaftsmesse unterbricht dann die Alltagsmonotonie, und auf dem Festgelände werden Tiere prämiert, Anbaumethoden demonstriert, und die *chicha,* der Apfelwein, fließt üppig. Honoratioren der Insel und chilotische Folkloregruppen reisen an. Jeden Abend wird ordentlich gefeiert. Die mit Plastikmobiliar ausgestatteten Restaurants und *residenciales* können dann über Nachfrage kaum klagen.

Castro

⑨ (S. 298) Zum Wasser hin ist es nie weit in der Inselhauptstadt Castro. Hübsch eingebettet zwischen zwei tiefeingeschnittenen Fjorden gleicht die drittälteste Stadtgründung Chiles (1567, nach Santiago und La Serena) einem Brückenkopf. Die Lage bestimmt die Architektur: Hier konzentrieren sich die typisch chilotischen *palafitos* mit ihren komplett geschindelten Wänden und Dächern. Auf leichten, ins Wasser gerammten Pfählen balanciert das auf einer Bohlenplattform errichtete zweigeschossige Haus, auf dem grundstückseigenen Gelände gibt es meist noch ein weiteres, kleineres, um Waschküche und Küche aufzunehmen. Das obligatorische Boot findet zwischen den Pfählen Platz.

Die Beschaulichkeit dieses Wohnstils kontrastiert mit der Geschäftigkeit der Innenstadt um die ausladende, hübsche und zu jeder Tageszeit beliebte **Plaza.** Die Straßen San Martín und O'Higgins klingeln förmlich vor Umtriebigkeit. Die 1906 erbaute **Iglesia San Francisco** stiehlt jedem anderen Bauwerk die Schau: Ganz in Gletscherblau und Apfelsinenfarbe getaucht, ragen zwei spitze Türme hoch in den Himmel, nimmt der prachtvolle verzinkte Eisenkörper eine halbe *cuadra* ein. Innen ist sie komplett

von lokalen Künstlern aus warmem Holz gestaltet worden: die Säulen, die Wandverkleidungen, der Fußboden, die Seitenaltäre.

Das lichte, kleine **Museo Municipal** auf der San Martín, einen halben Block südlich der Plaza, ist ein weiteres Beispiel einer interessanten Volkskundeschau. Dicht gedrängt, zeigen die Exponate von allem etwas: Webstühle aus *alerce*-Holz, Apfelpressen, Fotos vom Seebeben 1960, das halb Castro verschlang, ein mit Robbenfellen bedecktes Modell eines Chono-Zeltes, Modelle chilotischer Boote und Instrumente, Fotos der kümmerlichen Reste des spanischen Forts Trauco und eine kleine Extraschau

Blick über Castro

zum Thema: Wie sah Chiloé auf alten Landkarten aus?

Steil hinunter zur Küste stürzen die Straßen Thompson und Lillo und rahmen die sehenswerte **Feria Artesanal** an der Costanera del Puerto ein. Balinesisches, Gesamtandines und typisch Chilotisches, Haushaltsgegenstände und Gestricktes quellen aus den Verkaufsbuden heraus. Das Innere des Holzbaues verbirgt den Lebensmittelmarkt. Eine Reihe netter Eßbuden säumt die gegenüberliegende Straßenseite; ausländische Touristen ziehen zum Fischeverkosten das nicht ganz so rauh aussehende ›Palafito‹ neben der Feria Artesanal vor.

Von Castro aus kann man sich auf einem organisierten Streifzug durch den Archipel chauffieren lassen. Das Boot steuert zunächst meist auf den Canal Quicavi zu, eine friedliche Passage in einem Fjordlabyrinth, das mit Lachszuchtkäfigen regelrecht vollgestopft ist. Saftige Viehweiden spiegeln sich in dem glatten Wasser. **Mechuque** 🔟, ein von Brombeerhecken eingefaßter Bauernort mit regenverzogenen Holzhäuschen in engen Gassen, besticht durch Gänseparaden und zwei kleine Restaurants, in denen die Wirtinnen *curanto* oder die Winternahrung allererster Güte auftischen: Räucherfleischsuppe mit Koriander.

Die Holzkirche von Tenaún

Das Ausflugsboot schlingert ein kurzes Teilstück der Fahrt über Ausläufer des Golfo Corcovado, der schon manches Schiff zur Schiffsschaukel hat werden lassen. Dabei hat man einen wundervollen Blick auf die eisigen Vulkane an der Carretera Austral. Abschließend ist die Kirche von **Tenaún** 11 zu besichtigen. Die mitternachtsblaue Zinkkonstruktion wurde 1837 erbaut und hat zwei golden leuchtende Sterne an der Giebelfront. Anders als die meisten chilotischen Kirchen gibt es hier nicht nur einen zentralen Turm in der Giebelmitte, sondern zwei kleinere Seitentürme.

Der Süden von Chiloé

Das von Castro in 20 km leicht mit einem *colectivo* erreichbare **Chonchi** 12 (S. 301) türmt sich aufsehenerregend in drei Esplanaden vom Meer hinauf. Die rasche Blüte von Castro und Ancud im 18. Jh. erfaßte Chonchi nicht. Aus einer jesuitischen Mission wie so viele andere Orte auf Chiloé entstanden, erreichten seine Bewohner im 19. Jh. bescheidenen Wohlstand durch ihren Holzausfuhrhafen und die Viehzucht. Aus dieser Epoche hat sich ein Ensemble besonders eindrucksvoller, farbig gestalteter Holzschindelhäuser erhalten, die als *conjuncto histórico* unter Denkmalschutz stehen und nicht verändert werden dürfen.

Gleich am Ortseingang steht die über lange Zeit unvollendet gebliebene Iglesia de San Carlos de Chonchi, die erst 1859 fertiggestellt wurde – eine typisch chilotische Schönheit mit ausladenden Proportionen. Wo die Hauptstraße Centenario auf die malerische Küstenlinie zurutscht, residiert in einem der alten Häuser das Museo de las Tradiciones Chonchinas, das von den 3000 Einwohnern Chonchis liebevoll eingerichtet und ausgestattet wurde.

Mit der melancholischen Ruhe, die über Chonchi schwebt, ist es allerdings während der stark besuchten *Fiesta Criolla de Chonchi* in der ersten Februarwoche vorbei. Die Chiloten feiern gerne und ausgiebig. Alle fünf Minuten braust dann ein vollbesetzter *colectivo* aus Castro zum Festplatz, wo der *curanto* schon seit dem Morgengrauen in seinem Erdaushub vor sich hin simmert. Die Köchinnen betten zum Abschluß Kartoffelklöße auf die Nalca-Blätter, und man bekommt sofort seine *chicha* in die Hand gedrückt. Ohne chilotische Volksmusik und den Nationaltanz *cueca* geht auch dieses Fest nicht über die Bühne.

Von Chonchi aus erreicht man über die Avenida O'Higgins an der Municipalidad vorbei die Straße nach Queilén und zum Fährhafen **Puerto Huicha** 13 für Passagen zur **Isla Lemuy** 14. Das hügelige Eiland wurde schon sehr früh besiedelt und hat interessanterweise einige der ältesten Kirchen des Archipels vorzuweisen: die *iglesia* des alten Fährhafens Ichuac, die allerdings neoklassizistisch überbaut wurde, und die *capilla* von Aldachildo, die mit ihren sieben Portalen eine Miniausgabe der Kirche von Dalcahue ist. Die Hauptstraße von Lemuy mündet nach 12 km in Detif an der äußersten Inselspitze. Das Innere der Kirche wartet mit einer Überraschung auf: Von der Decke baumeln Votivschiffchen.

Quellón 15 (S. 334), am Ende der Panamericana und an der Südspitze von Chiloé, hat lange Zeit von der Alkoholdestillierung und der Holzausfuhr gelebt. Die Spuren dieser Zeit sind getilgt, heute dient seine Hafenanlage dem Fährverkehr zur Carretera Austral nach Chaitén und Puerto Chacabuco. Die Bevölkerung verdient in der Fischverarbeitung und mit der kargen Molluskenernte

ihren Lebensunterhalt. Zwei kleine Museen widmen sich der Geschichte: Im Museo Municipal wird die Stadtgeschichte dokumentiert, im Museo Inchin Cuivi Ant die der Mapuche-Gruppe Huiliches. Die Feria Artesanal Llauquil offeriert Strickwaren, Holzgeschnitztes und Körbe aus *junquillo*-Faser.

Und damit ist das Ende der Insel Chiloé erreicht, von der die Seefahrer des frühen 16. Jh. annahmen, sie begrenze die südliche Welt. Denn die wesentlich weiter südlich liegende Straße des Magellan, 1520 von ihm durchfahren, ist danach für nahezu 50 Jahre nicht mehr aufgefunden worden. Man hielt sie für ein Traumgebilde und Feuerland auf der anderen Seite der Passage für eine von den wütenden Orkanen losgerissene Insel, die im Meer herumtaumelte. Erst Francis Drake hat die Passage 1578 wieder vollends durchsegelt – in einer Rekordzeit von 16 Tagen.

Ganz aus Holz: Der Innenraum der Kirche von Castro

Die Carretera Austral

Jenseits von Chile

Für die meisten Chilenen endet Chile bei Puerto Montt. Da fehlt allerdings noch fast die Hälfte ihres Landes hinunter in den Süden. Auch wenn sie Punta Arenas kennen, weil das die südlichste Stadt der Welt sein möchte, so ist der weite Weg dorthin doch leidlich unbekannt. Ebenso das Leben, die Schicksale, die Landfläche, die diese Region ausfüllen. Wie kommt man dahin? Mit dem Flugzeug?

Ein Blick auf die Landkarte enthüllt zwei der größten zusammenhängenden Eismassen der Welt außerhalb der Antarktis, die mit ihren zartblau schraffierten, riesigen Flächen majestätisch die Erde bedecken – und Myriaden von verästelten Fjorden, die gleich azurblauen Pfeilen durch die von den *Campos de Hielo Norte y Sur* übriggebliebene schmale Landmasse schießen. Wo soll es dort ein Durchkommen, eine Erschließung geben?

Und es gibt sie doch: Seit 1983 rutscht und schlingert unerschütterlich eine Straße auf bislang – und noch ausbaufähigen – 1137 Kilometern zwischen Gletschern und haushohen Baumfarnen hinunter in den feuchten, kalten Süden Chiles. Fällt die Straße mal in den See, wird der Schaden sofort behoben. Wälder aus glutroten Fuchsiensträuchern, Dickichte aus der bambusgleichen, gefiederten *quila*, Gebirge aus *mañío*, *ñirre*, *lenga* und *coigüe* türmen sich am Wegesrand, unsichtbare Wasserfälle plätschern verborgen vor den Blicken im unerschlossenen Innern, libellenumschwirrte Lagunen schmiegen sich an die ruppige, steinige Schotterpiste, und wie Perlen an einer dichtgeknüpften Schnur reiht sich ein unbekannter Nationalpark an den nächsten. Über allem

◁ *Blick über den Lago General Carrera*

thronen eisglitzernde Vulkane von über 3000 m Höhe, die sich, wenn man Glück hat, auch einmal sehen lassen. Darauf ist allerdings kein Verlaß: Denn an der Carretera Austral sind die Aussichten leider manchmal trübe.

So, als wolle ein unsichtbarer Regisseur die unbestrittene Theatralik dieses Landstriches durch einen tiefgehängten Bühnenprospekt noch erhöhen, als solle ein natürliches Passepartout aus dunklen Wolken den Blick auf die landschaftlichen Schönheiten konzentrieren, so muten diese Landschaftsbilder an. Doch manchmal erweist sich das Wetter gnädig und läßt Sonnenstrahlen auf den Gletscherzacken tanzen und das Wasser der Fjorde aufblitzen – und sofort rasen bunteste Regenbogen durch die Wolken.

Manche Gegenden an der Carretera sind abgeholzt und mit knochenbleichen Baumstümpfen übersät. Dies ist die Kehrseite der Medaille. Durch dichteste Wälder haben sich Pioniersiedler seit den 1930er Jahren Wege gebrannt und sie mit ein wenig Glück zu Feldern weiten können.

Daß hier unten, im tiefen Süden Südamerikas, Zustände wie einst im Wilden Westen Nordamerikas herrschten, läßt sich im Museo Regional in Coyhaique in Erfahrung bringen. Die chilenischen Regierungen erhoben erst Ende des 19. Jh. territoriale Ansprüche auf dieses Gebiet, das vollkommen unzugänglich erschien, und verkauften es zwecks Urbarmachung und Nutzung auch an ausländische Firmen. Doch eine staatliche Kontrolle über das Geleistete gab es nicht. Von der Seite der Erschließungsgesellschaften handelte es sich lediglich um spekulativen Landerwerb. Das schwierige Dschungelgelände hatten indes Bauern in Eigeninitiative gerodet und in Felder verwandelt – und die wollten ihre so mühsam, aber nicht offiziell errungene Heimat nicht aufgeben. Dies führte zu erbitterten Streitigkeiten, bei denen auch das Militär eingesetzt wurde. Kriegszustände sollen dort unten geherrscht haben, bis ein aufgeklärter Rechtsanwalt die Sache der hart schuftenden Siedler, die buchstäblich die Steine zum Blühen gebracht hatten, in Santiago vertrat. Schön ist der Geschichte Ende: Die Gerechtigkeit hatte gesiegt.

Villa O'Higgins markiert das gegenwärtige Ende der Carretera Austral, deren Erweiterung bis nach Puerto Natales projektiert ist. Dieses Straßenteilstück, das seit 2000 gebaut wird, soll die Wegelosigkeit des Südens eliminieren. Zeitraubende Umwege über argentinisches Gebiet sollen damit der Vergangenheit angehören. Die Fragmentierung des Landes, sein Schicksal seit seiner Entstehung, wäre überwunden.

Die Symbolkraft strahlt hell: Ein Teil Chiles wird Chile einverleibt. Der Nationalstolz treibt indes auch seltsame Blüten, wie den vom rechten Parteispektrum Renovación Nacional (RN) und Unión Demócrato Independiente (UDI) eifrigst breitgetretenen Widerstand gegen das Nationalparkprojekt des US-Amerikaners Douglas Thompkins (Parque Pumalín; s. S. 160 f.). Der übliche Ausverkauf des Landes mitsamt seinen Boden- und Tierschätzen hat nur bei den Linken Chiles und Teilen des Partido Demócrata Cristiano bisher öffentliches Ärgernis erregt. Daß nun ein Amerikaner Land kauft, um es vor der chilenischen Privatisierungswut zu schützen, die scharf gespitzte Waffe also einfach umdreht, das ist den UDIs und RNs doch zuviel auf der eigenen Nase – dazu auch noch mit den eigenen Mitteln – herumgetanzt.

Konsumtempel am Ende der Welt: Laden an der Carretera Austral

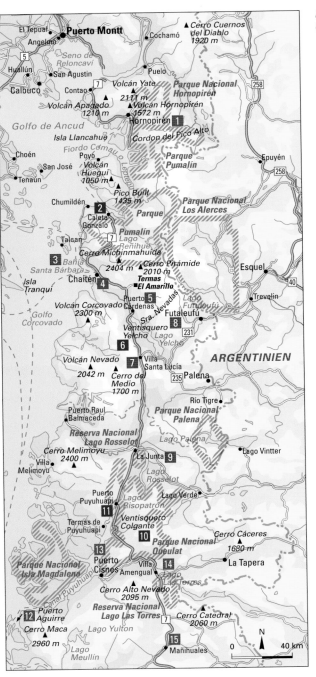

Carretera Austral

156

El Tepual
Puerto Montt
Cochamó
▲ Cerro Cuernos
del Diablo
1920 m
Angelmó
5
Seno de
Reloncaví
Huallún
San Agustín
Puelo
Calbuco
Contao
7
San José
Puelo
Volcán Yate
Parque Nacional
Hornopirén
258
Volcán Apagado
1210 m
2111 m
Volcán Hornopirén
1572 m
Golfo de Ancud
Hornopirén 1
Isla Llancahué
Cordón del Pico Alto
Fiordo Comau
Choén
Poyó
Volcán
Huegui
1050 m
Parque
Pumalín
Epuyén
San José
258
Tenaún
Pico Buill
1435 m
Parque Nacional
Los Alerces
Chumildén
Parque
2
Caleta
Gonzalo
Pumalín
Talcan
7
Lago
Reñihué
3
Cerro Michinmahuida
Bahía
2404 m
Cerro Pirámide
2010 m
Esquel
Santa Bárbara
40
Isla
Tranqui
Chaitén
4
Termas
El Amarillo
5
Puerto
Cárdenas
Trevelin
Volcán Corcovado
2300 m
Sra. Nevadas
Lago
Futaleufú
Golfo
Corcovado
Ventisquero
Yelcho
Lago
Yelcho
Futaleufú 8
6
231
Volcán Nevado
Villa
Santa Lucía
ARGENTINIEN
2042 m
7
Cerro del
Medio
1700 m
235
Palena
Puerto Raul
Balmaceda
Río Tigre
Parque Nacional
Palena
Reserva Nacional
Lago Rosselot
Cerro Melimoyu
2400 m
Lago Palena
Villa
Melimoyu
La Junta 9
Lago Vintter
Lago
Rosselot
Puerto
Puyuhuapi
Lago
Risopatrón
Lago Verde
11
Termas de
Puyuhuapi
Ventisquero
Colgante
10
Parque Nacional
Queulat
Cerro Cáceres
1680 m
13
Puerto
Cisnes
Villa
Amengual
14
La Tapera
Parque Nacional
Isla Magdalena
Lago
Las Torres
12
Puerto
Aguirre
Cerro Alto Nevado
2095 m
Reserva Nacional
Lago Las Torres
7
Cerro Catedral
2060 m
Cerro Maca
2960 m
Lago Yulton
Lago
Meullín
N
15
Mañihuales
0   40 km

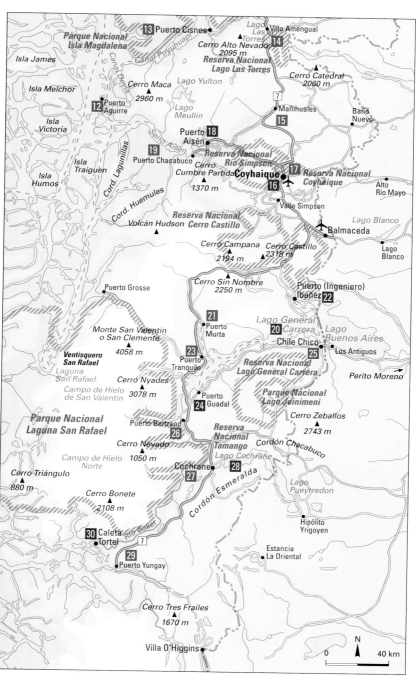

Auf der Carretera Austral gen Süden

Rund um Chaitén

Im Land von Douglas Thompkins beginnt eine wundersame Reise. In der Hochsaison von Januar und Februar schaukelt viermal wöchentlich eine (Auto-)Fähre fünf Stunden lang von **Hornopirén** **1** (S. 308) zur **Caleta Gonzalo** **2** (S. 297). An der tiefeingeschnittenen, von dichtbewaldeten Hängen gerahmten Bucht, der Eingangspforte des **Parque Pumalín** (s. S. 160 f.), erhält man auf recyceltem braunem Papier Informationen zum Parkprojekt, das trotz unklarem Status auf Landkarten schon eingezeichnet ist. Ein anheimelndes Restaurant bietet regionale Spezialitäten an, und passend zur sympathischen Thompkins'schen Ideologie der Schaffung regionaler Märkte werden Kunstgewerbeprodukte der Isla de Chiloé und der Carretera ausgestellt und verkauft. *Cabañas* und Campingplätze komplettieren das touristische Angebot an diesem strategisch wichtigen Urlaubsknotenpunkt, das es vor der Initiative des Amerikaners schlicht nicht gab.

Die glänzende schwarze Erde knirscht unter den Rädern, Farne streicheln die Wagenfenster, leuchtende Wipfel schließen sich über der Straße zu einem Hohlweg zusammen, Orchideensträucher so groß wie Einfamilienhäuser säumen die Carretera. Hier entspricht die Qualität der Straße einem besseren Feldweg zweiter Klasse, der beständig von wachsamen Arbeitern seiner üppigen Wildheit entrissen wird. Reinigt man sie nicht permanent, sinkt sie in ihren Urzustand zurück – und der ist undurchdringlich.

Nicht weit hinter der Caleta Gonzalo schimmert linker Hand der **Lago Negro,** attraktiv beschirmt von steilabfallenden Berghängen, und danach der **Lago Blanco.** Von dichtem Wald und dem Morro Vilcún eingefaßt, liegt die sichelförmig geschwungene **Bahía Santa Bárbara** **3** mit einem kleinen Campingplatz. Tautropfen und Muscheln leuchten auf dem schwarzen Strand um die Wette. Fischer fangen hier den *robalo,* eine Seebarschart.

Der schneebedeckte Vulkan Corcovado (2300 m) verleiht dem 3500-Einwohner-Städtchen **Chaitén** **4** (S. 299) eine atemberaubende Kulisse. Der Marsch des Ortes in die Moderne vollzieht sich in den letzten paar Jahren geradezu rasend im Vergleich zum spröden Beginn 1933, als drei Häuser fünf einsame, lange Jahre auf weitere Gesellschaft warten mußten. Die blauen Hortensien und die Rosenbüsche der Hausgärten zittern auch im Sommer unter Regenschauern, aber man holt so viel Licht wie möglich ins meist von der ständigen Feuchtigkeit verzogene Holzplankenhaus: Die moderneren Konstruktionen sind frontverglast. Chaitén ist ein freundlicher und ein wenig melancholischer Küstenort mit ordentlichen, breiten Straßen und hohen Bürgersteigen, einer weiten, gepflegten, aber nicht sehr attraktiven Plaza und einer hübschen Uferpromenade, deren Pflaster Kunstgewerbehändler zur Vitrine für ihre Lederwaren und ihren Hippie-Schmuck auserkoren haben.

Als Ausgangspunkt für Erkundungen der touristisch neu entdeckten Carretera Austral wartet Chaitén mit einer properen Infrastruktur auf. Douglas Thompkins hat auch hier das Auskunftsbüro an der Costanera gestaltet. Ein kleinerer

Halbtagesausflug führt zu den nicht überzeugend erschlossenen Bädern der **Termas El Amarillo.**

Zwischen Lago Yelcho und Futaleufú

Kurz vor **Puerto Cárdenas** 5 am Lago Yelcho, der Kennern als einer der schönsten Seen im immerhin nicht seenarmen Chile gilt, stößt man auf die **Silla del Diablo,** eine imposante Bergformation, die tatsächlich aussieht wie ein bequemer Sessel, ausgepolstert mit einem daunenfederweißen Kissen aus Schnee.

Die Carretera verläßt nun für eine Weile den smaragdgrünen, 110 km² großen Lago Yelcho. Nach weiteren 11 km sollte man aussteigen und sich die Beine vertreten, denn hier stürzt der eisblaugestreifte **Ventisquero Yelcho** 6 geradewegs auf die Straße. In einer einstündigen Wanderung neben dem gletschermilchgefärbten Flußbett und durch

dichten Dschungel ist ein attraktiver Aussichtspunkt erreicht.

Der Weg ist das Ziel, und der führt durch abwechslungsreiches Gelände. Gerodete Pampas umgeben **Villa Santa Lucía** 7, dessen Existenz 1982 als Militärstützpunkt begann. Das bescheidene, 81 km von Chaitén entfernte Städtchen mit bunter Dahlienzier in den Hausgärten kann kein Benzin anbieten, aber Lebensmittellager mit Tierfutter und Linsen im Zehn-Kilo-Pack und eine kleine, windschiefe, sehr freundliche *hospedaje.*

Im windigen Villa Santa Lucía scheiden sich die Wege. Kajakbegeisterte Nordamerikaner wählen die Abzweigung nach Futaleufú, ins Tal des ›Großen Flusses‹. Von Laubkuppeln beschattet, finden sich dort in den von kleinen Wasserläufen üppig durchfeuchteten Wäldern immer wieder Einzelgehöfte, die den Busverkehr auch als Warentransportmittel nutzen: Eine Kiste Avon-Kosmetik reist mit, eine Stereoanlage und

Bauernhof in der Nähe des Lago Futaleufú

Douglas Thompkins und das Projekt Parque Pumalín

Der Mann ist ein Phänomen: Er polarisiert seit zehn Jahren halb Chile und ist bekannter als so mancher Politiker. Der heute 56 Jahre alte Esprit-Mitbegründer Douglas Thompkins aus San Francisco hat sich in Chile eingekauft, um den patagonischen *alerce*-Wald rund um Hornopirén zu retten. Und er hat es gründlich getan. Mit derselben Präzision, wie seit der Ära Pinochet zusammenhängende Waldgebiete von der Größe Bayerns dem Kahlschlag ausländischer Firmen preisgegeben werden, kauft er bestehenden Wald ein, Stück für Stück, um ihn vor den Häckselmaschinen zu schützen, die ihn zu Holzchips zerstückeln würden. Die einen vernichten Natur, der andere versucht sie zu retten. Doch in Chile gehen immer noch manche Uhren anders: Die ersteren werden hofiert, der zweite öffentlich angepöbelt.

Er hat eine Vision, einen Traum. Das hat schon die marktbeherrschende Tageszeitung ›El Mercurio‹ – nicht unbedingt seine Gesinnungsgenossin – festgestellt, die gleichzeitig behauptete, er habe den Absatz von Aspirin rund um den Regierungssitz Moneda in die Höhe schnellen lassen, weil sich die Politiker nicht auf eine gemeinsame Linie gegenüber dem smarten Unternehmer einigen konnten. Vom Ausverkauf der nationalen Identität ist die Rede; mißtrauisch wird sein Engagement so nah an der Grenze zu Argentinien beäugt, wo

Luciano Pavarotti, Sylvester Stallone und die italienische Modefirma Benetton riesige Landsitze erworben haben. Den Chilenen – und auch den Argentiniern – kaufen die Ausländer das Land unter dem Hintern weg, aber die neoliberalen Wirtschaftsgesetze erlauben dies nun einmal ...

Douglas Thompkins ist ein konzentrierter, abgeklärter Cowboy mit dem stählernen Charme eines Clint Eastwood. Sehr zum Ärger seiner politischen Feinde, die ihm vorwerfen, das Land zu entvölkern und die Chilenen aus ihren Bauernhäusern zu vertreiben, eignet er sich leider blendend als Identifikationsfigur. Unbestechlich, ruhig und besonnen schafft er Arbeitsplätze, anstatt welche zu vernichten, und stellte in den einsamen Gebieten seines stolzen Besitzes eine Schule hin – was die Regierung über Jahrzehnte hinweg schlicht für nicht nötig befunden hatte. An der Eingangspforte zur Carretera Austral, an der Caleta Gonzalo, wo früher die Reisenden auf Fähren mit unsicheren Fahrplänen warten mußten, entstanden ein schönes Café-Bistro und eine Schutzhütte, in der man übernachten kann. Einen Campingplatz gibt es dort jetzt auch.

Manchmal, erzählt Thompkins, ohne sich zu beschweren, habe er das Theater satt und spiele mit dem Gedanken, sich aus seinem 2700 km² umfassenden Parque Pumalín zurückzuziehen. In diesem Naturparkprojekt, dem größten privaten der Welt, liegt ein vollkommen wegeloses Märchenwaldgebiet mit namenlosen Lagunen und spitzen Granitbergen. Zur Kultivierung sei es ungeeignet, befand eine Untersuchung, nur fünf Prozent des gesamten Bodens ließen sich in agrarische Nutzfläche verwandeln.

In den Park will Thompkins auch sanften Tourismus hineinrieseln, Pfade vom Fjordo Reñihue zur Caleta Gonzalo anlegen, Hotels und Campingplätze entstehen lassen. Windräder erzeugen Strom. Den naturversessenen Nordamerikanern und Mitteleuropäern, die sich auf den Vulkanen und Flüssen des chilenischen Südens tummeln, würde damit eine attraktive Alternative geboten. Die strukturschwache Region erhielte neue, begehrte Impulse.

Die Angriffe auf seine Person lenkten von einem weitaus größeren Problem ab, als dem, daß ein Ausländer grenznahes Gebiet besitze, sagt Thompkins: Die Fjorde rund um den Park sind mit Käfigen zur Lachszucht übersät, woraus mehrere Konflikte resultierten. Zum einen hält Thompkins die Arbeitsbedingungen der Männer dort für unzumutbar – sie lebten zusammengedrängt und isoliert, was den Nährboden für Gewalt bereite – zudem töteten sie die Pinguine und Delphine, die schlau genug wären, die Käfige zu öffnen und die entweichenden Tiere aufzufressen. Käme dieser Skandal an die Öffentlichkeit, würde kein Mensch mehr Lachs aus Chile kaufen, und dies sei nun einmal ein extrem wichtiger Wirtschaftszweig des Landes. Sagt er und stiefelt zurück in den Wald, um mit einem Freund zu beratschlagen, welche Bäume man zum Einschlag freigeben könne.

Piste durch den Naturwald seitlich der Carretera Austral

ein Postsack, und alles erreicht den richtigen Empfänger. Unübersehbar sind die Täler auch von den Spuren zahlreicher Brände gezeichnet.

Der **Río Futaleufú** indes schäumt königlich blau wie ein Lapislazuli zwischen saftig grünen Wiesen und stellt auch erfahrene Kajakfahrer vor Probleme. Eine ganze Reihe von Campingplätzen nehmen die unerschrockenen Sportler auf, die sich von der kühlen Witterung und der permanenten, durchdringenden Feuchtigkeit der Umgebung nicht erschüttern lassen. Touren kann man in Santiago buchen, gut auch in Puerto Varas und in Coyhaique.

Ausgeruht wird dann im Örtchen **Futaleufú** 8 (S. 308), das bis 1982 nur per Flugzeug zu erreichen war. Die Anbindungen ins nahe und in diesem Bereich gut erschlossene Argentinien lagen in jeder Hinsicht näher. Das bequeme

und blühende Städtchen Esquel, der beliebte Nationalpark Los Alerces und die walisische Gründung Trevelín jenseits der Grenze hatten damals schon längst geteerte Straßen und eine entwickelte Infrastruktur: Für die Argentinier bedeutete ein Ausflug nach Futaleufú eine Reise ins Exotische, Indianische.

Das ändert sich jetzt. Kajaktouristen und Angler haben in dem stromschnellenreichen Fluß einen neuen, exklusiven Punkt auf der Weltkarte gefunden, und die Hotellerie zieht nach. Wo es anfangs lediglich ein paar gemütliche, schlichte *hospedajes* für Grenzgänger gab, nehmen jetzt bequeme *cabañas* und Hotels die Reisenden auf. Auch wer sich nicht auf den tosenden Fluß wagt, findet gute Gründe zu bleiben. Die malerische Umgebung zwischen Andenflüssen und Gebirgszügen läßt sich beschaulich erwandern.

Wasserfall und Nalca-Stauden im Parque Nacional Queulat

Rund um den Parque Nacional Queulat

Das landwirtschaftlich intensiv genutzte Gebiet um **La Junta** 9 (S. 311) hat in diesem Pionierland rund um die Carretera Austral vermutlich die steilste Karriere zu verzeichnen. In den 50er Jahren erreichten es die ersten Siedler überhaupt, seit 1983 gibt es die Straße und seit 1992 einen Grenzübergang nach Argentinien. Das alles hat bewirkt, daß in La Junta mittlerweile über 1000 Menschen leben und man hier bequem die Erkundung der Carretera Austral unterbrechen und die unmittelbare Umgebung kennenlernen kann. Die Besitzer der wenigen Hotels stellen Ausflugsprogramme zusammen.

Fliegenfischen, Jagen oder eine Bootsfahrt zum **Puerto Raúl Balmaceda,** einer vom gleichnamigen Fluß und dem Meer geformten winzigen sandigen Insel mit Hafen, deren kleine Einwohnerschaft vom Fischfang und der Molluskenernte lebt, verschönern den Aufenthalt.

Die unmittelbare Umgebung von La Junta prunkt mit vielen landschaftlichen Schätzen. Ein Labyrinth aus sanft gerundeten, dicht bewaldeten Bergkuppen wird von glitzernden Fjorden durchschnitten und von Gletschern überthront. Vereinzelte Siedler haben sich in winzigen Sandbuchten niedergelassen. Buntbemalte Fischerboote schaukeln auf dem von den starken Pazifikwinden ständig bewegten Wasser.

Der Bilderbuchsee Lago Risopatrón begleitet die Carretera und markiert den nördlichen Abschnitt des **Parque Nacional Queulat.** Die 1550 km² dieses Nationalparks sind zum überwiegenden Teil unerforscht, nie begangen, ursprünglich. Selbst die eifrigsten, schwierigkeitserprobten Kolonisten haben niemals einen Fuß in dieses Gebiet gesetzt. An der Carretera befindet sich eine Hütte der Conaf, und die Parkwächter geben gerne Auskunft über die – in der Anzahl beschränkten, aber schön abwechslungsreichen – Spazier- und Wandermöglichkeiten.

Der **Ventisquero Colgante** 10, der ›Hängende Gletscher‹, der zartblau zwischen Baumwipfeln hervorschimmert und von einem Bett aus Fels und Schnee gestützt wird, scheint förmlich in den Canal de Puyuhuapi zu kippen: Es ist ein wundersamer Anblick. Bei einer Bootsfahrt auf dem Canal ist er leicht zu erkennen.

Im Jahr 1935 saßen Augusto Grosse, Walther Hopperdietzel, Otto Übel und Ernesto Ludwig an einem groben Holztisch und gründeten eine Kolonie. Sie waren auf den Spuren des deutschen Geologen Hans Steffen gereist, der Ende des 19. Jh. im Auftrag der chilenischen Regierung den Süden des Landes auf Besiedlungsmöglichkeiten hin untersucht hatte. Seine Berichte hatten sie angestiftet, den undurchdringlichen kalten Regenwald zu erforschen. Das Ergebnis läßt sich heute begutachten: **Puerto Puyuhuapi** 11 (S. 329) entstand. Die vier hatten den Strand mit dem Schiff erreicht.

Während eines Großteils des Jahres versinkt die Landschaft normalerweise im Regen, und so sann der Textilingenieur Hopperdietzel auf einen Erwerbszweig, der nichts mit Landwirtschaft zu tun hatte. Eine Teppichmanufaktur wurde eingerichtet. Die ältestgedienten und treuesten Mitarbeiterinnen stammen von der Isla de Chiloé.

Puerto Puyuhuapi wirkt einsam und ein wenig ärmlich, trotz der üppigen, hochgewachsenen Bäume, der Kühe in den Gärten und der spezifischen, schwedisch anmutenden Holzarchitektur mit den fast trapezförmigen Konturen. Die kalte, ungemütliche, kleine Teppichfabrik wird von einem einzigen Kohleöfchen beheizt, an der Stechuhr hängen 14 Meldeschildchen. Fabrik und Verkaufsraum stehen zur Besichtigung offen. Das gemütliche Café Rossbach und zwei in großzügigen, betagten Villen untergebrachte *hospedajes* laden zum Aufenthalt ein.

Oft gewinnt man an der Carretera Austral den Eindruck, die Reise sei hier eigentlich zu Ende. Puerto Puyuhuapi hat genau diesen weltverlorenen Charme. Und doch prangt 30 Schiffsminuten weiter südlich am gegenüberliegenden Ufer des Fjords eines der berühmtesten Luxushotels Chiles, das **Termas de Puyuhuapi** (s. S. 165), das über den Landweg nicht zu erreichen ist. Wer sich in dem filmkulissenschönen, ganz aus Holz erbauten Hotel einmieten möchte, wird per Boot aus Puerto Puyuhuapi abgeholt. Originell sind seine Thermalbecken mitten in der Natur.

Das Hotel ist auch per fünfstündiger Bootsfahrt von Puerto Chacabuco (s. S. 169 f.) aus zu erreichen – eine wahrhaft spektakuläre Variante, weil sich hier die unzähmbare Schönheit der Landschaft um die Carretera Austral von einer anderen Seite präsentiert. Unberührbar, unbewohnbar steigen die halbkugelförmigen, von dichtestem Wald verhüllten Berge aus dem Wasser, und Eisregen peitschen das gesamte Jahr über die Ufer. Wer dem Wellenschlag der seltenen Fischerboote folgt, erblickt kleine Sandstrände zwischen den vielfach gesplitterten Küstenlinien. Der Fang wird von vorbeiziehenden Schiffen aufgekauft, die ihn in die Kühlhäuser von Puerto Chacabuco bringt.

Eines dieser Inselchen krönt **Puerto Aguirre** [12] mit der winzigsten Flugzeuglandepiste ganz Chiles, die eigentlich aussieht wie eine Busverladerampe. Puerto Aguirres Stelzenbauten und zwei Steinhäuser überlagern einen kleinen Hügel mit Mole. Die Bewohner leben

Teppichweberin in Puerto Puyuhuapi

Das Hotel Termas de Puyuhuapi und die Laguna San Rafael

Die Lage ist sein Potential: Die Kulisse für das Hotel Termas de Puyuhuapi hätte ein Bühnenbildner nicht effektvoller erfinden können. Laubgewölbe türmen sich in allen erdenklichen Grünschattierungen und Ziselierungen lotrecht in die Höhe, und auf dem einzigen kleinen Stück schwarzsandigen Lavastrandes, das die Baumdome übriggelassen haben, breitet sich eine rustikal-elegante Holz- und Glaskonstruktion im Chalet-Stil aus. Graziöse Schwarzhalsschwäne umflattern die Bucht. Sonst gibt es nichts – kein Haus, keine Straße; das Thermalhotel erreicht man nur per Boot.

Vor die Ankunft hat die Natur einige Hindernisse gelegt – aber verzaubernde. Entweder reist man unter den unendlichen Blätterkuppeln der Carretera Austral und benutzt die hoteleigene Fähre von Puerto Puyuhuapi aus (nächstgelegener Flughafen: Balmaceda), oder man schifft sich von Puerto Chacabuco ein und gleitet zwischen den unbewohnten, dicht bewaldeten und von Gletschern gekrönten Felsellipsen entlang, die aus dem windgepeitschten Meer ragen.

Die Weltabgeschiedenheit des Hotels verlangt nach einem wohlabgestimmten Programm. Im verglasten Thermalbereich werden Thalassotherapien und Massagen angeboten. Malerisch in die verschwenderische Natur plaziert sind die drei Außen-Thermalbecken, für Abkühlung sorgt ein Sprung in den Fjord. Wer länger bleiben möchte, pickt sich

aus einer Fülle von Wander- und Trekking-Möglichkeiten das Passende heraus. Deren Attraktivität sucht ihresgleichen, schließlich liegt der Parque Nacional Queulat mit dem Ventisquero Colgante gleich um die Ecke. Auch Angler und Fliegenfischer finden ein reiches Betätigungsfeld.

Das Hotel ist ganzjährig geöffnet. Ein mehrtägiges Programm, beginnend in Puerto Montt oder Coyhaique, hat Patagonia Connection komponiert, das aber wegen der Wetterverhältnisse nicht das ganze Jahr über angeboten werden kann, da im chilenischen Winter die Fjordpassagen zu stürmisch sind. Unbestrittener Star der Ausflugsangebote ist eine elfstündige Tour mit einem Katamaran zur Laguna San Rafael und dem gleichnamigen Gletscher, der wie ein riesiger Finger aus dem Campo de Hielo Norte in die Fjordlandschaft ragt. Der Anblick raubt einem den Atem, denn seine Breite allein mißt drei majestätische Kilometer. Und wenn das Gefährt seinen Weg zwischen den glitzernden, gläsernen Eisbergen in der Lagune finden muß, breitet sich Stille aus, ein wenig ›Titanic‹ Stimmung kommt auf. Anschließend manövrieren kleine Schlauchboote die Gäste auf 200 m an die wilden Zacken der urweltlichen Gletscherwand heran. Näher ist es nicht erlaubt, denn das Eis befindet sich in ständiger Bewegung: Alle 20 Minuten brechen Stücke aus dem Massiv und donnern unter Getöse ins Wasser.

vom Fang des Seehechts und des Kongeraals, doch ihren Haupterwerbszweig, die Molluskenernte, mußten sie wegen der *marea roja* aufgeben, einer warmen Meeresströmung, die Krankheitserreger heranbringt und temporär auftritt.

Puerto Cisnes 🔢 (S. 324) an der Mündung des Río Cisnes dagegen ist zwar winzig, aber für die Aufnahme von Übernachtungsgästen gerüstet. Eine Italienerin, die es aus dem sonnigen Südeuropa in einen Landstrich verschlagen hat, der aussieht wie eine eiskalte Karibik, kam auf die Idee, ein Internat mit landwirtschaftlicher Hochschule zu gründen und dort Waisenkinder aufzunehmen, die dann die Gegend besiedeln helfen sollten. Man hat sie später aus Dankbarkeit zur Bürgermeisterin gemacht.

Von den Hotels werden Ausflüge zu den umliegenden Seen organisiert. Bei den zumeist nordamerikanischen Fliegenfischern hoch im Kurs steht der Río Cisnes. Der ›Schwanenfluß‹ gab früher ein brauchbares Gelände für Viehtransporte aus Argentinien her, doch die felsige Unterlage ließ viele Tiere straucheln. Man baute eine dieser schwankenden Hängebrücken über den Fluß, die allerorten an der Carretera zu finden sind. *Mañío, tepa* und *coigüe* hüllen die Abhänge des zacken-, erker- und spitzenbesetzten **Cerro Catedral** in eine grüne Decke, während der **Lago Las Torres** 🔢 in Dickichten aus federiger *quila* versinkt. Schneebedeckte Berge schweben über frischgerodeten Feldern, die in dem fruchtbaren Tal von den spärlichen Siedlern künden. Sie wohnen in geschindelten Häusern mit tiefgezogenen Dächern als Regenschutz, halten Truthähne und Hühner, bauen Kirschen, Salat, Bohnen, Erbsen und Birnen an und unterhalten kleine Sägewerke.

Wer dieses Land an Viehzüchter verkauft hat, muß auf Größe gesetzt haben.

Daß es funktioniert hat, beweisen die *troperos*, die *huasos*, die chilenischen Viehtreiber, denen man mit ihren *pilcheros*, den Lastpferden, und vielleicht einem geschlachteten Lamm über dem Sattel auf dem Weg begegnet. Das Lamm entspricht dem Arbeitslohn für einige wenige Tage. Um sich vor dem starken Unterholz der Wälder zu schützen, tragen sie Überhosen aus Ziegenfell, die *pierneras*.

Mañihuales 🔢 ist ihr Treffpunkt, und zur Samstagsdisco wird angeritten. Rote Fahnen wehen allerorten. Sie signalisieren, daß frisch geschlachtet wurde und man Fleisch verkauft – ebenso wie eine weiße Fahne gehißt wird, wenn frischgebackenes Brot vorrätig ist. Aber es gibt auch einen kleinen Supermarkt und eine Tankstelle.

Coyhaique und Umgebung

In die Provinzhauptstadt Coyhaique gelangt man über das Valle Río Emperador Guillermo (›Kaiser-Wilhelm-Tal‹), das der deutsche Forschungsreisende Hans Steffen just am Geburtstag des deutschen Kaisers Wilhelm I. entdeckte. Daß es einmal von undurchdringlichem Dschungel überzogen war, läßt sich bei seinem traurigen Anblick heute kaum noch erahnen: Einen Baumfriedhof könnte man es nennen, denn die ersten Siedler haben das Gelände in den 40er Jahren gründlich abgebrannt, um es in Viehweide zu verwandeln.

Das von den binsenbestandenen Flüssen Coyhaique und Simpson gerahmte **Coyhaique** 🔢 (S. 304) liegt in einer friedlichen, buntgestreiften Tafelberg-Landschaft. Meistens pfeift der Wind recht kalt durch seine breiten Straßen, doch wenn die Sonne wärmt, er-

Huaso mit typischer Überhose und Ochsenjoch

halten die hohen, schattenwerfenden Bäume der sechseckigen, hübschen Plaza durchaus eine Aufgabe. Gegründet wurde der Ort 1906 mit dem Ziel, für die wenigen Siedler und die Sociedad Industrial de Aisén ein Zentrum zu schaffen, und 1974 lief es dem wirtschaftlich weniger bedeutenden, älteren Puerto Aisén den Rang der Provinzhauptstadt ab. Daß sich die Carretera Austral einmal zu einer Touristenattraktion entwickeln würde, hätte vor einigen Jahren wohl kaum einer vermutet, aber nun, da es so weit ist, gibt es auch einige hübsche Hotels in Coyhaique, nette Restaurants und Cafés. Ein bißchen Wildwest- und Blockhütten-Atmosphäre weht durch die zentralen Straßen Condell, Horn und Cochrane, die sternförmig von der Plaza ausgehen.

Es gibt nicht viel zu sehen und zu tun in Coyhaique: Man kann im Café Ricer über die nächsten Exkursionspläne sinnieren, warten, bis die Aerotaxis wieder über die Anden fliegen, zur Piedra del Indio laufen, es bei Sommersonnenwetter den Bewohnern nachtun und sich in den Flußauen sonnen oder das **Museo Regional** besuchen. In zwei bescheidenen Zimmern versammelt es Zeugen der ersten Besiedlung, z. B. eine Landkarte, auf der die Grenze zwischen Chile und Argentinien noch gar nicht existiert, und zahlreiche Fotos von Militärparaden – eine deutliche Geste, denn in dem so grenznahen Coyhaique wollte man es den Argentiniern schon zeigen, wem das Land denn nun gehört.

Eine Ausflugsmöglichkeit bietet die 25 km² große **Reserva Nacional Coyhaique** 17 (3 km Richtung Puerto Aisén) mit angelegten Spazierwegen zu verschiedenen Lagunen, Picknickplätzen, einer Baumschule und einem kleinen Baummuseum.

Die attraktive Straße entlang des Río Simpson führt durch den einzigen Tunnel der Carretera, den 1985 in den Fels

Landschaft bei Coyhaique

gesprengten Farellón. Das breite Tal wurde zur Viehebene gerodet, in der windgebeugte Kiefern und Zypressen unregelmäßige Muster bilden. Auf der gegenüberliegenden Seite sprühen Wasserfälle die felsigen Bergwände hinunter, zunächst (Reihenfolge beachten!) der **Velo de la Novia,** der ›Brautschleier‹, und dann der zweigestufte **Salto La Virgen,** die ›Jungfrau‹, der in strengen Wintern manches Mal einfriert. *Chilco, coigüe, quila* und Fuchsien verschwistern sich zu pflanzlichen Rahmen der Kuhweiden.

Neblige Sümpfe fassen das melancholische **Puerto Aisén** 🄸🄸 (S. 323) ein. Architektonisch verrät es eindeutig mehr Charakter als Coyhaique, aber die Straßen wirken leicht verschlampt und wie aufgegeben. Das ist der Ort eigentlich auch, denn seine Flußhäfen, die früher die einzige Verbindung zwischen den Kolonisten und dem Rest von Chile herstellten, sind verlandet, die Flüsse von Sedimenten verstopft, welche die gewaltigen Abholzungen mit sich brachten. Eine imposante Hängebrücke verbindet das 12 000-Einwohner-Städtchen mit dem 14 km entfernten Puerto Chacabuco, dem neuen Meereshafen. Das In-Café im Ort heißt Porvenir, ›Zukunft‹, und am Stadtrand entstehen *cabañas* im Chalet-Stil von Coyhaique, um auch ein wenig vom Tourismus profitieren zu können.

Keine schlechte Idee und keineswegs eine schlechte Investition, angesichts der Hotelversorgung von **Puerto Chacabuco** 🄸🄸 (S. 324). Es liegt so schön zwischen halbrunden Hügeln im Meer, die von sattem Grün strotzen, aber es ist ein schrecklich funktionaler, kalter, winziger Ort und nur am Leben, weil dort die rostigen Containerschiffe der Reederei Navimag und die Kreuzfahrtschiffe zu

Baumgerippe im Tal des Río Ibáñez, beim Vulkanausbruch des Hudson im Ascheregen abgestorben

den malerischen Fjorden und Kanälen anlegen. Die Hafenanlage besteht aus Bretterbuden und Blechcontainerhäuschen, in denen permanent Glühbirnen leuchten. Wer hier arbeitet – so scheint es – der will schnell wieder weg.

Rund um den Lago General Carrera

Ein Kleinod des Südens ist der **Lago General Carrera** 20, zweitgrößter See Südamerikas, der sich allmählich aus seinem unbeachteten Dämmerschlaf löst. Die riesige Wasserfläche von 1840 km² lagert zu beiden Teilen der chilenisch-argentinischen Grenze, 980 km² gehören zu Chile. Von Coyhaique ruckelt der Wagen etwa vier Stunden über die Schotterstraße nach **Puerto Murta** 21; eine kürzere Fahrtstrecke zweigt östlich bei La Bajada ab und führt nach Puerto Ibáñez. **Puerto (Ingeniero) Ibáñez** 22 büßte in den vergangenen Jahren seine Bedeutung ein, als die Carretera Austral immer weiter in den Süden vordrang. Doch neue Querverbindungen durch abwechslungsreiches und sehr schönes Gelände rücken das 800-Einwohner-Örtchen wieder näher an die touristische Landkarte heran. Trekking, Sportangeln, Tierbeobachtungen und Ausflüge zu Wasserfällen bilden das nötige Attraktionspotenzial. Heute kann man von Puerto Ibáñez auch auf einer unbefestigten Strecke die Grenze zu Argentinien erreichen. Wer von dort aus nach Chile Chico am Südrand will, schifft sich ein.

Wer lieber fliegt, nimmt das Flugzeug von Coyhaique nach Chile Chico oder Cochrane, eine wirklich spektakuläre Angelegenheit über und zwischen lagunengeschmückten Andenzacken. Das Gefühl, nicht in einer zehnsitzigen Cessna, sondern in einem Cocktailshaker zu sitzen, mit dem die Thermik der wildgezackten Kordillere Fangen spielt, ist nur unempfindlichen Mägen zu empfehlen, aber traumhaft schön (s. S. 172).

Die Fahrt an das südliche Seeufer von Puerto Murta aus konzentriert wie in einem historischen Längsschnitt die Fortschritte der Zivilisation. Die in den starken Fels gesprengten Streckenteile, die immer wieder von Steinschlag übersät sind, knüpfen an Wegführungen

vom Anfang des 20. Jh. an, als Siedler versuchten, das dichtbewaldete Gebiet am Río Simpson zu roden. Eine kilometerlange Spur verbrannter, fahler Baumstämme bezeugt, daß dieses Gelände den Urbarmachungen widerstand; die Siedler haben es verlassen.

Als 1991 der Vulkan Hudson ausbrach, erstickte er mit seinen Aschenregen das Tal des Río Ibáñez, das sich nun langsam wieder aus seiner verwüsteten Umklammerung erholt. Eine kurze Wegstrecke später folgt ein versöhnlicher Anblick: Im malerischen Örtchen **Puerto Tranquilo** 🄸 (S. 330), nach 228 km ab Coyhaique am inselbesetzten Lago General Carrera erreicht, schifft man

sich ein, um die ›**Marmorkathedralen‹** zu besichtigen, tief ins Steilufer geschnittene Höhlen mit wasserpolierten Marmorwänden, die unglaubliche Spiegeleffekte hervorbringen. Die Bootspartie dauert etwa eine Stunde und wird nur bei geeigneten Wetterverhältnissen veranstaltet.

Rot wie die Golden Gate Bridge und genauso schön überspannt eine schimmernde Stahlbrücke den Zusammenfluß des Lago Bertrand mit dem Lago Carrera. Die Carretera Austral leitet weiter in den Süden, eine zweite Wegverbindung schlängelt sich am Südufer des Sees entlang über Puerto Guadal nach Chile Chico und ins Schafs-Estancia-

Mit dem Flugzeug über die Anden

I n Chile waren die Gedanken nicht immer frei, aber zumindest war die Luft rein. Und das wurde und wird ausgenutzt. Wo Straßenführungen nicht hingelangen, in unbewohnbar anmutenden Gebieten zwischen Sechstausender-Vulkanen und riesenhaften Salaren, halten Aerodrome die Verbindung zur Außenwelt.

Eine Kostprobe für die in Chile ungewöhnliche Schönheit dieser Form der Fortbewegung erhält jeder, der von Mitteleuropa nach Santiago einfliegt, denn da geht es knapp am höchsten Berg in ganz Amerika vorbei, dem Aconcagua (6959 m). Die Wetter gebärden sich dort so kapriziös, daß die Piloten der einfliegenden Maschinen sich untereinander über plötzlich auftretende Thermiken und Änderungen der Windrichtungen informieren. Ein bißchen wacklig das Ganze, aber äußerst attraktiv.

Um wieviel aufregender dann ein Flug von Coyhaique oder Chile Chico hinein in die Kordillere ausfällt, ist leicht auszumalen. Das Gerät ist winzig, bietet Platz für zehn Passagiere. Jeder hilft sich selbst mit eingezogenem Rükken ins Kabineninnere und klemmt sich

auf den engen Sitz. Der Kapitän mustert seine Kundschaft und nickt freundlich: Nur ein bißchen Wind, kaum mehr als normal. Keine Stewardess, keine Tagespresse und auch keine Bonbons. Es brummt und wackelt und rauscht, und das Geschlingere kann beginnen.

Im Prinzip kommt man sich vor wie auf einer Eislaufbahn nach 20 Jahren Praxisentzug. Daß das Maschinchen nicht rückwärts fliegt, wundert einen nach all den Richtungswechseln, die der Wind vorschreibt. Das Flugzeug eiert, hüpft und fällt. Der Pilot würde auch als Reiseleiter eine gute Figur machen, sämtliche Kleinst-Lagunen hinter den zierlichsten und spitzesten Andennadeln sind ihm namentlich bekannt. Er kennt das Revier wie seine Westentasche. Das beruhigt. Es ist wunderschön, zwischen den braunen und grauen Granitdomen herumzusausen und das Gefühl zu haben, daß man in die dunkelblauen Lagunen hineinspringen könnte, so nah und greifbar erscheinen sie, während der Mann am Steuer mit voller Konzentration und guter Dinge die Herausforderungen der Natur annimmt – und meistert ...

Land von Argentinien. Wer in dieser Ecke Glück mit dem Wetter hat, sieht den immerhin 4058 m hohen San-Valentín-Gletscher, einen Boten des *Campo de Hielo Norte,* über den See blitzen.

Das 289 km von Coyhaique entfernte, multikulturelle **Puerto Guadal** 24 (S. 324) mit seinen libanesisch- und türkischstämmigen Einwohnern besetzt in der Siedlungschronologie einen prominenten Platz, aber das sieht man ihm nicht an. Die fette Erde und die reichen Flüsse liefern Lebensmittel im Überfluß, Gänse watscheln über die ungepflegte Plaza mit dem hüfthohen Gras, Pferde und Kühe lagern auf den regenfeuchten Wiesen, Schwäne umflattern die Pfützen, und eine alte Dame backt marmeladengefüllte Berliner. Die heißen hier im letzten Winkel der Carretera Austral auch so, und jeder, der sie bei ihr morgens bestellt, um sie nachmittags abzuholen, spricht das Wort akzentfrei aus.

In Puerto Guadal gibt es die letzte Tankstelle vor dem vorläufigen Ende der Carretera Austral. Der Ort ist überschwemmt mit Rosen- und Hagebuttenbüschen, und sein Leuchtturm auf einer kleinen Halbinsel nördlich des 500-Einwohner-Örtchens blinkt die ganze Nacht. Bevor die Carretera nach Puerto Guadal gelegt wurde, war der See die einzige Transport- und Handelsverbindung.

Rund 112 km sind es von Puerto Guadal nach Chile Chico am blitzenden Lago General Carrera entlang, der gleich einem Meer vom Wind kräftig onduliert wird. Die Straße passiert einige winzige Seehäfen und führt durch altes Schaffarmgelände. Am **Paso de los Llaves** mußten 30 km Straße aus dem Fels gesprengt werden, der Weg klettert auf eine felsige, vegetationslose Meseta hinauf. Die nach 84 km tief in den Fels gegrabene **Garganta del Diablo,** die ›Teufelsschlucht‹, macht ihrem Namen alle Ehre: Wie ein mythischer Erdspalt wirkt sie, so, als könne man hier getrost das Orakel von Delphi befragen.

Das bäuerliche Kirschenstädtchen **Chile Chico** 25 (S. 300) litt schwer unter dem Ascheregen des Hudson-Vulkanes 1991, doch den Charakter eines betriebsamen Handels- und Landwirtschaftsortes hat der nicht auslöschen können. Aufgrund eines günstigen Mikroklimas entstand hier der großzügig ausgebreitete Obst- und Gemüsegarten der Region, bis hinauf nach Coyhaique wurden früher die landwirtschaftlichen Produkte gebracht. Die verbesserte Straßenan-

Bootsanlegestelle in Puerto Bertrand

bindung an Zentralchile verschlechterte jedoch die Konkurrenzfähigkeit der hiesigen Erzeugnisse, so daß die Bewohner sich jetzt vermehrt der Schafzucht zuwenden. Auch die 1995 in Betrieb genommene Goldmine Fachinal, 30 km von Chile Chico entfernt, hat neue Arbeitsplätze geschaffen.

Breit ausgebaut klettert die Carretera Austral von Puerto Guadal über sanftgeschwungene, grünbraune Hügel hinauf und lenkt den Blick auf den Zusammenfluß des Río Nef mit dem Río Baker. Der *Campo de Hielo Norte* ruht im Hintergrund. Fischer haben in dieser Gegend ihr Dorado gefunden, denn sämtliche begehrten Forellenarten tummeln sich im Lago Bertrand. Der ehemalige kleine Viehumschlagplatz **Puerto Bertrand** 26 (S. 324) hat sich darauf eingestellt, Gästen einen angenehmen Aufenthalt zu bieten. In Gärten mit *lenga, coigüe* und *ñirre* verstreut, blitzen saubere gepflegte Bungalowanlagen, die mit ihren Angeboten auf Schiefertafeln werben: Trekking, Angeln, Bootsfahren.

Noch ein *cañon* ist zu überqueren, dann begleitet die Straße den tiefgrünen, über Felsen und Steine strudelnden **Río Baker.** Der stromschnellenreichste Fluß Chiles ist eine Augenweide und führt auf das ordentliche Cochrane zu. Wie überall im tiefen Süden sind dessen Geschichte und seine Lage – wenn man Glück hat, läßt sich einer der höchsten Gipfel Patagoniens blicken, der Cerro San Lorenzo (3706 m) – eindeutig spannender als der Anblick.

Lucas Bridges, einer der Söhne des berühmten Anglikanerpaters Thomas Bridges, der als erster Weißer im argentinischen Teil Feuerlands ein Wörter-

Der Cañon des Río Baker

buch der indianischen Selk'nam verfaßte, reiste 1908 im Auftrag der Sociedad Exploradora an, um Schaffarmen dort zu etablieren. **Cochrane** 🟥27 (S. 302) entstand 1934 aus einem Gemischtwarenladen und einer Schule und ist seiner Bestimmung als Dienstleistungsort treu geblieben. Es ist ein bißchen langweilig, ordentlich und sehr sauber. Bleistiftgerade sind die Straßen gezogen, unter den hohen Bäumen wirkt die Plaza richtig aufgeräumt, drumherum gruppieren sich wie überall die Bank, die Post, die Stadtverwaltung und die Kathedrale.

In der Conaf-Station an der Plaza läßt sich erfragen, ob ein Bootsausflug auf dem **Lago Cochrane** 🟥28 möglich ist. Wenn der Wind zu stark bläst, werden die Ausflüge suspendiert, wenn nicht, wird man in einem Conaf-Boot zur **Reserva Nacional Tamango** gebracht. Unter den Blättergewölben der *coigüe* und *lenga* leben die vom Aussterben bedrohten Huemuls, eine Hirschart, die die ›Entdeckung‹ durch die Weißen nur knapp überstanden hat. Ihre einzigen natürlichen Feinde waren bis dahin die Füchse gewesen. Und so ist der ungehinderte Zugang in den Park auch versperrt. Spazierengehen, campen oder übernachten in der gut ausgestatteten, bequemen Schutzhütte ist nur nach Anmeldung und in Begleitung der Conaf-Mitarbeiter gestattet. Die Dauer der Ausflüge (z. B. Wanderungen bis zu sechs Stunden) kann verhandelt werden.

Am Rande der Welt

Südlich von Cochrane ist die Welt in Chile fast zu Ende. Mutige Pioniere werden noch gesucht, die Gegend um **Puerto Yungay** 🟥29 zu besiedeln. Zur Zeit lebt dort ein einziger Häftling mit seinem staatlichen Aufpasser zusammen, es gibt einen Militärstützpunkt und viele importierte Schafe. Damit setzt sich die Tradition der Landnahme und -verwertung fort. »Wer nicht auf eigenen Füßen auf den Markt gelangen kann, hat hier keine Absatzchance«, hat ein Spötter schon früh über die Nutzungsmöglichkeiten des Landes an der Carretera Austral behauptet. **Villa O'Higgins** ist der derzeit südlichste Punkt der Carretera.

Von dem fast jungfräulichen Puerto Yungay soll eine Nebenstrecke zur zauberhaften **Caleta Tortel** 🟥30 (S. 297) trassiert werden, die bisher nur mit dem Flugzeug oder mit dem Schiff über den Río Baker von Puerto Yungay zu erreichen ist – dies aber nur bei günstigen Wetterbedingungen. Im Gegensatz zu Puerto Yungay hat die Caleta Tortel aber bereits ihre Bewohner, 400 nämlich, eine Poststation und ein Funktelefon für die gesamte Kommune, das zu den üblichen Geschäftsstunden klingelt. Was fehlt, ist eine Straße zum Rest der Welt – und Obst. Das gedeiht nicht einmal in den extra für das kleine Dörfchen gebauten Wintergärten. Wie buntbemalte Schuhschachteln lagern die Holzhäuser übereinander an einer winzigen Landzunge, deren ideelles Zentrum die Mole bildet. Hier legen die Boote der EMAZA an (s. S. 182 f.), um die Bewohner der Caleta Tortel mit Lebensmitteln und Werkzeugen zu versorgen. Die Einwohner haben Galerien und Treppen aus duftendem Zypressenholz gebaut, um sich ein paar Spaziermöglichkeiten zu schaffen. Denn gleich einer unüberwindlichen Schranke liefert eine dunkelbewaldete Steilwand – 80 % der Wälder der Kommune stehen unter Naturschutz – die Traumkulisse für Tortel.

Und die soll nun eingerissen werden. Gewonnen ist damit die Zukunft, verloren das Lebensgefühl, Herr der Berge und Bäume zu sein.

Magallanes und Feuerland

Glücksritter im tiefen Süden

Der südlichste Teil Chiles ist wahrhaftig ein Zipfel: eine Bogenspitze Land vor einem Anprall von tausenderlei Inseln und kleinsten Schären, die unbewohnt und unbewohnbar im Pazifik vor der Küste verankert sind. Jede geringste Ausbuchtung, jedes Fleckchen Fels und jede Halbinsel, die sich in dieses zersplitterte Panorama einfügen, trägt einen Namen – und das ist sehr oft der Name des ersten europäischen Entdeckers, Sehers, Spähers. Auch war das Südmeer im 18. Jh. ein grausames Dorado der Walfänger und Robbenschlächter geworden. Und jeder konnte sich in diesem Labyrinth aus Inseln mit seinem Namen verewigen. Wer hier unterwegs war? Die Briten. Man liest: Isla Hunter, Isla Evans, Isla Brinkley, Punta Lackwater, Cutter Cove. Aber auch der Name der Hauptstadt der Zwölften Region Chiles, Magallanes, Punta Arenas, hat englische Wurzeln, Sandy Point.

Die grausame, krude Geschichte der Region verwundert keinen, der ihre Geographie betrachtet. Ihr größter Teil besteht aus Archipelen und zerschnittenen Küsten, und daß die Landmasse über landschaftliche Schönheiten verfügte, war zunächst unerheblich. Denn wie sollten diese Tausende von Landsplittern mit ihren endlosen Küstenlinien einem Besitz wirkungsvoll einverleibt werden? Die spanische Kolonialmacht ebenso wie die chilenischen Regierungen standen demselben Problem gegenüber, dieses auf den ersten Blick abweisende Gebiet ja nicht einfach mit einem Gürtel zusammenzurren und damit tauglich für eine wirkungsvolle Verteidigung oder – ihrer Sichtweise entsprechend – effektive Besiedlung machen zu können.

Keinesfalls nur als Zankapfel nationaler Interessen war die von Fernão de Magalhães, dem Portugiesen in spanischen Diensten, 1520 aufgefundene Passage zwischen den Weltmeeren von Bedeutung, sondern vor allem aus wirtschaftlicher Sicht. Wer den Seeweg zwischen Pazifik und Atlantik beherrschte, galt nicht nur als unerschrockener Navigator, sondern war Wegbereiter für die Auffindung neuer Kolonien, neuer

Ursache des Untergangs der Tehuelche, Selk'nam und Yahgan, aber noch immer ein wichtiger Wirtschaftsfaktor im tiefen Süden: Schafe in Magallanes

Kalbender Gletscher am Lago Gray
◁ *im Parque Nacional Torres del Paine*

Reichtümer, neuer Macht. Folglich waren die eiskalten Gewässer reichlich belebt. Holländer und Briten bewiesen sehr schnell, wie man die Spanier schlagen konnte. Sir Francis Drake hatte das Geheimnis der Magellanstraße rasch enträtselt (1578), und mit Entsetzen beobachteten die Spanier, wie unzulänglich abgesichert ihre neu eroberten Gebiete waren.

Das gipfelte in dem wahnsinnigen königlich-spanischen Befehl, 1580 entlang der stürmischen Magellanstraße Siedlungen anzulegen. Die unglücklichen Spanier wurden von Pedro de Gamboa an zwei Punkten ausgesetzt, am Cabo de Virgenes, das heute in Argentinien liegt, und in der Nähe des späteren Fuerte Bulnes. Die Kolonie wurde Ciudad del Rey Felipe getauft. Von den anfänglich vermutlich über 100 Siedlern war neun Jahre später, als der britische Pirat Thomas Cavendish die Gewässer durchstreifte, lediglich noch einer am Leben. Alle anderen waren in dem eisigen, tosenden Klima erfroren oder verhungert.

Vom 18. Jh. an machten Robben- und Walfänger die tief eingeschnittenen Fjorde und kleinen Inselsplitter zu Stützpunkten ihrer blutigen Tierjagd. Alacalufes, die ›Menschen mit den Messern aus Muscheln‹, wie sie von den weiter südlich lebenden Yahgan *(Yaganes)* genannt wurden, siedelten mit ihren Robbenzelten auf weit verstreuten Inselchen.

Wie man das Land nutzen konnte, ermittelten erst die Briten, die Mitte des 19. Jh. die weiten Steppen von Magalla-

nes und Feuerland als ideales Schafzuchtgelände entdeckten. Aus dieser windigen, rauhen Gegend mit kratzigen Polstern aus Bartgras und der porösen *mata negra* kann man keine blühenden Gärten zaubern, und so stimmten die chilenischen Regierungen gerne zu, als sich zunächst kroatische, später spanische, britische und portugiesische Entrepreneure dafür interessierten, Land zu kaufen. Plötzlich war ganz Magallanes in eine einzige riesige Schaffarm verwandelt worden. Fünf Namen stehen für den immensen Reichtum, den sie ihren Besitzern verschaffte: Mauricio und Sara Braun, María Behety, José Menéndez und José Nogueira.

Auch Goldgier ignoriert Grenzen und verwandelt jedes Land in Niemandsland. Als 1880 Gold auf Feuerland entdeckt worden war, strömten wahre Heere von Glücksrittern auf die chilenisch-argentinische Insel und durchwühlten den eisenoxidhaltigen schwarzen Sand der Flüsse und Küsten. Sie machten aus der Gegend eine riesige Spielhölle, in der nur die brutalsten Regeln herrschten. Es waren Deutsche, Kroaten, Chilenen, Ungarn, Österreicher, Briten und Rumänen wie der legendäre Goldfürst Julius Popper, dem seine gedungenen Arbeiter Goldberge zusammenschürften. Später dann wurden Schafe auch hierher gebracht, und riesenhafte, pompöse Farmen entstanden.

Die dort lebenden indianischen Verbände wurden vernichtet. Von gekauften Mörderbanden wird gesprochen, die nach abgeschnittenen Ohren der Indianer bezahlt worden seien, von Menschenjägern, welche die Köpfe ihrer Opfer an britische Archäologen und Museen verkauften, auch davon, daß etwas milder gestimmte Neubesitzer die Tehuelche, Selk'nam (Ona) und Yahgan den Salesianermissionen zutrieben, Epidemien sollen Massensterben verursacht haben. Vermutlich treffen alle diese Angaben zu. Das Resultat dieser Handlungen und Unterlassungen war ebenso grausam wie endgültig: Keiner der Ureinwohner hat überlebt.

Pionierland ist wüstes Terrain ohne klar definierte Gesetze. Das verdeutlichten auch wenig später die Aufstände in den Kühl- und Schlachthäusern des Südens. Mit europäischen Arbeitsemigranten hatten sich die Schafbarone von Beginn des 20. Jh. an syndikalistisch geschulte Kräfte ins Land geholt, die sich nicht jedwede Behandlung gefallen ließen und zu politischer Meinungsbildung und Streiks aufriefen. Die Antwort fiel dramatisch aus: Viele dieser Aufstände wurden niederkartätscht.

Von dieser Schauerlichkeit erzählt das Stadtbild von Punta Arenas wenig, mehr von den blendenden Errungenschaften einer ›zivilisierten‹ Gesellschaft. Sie werden um so lieber beschworen, als die spärlichen Ortschaften in den weiten Gebieten von Magallanes und Feuerland in ihrer Ärmlichkeit eher von den Schwierigkeiten berichten, die ein Leben in solcher Abgeschiedenheit und auf kärglichem Boden begleiten.

Einzig Puerto Natales schert da ein wenig aus, aber das ist klar, denn hier fließt Geld. Seine Nähe zum Nationalpark Torres del Paine ließ eine touristische Infrastruktur erblühen, der noch ein wenig der Charme des Unfertigen anhaftet. Wirtschaftlich geht es auch den übrigen Teilen der Region nicht schlecht: Erdöl in Feuerland, die umfangreiche Freihandelszone in Punta Arenas und seine fischverarbeitende Industrie sorgen für Prosperität. Und die Schafe erhalten immer noch ganze Industriezweige im Süden des Landes am Leben.

Punta Arenas

■ (S. 332) Das Auffälligste für den, der zur Sommerzeit von Santiago in Punta Arenas einfliegt, ist die Kälte, doch für den, der von der südlichen Carretera Austral oder von der Isla de Chiloé kommt, ist es der Prunk der Häuser: Sie sind aus Stein – keine fragilen hölzernen Schiffe, die im Regen schwimmen.

Punta Arenas schmückt sich und seine 110 000 Einwohner mit dem Etikett der südlichsten Stadt der Welt, obwohl jeder, der die Landkarte aufschlägt, sofort erkennt, daß das eine unhaltbare Behauptung ist: Das argentinische Ushuaia und das chilenische Puerto Williams liegen wesentlich weiter südlich. Doch bei Punta Arenas handelt es sich um eine wirkliche Stadt, auch wenn seine Anfänge aus zwei Stadtpalästen an einer schneebedeckten Plaza eher kläglich ausgefallen waren. Der ehemalige Gefängnisort Ushuaia gilt den Chilenen trotz seines heutigen touristischen Auftriebs nicht als richtige Stadt, und auch die akkurate Wellblechhäuschenversammlung Puerto Williams sei doch eher eine Siedlung, sagen sie, obwohl sie widerstandsfähige 2400 Einwohner zählt.

Nun lassen die würdigen steinernen Fassaden um die zentrale Plaza Muñoz Gamero, die Handelskontore in Hafennähe und die Wohnviertel, die sich wie Schichten einer Zwiebel im zuverlässig rechteckigen Straßenmuster bis ans Wasser und die Hügel der Präkordillere

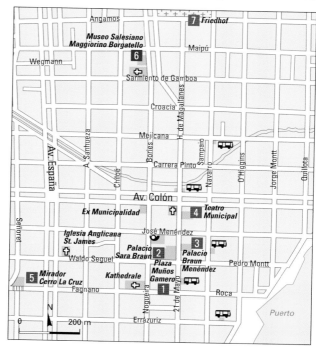

Punta Arenas

Erbsen für Puerto Edén

Durch das Büro von Germán Muñoz in Punta Arenas pfeift auch im chilenischen Südsommer der scharfe Magellanwind. Ein Ofen bullert in einer Ecke vor sich hin. Der Schreibtisch sieht aus wie ein ungepflügter Acker, aber darauf thront modernste Technologie. Aus den dunklen Holzregalen quellen Schriftstücke und Aktendeckel, und Muñoz selbst hängt ein wenig erschöpft in seinem ledernen Chefsessel.

Gerade ist er aus Puerto Williams zurückgekehrt, war in Caleta Tortel und in Puerto Edén, wo noch zwölf Alacalufes inmitten purer, grüner Einsamkeit leben, und hat Draht und getrocknete Erbsen, Stromgeneratoren, Fernseher und tiefgefrorene Hähnchen abgeladen. Señor Muñoz ist Gebietsleiter der EMAZA (Empresa de Abastecimiento de Zonas Aisladas), des staatlichen Unternehmens zur Versorgung weit abgeschiedener Regionen.

Wie weit abgelegen, davon macht man sich kaum eine Vorstellung. Nicht alleine die tatsächlichen Entfernungen fallen ins Gewicht, sondern die Erreichbarkeit – und die ist in manchen Fällen einfach erbarmungslos schlecht. Schmale, unbefestigte Pisten aus Erde verknüpfen winzigste Flecken von vielleicht 20 Häusern. Manchmal ist nur noch eines davon bewohnt, ein paar Siedler leben weit verstreut in der Umgebung. Aber alle Plätze, an denen die EMAZA ihre Zelte aufschlägt, sind umringt von einer geradezu wahnwitzig schönen Natur.

Germán Muñoz hat sich in diese Gebiete verliebt und zeigt Fotos. Die Caleta Tortel sieht darauf aus wie ein verführerischer Garten Eden, eine perfekte Mondsichelbucht mit kunterbunten Häuschen wie übereinandergestapelte Schuhkartons vor einer gebieterisch hohen, komplett grün überwucherten Gebirgsschranke, und Puerto Williams hat die verschneite Darwin-Kordillere als zauberhaften Prospekt zu bieten. Dort ist es noch kälter als in Punta Arenas, dort gibt es Wale und rachitische Bäume, die sich zum Schutz gegen den heftigen Wind in die dünne Erde festkrallen, und sonst herzlich wenig, aber dort wünscht Germán Muñoz mit seiner Familie den Sommerurlaub zu verbringen. Diese Einsamkeit hat es ihm sehr angetan.

Die 1989 gegründete EMAZA bringt ihre Güter mit Schiffen der Marine auf die Inselsplitter und zu den winzigen, tiefgezackten Buchten. Die meisten Bewohner dort leben vom Verkauf geräucherter Muscheln und von Taschenkrebsen, die Alacalufes basteln winzige Schiffchen aus Seehundsfell für die Touristen. EMAZA nimmt sie mit zurück. Nach Puerto Yungay hat sie gerade 350 Schafe transportiert, die eine vernünftige Lebensgrundlage schaffen sollen, Siedler mit energischem Pioniergeist werden noch gesucht. Man rechnet mit Bewerbungen aus Puerto Montt und von der Isla de Chiloé. Bislang gibt es in Puerto Yungay nichts außer einer Militärstation mit einem Häftling und den

Plan, einen Hafen aufzubauen und Zypressen einzuschlagen.

EMAZA versteht ihre Arbeit gleichermaßen als Sozialdienst und als Unterstützung der Besiedlung abgelegener Regionen – und davon gibt es in Chile eine ganze Menge. Außerdem werden Ansiedlungen besucht, die sich aufgrund klimatischer Bedingungen nicht ganzjährig allein versorgen können und deren landwirtschaftliche Erzeugnisse in den EMAZA-eigenen Läden verkauft werden, wie z. B. Kartoffeln von den Juan-Fernández-Inseln. Die Gesellschaft betrachtet sich auch als Helfer ethnischer Minderheiten, die weit verstreut im *altiplano* im äußersten Norden des Landes leben. Sie – die Statistik vermeldet genau 8413 – werden mit Verkaufsmobilen versorgt. Bankgeschäfte und Postdienste können ebenfalls über EMAZA abgewickelt werden. Insgesamt unterhält die Organisation ein Netz von 58 Lebensmittellagern im gesamten Land; zusätzlich laufen die Verkaufsmobile 108 Ansiedlungen an.

Aber wie für so viele Initiativen tröpfelt das Geld des zuständigen Ministeriums für Wirtschaft und Finanzen nur spärlich. Nicht so sehr die Bereitstellung der Waren und Werkzeuge verursache Kopfzerbrechen, sondern der Transport, sagt Muñoz. Noch vor ein paar Jahren habe man die Flugzeuge des Militärs verwenden dürfen, doch dieser Hahn ist mittlerweile zugedreht. Nun dauere alles länger.

Trotzdem: Die Plackerei, die schwierigen Verkehrsverhältnisse, der Einsatz, der kein Wochenende und keine Überstundenrechnung kennt, machen ihn nicht verrückt. Für Germán Muñoz ist seine Arbeit alleine eine Frage der Solidarität. Und manches Mal beneidet er die einsamen Siedler auch um ihr Leben, das sie doch führen könnten wie ihre eigenen Herren, voller Selbstbestimmung und Autonomie.

Am Ende der Welt – doch EMAZA fährt hin: Puerto Williams

entlangziehen, tatsächlich eine schöne, mit der Zeit gewachsene Stadt erkennen. Jede Epoche hat ihre Fährten eingraviert, doch Punta Arenas wirkt harmonisch und gediegen. Es ist wichtiger Handelshafen für die Frachtschiffe der Magellanstraße, Marinestützpunkt für Antarktis-Operationen und natürlich traditioneller Handels- und Versorgungsmittelpunkt für die umliegenden Industrieansiedlungen.

Die meisten Sehenswürdigkeiten konzentrieren sich in wenigen Straßenzügen um die **Plaza Muñoz Gamero 1**. Sie ist ein prachtvolles Exemplar mit ausgesuchten Zypressen und sommerbunt zusammengestellten Blumenrabatten, einem attraktiven hölzernen Musikpavillon und einer zentralen Allegorie aus Bronze, die einer der Schafbarone und reichsten Männer des *Cono Sur,* José Menéndez, 1920 zum 400. Jahrestag der Entdeckungsfahrt Magellans aufstellen ließ. Eine heroische Positur nimmt darin der Seefahrer ein, zu dessen Stiefelspitzen zwei Selk'nam kauern. Ihre Zehen soll man küssen, will man nach Punta Arenas zurückkehren. Und sie sind tatsächlich auch ganz blankgeschrubbt.

Das gesamte Ensemble aus Platz und umgebendem Häuserrund ist 1991 zur *Zona típica* deklariert worden. Wohin man sich wendet: Es empfängt einen architektonische Pracht. Der **Palacio Sara Braun 2** präsentiert seinen Wintergarten zur Plaza-Seite. Darin befindet sich das schönste Restaurant von Punta Arenas, in den Palast selbst ist das Hotel José Nogueira eingezogen. Respektvoll wurde der ganze zaristische Prunk aus dem Jahr 1895 restauriert, sogar die cognacfarbenen Samtportieren mit ihren Seidentroddeln hat man behandelt wie sonst nur einen Rembrandt.

Aus Montevideo kamen die Backsteine zum Bau des **Palacio José Menéndez** gleich nebenan. Heute macht sich darin der *Club Militar* breit, deswegen kann man ihn nicht besichtigen. Eine gründerzeitliche Steinfassade zeichnet die **Sociedad Menéndez Behety** aus, die diesen Straßenblock zur Calle Hernando de Magallanes abschließt.

Dort liegt der **Palacio Braun Menéndez 3**, ebenfalls eine hinreißende Mischung aus Glas und Stein, die von dem Architekten Antonio Beaulier 1905 konzipiert wurde. Er zeichnete auch andere Entwürfe, was den Ensemblecharakter der Gebäude aus der Zeit um 1900 erklärt. Der Palast wird heute als **Museo Regional de Magallanes** genutzt und gibt einen spannenden Überblick über die atemberaubende Stadt- und Besiedlungsgeschichte, der die Beweise der mühsam errungenen Zivilisation in den Mittelpunkt der Betrachtung rückt: Ausgebreitet sind Telefone, Opernkarten und Ballkleider. In einem Nebentrakt stehen einige restaurierte Prunkgemächer voller europäischer Möbel und Teppiche offen.

Eine *cuadra* weiter konnten ehemals die Opernkarten eingelöst, die Ballkleider ausgeführt werden: Das **Teatro Municipal 4** von 1899 zeigt hell leuchtenden Gründerzeit-Schick.

Zurück zur Plaza. Auf der gegenüberliegenden Seite hat ebenfalls der Architekt Beaulier gewirkt und die Stadtvillen von Alejandro Menéndez Behety, José Montes und das Stammhaus der *Sociedad Braun y Blanchard* entworfen.

Zwei *cuadras* östlich der Plaza beginnt bereits die Hafenzone an der Magellanstraße, die auch sehr schön vom **Mirador Cerro La Cruz 5** aus zu sehen ist, der in westlicher Richtung liegt. Ein paar Treppen sind zu erklimmen, und schon überblickt man die wohlgeordnete Ansammlung buntge-

Der Wintergarten des Palacio Sara Braun, heute Restaurant des Hotels José Nogueira

strichener Dächer mit zaungefaßten Rosengärten und dahinter das schillernde Meer, das einmal das Ende der Welt markierte.

Das lohnendste Museum des Südens ist ein Missionsmuseum. Das nimmt nicht wunder, wenn man die Geschichte von Magallanes kennt. Die Salesianermission von Punta Arenas glich einem wärmespendenden Sammelbecken für alle an ihrer Pforte Gestrandeten. Das waren in erster Linie Selk'nam und Tehuelche, weshalb die ethnologischen und historischen Sammlungen – darunter auch recht grausame Fotos von der Vertreibung der Indianer – im ersten Stock überzeugen. Aber das waren auch Seeleute, die dort ein Stück eines von ihnen entdeckten merkwürdigen Felsens oder ein Tier zur Präparation deponierten. Im **Museo Salesiano Maggiorino Borgatello** 6 regiert der Mottenpulvergeruch, aber es gibt dort eben

vieles, was durch Mottenkugeln geschützt werden muß. Beispielsweise ein Stück Haut jenes Tieres, das Bruce Chatwin laut seiner Reportage ›In Patagonien‹ an die Südspitze Südamerikas gelockt hatte. Es stammte von dem Riesenfaultier Mylodon, das etwa 300 km nordöstlich von Punta Arenas gefunden wurde.

Das prunkvolle Gegenstück zu den Plaza-Palästen befindet sich hinter hohen Zypressen verborgen an der Avenida Manuel Bulnes zwei Blocks nördlich des Museums: der **Friedhof** 7. Ein stein- und marmorgewordener Wettstreit der Grabarchitektur verherrlicht den Reichtum der Schafbarone. In einer verlorenen Ecke steht die kleine, stilisierte Bronzeskulptur eines Indianers – eine merkwürdige, zynisch anmutende Huldigung an diejenigen, deren Vertreibung und Tod diesen Reichtum überhaupt erst möglich gemacht hat.

Unterwegs in Magallanes

Ausflüge von Punta Arenas

Mit seiner Lage an der Magellanstraße verfügt Punta Arenas über einen funkelnden Katalog interessanter Ausflugsmöglichkeiten. Am schönsten reist man mit dem Schiff. In den Norden führt die Fahrt zur **Isla Magdalena** 1 mit einer Kolonie von Magellanpinguinen, deren Anzahl auf 120 000 geschätzt wird. Durch den beliebten Nistplatz schlän-geln sich Spazierpfade, die man tunlichst nicht verlassen sollte. Die durch Buchten gegliederte Meerenge Segunda Angostura wird gekreuzt, um an den mitten im *estrecho* schwimmenden Ölplattformen vorbeizugleiten.

Die gleißend schöne **Darwinkordillere,** die sich gegenüber dem chilenischen Teil von Feuerland erhebt, ist Ziel einer elfstündigen Fahrt zu den Gletschern **Glaciar Marinelli** 2 und **Glaciar Perry.** Schlauchboote setzen die

Magallanes

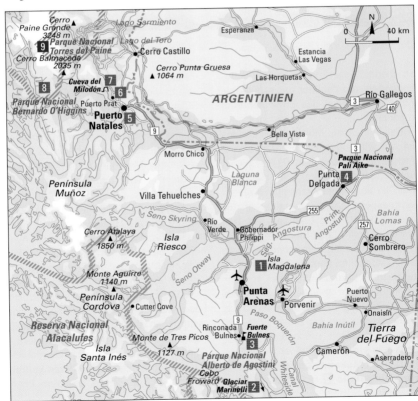

Teilnehmer für einen kleinen Rundgang durch die Tundra-Landschaft ab.

Die südlichste Straße auf dem chilenischen Festland führt 60 km lang von Punta Arenas zum gut ausgebauten **Fuerte Bulnes**  3, der 1843 mit dem Ziel errichtet wurde, chilenische Ansprüche auf den tiefen Süden zu manifestieren. Wenn man die Antarktis dazu zählt, dann ist hier die geografische Mitte des Landes erreicht.

Fast an der Grenze zu Argentinien liegt der Nationalpark **Pali Aike** 4, eine steppenhafte Vulkanlandschaft, die ehemals von Tehuelche besiedelt worden war. Man erreicht ihn in einer zweistündigen Fahrt von Punta Arenas aus. Anschließend wird gewandert. Die Lavafelder, die spiegelglatte, salzhaltige Laguna Santa Ana und die bizarren Vulkankegel sind von seltsamer Schönheit und werden von Ñandús und Guanakos, Flamingos und Füchsen bevölkert, die man hier gut beobachten kann.

Eine anspruchsvolle, siebentägige Exkursion führt durch den **Estrecho de Magallanes** nach Puerto Williams, den **Canal de los Glaciares** entlang und hinunter nach **Kap Hoorn.** Zum Abschluß besucht man die Isla Magdalena. Diese Tour wird lediglich von Oktober bis April angeboten, weil die Witterungsverhältnisse andere Termine nicht zulassen.

Rund um Puerto Natales

Die Strecke (254 km) zwischen dem reichen Punta Arenas und dem mickrigen Puerto Natales durch die endlose, oliv-, ocker- und staubfarbene Schafsteppe hat jetzt Highway-Format, und das unscheinbare Puerto Natales mausert sich vom fleißigen Schlachthaus zum attrak-

Opfer der Magellanstraße: Schiffsgerippe bei San Gregorio

tiven Touristen-Bienenkorb. Seine Lage am **Seno Última Esperanza** mit der gleißenden **Cordillera Riesco** und den Gletschern des Campo de Hielo Sur ist hinreißend, doch dies zählte über lange Jahrzehnte für diejenigen nichts, die die Region auf Besiedlungsmöglichkeiten oder auf die Existenz von Dinosauriern hin untersuchten, wie das in den Jahren um 1900 geschah.

Erst als diese Fragen geklärt waren, erkannte man die ausgesprochen wilde Schönheit, die heute als Parque Nacional Torres del Paine unter Schutz gestellt ist. Am einzigen Zugang zu dieser Hauptattraktion des einsamen Südchile liegt **Puerto Natales** 5 (S. 327). Das erklärt seine touristische Ausrichtung. Die Costanera am Ufer des Meerbusens ›Letzte Hoffnung‹ mit Blick in die gezackten, spitzen Eisfelder wurde zur Flaniermeile umgekrempelt. Im Ort läßt es sich behaglich, schön und unterhaltsam speisen. Die Preise variieren, und die Palette der Unterkünfte reicht vom kostbar aufgemachten Fünf-Sterne-Hotel bis zur schlichten, blitzsauberen Pension.

Bauliche Extravaganzen wie in Punta Arenas kann man von einer 11 000-Seelen-Stadt, deren Bewohner jahrelang davon lebten, Schafe zu schlachten, zu häuten und das zerteilte Fleisch einzufrieren, nicht erwarten, aber ein Stück Industriearchitektur ist mit dem Frigorífico Bories (Kühlhäuser aus dem Jahr 1913, etwa 4 km außerhalb der Stadt) erhalten, das man teilweise besichtigen kann. Einige Bereiche wie die Wollwaschanlagen, Gerbereien und die Fettverarbeitungsstätten sind geschlossen.

Einen Besuch lohnen das Museo Municipal mit einer Schau zur Besiedlung und zur Archäologie sowie die Costanera mit dem kleinen Hafen und einer weit ins Wasser ragenden Parade aus Holzpfählen, die einmal eine Mole trugen. Sie wurde einst durch den Aufprall eines Kutters zerstört, was den Fährverkehr zeitweilig zum Erliegen brachte. All jene, die die stürmische Passage von Puerto Montt nach Puerto Natales mitgemacht haben, wird es in Erstaunen versetzen, zu erfahren, daß früher lediglich ein Kutter auf dieser Strecke eingesetzt wurde.

Der 20 km von Puerto Natales entfernte **Puerto Prat** 6 wurde als erster Hafen der Region 1897 von dem Deutschen Hermann Eberhard angelegt, der das gesamte Gebiet auf seine Vermarktung und Anbindung hin zu untersuchen hatte. Er ist das veritable historische Eingangsportal zum Schafzuchtgebiet zwischen der argentinischen Grenze und

Punta Arenas. Einige Bauernhäuser und Fischerkaten sind an dieser Stelle zwischen sumpfigen Wiesen erhalten geblieben.

Ein weiterer Fund von Hermann Eberhard hat für ungleich mehr Trubel gesorgt. In einer gut zugänglichen, nicht sehr tiefen Höhle einige Kilometer weiter stieß er auf Tierexkremente und die Reste eines urzeitlichen Wesens. Es handelte sich um die Überbleibsel eines Mylodons, eines knapp 12 000 Jahre alten Riesenfaultiers. Eine Rekonstruktion des Fundes wurde am Eingang der **Cueva del Milodón** 7 aufgestellt. Das *milodón* inspirierte Anfang des 20. Jh. ganze Forscherheere zu den köstlichsten Theorien – unter anderem, daß es solche Tiere in diesem so urweltlichen Gebiet durchaus noch geben müßte. Stücke der Haut stellen argentinische und chilenische Museen gleichermaßen aus (s. Punta Arenas, S. 185).

Eine Fahrt mit dem Katamaran entführt in das Labyrinth des Seno Última

Straße in die Unendlichkeit: Auf dem Weg zum Parque Nacional Torres del Paine

Esperanza, vorbei an schillernd bewaldeten Bergrücken zu den **Ventisqueros Serrano** und **Balmaceda.** Bereits von der Costanera in Puerto Natales sieht man die beiden Gletscher vielversprechend aufblitzen. Sie liegen etwa 60 km nordwestlich des Ortes und sind Ausläufer des Campo de Hielo Sur. Die Bootsanlegestelle **Puerto Toro** markiert den südlichsten Punkt des **Parque Nacional O'Higgins** 8. Seine 35 000 km² erstrecken sich über die unbewohnten Inseln entlang der Carretera Austral. Sie sind fast völlig unerforscht und unbegangen, ein Refugium des vom Aussterben bedrohten Huemul-Hirsches. Eine kurze Wanderung führt zu einer Gletscherzunge mit Lagune, in der Eisberge schwimmen.

Eine weitere schöne Ausflugs-Variante haben sich die Betreiber des Schiffes ›Cutter 21 de Mayo‹ ausgedacht. Dafür braucht man gutes Wetter, denn sonst ist diese Reise nicht möglich. Einschiffung ist in Puerto Natales, und

dann geht es zu den Gletschern Balmaceda und Serrano. Die Fahrt allerdings endet am Rio Serrano und entläßt die Gäste vor den Toren des Parque Nacional Torres del Paine. Dort wartet ein Tragflügelboot für den Weitertransport zum Park.

Der Parque Nacional Torres del Paine

9 (S. 319) Der Nationalpark Torres del Paine kann von Puerto Natales aus auf einer organisierten zwölfstündigen Rundfahrt besucht werden, die alle Höhepunkte des gut 1800 km² großen Biosphärenreservats einschließt. Dies könnte ein Trostpflaster für alle die sein, die während der Hochsaison von Dezember bis März ohne Reservierung eine der chronisch ausgebuchten *hosterías* im Nationalpark besuchen wollen. Campingplätze und *refugios* nehmen Wanderer und Zeltreisende auf.

Im Park sind einige gut ausgestattete Conaf-Stationen eingerichtet. Die vorgeschlagenen Wandertouren sind abwechslungsreich und vielgestaltig: Angelegt wurden etliche Varianten vom Naturlehrpfad bis zur Erwanderung der Basisstation der Torres del Paine, von zweistündigen Spaziergängen bis zu geführten Acht-Tages-Touren auf einem Wegenetz von insgesamt 250 km Länge. Jeder kann sein Programm mit dieser Hilfe maßschneidern, der eigenen Kondition und den außergewöhnlichen Wetterbedingungen des Parks auch kurzfristig anpassen. Kopfzerbrechen bereitet der Parkverwaltung allerdings der Ansturm der Bergsteiger, die die Granitnadeln der Torres del Paine erklimmen wollen, denn diese gehören zu den schwierigsten alpinen Routen der Welt.

Die gesamte Gestalt des Parks ist gla-
zialen Ursprungs. Die ausgesprochen
expressive Schönheit der *cuernos* und
der *torres,* der Hörner und Türme des
aus Vulkanschichten, Granit und Kalk
bestehenden Gebirges, bebildern das
auf dramatische Weise. Unablässig arbeitende Eismassen, die das Paine-Massiv teilweise verbargen, gruben sich in
den Stein, schliffen den Fels und
sprengten ihn auf. Die Gipfelregionen
waren vom Eis unberührt geblieben und
sind deswegen dunkler gefärbt als der
Körper des Massivs. Die wilden Zacken
der *cuernos* wurden durch Gletscher
ausgeschliffen, gut sichtbar bettet sich
der Glaciar Francés zwischen die Falten
des östlichen Abhangs des **Paine
Grande** (3248 m). Schneefelder schraf-
fieren das Labyrinth der Hänge.

Auch die Täler und Einschnitte sind
von expressivem Reiz. Sämtliche Flüsse
und Seen gehen auf die Gletscher-
schmelze zurück. Der wichtigste Fluß im
Park, der **Río Paine,** entspringt dem
Dickson-Gletscher und knüpft eine Perle
an die andere: Wasserfälle unterbrechen
eine Seenplatte, deren Farbenspektrum
einem Juwelenladen Konkurrenz machen könnte, denn intensivere Blau- und
Grüntöne sind kaum vorstellbar. Von
Nordwesten züngelt der **Grey-Gletscher** aus dem Campo de Hielo Sur in
den Park, dessen mit blauschimmern-
den Eisbergen besetzter See zu den reiz-
vollsten Kurzwanderzielen zählt.

Da hier die Pazifikwinde ungehemmt
an die Andenkordillere prallen, regnet es
häufig, und die Windgeschwindigkeit erreicht schnell 120 km/h. Die Wetterwech-
sel sind erheblich; ein Tagesverlauf kann
alle vier Jahreszeiten durcheilen. Dichte
Nebel und Wolkenbildungen trüben mitunter tagelang die Sicht. Auch im Süd-

sommer kommt es zu Graupelschauern,
dafür aber hat sich hier ein Mikroklima
etabliert, das wesentlich höhere Temperaturen mit sich bringt als vergleichbare
Lagen auf dem übrigen Festland.

Erstaunte Parkwanderer werden allerorten über die Herden von Guanakos
stolpern, und auch die Nandus und die
bandurrias mit ihren kurios gebogenen
Schnäbeln haben ihre Scheu vollständig
abgestreift – ganz im Gegensatz zu vielen anderen Vogelarten, derer es 115 im

Park geben soll. Einzig die Wasservögel sind wirklich leicht zu beobachten.

Jede Höhenlage zwischen 20 und 3050 m wird durch ein klar definiertes Pflanzenkleid ausgewiesen. Der magellanische Wald setzt sich aus verschiedenen Südbuchenarten zusammen, es gibt die typischen Strauchgewächse der Anden, wie den *calafate* und die nach Honig duftende *ñirre,* die aus verschiedenen Moosarten bestehende und mit Blüten besternte *tundra Magallánica* und in den oberen Höhen inselhafte Strauchvegetation.

Wer nicht mit dem eigenen Wagen anreist, kann von den Wandermöglichkeiten im Umkreis der gewählten Unterkunft profitieren. Der Komplex um *hostería, refugio* und Camping **Las Torres,** in der Nähe der Eingangsstation Laguna Amarga, bietet sich als Standort für alle Torres-Besteiger an, denn von dort aus sind es etwa fünf bis sechs anstrengende Stunden zu den beiden Basislagern.

Die Laguna Amarga im Parque Nacional Torres del Paine

Weiter im Parkinnern gelegen, ermuntert die Hostería Pehoe zu kurzen Spaziergängen zu zwei Wasserfällen und zum Aussichtspunkt Pehoe sowie zur Bootsfahrt über den grünschimmernden **Lago Pehoe,** die bei unruhigem Wetter allerdings nicht unternommen wird.

Am gegenüberliegenden Ufer des Sees, zu Füßen der Cuernos del Paine, liegt das gut ausgestattete *refugio* und Camping Pehoe; von dort aus rechnet man etwa zweieinhalb Stunden entlang des Lago Skottsberg mit einer grandiosen Sicht auf den Paine Grande zur Spitze des Glaciar Francés. Das **Valle del Francés,** ein typisches Gletschertal zwischen dem Paine Grande und den Cuernos del Paine mit leuchtendgrünen Flecken dichter Wälder, erschließt eine etwa siebenstündige Wanderung. Starke Winde und die Überwindung einiger Steilabhänge machen sie beschwerlich und anstrengend.

Eine weitere Option bietet der **Lago Grey.** Von der Hostería Lago Grey zweigen mehrere Wanderrouten ab, eine beliebte Minitour führt am Eisfeld des gleichnamigen Gletschers und am Seeufer entlang. Pferde können in den Hosterías Grey, Río Serrano, Lazo und Las Torres gemietet werden. Ein umfangreiches Ausflugsprogramm mit eigenen Bussen bietet das Hotel Explora am Lago Pehoe an.

Die Conaf-Administrationen an der Laguna Amarga und an der Posada Río Serrano sowie an der Laguna Azul registrieren die Parkbesucher; wer zu mehrtägigen Wanderungen aufbricht, muß sich hier vorher anmelden. Der **Circuito Torres del Paine** beispielsweise umrundet innerhalb von sieben Tagen das gesamte Paine-Massiv. Ausgangspunkt ist die Guardería Laguna Amarga am Parkeingang, dann folgt der Weg dem Río Paine flußaufwärts zum Lago Paine und dem Lago Dickson, klettert auf den Paso John Gardner hinauf und endet am Glaciar Grey. Die anstrengende und anspruchsvolle Wanderung führt durch teils schwieriges Gelände und erfordert entsprechende Kondition und Kenntnis.

Feuerland

Die Insel im äußersten Süden Amerikas verwirrte mit ihrem eisenoxidhaltigen Sand die Magnetnadeln der ersten Seefahrer. Sie verfingen sich orientierungslos zwischen zersplitterten Steilküsten, Halbinseln, grünen Buchten und ellipsenförmig aus dem Meer aufstrebenden Bergtempeln. Scheinbar nie versiegende Rauchsäulen stiegen von ihren Ufern auf, was den ersten Abgesandten der Alten Welt, Magellan, bei seiner Durchfahrt 1520 dazu anstiftete, die Region *Tierra de los Humos* zu nennen. Sein Auftraggeber, Kaiser Karl V., taufte sie später um in *Tierra del Fuego.*

Die Rauchsäulen entstammten den Kanus der Yahgan, die, wie sich später herausstellte, nomadenhaft in ihren Booten lebten und Muscheln ernteten. Charles Darwin hat in seiner 1829 unternommenen ›Reise um die Welt‹ seine Eindrücke unmißverständlich dargelegt. Sein vernichtendes Urteil über den ›Zivilisationsgrad‹ der indianischen Bevölkerung paßt durchaus zu den menschenverachtenden Ideologien der kaufkräfti-

Feuerland

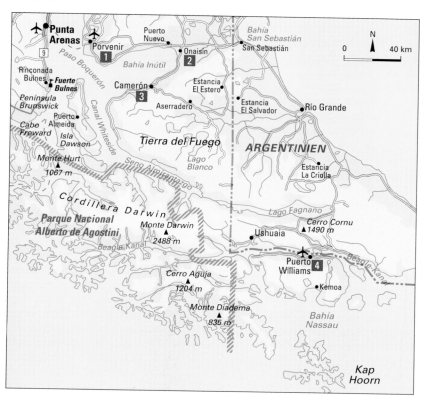

Blick über den Beagle-Kanal

gen späteren Herren des Landes. Doch bis 1879 der chilenische Marineleutnant Ramón Serrano Montaner die Insel auf ihre Verwertbarkeit hin untersuchte, blieb sie unberührt von den Kolonisationseffekten der Europäer.

Schafweiden waren aus dem kargen Land zu machen, und verschiedene Gesellschaften unter Führung der bereits bekannten Familien Menéndez, Nogueira und Braun bedeckten jedes Fitzelchen Boden mit ihren *estancias* und *fundos*. Die Konsequenz ist bekannt. Als der Breslauer Pfarrer und Anthropologe Martin Gusinde 1920 Feuerland erreichte, traf er noch 276 überlebende Selk'nam an, alle anderen waren in einem Zeitraum von nur 30 Jahren getötet worden oder eingeschleppten Krankheiten erlegen. Erst von der Mitte der 60er Jahre an enteignete die chilenische Regierung die Wollbarone und verteilte das Land an Kleinzüchter, die sich in Kooperativen organisierten.

Von Punta Arenas erreicht man die gut 4000 Einwohner zählende Verwaltungs-

hauptstadt **Porvenir** 1 (S. 321) mit der Fähre oder einem Kleinflugzeug. Das Schönste an dem Ort ist seine Lage an einer sanft geschwungenen Bucht mit langgezogener Mole – besonders reizvoll im gleißenden Licht der Südsonne. Die Küstenlinie bevölkern grazile Schwarzhalsschwäne und rosa Flamingos. Umgeben von windigen Steppen, beherrscht ein mutiger Wille zur Schönheit die ruppige Ortschaft. An der Costanera wurden ganze Inseln aus widerstandsfähigen Sträuchern gepflanzt, und zu Hauben und Ellipsen beschnittene Bäume umstehen die Plaza de Armas. Die aus Zink und Holz gebaute Kirche erinnert an die Konstruktionen um den Lago Llanquihue, auch sie ist eine echte Einwandererkirche. Das Museo Provincial blättert die Provinzgeschichte auf: Hochinteressante Stationen sind die Selk'nam, die Goldfunde und die Schaffarmen.

Ein Tagesausflug über 115 km auf geschotterter, fahrerisch anspruchsvoller Straße führt zum **Río del Oro,** dem ›Goldfluß‹, wo noch immer Goldwäscher leben und arbeiten. Die Route geleitet ein Stück die Bahía Inútil entlang,

wo sich früher ausgedehnte Schaffarmen erstreckten. Es sind Überreste aus den rauhen Zeiten erhalten: Goldwaschanlagen und einige Unterkünfte.

Wer einmal die **Bahía Inútil** vor der Kulisse der Sierra Carmen Sylva, die Julius Popper als Hommage an seine rumänische Königin so taufte, umrundet, hat die ehemaligen Besitzungen der Sociedad Explotadora de Tierra del Fuego von José Nogueira in Augenschein genommen. Nach 103 km ist **Onaisín** [2] erreicht, das aus der 1893 gegründeten Estancia Caleta Josefina entstand. Die einförmige Steppenlandschaft unterbrechen riesenhafte Steinformationen, die ehemals bis zum Meer reichende Gletscher hier deponierten. Viehwirtschaften regierten einst das Land; es gab keine Schule, keine Kirche, kein Dorf, keinen Laden, keine Kneipe. Das Gemeinschaftsleben wurde auf den Farmen selbst geregelt. **Camerón** [3] zeigt das deutlich, denn das Dörfchen besteht praktisch aus dem ehemaligen Verwaltungssitz einer Schaffarm.

Am Ufer des **Beagle-Kanals** liegt die Hauptstadt und der Verwaltungssitz des chilenischen Teils der Antarktis, **Puerto Williams** [4] (S. 331). Den Besuch versüßt die Gewißheit, nun wirklich am südlichsten Zipfel bewohnten Landes angekommen zu sein, denn auch das argentinische Ushuaia ist auf der gegenüberliegenden, nördlichen Küste plaziert. Der Weg allerdings ist wesentlich attraktiver als das Ziel, besonders, wenn man mit dem Flugzeug über die Darwinkordillere oder mit dem Schiff über den Beagle-Kanal anreist.

Das ordentliche, von dichtbewaldeten Bergen gerahmte Puerto Williams hat das interessante Museo Martín Gusinde aufzuweisen, in dem die Arbeit des Anthropologen und Missionars mit den Selk'nam dokumentiert wird. Die Bewohner des Ortes ernähren sich wie ihre Nachbarn auf argentinischer Seite vom Fang der *centolla,* der nur teuer zu erwerbenden Seespinne.

Man kann Puerto Williams auch als Sprungbrett für spannende Ausflüge nutzen, etwa für einen Flug oder eine Schiffspassage zum Kap Hoorn, für eine Trekkingtour auf der Isla Navarino oder für Angel- und Reitausflüge.

Der ›Kleine Norden‹

Das Minenland zwischen La Serena und Chañaral

Die ersten Wege in den ›Kleinen Norden‹ Chiles, der die Region zwischen La Serena und Chañaral umfaßt, entstanden nicht etwa, um Land zu erschließen, sondern um es auszubeuten. Wo es nichts zu holen gab, da wurde auch nicht gebaut. Weder Spanier noch Chilenen planten die Besiedlung in dieser halbwüstenhaften Vegetation, öffneten Pfade hinauf in die Kordillere mit dem höchsten Berg Chiles, dem Ojos del Salado (6893 m).

Die koloniale Besiedlung gehorchte im Grunde dem Zufall: War eine Mine oder fruchtbarer Boden entdeckt, erblühten Städtchen, entstanden ein Hafen, eine Verwaltung, eine Kirche. War die Mine erschöpft, der Boden ausgelaugt, verfielen sie schnell wieder. Inseln gleich, schwammen sie in einem Meer aus sonnendurchglühten Hochebenen, saßen in den Falten erloschener Vulkane oder klammerten sich an klippengespickte Küsten.

Dieses Gebiet ist durch eine prononcierte, reich geformte Küstenplattform, ein nicht sehr hohes Küstenbergland, die Senke des *Valle Longitudinal* und die Anden charakterisiert und wird von den fruchtbaren Flußoasen des Elqui, Huasco und Copiapó zerschnitten. Wie grüne Bänder mustern sie die Sand-, Gold- und Anthrazit-Schraffierungen der Berg- und Hügellandschaften. Die Obstgärten des Landes erblühten und erblühen in den Tälern des Huasco und des Elqui. In dicke, duftende Kräuterteppiche gehüllt, verwandeln sich die Halbwüsten der Region bis hinauf nach Chañaral von September bis Mitte Oktober nach einer

Aus einem Berg Trauben wird Schnaps: In einer Pisco-Destillerie im Elqui-Tal

kräftigen winterlichen Regenperiode in fruchtbare bunte Viehweide. Die *maqui*-Sträucher blühen nach der Winterdusche in vielen Farben: rot von der *garra de león,* gelb von der *terciopelo* und der *añañuca* (eine Amaryllis-Art) und violett von der *huile* (Bockshorn) und der *pata de guanaco* (Portulak). Dies geschieht leider nicht jedes Jahr.

Rund 70 % aller chilenischen Sechstausender adeln diese Region zu einem außergewöhnlichen Reiseziel. Der Kontrapunkt liegt an der Küste, an der sich feinsandige Strände über viele Kilometer hinweg ausdehnen.

Diaguita, Chango und später die Inka haben die Fruchtbarkeit des Bodens gekannt und genutzt. Copiapó beispielsweise entstand aus einer Siedlung der Diaguita. Ungehoben blieb lange der Reichtum an Bodenschätzen – Kupfer, Silber, Gold. Doch heute ruhen, wie Sterne eines anderen Planetensystems, die Verarbeitungsanlagen zwischen Salaren und buntgestreiften Vulkanen in der Kordillere, in der das einzige Leben von Flamingo-Kolonien herzurühren scheint.

Fruchtbare Weinberge
◁ *in karger Umgebung: Im Elqui-Tal*

Rund um La Serena

La Serena

1 (S. 312) Eine neokoloniale Puppen-
stube im Zentrum und eine ausgedehnte
Strandzone, die mit den weiter südlich
gelegenen Pazifikbädern konkurriert –
das sind die Höhepunkte des hübschen
La Serena, der zweitältesten spanischen
Gründung auf chilenischem Boden. Damals hatte sie erbitterte indianische Attacken provoziert, die 1544 zu ihrer Zerstörung führten, doch die Spanier wollten diesen strategisch günstigen Punkt

nicht so einfach wieder aufgeben und ließen ihn durch Francisco de Aguirre fünf
Jahre später erneut errichten. Der spanische (Handels-)Verkehr zwischen Peru
und dem Land im Süden, *Chili,* benötigte
schließlich einen sicheren Stützpunkt.
Auch die katholischen Orden waren darauf angewiesen, denn dort brachten sie
Missionare unter, die in den Süden wei-
terreisten. Das hat der Stadt 29 Kirchen
und der mit Grünanlagen besetzten Avenida zum Meer den Namen Francisco de
Aguirre eingebracht.

La Serena und Umgebung

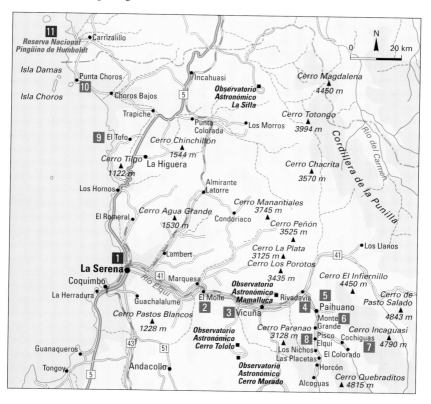

Inspiriert von der Blütezeit der Minenfunde in den ersten Dekaden des 19. Jh., die die Gegend reich machte, erlangte La Serena architektonisch eine für das Land ungewöhnliche Eleganz. Später bedachte Staatspräsident Gabriel González Videla (1946–1952) seine Geburtsstadt großzügig mit staatlichen Mitteln zur Erhaltung des Stadtbildes. Der *Plan Serena* beinhaltete auch die Umgestaltung einiger öffentlicher Gebäude im kolonial-spanischen Stil.

Die Ergebnisse lassen sich rund um die heitere, sorgsam bepflanzte **Plaza de Armas** bewundern, beispielsweise die **Municipalidad** mit ihren weißgestrichenen Mauern, den schweren, verzierten Balkoneinfassungen aus rotem Stein und den mächtigen roten Steinsäulen, die das Portal rahmen. Auch die **Casa González Videla** am westlichen Rand der Plaza huldigt diesem Stilempfinden. Das zweigeschossige Wohnhaus des Präsidenten besteht aus Holz und Adobe und bewahrt Memorabilia aus seinem Leben, Fotos, Zeitungsausschnitte und auch einige Originalmöbel auf.

Zwei hübsche kleine Plazas rahmen das Haus ein. Auf der nördlichen schlägt zeitweilig ein Kunstgewerbemarkt seine Zelte auf, die südliche geleitet zur **Iglesia Padres Carmelitas,** einer schwergewichtigen, verschlossen wirkenden Konstruktion aus dem Jahr 1755 mit einem herzerfrischend schiefen hölzernen Glockenturm von 1912.

Die älteste und bedeutendste Kirche der Stadt liegt zwei Blocks von der Plaza entfernt an der Straßenkreuzung Balmaceda/Eduardo de la Barra. Wie früher die Iglesia Padres Carmelitas den Dominikanern, so gehörte die **Iglesia de San Francisco** dem Franziskanerorden. Sie

Prächtige Kolonialarchitektur in La Serena: Municipalidad und Kathedrale

entstand zwischen 1585 und 1627 als Renaissance-Bauwerk mit einer barock verzierten weißen Steinfassade. Ihr im Mudéjar-Stil ausgestattetes Inneres birgt das zur Zeit geschlossene **Museo de Arte Religioso,** das kostbare Stücke aus den damals maßgeblichen und besten Cuzqueñer und Quiteñer Schulen versammelt.

Das vielgerühmte **Museo Arqueológico** (Cienfuegos/Córdovez) beschäftigt sich ausführlich mit der Diaguita-Kultur. Die um die Jahrtausendwende aus Argentinien in die fruchtbaren Täler des ›Kleinen Nordens‹ eingewanderten Ackerbauern waren Künstler der Tonkultur und hinterließen eine harmonisch proportionierte, schön bemalte Keramik. Außerdem werden Fundstücke der El-Molle-Kultur (1.–7. Jh.) aus dem Valle del Elqui gezeigt. Sie verschrieb sich der Tierzucht und kannte die Kupferbearbeitung. Eine Extra-Abteilung widmet sich der Stadtgeschichte von La Serena.

Einen Block weiter nördlich okkupiert der von Arkaden gesäumte Patio-Bau des **Mercado La Recova** eine halbe Straßenseite. Man meint, einen farbenfrohen Bonbonladen zu betreten, denn hauptsächliches Verkaufsgut ist die Papaya in sämtlichen Verarbeitungszuständen – von roh und leuchtend gelb bis zu Marmelade und Konserve, bunt eingepackt als Gelee, Konfekt, Fruchtgummi und Sirup. Hier und auch in den Galerien des zweiten Stocks wühlt man im Kunstgewerbe, und wer hungrig ist, wird in den Marktrestaurants vorzüglich bedient.

Geruhsamkeit wird großgeschrieben in La Serena. Die Innenstadt-Straßen Prat, Los Carrera, Balmaceda, Matta und Córdovez ermutigen zum gemütlichen Einkaufsbummel. Zur Strandzone geleitet die Avenida Francisco de Aguirre, die aus städtischen Töpfen mit einem an-

Der Leuchtturm von La Serena

sehnlichen Baumschmuck sowie vielen Allegorien und Brunnen ausstaffiert wurde. Endstation ist der Leuchtturm.

Der weiße Sandstrand von La Serena wird zur Zeit auf 4 km mit Hotels, Ferienbungalows, Tankstellen, Restaurants und Spielplätzen gesäumt. Der weitere Ausbau schreitet prächtig voran.

Das Valle del Elqui

Der klassische Tagesausflug von La Serena aus führt ins Valle del Elqui. Die Gesamtstrecke umfaßt 262 km auf überwiegend asphaltierter Straße. Dem Valle del Elqui werden besondere Vibrationen nachgesagt, denn es soll auf einem der Weltmeridiane *(chakras)* liegen und kosmische Strahlungen anziehen. Leichter nachvollziehbar ist, daß sein oft sternen-

klarer, weder von Nebel noch Staub getrübter Himmel vorzügliche Bedingungen für die Beobachtung der Gestirne an durchschnittlich 330 Tagen im Jahr zuläßt. Die **Sternwarte Tololo** ruht auf einem der 3000 m hohen Berge, die sich um das Elqui-Tal erheben.

Im regenarmen, halbwüstenhaften ›Kleinen Norden‹ nimmt das Valle del Elqui eine bedeutende Stellung ein: Es versorgt das ganze Land mit landwirtschaftlichen Produkten, vor allem mit Papaya, aber auch mit *chirimoya* (Zukkerapfel), Tomaten, Feigen, Knoblauch, der als Tierfutter verwendeten Alfalfa, und der Pisco-Traube, die vorwiegend zu Trester verarbeitet wird. Allerdings hat die gewaltige (Export-)Nachfrage nach Pisco das ursprüngliche Ziel, Obst und Gemüse für die gesamte Bevölkerung zu liefern, in den Hintergrund gedrängt. Destillerien lassen sich auf dem Weg durch das Tal besichtigen.

Der Río Elqui sprudelt nicht gerade üppig, weil die Hälfte des Wassers zur Versorgung der Hafenstadt Coquimbo abgezapft wird, aber die Verpflichtung zum Experiment hat in der Wüstenerde zu erstaunlichen Ergebnissen geführt. Mitunter sind ein Drittel der nackten, hellbraunen Berghänge in die Bewässerung einbezogen und dunkelgrün grundiert. Je enger das Tal, desto außergewöhnlicher ist dieser Anblick.

An ausgedehnten Pflanzungen vorbei, erreicht die Straße nach 44 km das kleine Ferienörtchen **El Molle** 2, bei dem die prähispanische Kultur Taufpate stand. Wenig später stört ein Stausee die Idylle, und die ehemalige romantische Straßenführung entlang des Flußlaufs wurde in ein asphaltiertes Band oberhalb des Tales verbannt.

Nächste Station ist das leicht alternativ angehauchte Städtchen **Vicuña** 3 (S. 349), Geburtsort der Literatur-Nobelpreisträgerin Gabriela Mistral. Sie wird hier gleich zweimal geehrt: Den Brunnenboden der zentralen Plaza schmückt ein Gesichtsrelief der Lyrikerin, und ein elegantes Museum stellt Bilder, Bücher, Preise und persönliche Gegenstände aus. Neben dem Eingang wurde eine Kopie ihres Geburtshauses plaziert.

Ein mutiger Stilmix ist an der schattigen Plaza zu bewundern. Die Iglesia Immaculada Concepción sieht alt aus, ist es aber nicht: Sie wurde mit ihren archaisch anmutenden Adobe-Mauern erst 1909 gebaut. Daneben wirkt der Torre Bauer wie frisch aus einer Spielzeug-Ritterburg entwendet, denn das 1906 in Ulm fabrizierte und nach Chile gebrachte Unikat imitiert einwandfrei deutsches Mittelalter.

Hobby-Astronomen interessieren sich für die eigens für Besucher eingerichtete Sternwarte **Observatorio Comunal Cerro Mamalluca,** 6 km nordöstlich von Vicuña (über die Calle San Isidro zu erreichen). Südlich von Vicuña führt eine Schotterpiste auf 43 km in das naturbelassene Tal **Valle del Río Hurtado. Hurtado** ist mit seinen 500 Einwohnern ein hübsches, typisches Andenbauerndorf mit Häusern aus traditionellen Adobe-Ziegeln. Entlang der Straße werden lokale Anbauprodukte verkauft. Wer diese wilde Gegend erkunden und hier verweilen will, wählt den Weg zur Hacienda Los Andes (im Adressenteil unter La Serena).

Bei **Rivadavia** 4 machen Fluß und Straße eine scharfe Biegung. Danach wird es malerisch und wild, denn das Tal verengt sich, und die Streckenführung ist teilweise so weit oberhalb gelegt, daß man auf den mit Pisco-Reben bewachsenen Grund wie von einem Balkon hinunterblickt. Die Bergspitzen staffeln sich bis in die Unendlichkeit.

Der wachsende Tourismus hat auch das Dörfchen **Paihuano** 5 ergriffen. In dem winzigen, eng von steil aufragenden Bergflanken eingeschlossenen **Monte Grande** 6 gibt es nach 102 km dann wieder richtig etwas zu sehen: das stets blumengeschmückte Grabmal der Gabriela Mistral und die ehemalige Schule, in der sie unterrichtete. Sogar das ärmliche Mobiliar und Landkarten aus jener Zeit sind noch erhalten. Auf der gegenüberliegenden Seite des Tales haben Bergsteiger zum 100. Geburtstag der Dichterin ein Denkmal in den steilen Hang gesetzt, das sie als Lehrerin mit einem Kind an der Hand darstellt.

Kurz hinter Monte Grande zweigt eine Schotterstraße in östliche Richtung ab und klettert auf **Cochiguas** 7 zu, über das man sich in La Serena einiges zuflüstert. Tatsache ist, daß sich dort schon vor Jahrzehnten einige Hippie-Kommu-

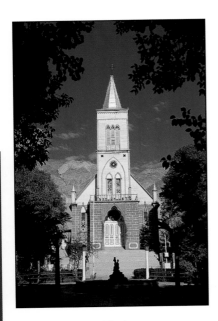

Die Kirche in Pisco Elqui

zu exorbitanten Summen, ein dilettierender Maler, der seinen Guru Bhagwan in Öl und Bleistift anbietet, legt Tarotkarten, vertreibt Kerzen zu dreisten Preisen und Disketten mit selbstgebastelten Durchhalteparolen. Die farbigen kleinen Häuschen, die so typisch für das winzige Pisco Elqui sind, und die erstaunliche Capilla Nuestra Señora del Rosario mit ihren spielkartenbunten Fenstern an einer anmutigen Garten-Plaza hat dieser künstliche Esoterik-Rummel leider ziemlich eingenebelt.

Der gegenüberliegende **Solar de Pisco Elqui** ist die älteste Destillerie des Tales und bietet Führungen an.

Zur Reserva Nacional Pingüino de Humboldt

Es gibt nur drei Delphin-Kolonien auf der Welt: eine in Australien, eine in Kalifornien und eine vor der Isla Damas. Das ist einen ausgedehnten Ausflug wert, vor allem, weil er sich mit einem Besuch der Reserva Nacional Pingüino de Humboldt verknüpfen läßt.

Zum Einschiffungshafen bei Punta Choros sind es von La Serena 116 km. Die Panamericana ist eng an den Küstenverlauf angelehnt, Kakteen und niedrigwachsende Sträucher bedecken die Geröllhänge des Küstenberglandes. Früher haben hier die Chango vom Muschelsammeln und vom Fischfang gelebt, den sie mit Booten aus luftgefüllten Seehundfellen betrieben, heute bildet Los Hornos einen ausgezeichneten Ausgangspunkt für den Fang von Seezungen.

Etwas weiter nördlich beginnt das Minenland. Mit **El Tofo** 9 verfügte Chile bis in die 1960er Jahre hinein über die größte im Tagebau ausgebeutete Eisenerzmine der Welt, und man sagt, dort

nen niedergelassen haben und alternative Psychotherapien ausprobieren. Dort sollen ganz besondere geomagnetische Energien von der Erde ausstrahlen, die sich bis zu ihrem Antipoden im Himalaya ausdehnen – und das wirkt angesichts der wild-sanften, grandiosen Gebirgsgegend gar nicht einmal so weit hergeholt.

In **Pisco Elqui** 8 (S. 321) endet die asphaltierte Straße. Von den ›geomagnetischen Energien‹ profitieren in Pisco Elqui gerade jene Leute, die sich gerne über ›ungewaschene Hippies‹ in den schmalen, staubigen Sträßlein beschweren. Ihnen kam die Idee – und sie haben auch das entsprechende Kapital – zum Ausbau von hübschen Kneipen, Restaurants und kleinen, malerisch an den Hängen drapierten Hotels. Räucherstäbchen werden allerorten abgefackelt. An den Straßenrändern verkauft man schlechtes Blütenblätter- und Aromaöl

oben sähe es aus wie in Machu Picchu: Ein geköpfter Berg sei von Hausruinen umgeben, in diesem Fall aber Ruinen aus dem Industriezeitalter.

Punta Choros  (S. 334) ist ein freundliches Fischerörtchen mit einer wahrhaft extravaganten, blau-weiß gestreiften Kirche und bald auch einigen Möglichkeiten zu übernachten. Die Gewässer sind reich an Seehecht *(merluza)*, Sägefisch *(sierra)* und Kongeraal *(congrio)*, die nach Coquimbo gebracht werden; die geernteten Seeigel, Miesmuscheln, Krebse und *picorocos* wandern direkt auf den Markt von Santiago. Im windigen Hafen unterhält die gut geführte Station der staatlichen Forstbehörde Conaf ein kleines Naturkundemuseum. Die Gäste für eine Fahrt in die **Reserva Nacional Pingüino de Humboldt** werden hier registriert.

Zwischen den drei vorgelagerten Inselchen La Gaviota, Choros und Damas erstreckt sich das Revier der etwa 80 Delphine, die mit den Ausflugsbooten anmutig Fangen spielen – ein so lustiges Spektakel, daß schon manche Gäste vor Begeisterung aus dem Boot gekippt sein sollen. Das Wasser ist hier nicht gerade ruhig, und wer nach 12 Uhr mittags losfährt, muß mit stürmischen Überfahrten rechnen.

Von Wind und Wellen ausgefräst und zerklüftet, bietet die **Isla Choros** Pinguinen, Robben und Seelöwen, den rotschnäbeligen *pilpines*, einer Stelzvogelart, und Kormoranen besten Aufenthalt. Die gegenüber plazierte **Isla Damas** hat weichere Proportionen und ist die einzige des Naturschutzgebiets, die betreten werden darf. Das sollte man ausnutzen, denn zwei kleine Strände mit schneeweißen Sandsäumen und ein malerischer Rundweg über die mit Erdrissen und Spalten überzogene Insel lohnen die Unterbrechung. Wer bleiben will, kann das tun, denn Camping ist möglich, aber man muß sich vorher bei der Conaf anmelden, da die Zahl der Zelte auf sechs beschränkt ist.

Hier reift manch guter Tropfen: Pisco-Fässer in einer Destillerie in Pisco Elqui

Von Copiapó durch die Kordillere nach Chañaral

Die Wüste beginnt gleich hinter La Serena. Zwischen dem Küstenbergland und den Gipfeln der Präkordillere gleitet die Panamericana an fast vegetationslosen Flächen vorbei in die lautlose Einsamkeit. Auf halber Strecke erfrischt das Grün der Oasenstadt Vallenar am Río Huasco das Auge.

Über die Strecke hinauf nach Copiapó haben schon viele Forschungsreisende geurteilt, und das hat nicht immer zu positiven Ergebnissen geführt. Charles Darwin vermerkte 1834, daß die gesamte Gegend aussähe wie ein Ameisenhaufen und von zahlreichen Minengängen vollkommen durchlöchert sei.

Sie ist in der Tat nackt und von Gestrüppbändern überzogen, Kakteen und Geröllschutt bieten die einzige Abwechslung, aber die matten Wüsten- und Erzfarben sind spektakulär.

Copiapó

1 (S. 303) Seine Nähe zur Silbermine Chañarcillo hat Copiapó aufblühen lassen. Vor deren Erschließung, so schreibt Darwin, befand es sich in einem Zustand rapiden Verfalls, denn es war durch ein Erdbeben vollständig »über den Haufen geworfen worden«.

Von Copiapó nach Chañaral

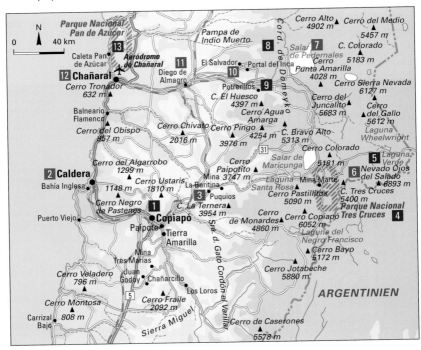

Das Land, wo der Pfeffer wächst: ají-Schoten beim Trocknen in der Nähe von Copiapó

Die 100 000-Einwohner-Stadt räkelt sich entlang des grünen Flußlaufes, braunrote und anthrazitfarbene Berge schließen sie fest ein. Copiapó, das ehemalige Conpayapu, das ›grüne Tal‹ der Diaguita, lag schon lange bevor Pedro de Valdivia es 1540 besetzte, in einer intensiv genutzten und belebten agrarischen Region.

1832 entdeckte der Bauer Juan Godoy die Silbermine Chañarcillo, das damals drittgrößte Silbervorkommen der Welt. Daraus erwuchs eine mächtige Industrie, bei der – so sagt man – kein Ausländer die Hände mit im Spiel hatte, und im 73 km entfernten Copiapó siedelten sich die wohlhabend gewordenen chilenischen Familien an. Die Mine war reich, aber schnell ausgebaut. Copiapó wandelte sich von einer Minen- zur Früchtestadt. Das gesamte Tal ist mit *parranales,* laubenartigen Spalieren zum Traubenanbau, besteckt. Es gibt Pflanzungen von Wassermelonen und Pfirsichen, und in Richtung Pazifik werden Oliven angebaut. Die Kupfermine Candelaria indes hält die Minentradition aufrecht.

Als Minenstadt verfügt Copiapó über ein reichhaltiges **Museo Mineralógico** mit einer ausführlichen Präsentation nicht ausschließlich chilenischer Erze, Steine und Mineralien, sowie einem Meteoriten im Garten. Es liegt einen Block von der heiteren **Plaza Prat** entfernt, die pfefferbaumbeschattet Allegorien aus der Zeit der Silberblüte vorzeigt. Schön antikisierend, schön üppig: Das war der Stil, den die chilenische *upper class* 1850 als sehr französisch und ausgesprochen *chic* empfand.

Aus derselben Zeit stammt die **Kathedrale.** Neoklassizistische Giebelfront, Säulen und darüber ein dreigestufter Glockenturm aus Holz bilden eine verblüffende Komposition, »eine Caprice, wie sie nur ein Engländer entwerfen und

Der Camino del Inca

S o gerade wie ein Pfeil durchschneidet ein von Steinen gerahmter Weg die Hochebene von Atacama. Er bildet einen Teil des *Camino del Inca,* jenes legendären Inka-Pfades, den Ende des 15. Jh. der Herrscher Tupac Yupanqui anlegen ließ, um sein Sonnenreich gen Süden zu erweitern. Er verband den Nabel seines Imperiums, Cuzco, mit Fährten, die bereits zuvor von heimischen Stämmen ausgekundschaftet und in die unwegsame Gegend des nördlichen Chile gelegt worden waren.

Tupac Yupanqui ließ sie befestigen und mit Rastplätzen ausstatten, damit seine Expeditionskolonnen ausruhen und Nachrichten hinterlegen konnten. Sein Inka-Heer drang, bis zu den Zähnen bewaffnet, in den Kern des heutigen Chile vor, immer auf der Suche nach Gold- und Steinadern und Territorien, die man dem eigenen Herrschaftsbereich einverleiben konnte. Bis zu den Flüssen Mapocho und Maule kam es voran, um dann am Widerstand der Mapuche zu scheitern.

Sind einige der Rastplätze *(tambos)* im hohen Norden bei Arica noch erhalten und rekonstruiert, hat man sich mit dem eigentlichen *Camino del Inca* weniger Mühe gemacht. Doch jetzt be-

müht sich eine von Museen und Privatunternehmen finanzierte Corporación Tierras Desconocidas um die Wiederbelebung dieses einstigen Fährtenschatzes. Bislang hat sie drei Projekte erarbeitet, die durch das Inka-Kreuz *(cruzinca)* gekennzeichnet sind: bei der Mine Bella Esther in der Nähe von Copiapó, in einem Seitental des Río de la Sal zwischen El Salvador und Potrerillos und bei San Pedro de Atacama auf dem Weg zum Paso Laguna Sico an der Grenze zu Argentinien. Gänzlich unscheinbar wirken sie mit ihren simplen Begrenzungen aus Steinhäufchen. Aber in dem unerbittlichen Klima des *altiplano* war das Wissen um sie und ihren Verlauf überlebensnotwendig.

In der Grenzregion zwischen Bolivien und Chile zieht sich der legendäre Camino del Inca durch die Hochebene von Atacama und durchquert dabei auch den Parque Nacional Lauca mit seinen Hochmooren

ausführen kann«, amüsierte sich der deutsche Maler Otto Grashof 1854. Einen Block südlich der Plaza führt die Calle Atacama auf die kurze, grüne Avenida Matta zu, auf der sich weitere Skulpturen aus der Gründerzeit bestaunen lassen und wo in einem schönen, restaurierten klassizistischen Gebäude die staatliche Minenbehörde (Servicio Nacional de Geología y Minería) residiert.

Ebenfalls imponierend neoklassizistisch thront der Familiensitz der Matta an der Rancagua/Atacama einen Block vor der Avenida, die ihren Namen trägt. Heute beherbergt dort das **Museo Regional de Atacama** Exponate zur Vorgeschichte, eine Bibliothek und einen Salon aus dem 19. Jh. sowie regionale Malerei.

Das unterhaltsame **Museo Ferroviario y Estación** zeigt Fotos, Schwellen, Glocken und Gerätschaften aus der Pionierzeit der Eisenbahn. Untergebracht ist es in dem ehemaligen Bahnhofsgebäude, einem Holzbau aus dem Jahr 1854. Das ist schon eindrucksvoll: 19 Jahre nach der ersten Eisenbahnfahrt zwischen Fürth und Nürnberg war das gleiche fauchende Technikwunder zwischen Copiapó und Caldera unterwegs.

Caldera

2 (S. 297) Aus einem Klecks an der Küste mit 50 Einwohnern erwuchs 1849 der Ausfuhrhafen für das Silber aus Chañarcillo. 21 Jahre später hatte Caldera schon fast zum Hafen von Valparaíso aufgeschlossen, denn nur der war noch größer und bedeutsamer. Caldera wuchs im Gleichschritt mit Copiapó

Eisenbahnen gibt es hier nicht mehr – nur noch Schienen und einen ehemaligen Bahnhof, der in jüngster Zeit der Vergessenheit entrissen wurde, wie auch einige Gebäude aus der Blütezeit des 19. Jh., die das Städtchen wie Relikte einer vergangenen Epoche sprenkeln. Die im neogotischen Stil gestaltete **Iglesia San Vicente** an der Plaza haben britische Zimmerleute hinterlassen. Einen Block weiter, an der Calle Carvallo, befindet sich die **Casa Mackenzie** aus derselben Ära. Am Paseo Wheelwright, der die Strandlinie begleitet, liegen der Bahnhof und das alte Zollhaus, das in ein *Centro Cultural* mit Wanderausstellungen umgewandelt wurde. Ist der Name Wheelwright schon ungewöhnlich, dann ist es Siggelkow erst recht. So hieß ein deutscher Konsul, der 60 lange Jahre in Caldera in einem Haus an der Strandpromenade residierte. Auch dieses mit einer säulchenbestandenen Veranda geschmückte Haus wurde flugs zur Sehenswürdigkeit deklariert.

Seit einiger Zeit versucht man nun energisch, die melancholische Weltenferne abzustreifen. Calderas neue Bestimmung lautet: Urlaubsgebiet. Da in seiner unmittelbaren Nähe Sandstrände die Küste säumen, verfügt es durchaus über entsprechende Qualitäten. Die 6 km südlich gelegene **Bahía Inglesa** mit ihren feinsandigen Stränden ist bereits mehr als ein Geheimtip.

Parque Nacional Tres Cruces und Ojos del Salado

Die außergewöhnlich reizvolle Kordillerenlandschaft um den höchsten Berg Chiles und den zweithöchsten Vulkan der Welt, den Ojos del Salado (6893 m), zählt nicht gerade zu den bekanntesten Reisezielen des Landes. Sie vermittelt dem Besucher an vielen Punkten den Eindruck, Pionier in einer unberührten, vollkommen einsamen und lautlosen Gipfellandschaft zu sein – der man hier aber nicht ist, denn in den Minen Marte und Pepita de Oro wird auf 5000 m Höhe Gold gefördert. Modernste Technologien kommen in dünnster Luft zum Einsatz.

Da die Strecke von Copiapó zum Complejo Fronterizo San Francisco weiter nach Argentinien führt, reist man auf dem *Camino Internacional.* Benzin gibt es in Copiapó und in Potrerillos. Die Verbindung ist gut, weil sich die Minengesellschaft um ihren Erhalt bemüht. Sie fabriziert den Straßenbelag aus den in großer Menge vorhandenen Grundstoffen Lehm, Salz und Erde und kündigt auf einem Straßenschild an, kaum hat man Copiapó hinter sich gelassen: *Refugio en 225 km,* ›Schutzhütte in 225 km‹.

Bald beginnt die Herrschaft der buntgestreiften, hier zunächst noch recht niedrigen Berge. Die **Quebrada de Paipote** durchfurcht diese Massive. Nach 60 km weisen lehmfarbene Ruinen auf einen verlassenen Ort hin: **Puquios** **3**, der zum Zeitpunkt seiner Gründung im 19. Jh. wegen der Kupferberge in seiner Umgebung der am weitesten in die Wüste vorgeschobene Punkt Chiles. Bis nach Puquios konnte die Eisenbahn gelegt, für den weiteren Verlauf mußte das Material mit Kutschen und Karren weitertransportiert werden.

Aufgegebene Gehöfte sind ein häufiges Bild an der von unterirdischen Wasseradern durchzogenen Quebrada. Wie Konfetti sprenkeln grüne Areale die Kupfer- und Lehmfarben, und in den plötzlich so fetten Weidelandschaften grasen Pferde, Maultiere, Ziegen und Schafe. Aber die Qualität des Bodens ist nicht gut, er eignet sich nicht zur Feldwirtschaft, denn das Wasser ist stark arsenhaltig. Die an Bambus erinnernde *cola de zorro* fressen die Ziegen, die einzigen anderen Baumarten sind *algarrobo, chañar* und *pimiento.*

Im **Valle Chico** lebt seit zehn Jahren Mario Díaz Ordenes alias El Sherpa in einer schiefgezogenen Hütte mit Wellblechdach. 40 Jahre hat er bei der multinationalen Minengesellschaft Andescopper gearbeitet und bietet jetzt seine Ortskenntnisse an. Er kennt sämtliche Lagunen und Vulkane, weiß, wann der gefürchtete *viento blanco* droht, der ›weiße Wind‹ voller Schneekristalle, der den Wanderer orientierungslos werden läßt, und verkauft selbstgemachten Ziegenkäse, Brot und Salbei.

Nach 149 km öffnet sich die Landschaft zu einem weitgeschwungenen *altiplano*-Becken, das den Beginn des knapp 600 km² großen **Parque Nacional Tres Cruces** 4 (S. 320) markiert. An der äußersten Südspitze des weißglänzenden, 83 km² umfassenden Salar de Maricunga wird die tintenblaue **Laguna Santa Rosa** von einem Passepartout aus lauter verschneiten Fünftausendern gerahmt, darunter das wildgezackte Massiv der Tres Cruces, das in einem Gewirr von Gipfelfalten zahlreiche Lagunen verbirgt. Und als sei die Idylle noch nicht perfekt, spazieren Flamingos das Lagunenufer entlang. Es ist traumhaft schön und eisig kalt, denn die Laguna liegt bereits auf 3700 m Höhe. Hier kann man in einer winzigen, ziemlich winddurchlässigen Schutzhütte der Conaf übernachten.

Bei der Weiterfahrt zur Laguna del Negro Francisco, im südlichsten Teil des Nationalparks, passiert man das Massiv der Tres Cruces und gelangt auf das Gelände der **Goldmine Marte.** Wer hier oben, auf 5000 m Höhe, acht Tage arbeitet, hat danach acht Tage frei. Die Durchreisenden werden registriert, was in dieser stillen Einsamkeit doch irgendwie tröstet.

Vikunjas und Lamas grasen bei den schwefelhaltigen, eiskalten Wasseradern. Der nackte Vulkan Copiapó (6052 m) beherrscht mit seinen Aubergine- und Aprikosenfarben die gesamte Landschaft. 85 km sind es zur olivgrünen **Laguna del Negro Francisco.** Spätestens hier ist es vorbei mit dem Gefühl, Pionier zu sein, denn hier sind richtige Pioniere am Werk. Die Lagune mit ihren schneeweißen Salzrändern und einem dunkelroten Flimmern über der Wasseroberfläche ist Gegenstand intensivster geologischer Forschungen. Die Wissenschaftler bohren nach unterirdischen Wasseradern, haben Fossilien und Knochen von Dinosauriern gefunden und festgestellt, daß unter den Strahlen der unerbittlichen *altiplano*-Sonne pro Sekunde etwa 1500–2000 l Lagunenwasser verdampfen. Die Laguna del Negro Francisco besteht aus einem Salzwasser- und einem Süßwasseranteil, der von Flamingos besucht wird.

Um zur Laguna Verde und der Basisstation für die Besteigung des Ojos del Salado zu gelangen, muß man dieselbe Strecke bis zur Einmündung des *Camino Internacional* in Richtung Argentinien zurückfahren. Die Gebirgsmassive weichen dort einer offenen Hochebene, der **Planicie Piedra Pómez,** aus der isolierte Vulkangipfel herausragen.

Die **Laguna Verde** 5 liegt wie eingebrannt in dieser beeindruckenden Landschaft, in der jede Erhebung über 6000 m mißt. Daß die extremen Wetter- und Windverhältnisse Handelsverkehr zulassen, mag man kaum glauben, und doch wurden bis in die 60er Jahre hinein argentinische Rinder über die Andenpässe getrieben. Zahlreiche bleiche Knochen liegen über die Hänge verstreut. Eine kurios verendete Kuh wacht quasi als Maskottchen vor den *baños termales* an der Laguna Verde. Sie hat

sich zum Sterben gekniet, die Sonne hat einer Hälfte Fleisch und Haut weggebrannt und läßt den Blick in das Gerippe eindringen, die andere Seite haben Kälte und salzhaltige Luft blendend konserviert. Die Quellen mit immerhin 34 °C sind eine beliebte – und die einzige – Möglichkeit, sich ein bißchen zu wärmen.

Pflicht für alle Besteiger des **Ojos del Salado** 6 ist es, günstige Wetterverhältnisse abzuwarten und eine Akklimatisationsperiode auf 4600 m von etwa zehn Tagen mit leichtem Trekkingprogramm einzukalkulieren. Danach folgt eine erste Etappe auf 5200 m Höhe mit abendlicher Rückkehr ins Lager. Wer diese Feuerprobe nicht besteht, sollte sich nicht an die Besteigung wagen.

Das Militär hat eine Schutzhütte der Conaf schlicht besetzt und nimmt niemanden auf, aber es gibt eine weitere, unbeheizte Hütte mit mehreren kleinen Zimmern und einer geräumigen Küche. Viele campieren auch in dem eisigen Wind.

In Richtung des Ojos del Salado ragen auf einem geschwungenen Hang Büßerschneefelder in die Luft, sogenannte *pe-*

Weg in die verschneite Einsamkeit:
Die Straße zum Ojos del Salado

Straße verläßt nun das Gebiet der Kordillere, die Chile von Argentinien trennt, führt in einem weiten Schwung Richtung Westen und überquert stark gekurvt und gebogen die braune, wilde, wunderschöne **Cordillera de Domeyko** 8. Wo die Straße Platz läßt für einen Aussichtshalt, sollte man ihn einlegen.

Von Potrerillos zum Parque Nacional Pan de Azúcar

Bei der Abzweigung zur Minenstadt **Potrerillos** 9 beginnt erneut die Asphaltierung. Wie vom Himmel auf die Erde gefallen sieht der Ort aus. Zwischen den runden Kuppen der vielgegliederten Kordillere pufft, dampft und zischt es unentwegt in die stille, klare Luft. Die Siedlungen hängen zwischen den Mulden und auf den kleinen Plateaus der Gebirgslandschaft. Kupfer und Gold werden in Potrerillos seit 1922 verarbeitet. Die dort eingesetzten Chemikalien haben den Boden mittlerweile derart vergiftet, daß trotz kürzlich eingeleiteter Maßnahmen die Einwohner vermutlich umgesiedelt werden müssen.

Etwa 32 km weiter liegt die Kupfermine **El Salvador** 10 mit ihrer gleichnamigen Schlafstadt (10 000 Einwohner) auf 2300 m Höhe. Säuberlich in reich (El Salvador) und arm (Portal del Inca) geteilt, ist sie als amphitheatralischer Grundriß konzipiert, hat breite nordamerikanische Avenidas, einen zentralen Platz und recht wenig Leben.

Danach verläßt die Route die Welt der Kordilleren, Hochplateaus, Vulkane, Minen und Lagunen und klettert atem-

nitentes. Die Sonne und der starke Wind haben die Schnee- und Eisdecke des Hochplateaus zu Platten zersägt und je nach Intensität der Bestrahlung und des Strahlungswinkels bis zu 20 m hoch aufragende Gebilde daraus geformt, die von weitem an überdimensionale Büßer oder Eiszapfen erinnern.

Einsame gute hundert Kilometer nördlich des **Complejo Fronterizo San Francisco** ist der 300 km² umfassende **Salar de Pedernales** 7 erreicht. Hier wird Borax abgebaut, und in den Lagunen finden Flamingos Nahrung. Die

beraubend schnell die **Cuesta El Jardín** hinunter. Mit dem schäbig wirkenden Minenarbeiterörtchen **Diego de Almagro**  ist wieder der Talgrund erreicht, auf dem es noch 68 km zum Meer sind.

Chañaral (S. 300) behauptet sich energisch, aber nicht unbedingt schön, schon lange als Ausfuhrhafen. Zunächst war es nichts als eine kleine Bucht, in der die Handelsschiffe zum Laden der landwirtschaftlichen Produkte anlegten, die in der Oase Finca de Chañaral geerntet wurden. Als 1824 Diego de Almeyda die Mine Las Ánimas eröffnete, wurde die Bucht zum Hafen ausgebaut und 1833 eine kleine Siedlung angelegt. Die reichen Minen im *altiplano* ließen den Hafen während des 19. Jh. wachsen. Die Hafenanlagen beherrschen dann auch die Silhouette der sich einen Hügel hinaufstemmenden Stadt. Von jedem Punkt aus sind sie gut sichtbar: die neuen Konstruktionen ebenso wie die verrosteten Loren und Gleise, die man auch in ein Industriemuseum verfrachten könnte. Der 12 000-Einwohner-Ort hat eine sympathische, handfeste Ausstrahlung, eine ordentliche Infrastruktur, zwei Häfen und einen langen Strand.

Ein schönes Ausflugsziel ist der 31 km entfernte **Parque Nacional Pan de Azúcar** (S. 318), der die seltenen, vom Aussterben bedrohten Humboldtpinguine und Seelöwen schützt. In der Traumbucht der **Playa Blanca** kann man in Fischerhüttchen essen, sich zur Pinguinkolonie schippern lassen (Betreten verboten!) oder picknicken. Die sanften Sandhügel sind mit 20 verschiedenen, nur hier vorkommenden Kakteenarten überzogen.

Sonnenuntergang am Pazifik:
Ausgewaschene Felsküste bei Chañaral

Der ›Große Norden‹

Zwischen Glimmergneis und Vulkanen

Die Geschichtsdramaturgie der Ersten und Zweiten Region hätte turbulenter nicht entworfen werden können. Bis in das letzte Jahrzehnt des 19. Jh. gehörte dieser wilde Norden nicht zu Chile, sondern jener Teil, den man heute grob als Zweite Region bezeichnet, zu Bolivien, und die Erste Region gehörte zu Peru. Der Salpeterkrieg von 1879 bis 1883 löschte diese Grenze und verleibte das riesige Stück bloßen, windigen, heißen Landes dem siegreichen Chile ein.

Eine schmale, zerklüftete Küstenlinie liegt wie ein Saum zu Füßen des Küstenberglandes, das hier schnell Höhen bis zu 1000 m erklimmt wie bei Iquique, um darauf eine vegetationsarme, steinige, von der Sonne unerbittlich verbrannte Hochebene folgen zu lassen, die sich gen Osten in den 4000 m hohen, von Vulkanen umstandenen *altiplano* auflöst. Kleinste Oasen liegen dort unwirklich wie hinabgeworfene Konfettischnipsel in tiefen Taleinschnitten. Eine Reihe von Salaren begleitet die Grenzen zu Argentinien und Bolivien. Uralte indianische Handelspfade vernetzen sich entlang der Betten von Schmelzwasserflüßchen und ließen Flecken aufblühen wie San Pedro de Atacama.

Und doch ruht unter der unwirtlichen, großartigen Oberfläche ein erheblicher Reichtum, der in der Mitte des 19. Jh. das gesamte Land in einen Spieltisch für Spekulanten und Abenteurer, aber auch für scharf kalkulierende Kapitalisten verwandeln sollte. Kupfer, Gold, Silber und später das ›weiße Gold‹ Salpeter (s. S. 36 ff.) wurden der Reihe nach hier aufge-

funden. Eisenbahnlinien wurden dort über das Land gebreitet, wo es zum Abtransport der Mineralien nötig erschien, und an der Küste entstanden Handels- und Repräsentationsstädte, so bodenständig wie Antofagasta, so verspielt wie Iquique.

Sie entstanden aus dem Nichts, denn es gab keine Vorläufer. An der Küste siedelten vereinzelt Fischer, die sich mit dem Sammeln des als Dünger begehrten Guano ein Zubrot verdienten und sich ihre elenden Hütten aus Walrippen, Schwemmholz und Robbenhaut zusammennestelten. Der einzige bolivianische Hafen Cobija, im 18. Jh. noch auf Kupferstichen als durchaus lebhaftes Städtchen porträtiert, verfiel nach dem Sieg Chiles über Bolivien. Heute gibt es ihn schlicht nicht mehr.

Was von dieser Zeit übriggeblieben ist, erfaßt man schnell. Merkwürdige La-

In die endlose Weite des chilenischen Nordens: Piste von San Pedro de Atacama
◁ *zu den Tatio-Geysiren*

byrinthe aus niedrigen Steinhaufen begleiten die Fahrten auf der Panamericana in Richtung Norden. Es sind Überreste der Salpeterabbaustätten, der *oficinas,* die wie ein Netz über die nackte Landschaft gebreitet waren (s. S. 36). Zu beiden Seiten der Panamericana (Ruta 5) blitzen zwischen den Wüstenfelsen hell leuchtende Holzgestelle in der Sonne auf: Friedhöfe, deren Gräber aus weißgestrichenen Holzlatten gebaut und mit Papier- und Plastikblumen verziert wurden.

Diese Vergangenheit wird nun allmählich im Bewußtsein der Chilenen verankert. Kein Museum der Region, das sich nicht eingehend mit diesem Thema auseinandersetzte. Der aus Böhmen stammende Naturforscher Thaddäus Haenke hatte 1801 im damals noch zu Peru gehörigen *altiplano* das weiße Salpeter gefunden und auch seine ge-

gensätzliche Nutzung: Es ließ sich als Schießpulver und gleichzeitig als Düngemittel aufbereiten. Für beide Verwendungszwecke herrschte große Nachfrage, zum einen in Südamerika selbst, zum anderen später dann im Europa der sich konzentrierenden Industrialisierung.

Die Erkundung der Wüste indes geschah nicht aufgrund bolivianischer oder peruanischer Initiative, sondern aufgrund chilenischer. Diego de Almeyda, der den aus Kassel stammenden Biologen und Zoologen Rudolph Amandus Philippi 1853 auf seiner Reise in den Norden begleitete, die dem Ziel galt, diese unerforschte Region für die Universidad de Santiago kartographisch zu erfassen, sowie José Antonio Moreno und José Santos Ossa durchpflügten den Boden nördlich von Copiapó und entdeckten Kupfer, Gold und später Salpeter.

Kontinuität können die wenigsten der Orte im Norden für sich reklamieren. Die Besiedlung ist den launischen Zyklen der Wirtschaft unterworfen. Taltal nannte man zu Zeiten des Salpeterbooms ›Klein-Iquique‹ und umschrieb damit seinen Reichtum und seine Schönheit. Doch wenn heute ein Minenbesitzer die Belegschaft entläßt, ist das ganze Städtchen davon betroffen und hißt aus Protest auch schon mal die bolivianische Flagge. Mejillones dagegen hängt an einer neuen Erdgasleitung aus dem argentinischen Salta, die an seinen windigen, sandigen, einsamen Wildwestküsten endet. In der Stadtverwaltung beschäftigt man sich hochgestimmt mit einem Tourismusprojekt, das ›Mini-Hawaii‹ getauft werden soll.

Überlebenskampf im Hochgebirge:
Vikunjas im Parque Nacional Lauca

Von Taltal nach Antofagasta

Taltal

1 (S. 344) Beginnen wir dort, wo Chile früher endete: Der Ort an der zerklüfteten Pazifikküste durchlebte den größten Boom seiner Existenz rund 18 Jahre nach seiner Gründung durch José Antonio Moreno, als im *Cantón* Taltal 21 Salpeter-*oficinas* die Produktion aufnahmen. Den Rohstoff transportierte man in Loren ab, bis 1889 The Taltal Railway von einer Londoner Firma in Betrieb gesetzt wurde. 150 km Schienen verbanden sämtliche *oficinas* mit der Muelle Salitrero in Taltal.

Was ist von der Schönheit der Stadt übriggeblieben? Die Avenida Francisco Bilbao führt zwischen eisenglänzenden Porphyrfelsen schnurgerade in den 9500-Einwohner-Ort hinein und endet am *mirador*-gekrönten **Cerro La Virgen.** Östlich erstreckt sich die Industrie-

Bei Antofagasta schieben sich die hügeligen Ausläufer der Atacama-Wüste nahe ans Meer

zone, westlich liegt die ganze Pracht von etwa fünf Straßenzügen in der Länge und neun in der Breite am weitgeschwungenen Pazifikstrand. Kinder vergnügen sich an den kurzen Sandstränden.

Taltal hat durchaus noch einige der verspielten Holzhäuser mit säulengestützten Veranden aus der Salpeterepoche vorzuzeigen. Man findet sie an der Straßenkreuzung Merced/Prat und in den Straßen Ramírez und Martínez. Sie streuen melancholische Zeichen zwischen die fröhlich bunt bemalten Mauern der Gebäude neueren Datums.

Ruhe herrscht in den Straßen, die Hitze brütet über dem Asphalt. Selbst im einzigen Hotel am Ort gibt man sich schläfrig. Das Café Capri an der Plaza leistet sich eine Vitrine, die in ihrer Kärglichkeit sämtliche Konsumräusche der Chilenen ad absurdum führt, aber hier ißt man das allerorts gerühmte Eis einer Dame, die – weißgeschminkt, hochbetagt, mit tadellos gefärbtem schwarzem Haarturm, mager und elegant – den Höhen und Tiefen ihrer Stadt mit Nonchalance zu begegnen weiß.

Wer nach klassischen Sehenswürdigkeiten Ausschau hält, muß sich in Taltal bescheiden. An der Avenida Prat gibt das **Museo de la Municipalidad** Auskunft über archäologische Stätten und deren Fundstücke, über Schmuck und Keramik der Atacameño-Kultur sowie über Jagd- und Fangmethoden der indianischen Chango – aber es ist nicht gerade sensationell. Die **Plaza** von repräsentativen Ausmaßen wird von dem 1921 eingeweihten Stadttheater und der Kirche gerahmt.

Früher säumte eine *oficina* neben der anderen die Strecke bis hinauf nach Antofagasta, doch davon ist nichts geblieben.

Von Taltal nach Antofagasta

Rund um Antofagasta

Antofagasta **2** (S. 293; ausführliche Beschreibung s. S. 223 ff.) boomt wieder. Minen wurden neu geöffnet, Arbeitsplätze entstanden. Und schon drängeln sich neue, glitzernde Einkaufstempel, in denen auch tagsüber völlig überflüssigerweise Kaskaden aus künstlichem Licht über Rolltreppen und Interieurs rieseln, zwischen stinkende Hühnerfarmen. Alles recht kunterbunt zusammengemixt: So präsentiert sich die 225 000-Einwohner-Stadt und Hauptstadt der Zweiten Region.

Die Strecke von Antofagasta hinauf nach Mejillones versetzt einen mühelos in einen Westernfilm. Aus dem tellerflachen Sanduntergrund gerissenes, dünnes Gestrüpp fegt der unbeherrschte Wind zu Rädern zusammen und treibt es über die glühende Straße. Die allerdings ist frisch asphaltiert.

Mejillones 3 (S. 314) liegt im Norden einer breiten, axtförmigen Landzunge in einer perfekt weitgeschwungenen Bucht. Seine gut 5000 Einwohner leben in einfachen Fischerhäusern entlang breiter Straßen – Platz gibt es im Überfluß. Das schläfrige, sonnendurchflutete Städtchen war nach einem kurzen Boom der Vergessenheit, dem Sand und den Pazifikwellen anheimgegeben und erwartet jetzt mit dem Bau des Superhafens den nächsten Frischeschub. Die über die argentinisch-chilenischen Pässe Jama und Sico transportierten Handelsgüter sollen hier verladen werden und argentinisches Erdgas aus Salta strömt ebenfalls auf die wartenden Schiffe.

Das in einem alten Holzhaus untergebrachte Museo de Mejillones zeigt einige Fundstücke der ersten indianischen Bewohner, Fotos aus der Zeit der vergangenen Prosperität und Reste einer spanischen Galeone, die in der Nähe gestrandet war. Ziemlich aufgepeppt wurden der verwinkelte und mit Erkern geschmückte Holzbau der Municipalidad, den man auch besichtigen kann, und die Capitanía del Puerto. Diese Gebäude gehören zu einem Ensemble aus der Zeit um 1906, als die Ferrocarril de Antofagasta a Bolivia (FCAB) Mejillones zu einem ihrer Ausfuhrhäfen erkor und Fabriken, Hafenanlagen und Verwaltungsgebäude errichten ließ.

Auf halber Strecke nach **Baquedano** 4 (S. 296) überquert die Panamericana den Wendekreis des Steinbocks. Nach 69 recht eintönigen Kilometern zwischen Wüstensand und in der Ferne schimmernden Kordillerenzügen macht ein buntbemaltes Ensemble aus Kleinsthütten mit einer vorgelagerten Station der Straßenpolizei auf sich aufmerksam. Verlassene Waggons warten einsam auf verrosteten Schienen. Das 500-Einwohner-Örtchen befand sich im Koordinatenkreuz der Verbindungen Iquique–Argentinien und Chuquicamata–Potrerillos, die gleichzeitig Handels- und Minenwege waren. Zu besuchen ist hier das Museo Ferroviario mit alten nordamerikanischen und deutschen Eisenbahnwaggons. Der Stolz ist eine Dampflok, die man immer noch in Betrieb setzen könnte.

Ungefähr dort, wo sich die Panamericana hinauf nach Iquique und die Route nach San Pedro de Atacama trennen, liegt die **Oficina Chacabuco** 5 (S. 315). Das Goethe-Institut in Santiago und seine rührigen Leiter Michael de la Fontaine und Dieter Strauß haben Mittel bereitgestellt, die Salpeterfabrik, deren Modell im Museo Regional in Antofagasta ausgestellt ist, zu restaurieren. Doch die Deutschen treibt nicht nur architektonisches Interesse am kostbaren Jugendstil-Interieur des Teatro Filarmónica an. Sie wollen auch auf Chacabuco als Folterstätte des Militärs während der Pinochet-Diktatur hinweisen. Damit berühren sie einen wunden Punkt. Salvador Allende ließ während seiner Präsidentschaft 1971 zwecks Würdigung der Salpeterarbeiter die Oficina Chacabuco unter Denkmalschutz stellen. Der Norden ist rot, das war klar. Pinochet hatte dann 1973 nichts Eiligeres zu tun, als an diesem symbolbeladenen Ort ein Exempel zu statuieren.

Antofagasta

■ (S. 293) **Antofagasta** besetzt ein auf 20 km gedehntes Stück Küstenstreifen am Fuß der rasch aufsteigenden, braungoldenen Küstenkordillere. Die besseren Viertel liegen im Süden, im Norden befand sich das Revier der ärmlichen Fischerkaten. Doch anläßlich der Umgestaltung zur Boomtown schieben sich jetzt auch einige gepflegte Kleinbürgerhäuschen dazwischen.

Antofagastas Hafenanlagen arbeiten vor allem für die Minen Chuquicamata, Santa Elena, Pedro de Valdivia und El Abra – das rückt seine Bedeutung als Fischereihafen in den Hintergrund. Angefangen hat es im Grunde genommen genau so. Der im bolivianischen Hafen Cobija logierende chilenische Minen-Entrepreneur José Santos Ossa entdeckte in der Pampa von Antofagasta Salpeter und machte dabei die Bekannt-

schaft des einzigen Bewohners der Zone, eines gewissen Juan López, der sich mit dem Sammeln von Guano über Wasser hielt. Er kaufte von der bolivianischen Regierung 300 000 m² Land und schaffte den Salpeter an die Pazifikbucht, wo ein überdimensionaler, auf die Felsen gemalter Anker den Schiffen ihren Weg wies. Antofagasta gab es damals noch nicht, dafür aber die Möglichkeit, hier zu prosperieren, was auch englische, bereits im peruanischen Salpetergeschäft tätige Gesellschaften reizte.

Auch der Silberabbau bei Caracoles in der Nähe von Calama verlangte nach einem Verschiffungshafen, und so wuchs das bolivianische Antofagasta, das damals noch Peñablanca hieß, 1870 auf satte 300 Einwohner – acht Jahre später waren es bereits 8500, darunter 6500 Chilenen. Offenbar hatten die Boli-

Hafen und Skyline von Antofagasta

Gebäude der Hafenverwaltung in Antofagasta

vianer die wirtschaftlichen Verflechtungen Chiles mit Europa, primär mit England, unterschätzt und ihren eigenen salpeterreichen Pampas keinerlei große Bedeutung beigemessen. In der weit entfernt liegenden Hauptstadt La Paz ignorierte man die Chilenisierung dieses Landstrichs. Mit der Besetzung Antofagastas am 14. Februar 1879 initiierte Chile den Salpeterkrieg.

Die Industrialisierung der Zone erhielt nach Kriegsende rasch Auftrieb, als die Eisenbahnstrecke von Antofagasta nach Bolivien gebaut wurde. Silber aus bolivianischen Minen wurde in die ehemals bolivianische, jetzt chilenische Silberscheideanstalt Huanchaca, südlich von Antofagasta, gebracht und dort geschmolzen.

Von nun an ging es Schlag auf Schlag: Eine zweite Eisenbahnlinie zu den Salpeterlagerstätten enthob Iquique seiner Bedeutung als Ausfuhrhafen. 1911 wurde die Kupfermine Chuquicamata in Betrieb genommen und 1922 die Eisen-

bahnstrecke zwischen dem argentinischen Salta und Antofagasta vorangetrieben, um sämtlichen Minen des reichen *altiplano* raschere Vermarktung zu garantieren. Das Unterfangen entwickelte sich zur schwierigsten Eisenbahnkonstruktion der Welt, und allein für das Teilstück zwischen Salta und der Grenzstation Socompa brauchte man 23 Jahre. Eine fiebrige Goldgräberatmosphäre beseelte diese Gegend, ein wenig davon ist in dieser Wüstenstadt auch heute noch zu spüren.

Antofagasta ist schnelllebig. Alter Plunder wird nicht restauriert; wer hier frisches Geld macht, identifiziert sich nicht mit den hölzernen oder steinernen Bauschönheiten aus der Zeit um 1900.

In Antofagasta blüht, wie in ganz Chile, vor allem der Konsum, dem man sich hingebungsvoll widmet. In den Straßenzügen Prat, Matta, Condell und Sucre zogen in die älteren Gebäuden mit ihren oft phantasievoll gestalteten Fassaden Geschäfte ein, und der Kontrast zwischen übermaltem Gründerzeitbarock, purem Art déco, Sportswear-Reklameschildern und Drogeriemärkten beherrscht das Antlitz der heißen, lauten Innenstadt. Abgase pusten grauen Staub in die Erker und Balkonverzierungen. Eines ist sicher: Diese Stadt vibriert.

Wer nicht wüßte, daß Antofagasta multikulturelle Wurzeln hat, würde es spätestens auf der zentralen **Plaza Colón** 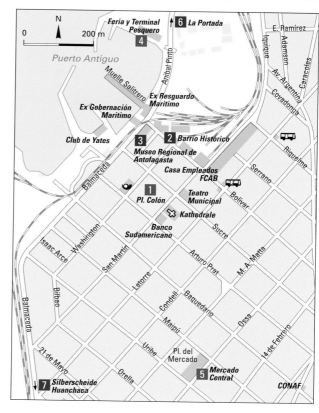 bemerken. Den repräsentativen Platz schmücken ein ausladender weißer Musikpavillon der slawischen Gemeinde und ein mit bunten Kacheln belegter Glockenturm der Engländer – der Glockenton soll den von Big Ben imitieren. Die hübschesten Häuser im Zuckerbäckerstil beherbergen die **Post** und den **Banco Sudamericano,** die die **Kathedrale** in ihrer Neogotik nicht übertrumpfen kann.

Ein sepiafarbenes Schild kündigt den **Barrio Histórico** ❷ drei Blöcke von der Plaza an der Avenida Balmaceda an. Wer einen aufgeputzten Museumskomplex unter freiem Himmel erwartet, wird enttäuscht. Es handelt sich eher um Konfettischnipsel, die sich aus den Anfängen des 20. Jh. herübergerettet haben und zu Museen umgewandelt wurden, wie z. B. das ehemalige Zollhaus, in dem das Regionalmuseum von Antofagasta untergebracht ist. Doch in dem gesamten Ensemble zwischen den Avenidas Balmaceda/Pinto, den Straßen Wa-

Antofagasta

shington und Bolívar in der Nähe des alten Hafens ersteht die Atmosphäre der Gründerzeit wieder, auch wenn nicht alle Gebäude das Zeug zu offiziellen Sehenswürdigkeiten haben. Ein verblaßter Schriftzug, eine stillgelegte Eisenbahntrasse, ein Haus vom Zuschnitt eines Handelskontors beschäftigen schnell die Phantasie.

Das zweistöckige **Museo Regional de Antofagasta** 🟥 ist eine pure Augenweide aus Pinienholz und widmet sich mit großer Hingabe der geschönten Darstellung des Salpeterabbaus. In Räumen,

die mit dem groben Leinen der *caliche*-Säcke ausgeschlagen sind, wird hier jeder Berufszweig der Salpeterindustrie erläutert, das Modell der Oficina Chacabuco gezeigt und der Luxus der Salpeterbarone ausgebreitet. Über die Arbeitsbedingungen in den Fabrikationsanlagen erfährt man hier allerdings nichts.

Auf der Avenida Balmaceda rauscht der Verkehr an den übrigen historischen Gebäuden und Anlagen vorbei. Dieses Gelände befand sich früher samt und sonders im Besitz des José Santos Ossa. So auch die **Muelle Salitrero** aus dem

Jahr 1872, erbaut von der Melbourne Clark Company. In zwei weiteren historischen Gebäuden in unmittelbarer Nachbarschaft residierte damals die Hafenverwaltung. Nur von außen betrachten lassen sich die Gebäude der **Ferrocarril de Antofagasta a Bolivia,** echte gründerzeitliche Industriearchitektur mit einem attraktiven Bahnhof auf dem Gelände. Die Waggons werden immer noch zum Transport von Kupferplatten eingesetzt.

Gegenüber der leicht verwahrlosten **Feria y Terminal Pesquero** 4 befin-

den sich die Gebäude der Soquimich aus dem Ende des 19. Jh. Der Fischmarkt wurde in der letzten Zeit ziemlich verkleinert und mit einem lauten **Mercado Persa** zusammengelegt, einer Art Billigwaren-Markt. Dadurch hat er ein wenig an Attraktivität eingebüßt.

Hübscher ist da der blaßrosa **Mercado Central** 5. Wie ein ausladendes Herrenhaus hinter einer Plattform zur Straße errichtet, auf der sich Kunstgewerbestände unter Palmenkronen ausbreiten, erstaunt er mit einem reichhaltigen Angebot exotischer Früchte. Die Marktrestaurants sind hier einmal nicht gerade billig und zählen zu den besseren Adressen der Stadt.

Bekanntestes Ausflugsziel und Wahrzeichen von Antofagasta ist die **Portada** 6, ein einzeln stehender, hell leuchtender Felsbogen draußen im Meer, gebaut aus Lagen versteinerter Muscheln und Vulkangestein. Man darf ihn nur von einem *mirador* oberhalb der Küste betrachten. Seit dem Erdbeben von 1998 ist das Betreten der wirklich malerischen Strände vor der Portada verboten, da die Felsschichten einzustürzen drohen.

Eine **Strandzone** hat Antofagasta ebenfalls zu bieten. Sie liegt, umgeben von modernen Residenzvierteln und dem Universitätsgelände, im Süden der Stadt. Noch weiter südlich befinden sich die Ruinen der **Silberscheide Huanchaca** 7. Nach 19 Jahren Betrieb und einem monatlichen Ausstoß von 20 t feinsten Silbers, Arbeitsplatz für mehr als 1000 Arbeiter, wurde sie aufgegeben, demontiert und steht nun als mächtiger Steinklotz am Strand – eine grandiose, rätselhafte Kulisse von nutzlos gewordenen Treppen, Plattformen und Kanälen.

La Portada –
Felsbogen an der Küste bei Antofagasta

San Pedro de Atacama und Umgebung

Flöhe und Bettwanzen seien hier unbekannt, stellte nüchtern der Professor der Zoologie und Botanik Rudolf Amandus Philippi fest, als er 1853 den Flecken San Pedro de Atacama besuchte, um im Auftrag der chilenischen Regierung zu erkunden, wie diese Gegend denn nun wirklich beschaffen sei, die man einfach *desierto* oder *despoblado de Atacama* nannte, ›Wüste‹ oder ›die entvölkerte Atacama‹. Schon die Inka hatten den Ort als Handelsstation genutzt, aber den Chilenen schien er ebenso fremd zu sein wie den Europäern.

Was muß der aus Kassel stammende Biologe, der nach der gescheiterten Revolution von 1848 als politisch Verfolgter zusammen mit seinem Bruder flüchten mußte, empfunden haben, als er diese Landschaft voller surrealer Wucht sah? Gesteine wie frisch gefallener Schnee, zusammengebackene Bodenkrusten, eine gedörrte Erde wie Schorf, seltsame Türme aus Sand und Salz, aber auch saftige Wiesen und eine Kette eisgekrönter, in Erzgesteinsfarben gestreifter Vulkane vermaß und beschrieb er, und das alles lag vollkommen abgeschieden auf 2500 m Höhe.

Die landschaftlichen Schönheiten von San Pedro, das am Rande der trockensten Wüste der Welt zu Füßen des erzfarbenen Vulkans Licancabur (5916 m) liegt und von einer wundersamen Salzkrustenkordillere abgegrenzt wird, sind so außergewöhnlich, daß es zum absoluten Shooting-Star unter den Reisezielen in Chile avancierte.

Erze und vermutlich auch Gold gab es in den Bergen Licancabur und Juriques, Kupfer in einem Massiv, nicht weit von San Pedro entfernt: Inmitten all der nackten, rauhen Schönheit der Kordillere ruht Chuquicamata, die größte oberirdische Kupfermine der Welt, die seit 1911 mit den jeweils neuesten Technologien ausgebeutet wird (s. S. 242 f.). Diese *Chuqui,* wie die Chilenen sie – meist sehr stolz – nennen, hat die Landschaft geprägt: Alles, was die Natur an brennbarem Material hergab wurde für deren Öfen benutzt, das wenige Wasser der Mine zugeführt.

San Pedro de Atacama

1 (S. 335) San Pedro de Atacama mit seinen heute knapp 1000 Einwohnern, dessen aus dem 17. Jh. stammende Häuser kaum anders aussehen als die neu hinzugekommenen, schlief seinen Dornröschenschlaf bis vor rund einem Jahrzehnt. Die mittägliche Hitze lastete schwer auf der pfefferbaumbestandenen Plaza, und die *Atacameños* suchten Schatten und Ruhe in ihren weißgestrichenen Würfelhäusern aus Kaktusholz und Adobe. Kürbisse, Pfefferschoten, Kartoffeln, Koriander, Karotten, Salat und Zwiebeln gediehen in den feuchten Flußauen, der *chañar*-Baum lieferte Stärke, es gab Rindfleisch und im einzigen Kioskgeschäft am Platz ab und an Biskuitkuchen. Zweimal in der Woche erreichte als Bote aus einer lärmigen, lauten, ganz anderen Welt ein Bus aus dem nur 90 km entfernten Calama den Ort San Pedro de Atacama. *Pozo Tres,* ein kleines Schwimmbad, für das oft kein Wasser da war, stellte die einzige Zerstreuung dar. Und wen das Angebot in den kleinen Provisionsläden nicht zufriedenstellte, der kaufte im *supermer-*

cado der *hostería* ein – dort gab es auch Benzin. Das Menü im einzigen Restaurant am Ort bestand aus Dosensuppe und gebratenen Kartoffeln.

Doch plötzlich hatte die internationale Schar der Rucksacktouristen, die aus den Grenzstaaten Peru und Bolivien einreisten, San Pedro de Atacama auf ihrer Traveller-Landkarte entdeckt, und kurze Zeit später hielten auch die chilenischen Touristen Einzug. Die geringe Bettenkapazität war bald erschöpft, und die Wasservorräte waren es ebenfalls. Heute ist San Pedro de Atacama so beliebt, daß man sich fragt, wann hier eigentlich ein Flughafen eingerichtet wird.

Mittlerweile rollen sechs Busse täglich in San Pedro ein – und alle sind sie schön voll. An den Rändern des Dörfchens liegen neue Hotels, geschmackvoll der Landschaft angepaßt – bis auf das ›Explora‹, dessen Besitzer einen ehemaligen indianischen Friedhof aufkauften und das Hotel auf diesem Gelände errichteten. Ein hoher Zaun schützt es vor neugierigen Blicken. 28 Reiseagenturen sind in die Kaktusholz- und Adobe-Häuschen eingezogen, und alle bieten das gleiche Exkursionsspektrum an. Man fragt sich, wie sie überleben – aber sie tun es.

Es gibt geräumige Obstgeschäfte, thailändische Wok-Küchen, recht viel Alkoholkonsum und mittlerweile wohl auch Prostituion, weil die Minenarbeiter aus Chuquicamata, deren Schlafstadt Calama ist, sich von den ausländischen Touristinnen animiert fühlen, die so hippiehaft locker durch die Straßen schweben, aber selbstverständlich nicht ›zu haben‹ sind.

La dolce vita sprudelt in San Pedro – doch die *Atacameños* spielen in ihrer eigenen Heimat nur noch die zweite Geige. In der Regel reichen ihre finanziellen Mittel nicht aus, im großen Anden-Jahrmarkt mitzumischen. Und

500 Jahre alte Mumie im Museo Arqueológico in San Pedro de Atacama

jetzt hat sich auch noch eine ganz besonders verwerfliche Tourismusvariante entwickelt: die Plünderung indianischer Gräber. Rund 80 % der Grabstätten seien im gesamten Atacama-*altiplano*-Gebiet betroffen, meldete die konservative Tageszeitung ›El Mercurio‹ im Februar 1999.

Von der Dornröschenromantik blieb nicht eine Spur. Und trotzdem: Der Eindruck, in einer der Archaik verhafteten Zeit zu leben, in Bildern aus einem angehaltenen Film, der sich längst weiterbewegt hat, ist geblieben. San Pedro und seine Umgebung sind fremdartig und kostbar schön.

Seine Lage am gleichnamigen Flüßchen, umgeben von einer nahezu vegetationslosen Landschaft, die nur Pilze, Flechten, Kakteen und besonders hartfaserige Grasgewächse zuläßt, prädestinierte San Pedro schon früh zu einem Siedlungs- und Handelsknotenpunkt. Man geht davon aus, daß es früher viel mehr Wasser gab als heute. Das Atacameño-Volk der Cunza lebte in 15 kleinen Gemeinden *(ayllos)* entlang des Flußlaufes. Der Verteidigung diente die Festung Quitor aus dem 12. Jh., hoch über einem leicht zu kontrollierenden

Wo Vulkane Menschen sind
Geschichten aus dem *altiplano*

Mit Legenden und Sagen übersät ist der *altiplano,* und wer ihn sieht, kann sich auch vorstellen, wieso: Diese Landschaft, die aussieht wie geträumt, mit einer Fülle so unwirklich anmutender Schönheit, bietet sich förmlich als Schlupfwinkel und Leinwand der Phantasien an.

In der Gegend um San Pedro de Atacama beispielsweise erzählt man sich folgende Geschichte: Der Vulkan Lascar hatte seine Tochter Quimal, den höchsten Berg im Westen der Region, dem Vulkan Juriques versprochen. Doch Quimal liebte den Vulkan Licancabur. Lascar war darüber so erbost, daß er ein Flammenmeer aussandte, um Licancabur zu töten. Doch eine brennende Kugel entwischte ihm und riß Juriques und ihm selbst die Köpfe ab. Daraufhin versank das ganze Tal und trennte Licancabur und Quimal auf immer und ewig. Nur zu einem einzigen Termin sind die beiden vereint, am 21. September nämlich, zum Frühlingsanfang, wenn die Sonne ganz früh am Morgen so steht, daß Licancabur seinen Schatten auf Quimal werfen kann.

Sonne, Schatten und Vulkane sind auch die Hauptakteure in einer Legende, die eine 95 Jahre alte *altiplano*-Bewohnerin erzählt. Sie lebt in dem *ayllo* Sequitor bei San Pedro de Atacama, in dem zu Zeiten der Atacameño-Kultur die Würdenträger wohnten, weil es der erhabenste Punkt am Flüßchen San Pedro war. Sie berichtet von einem Schatz von goldenen Opfergaben und Ritualgegenständen, der in diesem versunkenen Tal gelagert war, und den die Indios vor der Habgier der Spanier retten wollten. Sie versteckten ihn an einem Ort, wo an einem bestimmten Tag im Jahr die Schatten der Vulkane Miscanti und Meñiques aufeinandertreffen. Niemand hat ihn bisher gefunden, aber trotzdem ist er im Glauben der *Atacameños* fest verankert.

Lagune und Vulkan Miscanti

Taleinschnitt. Als die Inka ab 1470 die Cunza unterwarfen, beschrieben die historischen Quellen ihre Herrschaft als tolerant: Die Atacameños konnten ihre eigenen Götter weiter verehren und waren lediglich zu Tributzahlungen verpflichtet. Sie fuhren fort, zu Füßen ihrer heiligen Berge Licancabur, Juriques, Sairécabur und Volcán Colorado ihre Riten auszuüben – man bat um Wasser und unterstützte diese Bitte mit Goldopfern, wie neuere Funde belegen. Ganz anders lag der Fall, als 1540 Francisco de Aguirre die Atacameños in der *pukara* von Quitor besiegte. Schnell erhielt Atacama la Grande eine Pfarrkirche. Und dann stockte der Fluß der Geschichte.

In dieser Zeit muß sich das Stadtbild von San Pedro de Atacama herausgeprägt haben. Die Häuser aus getrockneten Lehmziegeln wurden mit Dächern, Türen und Fenstereinrahmungen aus Kaktusholz ausgestattet, die Dachbalken mit Schnüren aus Lamaleder miteinander verknüpft. Die einfache, effiziente Architektur dieser nahezu niederschlagslosen Gegend sah weder große Fensteröffnungen noch Türen vor, es galt, die große Mittagshitze fernzuhalten und die Kühle der Nacht zu bewahren. Bis auf den heutigen Tag hat sich dieses Prinzip als das tauglichste für dieses Gebiet erwiesen.

San Pedro hat sich seinen Schein der Versunkenheit bewahrt, was zur außerordentlichen Anmut dieses Dörfchens beiträgt. Wer durch die weißen Gassen streift, wird auch weiterhin rotbestaubte Schuhe tragen und keinen Schatten finden. Auf viele Besucher übt die leicht hippiehafte, unkonventionelle Atmosphäre zusammen mit der unwidersprochenen Archaik des Dorfbildes und seiner indianischen Färbung den größten Reiz aus. Es liegt eine Art Woodstock-Atmosphäre über dem Ort.

Die ›offiziellen‹ Sehenswürdigkeiten des Dörfchens sind rasch aufgezählt: Zu der ländlichen, schönen **Iglesia de San Pedro** mit ihrer beeindruckenden Decke aus Kaktusholz aus dem Jahr 1744, einem archaischen Lehmglockenturm von 1964 und einem Inneren wie eine kleine Theaterbühne mit bunten Heiligenpuppenmodellen gesellt sich das international gerühmte **Museo Arqueológico Padre Le Paige.** Das bekannteste Exponat dürfte ›Miss Chile‹ sein, die noch immer ihre neidisch machende Haarpracht zeigt – zwar die hübscheste unter den Mumien aus dem 15. Jh., aber nicht die wertvollste. 380 000 Exponate sind hier katalogisiert und der Wissenschaft zugänglich gemacht, neuerdings auch Goldfunde und Objekte aus einem indianischen Friedhof der Tiwanaku-Kultur; doch für den Laien bedeutsamer ist die tadellose didaktische Präsentation und Darstellung der 11 000 Jahre alten Atacameño-Geschichte. Mit dem Namen des Museums wird der Nestor der nordchilenischen Archäologie geehrt, der belgische Pfarrer Gustave Le Paige, der 1955 in San Pedro eingetroffen war und bei seinen ausgedehnten Spaziergängen auf Fundstücke der indianischen Vergangenheit stieß, die seine Neugier weckten. So zumindest sagt die Anekdote.

Es lohnt sich aber auch, in den Gäßchen von San Pedro herumzustreifen und der **Casa Incaica** an der Plaza einen Besuch abzustatten, die aus dem 16. Jh. stammen soll, aber ihren Nachbarn ähnelt wie ein Ei dem anderen, auf dem Kunstgewerbemarkt in einer kleinen Fußgängerpassage neben der *municipalidad* herumzustöbern oder vielleicht zu einem *ayllo* zu wandern.

Ausflüge in die Umgebung von San Pedro de Atacama

Einen attraktiven Einstieg in die verzaubernde Umgebung bietet ein Besuch des etwa 20 km entfernten **Valle de la Luna** 2. Weil das ›Mondtal‹ zum Naturschutzgebiet erklärt wurde, darf man hier nicht mehr campieren. Die imposante Cordillera de la Sal türmt sich zu beiden Seiten der Straße in tausenderlei beeindruckenden Formationen in die Höhe. Nach 27 km öffnet sich das Valle de la Luna. Es gibt auch eine geschotterte Direktverbindung, die in die Calle Caracoles in San Pedro einmündet.

Am schönsten ist das ›Mondtal‹ bei Sonnenuntergang, von der großen Sanddüne aus betrachtet, wenn das schwächer werdende Licht der Wüstenerde die schönsten Farbnuancen von Gold, Purpur, Burgunder und Ockerbraun entlockt. Dann spielt es mit den tausenderlei Erdkrusten, Vertiefungen, Nischen, Zacken, Domen und Becken, aus denen das Valle de la Luna besteht. Sein bizarres Aussehen verdankt der frühere Grund eines Sees tektonischen Senkungen und der Erosion: Scharfe Winde, extreme Sonneneinstrahlung und kräftige Temperaturschwankungen gruben, sägten, hobelten und formten dieses Kleinod zurecht. Der Boden trägt einen blütengleichen Schmuck aus Salzkrusten und ist mit Salzkristallen übersät, deren sanft leuchtende Transparenz an Quarze erinnert.

Die 3 km von San Pedro entfernte **Pukara de Quitor** 3 läßt sich am besten während eines Vormittagsausflugs erkunden, weil dann der Weg dorthin durch den gleichnamigen *ayllo* und sei-

Nachmittagsstimmung in der bizarren Einsamkeit des Valle de la Luna

ne Bewässerungskulturen im Schatten verläuft. Die restaurierte *pukara* thront hell und leuchtend über dem *barranco*.

Mühsamer erschließt sich dem Besucher die **Aldea de Tulor** 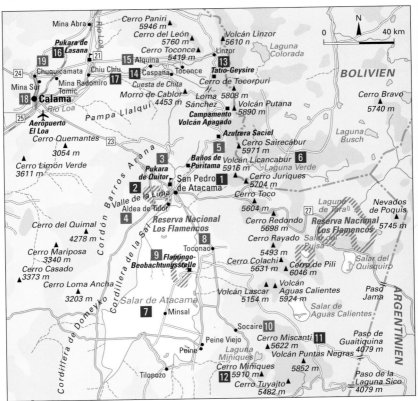 im Süden von San Pedro. Sie ist die älteste Besiedlungsanlage dieser Gegend und läßt sich ins 8. Jh. v. Chr. datieren. Ein rekonstruiertes Modell am Beginn des Rundgangs veranschaulicht die Bauweise der Atacameño-Gemeinde: fensterlose Rundhäuser mit einem tiefgezogenen Torbogen, zwischen dem praktisch keine Straßen lagen. Laufstege führen an einigen wenigen freigelegten Mauerfragmenten entlang. Von oben betrach-

tet gleichen sie einem kleinen Kreislabyrinth. Der Wüstensand und die Trockenheit haben die Mauern vor den Spuren der Zeit geschützt, doch die freigelegten Teile sind dem scharfen Wind und somit der Erosion ausgesetzt, zumal sie nicht fachmännisch gesichert werden.

Für eine überraschende Abwechslung inmitten all der Wüstentöne sorgen die **Baños de Puritama**. Es gibt zwei Möglichkeiten, die auf 3200 m Höhe gelegenen Thermalbäder zu besuchen. Zum einen sind sie obligatorischer Stopp auf einer Rundtour zu den Tatio-Geysiren (s. S. 238). Wer sie unabhängig davon besuchen möchte, fährt auf gut

San Pedro de Atacama und Umgebung

ausgebauter Piste in nordöstliche Richtung am Friedhof und später an der Schwefelmine Azufera Polán vorbei. Nach 28 km leitet links eine Abzweigung in die Quebrada Río Grande hinab. Die Bäder liegen in einer schmalen, sanftroten Erdspalte und werden von saftiggrünen Vegetationsbändern gerahmt.

Die natürlich geformten Thermalbekken (etwa 37 °C) und einen Miniaturwasserfall hat die Familie Ibáñez del Campo, der auch die Explora-Hotels gehören, einer indianischen Gemeinde abgekauft und in eine Anlage mit Umkleidekabinen und Laufstegen verwandelt. Der Eintrittspreis ist allerdings so hoch (z. Zt. etwa 10 US-$), daß die früheren Eigentümer ihn sich nicht mehr leisten können.

Die Laguna Verde

Zur Laguna Verde in Bolivien bricht man am besten möglichst früh auf. Wegen der Aus- und Einreiseformalitäten (Paß nicht vergessen!) ist es sinnvoll, sich einem darauf spezialisierten Reiseveranstalter anzuvertrauen. Der Weg führt zunächst auf den Vulkan Licancabur zu und zieht sich an den mit *paja brava* bestandenen und mit Geröllschutt bedeckten Bergflanken vorbei auf das farbige Dreieck des **Cerro Juriques** (5704 m) zu. Einzelne Säulenkakteen gedeihen auf dem kargen Untergrund. Es herrschen richtige *altiplano*-Verhältnisse: Paßstelle und Grenze liegen nur 45 km von San Pedro entfernt, aber auf dem Weg sind über 2000 Höhenmeter zu überwinden. Flamingos picken in der grenznahen Laguna Blanca nach Nahrung, die Höhenluft schmeckt nach Eiskristallen.

Das Spektakuläre an der **Laguna Verde** 6 ist die Farbe, die ihr den Namen gab: Smaragdgrün mit einem schaumweißen Rand aus Salzablagerungen, wirkt sie wie in den braunen *altiplano*-Grund gebrannt. Wenn sich der schneidende Mittagswind erhebt, kräuselt er die Wasseroberfläche und wirbelt die Sedimente durcheinander, und aus vorher unscheinbarem Grau entwickelt sich das leuchtende Grün. Wer will, kann sich in einem rustikalen Thermalbecken die kalten Glieder wärmen.

Der Salar de Atacama

Das Attribut ›trockenste Wüste der Welt‹ für die Atacama-Wüste mag manchen verblüffen, denn eine Wüste stellt man sich gemeinhin immer als trocken vor. Doch die Meteorologen verzeichnen auch den kaum nachvollziehbaren Niederschlag aus Verdunstungsfeuchtigkeit und den feuchten Flaum auf Steinen als meßbare Größe. Auch in dieser Hinsicht hat die Atacama-Wüste nichts zu bieten, denn ihr Becken wird von der steil aufsteigenden Wand des Küstengebirges vor den Nebelbildungen des Meeres abgeschirmt.

Der **Salar de Atacama** 7, ein riesiger, unter Schichten vulkanischen Materials begrabener, unterirdischer Salzsee, liegt auf 2300 m Höhe und bedeckt 300 km². Seine Reichtümer sind unterschiedlichster Natur. Etwa 40 % aller Lithiumreserven der Welt sollen sich hier konzentrieren, ebenso lagern große Vorkommen an Pottasche und Borax unter der tischebenen, gleißenden Oberfläche. Doch spielt der See als Tierrefugium eine bedeutsame Rolle, und dies verträgt sich nicht mit den wirtschaftlichen Interessen.

Das nach 38 km erreichte prähispanische Oasendörfchen **Toconao** 8 gleißt im Glanz des kreidigweißen Liparits, eines vulkanischen Gesteins, aus dem die Häuser und die alte Iglesia San Lucas mit ihrem dreigestuften Glockenturm aus dem Jahr 1750 gebaut sind. Der Liparit lagert in den sanften Höhenzügen vor dem 600-Einwohner-Ort, und jede Familie hat ihren eigenen kleinen Steinbruch, in dem sie je nach Bedarf arbeitet.

Toconao wird von fruchtbaren Feldern gerahmt, am hübschesten ist jedoch ein Besuch der **Quebrada de Jere.** Mitten in der Wüste plätschert ein von hohen Bäumen beschattetes Flüßchen, und unter dem dichten Blattwerk verstecken sich die Gärten der Bauern. Aprikosen und Kirschen werden hier angebaut, Kürbisse und andere Früchte. Die Bewohner stauen den Fluß auch gern zum Swimmingpool.

Die **Flamingo-Beobachtungsstelle** 9 bei **Soncor,** 67 km hinter San Pedro de Atacama, liegt nicht weit von Toconao entfernt. Die Conaf-Begleiter halten dazu an, sich möglichst vorsichtig und ruhig zu bewegen, dann lassen sich die *flamencos andinos, flamencos chilenos* und *flamencos James* am besten beobachten. Wer zur Dämmerung eintrifft, bekommt das Glitzern und Funkeln der Salzkrusten gratis dazugeliefert.

Die Einrichtung einer *Reserva Nacional* verspricht den Schutz der Flamingo-Kolonien, aber sie kann ihn kaum sichern. Das liegt an der Ausbeutung der Bodenschätze, aber auch an der touristischen Vermarktung. Der Salar de Atacama garantiert mit seinen Vorräten an Krill und Mikroorganismen in seinen Lagunen das Überleben zahlloser *altiplano*-Vögel, die vor dem Einbruch des bolivianischen Winters (während der chilenischen Sommermonate im Januar und Februar) und seinen heftigen Gewitterstürmen auf chilenisches Terrain flüchten, das davon nur abgeschwächt heim-

gesucht wird. Doch in den letzten Jahren finden die Tiere in ihrem angestammten Revier am Atacama-Salzsee immer weniger Ruhe und immer weniger Platz.

Zu den Vulkanen Miscanti und Miñiques

Ungefähr 16 km trennen die Abzweigung zum Salar de Atacama vom Oasendorf **Socaire** 10, das wie San Pedro schon in der prähispanischen Geschichte von Bedeutung war. Daraus hat sich auf 3218 m Höhe ein 285-Einwohner-Dörfchen mit einer ganz besonderen Architektur entwickelt. Zum Hausbau wurden nicht die *altiplano*-Materialien

Flamingos im Salar de Atacama

Adobe und Kaktus oder wie in Toconao Liparit verwendet, sondern graue, grob behauene Steine. Geschickt aufeinandergetürmt und ineinander verkeilt, bilden sie die ungefügen Wände. Die jüngeren Häuser wirken ungleich besser konstruiert, aber auch langweiliger. Überall im Ort finden sich einzelnstehende Öfen, in denen Brot oder *empanadas* gebacken werden.

Vor einer imposanten Gebirgskulisse liegt Socaire in einem weitgeschwungenen Tal, das intensiv für Terrassenfeldbau genutzt wird: Mais baut man an, Weizen, Bohnen, *ají*, Knoblauch, und – besonders hübsch – Sonnenblumen. Die zahlreichen aufgegebenen Terrassen verdeutlichen, wie viel Arbeit im Anbau steckt, denn sie sind mit Felsbrocken übersät.

Ein steiniger, anstrengender Weg steigt hinauf zum Gebiet der Vulkane **Miscanti 11** (5622 m) und **Miñiques 12** (5910 m) und ihren gleichnamigen Lagunen. Von ferne gleißt der Salar de Atacama wie eine Luftspiegelung. *Algarrobo, chañar,* Pfefferbaum, *paja brava* und Kakteen tupfen die grauen, ockerfarbenen, rotgestreiften Berghänge. Tiefblau oder dunkelgrün und weißgerändert leuchten die Seen im Hochplateau, die von Flamingos und Puna-Enten als Refugien erkoren wurden. Etwa 31 km sind es von Socaire in diese rauhe, seltsame, wunderschöne *altiplano*-Landschaft.

Zu den Tatio-Geysiren und nach Caspana

Wer die äußerst beliebten Tatio-Geysire sehen will, wenn sie am höchsten steigen, muß etwa um halb fünf Uhr aufstehen. Als Alternative wäre eine spätnachmittägliche Abfahrt von San Pedro und

Tankstelle in der Einsamkeit des altiplano

eine Übernachtung bei den Geysiren vorzuschlagen, was einem ein wenig vom Touristenrummel erspart. Man kalkuliert für die 95 km in den *altiplano* auf etwa 4300 m Höhe dreieinhalb Stunden ein. Die Piste ist gut ausgebaut, aber teilweise kurvenreich und mühselig zu fahren.

Die ausgeschilderte Straße steigt zunächst leicht an und erreicht nach 28 km die Abzweigung zu den Baños de Puritama. Ein Feld aus Lava und vulkanischem Gestein ist an der Cuesta del Diablo (›Teufelsschlucht‹) zu überqueren. Bei Kilometer 73 bietet der höchste Punkt der Route, die Loma Sánchez (4500 m) den besten Blick über die ganze Region. In den mit *paja brava*

überzogenen Hängen leben Vikunjas und die kleinen, flinken Viscachas, Verwandte der Chinchillas. Bei genauerem Hinsehen sind auch die salbeigrünen Flechten der *llareta* auf den braunen Steinen erkennbar. Nicht weit davon entfernt sendet der Vulkan Putana seine Dampfwölkchen in den Himmel.

Das weite, tundrafarbene Feld der **Tatio-Geysire** 13 bietet bei Tagesanbruch den schönsten Anblick. Die unterirdischen warmen Quellen gefrieren während der Nacht und ziehen sich in schwefelgefärbte kleine Mulden zurück, denen die Kälte dünne Eishauben überstreift. Schmilzt das Eis in der starken Höhensonne, explodiert das gestaute, warme Wasser und zischt seinen Dampf bis zu 20 m in die Höhe. Feuchtigkeitsschwaden durchziehen die Luft. Das ganze Talbecken pfeift, grollt, faucht und knistert, während die dünnen Eisschichten über dem Lehmgrund zerbrechen. Beim Durchwandern des Geländes ist Vorsicht geboten, denn schnell ist man auf einer Erdkruste gelandet, die unter dem Tritt schmilzt und nachgibt.

Auf einer Strecke von rund 120 km erschließt eine über große Strecken atemberaubende, aber nicht sehr komfortable Piste den *altiplano* bis hinunter nach Calama. Informationen über den Straßenzustand erhält man in der *municipalidad* von San Pedro de Atacama. Während des stürmischen bolivianischen Winters ist diese Route nicht zu empfehlen.

Von den Geysiren aus umrundet die Piste links den Cerro Cablor und landet in der Cuesta Chita. Nach 41 km zweigt rechts ein fast verborgener Weg nach Caspana ab.

Caspana 14 (S. 298), auf 3300 m Höhe gelegen, ist ein 800 Jahre altes Dörfchen, wie es unberührter von spanischen Einflüssen nicht wirken könnte –

ein kleiner, wundersamer Flecken, der aussieht, als habe man seine Häuser willkürlich in eine Felsspalte gestreut. Bei den Bewohnern spielt die Landwirtschaft die Hauptrolle, und so ziehen sich die Häuserreihen – für Besucher recht unbequem – an den Anhöhen beiderseits des tief eingeschnittenen Tales entlang, um auch nicht einen Handbreit der fruchtbaren Erde für den Hausbau zu vergeuden. Auf den steilen Terrassen gedeihen Birnen, Äpfel, Salat, Kaktusfrüchte, Zwiebeln, Aprikosen, Gemüse und Blumen, doch nicht etwa nur für den Eigenbedarf. Obwohl Caspana so weltabgeschieden wirkt und das Hinkommen mühselig ist, versorgen seine 400 Bewohner die Feria Modelo in Calama mit ihrem Gemüse und haben sich früher mit dem Sammeln der *llareta* für die Öfen der Kupfermine Chuquicamata ein Zubrot verdient.

Im Tal befinden sich die zinnoberrote Iglesia de San Lucas aus dem Jahr 1611 und das sehenswerte Brauchtums- und Geschichtsmuseum, auf das die kleine Gemeinde stolz sein kann. Neben Fotografien von archäologischen Stätten, Pfeilspitzen, steinernen Werkzeugen, Keramik und dem Hinweis auf den einzigen Inka-Altar *(ushnu)* in ganz Chile, der beim Cerro Verde entdeckt wurde, fesselt die effektvoll ausgestattete, unterhaltsame Schau zum Alltagsleben. Das Trennende zwischen katholischen und indianischen Elementen scheint in Riten und Festen verschmolzen zu sein. Wenig Kontakt pflegte Caspana mit den spanischen Konquistadoren, so daß einige interessante indianische Bräuche haben überleben können.

Kurz vor Aiquina durchfurcht ein tief eingeschnittenes, wildes Tal den *altiplano,* dessen Name Cuesta del Diablo (›Teufelsschlucht‹) nicht ganz falsche Assoziationen weckt. Früher wurden die Menschen hier mit einer kleinen Gondel über den Einschnitt gezogen.

Das von mehreren 5000 m hohen Vulkanen umgebene **Aiquina** 15 ist ein

Heiße Quellen in der Atacama-Wüste: Die Tatio-Geysire

wahrer Geisterort. Die holprige Strecke mündet in ein Plateau mit drei papierblumengeschmückten Kreuzen, um anschließend in einen perfekt angelegten Terrassenort abzuzweigen. Unübersehbares Zentrum ist die große, von einem Wellblechdach geschützte, weißgestrichene Iglesia Nuestra Señora de Guadalupe mit zwei mauergefaßten Vorhöfen und einem fünffach gestuften, backsteinroten Glockenturm. Wie Logen um eine Theaterbühne gruppieren sich die einfachen Steinhäuser mit ihren Dächern aus dem Stroh der *paja brava,* doch sie stehen die meiste Zeit des Jahres leer. Nur ganz wenige Menschen – man sagt 50 – halten sich ständig in Aiquina auf. Im Süden endet das leicht abfallende Plateau an einem malerischen Steilhang. Dort sorgt ein Torbogen für den richtigen Bühneneffekt, denn durch ihn erblickt man ein herrlich grünes, fruchtbares, von Felsen umringtes Tal, das sich bis zum Horizont dehnt.

Die Beschaulichkeit allerdings hat ein Ende, wenn die Wallfahrt der Guadalupe am 7. und 8. September stattfindet (s. S. 31). Mehrere zehntausend Pilger, die teilweise zu Fuß oder auf den Knien rutschend Aiquina erreichen, suchen dann in den Steinhäusern eine Herberge, und die Straßen bersten von Umzügen, Feierlichkeiten und Tänzen.

39 km hinter Aiquina verläßt die Straße die Hochebene. Von Chiu Chiu aus führt ein Weg in das enge Tal des Río Loa mit seinen dichtgepflanzten Gemüse- und Obstkulturen. Die Ackerbauern siedeln zumeist in Einzelgehöften am Talgrund. Nach 12 km taucht auf der linken Seite eine der besterhaltenen prähispanischen Festungsanlagen Chiles auf, die **Pukara de Lasana** 🔟. Hoch über das Tal getürmt, errichtet aus den sandfarbenen Steinen der Region, besteht sie aus 110 übereinandergelagerten Räumen und Speichern, die durch Treppen und Passagen miteinander verbunden sind. Nur die Dächer sind verfallen, und so braucht man lediglich ein wenig Vorstellungskraft, um die Gesamtanlage vor dem inneren Auge zu rekonstruieren. Mit der Ankunft der Spanier wurde die *pukara* aufgegeben. Von ihrem Standpunkt hoch über dem Río Loa erblickt man die Berge und Vulkane Boliviens.

Auch die Piste dorthin ist gesäumt von noch nicht näher dokumentierten Zeugen aus einer langen Vergangenheit. Insgesamt 76 bisher aufgefundene Petroglyphen, die man ins 4. Jh. datiert, bedecken hell leuchtende Felsbrocken aus dem vulkanischen Liparit. Sie lagern ungeschützt am Wegesrand.

Chiu Chiu

🔟 (S. 301) Neue Mine, neues Glück? Der Weg zwischen Calama und Chiu Chiu ist frisch asphaltiert, weil die neu in Betrieb genommene, nahegelegene Mine ›El Abra‹ gute Transportmöglichkeiten fordert. Die Weltentrücktheit von Chiu Chiu (300 Einwohner) hat damit ein Ende, und das alte Dörfchen am Zusammenfluß des Río Loa mit dem Río Salado wirkt neu und lebendig.

Chiu Chiu gilt als eine der ersten spanischen Siedlungen in Chile. Seine günstige Lage als Flußoase zog die Atacameños an, die später dann in der engen Schlucht von Lasana, an deren Ausgang sich Chiu Chiu befindet, ihre *pukara* errichteten. Auf dem zur damaligen Zeit äußerst belebten *Camino del Inca* wurden alle möglichen Handelsgüter befördert, und archäologische Ausgrabungen brachten solche Exotika wie Mollusken und Federn brasilianischer Provenienz ans Tageslicht.

Die fruchtbaren Auen um Chiu Chiu wurden früher intensiv mit Rote Bete, Mais, Mangold, Kartoffeln und Karotten bepflanzt, doch die jungen Leute verließen den winzigen Ort, als ein Teil des Río Loa abgezweigt wurde und das Wasser verknappte. Den Loa brauchte man für die Kupferwaschanlagen in der Mine Chuquicamata. Das Bewässerungssystem verfiel.

Heute könnte sich Chiu Chiu aufgrund seiner Lage und seiner Atmosphäre zu einem beschaulichen Konkurrenten des turbulenteren San Pedro de Atacama entwickeln: Sämtliche Attraktionen des *altiplano* sind von hier aus gut erreichbar, und schön ist der Ort auch.

Wenn eine typische *altiplano*-Kirche als Postkartenmotiv gebraucht wird, handelt es sich meistens um die mit weißem Kalk üppig bestrichene **Iglesia San Francisco** von Chiu Chiu. Mit zwei einfachen Glockenturmaufsätzen und einem kompakten Körper aus dicken Adobe-Mauern wurde sie um 1675 errichtet. Für den Innenausbau verwendete man *chañar*- und Kaktusholz, und die Deckenbalken bekamen Schnürungen aus Leder. Kein einziger Nagel wurde bei der Konstruktion benutzt. Das poröse, mit natürlichen Lochmustern verzierte Kaktusholz läßt das Sonnenlicht zart gefiltert wie fein gewirkte Spitze auf den Boden aus rotpolierten Lehmziegeln fallen. Zusammen mit den weißgekalkten Wänden und dem prächtigen Papierblumenschmuck ergibt das einen ganz eigenen, festlichen Effekt.

Zwei Schätze nennt die Kirche ihr eigen: Das Bildnis des Cristo de la Pasión ist ein in der Kunstgeschichte einmaliges Motiv, denn es besteht aus beidseitig bemaltem Leder, entworfen wie die beiden Seiten einer Medaille mit einer Vorder- und einer Rückenansicht. Es stammt aus dem 17. Jh. und ist anonymer Herkunft. Die Christusskulptur hat bewegliche Arme, damit sie ans Kreuz gehängt werden kann und auch in den gläsernen Sarg paßt, der während

Blick von der Pukara de Lasana auf den fruchtbaren Talboden

Chuquicamata
Der ›offene Himmel‹

Der Stolz des Landes liegt auf knapp 3000 m Höhe. Die größte Kupfertagebaumine der Welt, Chuquicamata, ist dem Firmament so nahe, daß die Chilenen sie *cielo abierto* (›offener Himmel‹) nennen. Sie pufft, dampft und donnert permanent in der lautlosen Luft des menschenleeren *altiplano*. In den Falten der blanken Kordillere besetzt sie Vorsprünge und Plateaus und sieht mit ihren vom Sonnenlicht gleißenden Metalltürmen wahrhaftig aus wie nicht von dieser Welt.

Wie stark sich *Chuqui,* wie sie die Chilenen freundlich nennen, in die Geschichte, in die Landschaft und die Gesellschaft Chiles eingravieren würde, davon hatte man allerdings bei der Inbetriebnahme im November 1911 noch keinen blassen Dunst. Denn hier beherrscht der Superlativ das Vokabular. Das Gestein, das in den 4,7 mal 3 km umfassenden und 750 m tief reichenden Terrassen abgebaut wird, enthält in fürstlichen Prozentsätzen Kupfer – und davon produziert Chuquicamata 600 000 t jährlich. Chuquicamata ist die einzige Mine des Landes, die der Privatisierungswut unter Pinochet entgangen war. Für die Chilenen bleibt sie etwas Selbstgeschaffenes, Großartiges, auf das das Ausland mit Neid blickt, auch wenn man mit Kupferexporten seit dem Verfall der Rohstoffpreise auf dem internationalen Markt nicht mehr viele Dollars verdienen kann.

Schließlich erhalten die Minenbeschäftigten Spitzengehälter – durchschnittlich das Drei- bis Vierfache eines Normallohns –, die Ingenieure haben eine vielseitige Top-Ausbildung genossen, die sie auf internationaler Bühne begehrt macht. Wohnen in den ordentlichen, in Reih und Glied aufgestellten Blocks und Einfamilienhäusern ist gratis, das Essen in den großzügig gestalteten Kantinen billig und gut. Freizeitvergnügen für die gesamte Familie sind generalstabsmäßig organisiert, und ein blendend ausgebautes Gesundheitsnetz kümmert sich um die Kranken.

Und da zeigt das glatte Bild Risse. Denn Chuquicamata produziert extreme gesundheitliche Belastungen –

der Osterprozessionen durch den Ort getragen wird.

Neben der Kirche wurde ein rustikaler hölzerner **Mirador** aufgebaut, um einen Ausblick auf die Umgebung zu bieten. Auf der *feria* können die Bauern der Region ihre landwirtschaftlichen Erzeugnisse verkaufen. Bei nur einem Hotel mit Zimmern in allen Preisklassen, zwei Restaurants und einem Café haben die Besucher noch nicht die Qual der Wahl.

Auf der gut ausgebauten Straße von Chiu Chiu nach Calama wird die **Laguna Inca Coya** passiert. Sie scheint natürlich muß da der Krankenhausaufenthalt gratis ausfallen. Eine Faustregel kursiert, daß man nicht länger als sieben Jahre in Chuquicamata beschäftigt sein sollte. Die fallenden Weltmarktpreise haben die staatliche Kupfergesellschaft Codelco, Betreiberin der Mine, laut darüber nachdenken lassen, die immerhin 12 000 Menschen Platz bietende Wohnstadt nicht länger zu halten, weil die Kosten von den Erträgen nicht mehr aufgefangen werden.

Mit dem Kupferabbau begannen hier aber nicht erst die 400 Arbeiter der nordamerikanischen Kompanie Andescopper, sondern die Fundstätte war schon in prä-inkaischen Zeiten bekannt. 1882 entstand die erste Anlage auf dem nach dem Salpeterkrieg gerade frisch chilenisch gewordenen Gelände, und 1911 hatten sich die Gebrüder Guggenheim in Chuquicamata eingekauft. Vier Jahre später gossen und walzten sie die ersten Kupferbarren und -platten. Bald wurde die Dimension entschleiert, in der hier das Kupfer lagerte – die Quelle ist trotz intensivster Ausbeutung immer noch nicht versiegt. Auch werden heute die Schlackenhalden recycelt, deren Kupfergehalt teilweise immer noch über 50 % beträgt. In der Nähe befinden sich zwei neue Minen, El Abra und Radomiro Tomic.

Fieberhaft stiegen damals die Produktionszahlen, und ebenso fieberhaft wurde der *altiplano* nach Elementen durchwühlt, um die gefräßige Mine in Betrieb zu halten. Die spärlichsten Wasservorkommen preßte man in Chuquicamata, selbst die geringste Vegetationsspur verwendete man als Brennstoff. Die Säulenkakteen, das traditionelle Baumaterial der Region, und sogar der salbeigrüne Pilz *llareta*, der Jahrzehnte braucht, um einen Stein zu besiedeln, fielen Chuquicamata zum Opfer. In winzige Salzstöcke zwängten sich die Arbeiter hinein, um das Mineral abzuschlagen. Die gesamte Umgebung ist hochgradig arsenverseucht.

Diese Probleme werden bei der öffentlichen Besichtigung angerissen, aber nicht vertieft. Die Besichtigungstour auf dem Werksgelände erschöpft sich im Anhalten an zwei Aussichtspunkten, die einen überwältigenden Anblick bieten. Wenn nicht die häufigen Sprengungen die Sicht vernebeln, sieht man die 50 m hohen Schaufelbagger die Terrassen behutsam und scheinbar lautlos hinuntergleiten, wie ein Spielzeug surrt eine Eisenbahn im Slalom um die Verarbeitungsanlagen und Reinigungsbecken. Wenn die ganzen stinkenden, schwefelgelben, asphaltfarbenen, giftgrünen und toxisch blauen Rückstände nicht wären, könnte man *el cielo abierto* für eine indianische Terrassenlandschaft von überirdischer Schönheit inmitten der graphitschillernden Kuppeln der Schlackenhalden halten.

erstaunlich tief zu sein – nicht einmal die Taucher von Jacques Cousteau, erzählt man sich hier stolz, hätten den Grund ermitteln können. Ein wenig weiter westlich dominiert die größte Kupfertagebaumine der Welt, Chuquicamata, die Kordillerenlandschaft.

Calama

🔞 (S. 296) Von den prähispanischen Zeiten im wahrsten Sinne des Wortes links liegengelassen, hat das nur 30 km von Chiu Chiu entfernte Calama rein gar nichts gemein mit *altiplano*-Romantik

Hirte mit Eselherde im altiplano

und versunkener Terrassenkultur. Dieser Punkt auf der Landkarte lag nicht auf den Inka-Handelswegen zwischen Potosí und Cobija, die Chiu Chiu präferierten und zu ihrem Zentrum kürten.

Nach Beendigung des Salpeterkrieges erhielt es die entscheidenden Besiedlungsimpulse von der Mine Chuquicamata, die 1911 mit 400 Arbeitern und Ingenieuren den Betrieb aufnahm.

Dort die Arbeit, hier das Vergnügen. In Chuquicamata baute man ordentliche Wohnviertel, legte Spielplätze an, ein Fußballfeld, veranstaltete Sport und Unterhaltung für die ganze Familie; in Calama – heute hat es 120 000 Einwohner – sorgte man sich eher um das Wohl des alleinstehenden Mannes, und die *casas alegres* zogen ihren Kordon um das Städtchen.

Es ist windig, staubig und tagsüber heiß; wenig Schatten liegt in den von einfachen Häusern flankierten Straßen. Prunkvoll und repräsentativ wurde die **Plaza 23 de Marzo** mit hohen Bäumen und schmiedeeisernen Bänken ausstaffiert, und der wachsende Reichtum der Region durch die Erschließung neuer Minen läßt elegantere Bauten

entstehen und die Preise in die Höhe schießen.

Seine gut ausgebaute Infrastruktur und das vielfältige Diensteistungsangebot weisen das spritzige, laute und ein wenig proletarische Calama als geeignete Station für die Erkundung des *altiplano* und des Nordens aus, obwohl in seinen Reisebüros die Nachfrage nach derlei Touren nicht annähernd mit der von San Pedro konkurrieren kann.

Der zweistündige Ausflug zur Mine **Chuquicamata** 19 (s. S. 242 f.) gehört zum Pflichtpensum jedes Calama-Besuchers. Gelbe Sammeltaxis sausen auf den Hauptstraßen an der Plaza entlang und bewältigen die Strecke in etwa 20 Minuten. Chuquicamata bietet einstündige geführte Besuche jeweils morgens um 9.45 Uhr an – und da die Besucherkontingente limitiert sind, empfiehlt es sich, relativ früh einzutreffen. Die Führung besteht aus einem Videovortrag über den Aufbau der Mine sowie über das Leben in Chuquicamata und einer kleinen Rundfahrt über das Werksgelände. Die Verarbeitungsanlagen aber dürfen aus Sicherheitsgründen nicht betreten werden.

Iquique

■ (S. 309) Iquique ist eine junge, alte Stadt. Zierliche Villen-Schönheiten aus der Salpeterboomzeit konzentrieren sich im luftigen Zentrum, während die Península Cavancha als Strandzone und Surfrevier herausgeputzt wird. Die Lage der Stadt zu Füßen des Küstenberglandes und des Cerro Dragón, einer riesigen, leuchtenden Sanddüne von über 800 m Höhe und einer unglaublichen Längsausdehnung, ist schlicht spektakulär.

Die heute auf etwa 150 000 Einwohner angewachsene Hauptstadt der Ersten Region entstand im 19. Jh. als peruanischer Salpeterhafen. 1855 zählte Iquique 2500 Einwohner, 1878 bereits 10 000. Nahezu rechtlose Hafen- und Industriearbeiter standen einer hauchdünnen Schicht von ausländischen Salpetermagnaten und Eisenbahneignern gegenüber – und die besaßen damals alle Macht.

Wie stark die Ausbeutung der häufig aus Europa eingewanderten Arbeiter wirklich war, verdeutlicht das Massaker in der Escuela Santa María im Dezember 1907, bei dem mindestens 2000 Streikende vom Militär erschossen wurden.

Iquique muß damals eine seltsame Blüte im Reigen der künstlichen Stadt-

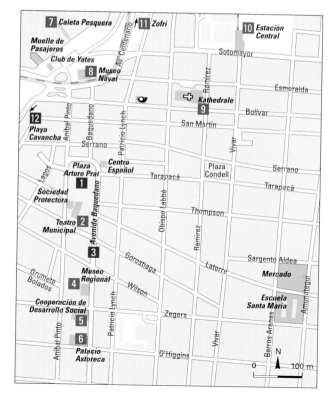

Iquique

gründungen gewesen sein. In der Umgebung gab es kein Grundwasser, und während sich die Salpeterbarone in Ballhäusern an der frischen Pazifikküste amüsierten, schufteten ihre Arbeiter zwölf Stunden am Tag in der glühenden, menschenfeindlichen Hochebene, auf der sich zuvor niemand anzusiedeln gewagt hatte.

Mit dem Ende des Salpeterbooms im Jahr 1920 verblaßte auch der Großbürgerglanz von Iquique, das dann jahrzehntelang den zweifelhaften Ruf genoß, die größte Fischmehlfabrik des Landes zu beherbergen. Die Verleihung des Status einer freien Handelszone im Jahr 1975 stimulierte Handel und Exportindustrien. Plötzlich sprudelten auch finanzielle Mittel zur Restaurierung der Belle-Epoque-Schönheiten.

Iquique ist heute eine selbstbewußte, geschäftige, latinische, blühende Großstadt, die ihren *Barrio Histórico* wie einen Schatz hütet und stolz auf ihre neuentdeckte Strandzone ist. Die Salzluft des nahegelegenen Meeres erfrischt das zur Blütezeit des Salpeters entworfene Zentrum um die großzügig geschnittene **Plaza Arturo Prat** ∎, die nicht einem siegreichen, sondern einem gescheiterten Kriegshelden gewidmet ist, der in der Seeschlacht von Iquique während des Salpeterkriegs an der peruanischen ›Huáscar‹ scheiterte. Bäume, zierliche schmiedeeiserne Bänke und ein schaumweißer Glockenturm aus dem Jahr 1877 schmücken sie.

Ein Relikt jener glanzvollen Zeit ist das durch einen Vorplatz und einen repräsentativen Treppenaufgang architekto-

Die Plaza Arturo Prat in Iquique

nisch besonders hervorgehobene **Teatro Municipal** ▣. Es wird noch bespielt, verfügt aber nicht über ein festes Ensemble. Nebenan befindet sich die **Sociedad Protectora de Empleados de Tarapacá,** das 1911–1913 erbaute Gebäude der ersten Arbeitergewerkschaft Chiles. Die östliche Seite der Plaza nimmt die großbürgerliche Fassade des **Hotels Arturo Prat** ein, an der östlichen Ecke liegt das herrlich im maurisch-andalusischen Kitsch auftrumpfende **Centro Español.**

Bei der Umrundung der Plaza streift man die alte Holzvilla des **Banco Central Santiago** und auf der Calle Aníbal Pinto liegt das verführerische **Café La Cioccolata** im Wiener Kaffeehaus-Stil. In der Parallelstraße Uribe wird man ebenfalls fündig, was die betagten Häuser aus holzwurmsicherer Oregonkiefer betrifft. Eine Ecke weiter, an der Ecke Patricio Lynch/San Martín, prunkt in Ochsenblutrot und Vanillegelb das **Centro Español de Bomberos.** Dessen Betreiber, Guillermo Llanos Álvarez, hatte im damals noch peruanischen Iquique darum gebeten, den sterblichen Überresten des 1879 ertrunkenen chilenischen Admirals Arturo Prat in seinem Feuerwehrhaus eine *capilla ardiente* (›brennende Kapelle‹) einzurichten, eine Aufbahrungsstätte. Er durfte. Zwei Jahre später, am 22. Mai 1881, als Iquique chilenisch geworden war, wurde Prat standesgemäß in der Kathedrale beerdigt, heute ruht er im Museo Naval in Valparaíso.

Südlich der Plaza reihen sich in der **Avenida Baquedano** ▣ die schönen Holzhäuser aneinander. Pastellfarben getönt, mit hohen Sprossenfenstern geschmückt und von geschnitzten Veranden und Galerien umgeben, datieren sie ausnahmslos auf die Zeit zwischen 1880 und 1920. Sie sind fast alle sehr gut re-

Blick auf das Teatro Municipal

stauriert und beherbergen das interessante **Museo Regional** ▣ oder den **Socornal,** eine Mischung aus Kunstgewerbeladen und Reiseagentur.

In der **Cooperación de Desarrollo Social** ▣, die ebenfalls in einem Holzhaus in der Baquedano ihren Sitz aufgeschlagen hat, wird mit einer Fotoausstellung und vielen Schrifttafeln mit Augenzeugenberichten des Militärmassakers an der Arbeiterschaft in der Escuela Santa María am 21. Dezember 1907 gedacht. Der dunkelbraune **Palacio Astoreca** ▣ (Baquedano/O'Higgins) aus dem Jahr 1904 verströmt bodenständige Behaglichkeit. In ihm sind Möbel aus der Gründerzeit ausgestellt.

Nördlich der Plaza wittert man schon Hafennähe. Die **Muelle de Pasajeros** ist heute nicht mehr zu besichtigen. Im kleinen Fischerhafen, der **Caleta Pesquera** ▣, suhlen sich Robben zwischen dunklen Klippen und streiten sich mit den Möwen

Maurisch-andalusische Atmosphäre im Centro Español

um Fische, die vom morgendlichen Verkauf übriggeblieben sind. Der Club de Yates am südlichen Rand der kleinen Bucht vermittelt Bootsfahrten.

An der verkehrsreichen Avenida Centenario liegt das ehemalige Zollhaus, ganz weißer Kolonialstil, in dem das **Museo Naval** 8 dem Andenken des Admirals Arturo Prat huldigt. Stücke von der ›Esmeralda‹, Fotos, Schulzeugnisse, Briefwechsel und Möbel aus der Epoche füllen einen langgestreckten Raum.

Sehr hübsch sind auch die von Hortensienbüschen umgebene **Kathedrale** 9 mit einem Mittelschiff wie ein Sternenhimmel und die **Estación Central** 10, ein zu Zeiten des größten Salpeterbarons, Thomas North, 1883 entstandenes Bahnhofsgebäude aus Holz und Stahl mit neoklassizistischen Stuckelementen.

Die Freihandelszone **Zofri** 11 im Norden der Stadt ist mit 240 ha die größte ihrer Art in ganz Südamerika. In 400 Ge-

schäften läßt sich dort das Angebot an elektronischen Waren und Haushaltsgeräten studieren.

Im Süden treffen sich Surfer an der Playa Brava oder an der recht sanften **Playa Cavancha** 12, die von der Halbinsel Cavancha geschützt ist. Die gesamte Halbinsel wurde im letzten Jahrzehnt zu einem Ferienzentrum umgemodelt und besteht nun aus Hotels, Baustellen, einer Restaurantzone und Wohnblöcken für Ferienapartments. Das Ambiente mag etwas gesichtslos sein, das Strandleben präsentiert sich dafür typisch lateinisch: sportlich, jung, laut, quirlig, lustig.

Während der Sommerferien von Mitte Januar bis Mitte Februar wird das große Stadion gegenüber der Halbinsel, jenseits der Hauptverkehrsschneise, umfunktioniert: Es stellt sein Gelände der Ausstellung *Nuestros Raíces* zur Verfügung, in der die Aymara ihre Kultur ausführlich präsentieren.

Unterwegs im ›hohen Norden‹ von Chile

Rund um Iquique

Kurz vor der Einmündung der Zufahrtsstraße nach Iquique in die Panamericana hat man die **Oficina Humberstone**  (S. 315) als Freilichtmuseum ausgebaut. Sie ist eine der wenigen unter den Salpeter-*oficinas,* die man offiziell besichtigen kann. In der 1862 in Betrieb genommenen und 1930 komplett umgebauten *oficina* wurde das gesamte Prachtareal konserviert: das Theater, der Kramladen, die Kirche und das Verwaltungsgebäude. Von der eigentlichen Fabrik sind die Werkstätten und einige Wohnkomplexe der Arbeiter erhalten. Ein Besuch läßt sich in Iquique und auch auf eigene Faust organisieren.

Im *altiplano* begegnet man oft Ortschaften, die von großer religiöser Bedeutung sind. Auch **La Tirana**  (S. 313), 19 km südöstlich von Pozo Almonte an einer von *tamarugos* beschatteten Straße gelegen, gehört dazu. Die Iglesia de la Virgen del Carmen ist an den Festtagen zu Ehren der Jungfrau Maria zwischen dem 12. und 18. Juli Ziel von bis zu 80 000 Pilgern, und das normalerweise von 500 Seelen bewohnte, staubige, heiße Dorf platzt dann aus allen Nähten. Festgelegten Riten und Abläufen folgen wie in Aiquina die *Cofradías de Bailes Religiosos.* Im Museo de la Virgen de La Tirana sind die dabei getragenen Tanzgewänder und Masken sowie Geschenke der Gläubigen ausgebreitet. Exponate aus der Salpeterzeit versammelt das kleine Museo de La Tirana gegenüber der Kirche

Im Centro Español in Iquique serviert man den Pisco Sour mit Limonensaft aus der Oase Pica, die 66 km von Pozo

Begraben in der Einsamkeit: Friedhof an der Panamericana in der Nähe von Iquique

In der Oficina Humberstone

Arica

4 (S. 294) Chiles nördlichste Stadt ist nicht seine schönste. **Arica** leidet unter dem Ruf, von der Zentralregierung vernachlässigt zu werden. Pinochet ließ es als Festung gegen Peru ausbauen, stationierte dort Militär, und ausländische Firmen, die sich in dem vom Präsidenten Jorge Alessandri 1964 errichteten Industriegürtel angesiedelt hatten, zogen sich zurück. In der Folge büßte Arica 1975 seinen Status als Freihandelszone ein, gab diesen Titel an Iquique weiter und hatte damit den Verlust einer weiteren Attraktion zu verschmerzen. Doch ist es mittlerweile zum Standort für die Hochsee-Fangflotte avanciert, was erneut Industrien angezogen hat.

Im Gegensatz zu Iquique und Antofagasta ist Aricas Geschichte lang, denn hier gibt es Wasser – und das ist entscheidend. Als die Silberminen des Cerro Rico im bolivianischen Potosí von den spanischen Eroberern 1545 in Besitz genommen und ausgebeutet wurden, entstand im 850 km entfernten Arica der erste Verschiffungshafen für das Edelmetall, das in solchem Maße gefördert wurde, daß man damit eine Brücke nach Spanien hätte pflastern können – so sagt der Volksmund.

Die Ausbreitung der Malaria unterbrach um 1760 die Besiedlungsgeschichte. Als südlichster Hafen von Peru kam Arica im 19. Jh. zu bescheidenem Wohlstand, doch seine bauliche Substanz vernichtete 1868 ein Erdbeben, worauf ihm als Kompensation die einzige wirkliche Zier zugesprochen wurde, die es hat: die San-Marcos-Kathedrale, die in den Werkstätten des Gustave Eiffel vorfabriziert wurde und eigentlich dem peruanischen Ancón zugedacht war.

Iquique, Arica und Umgebung

Almonte und 111 km von Iquique entfernt liegt. Da der Pisco Sour im Centro Español als einer der besten Chiles gerühmt wird und die Grundsubstanz Pisco nur geringfügige Qualitätsunterschiede kennt, muß die Ursache wohl in der Beschaffenheit der Limonen von Pica zu suchen sein.

Die knapp 2000 Einwohner von **Pica** **3** (S. 321) leben davon. Limonen, Grapefruits, Apfelsinen, Mangos und Guaven werden in reichen Bewässerungskulturen angebaut und entweder frisch verkauft oder zu Marmelade, Gelee und Konfekt verarbeitet. Pica ist ein typisches heißes Oasenstädtchen am Fuß der Kordillere. Aber es hat dem Gast noch mehr zu bieten, nämlich ein Bad in den weithin gelobten Thermalquellen. Zwei Anlagen nördlich des Zentrums wurden eigens dafür eingerichtet.

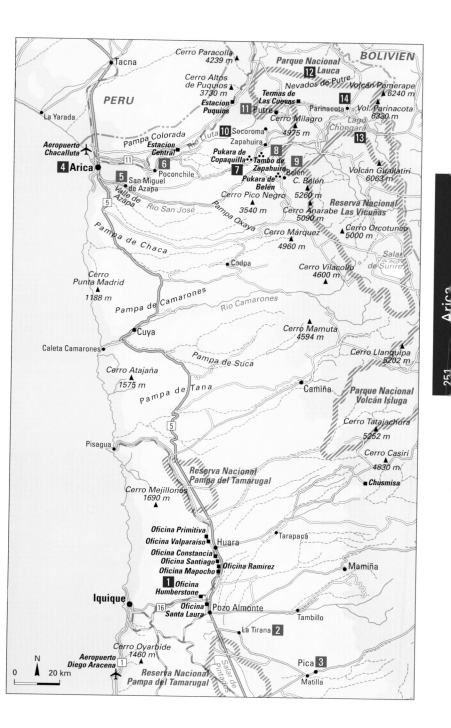

Geschäftig, mäßig attraktiv und recht modern, wird Arica nun unter dem Schlagwort *Ciudad Primavera* (›Frühlingsstadt‹), vermarktet, ein Slogan, den es sich wegen seiner besonderen Lage am Pazifik auch wirklich verdient hat. Mehr Strand gibt es kaum woanders, denn die Kette der *playas* reicht bis zur peruanischen Grenze. Die Wassertemperaturen sind das ganze Jahr über angenehm. Daraus läßt sich Kapital schlagen, und so säumt jetzt eine schnell hochgezogene Flaniermeile mit Strandrestaurants und einigen Apartmenthäusern das recht ruhige Meer. Im Süden liegen kleinere, von Klippen umschlossene Strände.

Nicht nur Strandfans werden hier gut bedient. Aricas ›klassische‹ und wesentlich ältere touristische Bedeutung nährt sich von seiner Nähe zu dem spektakulären Nationalpark Lauca und dem höchstgelegenen Vulkansee der Welt, dem Lago Chungará.

Das für eine Großstadt wie Arica mit 160 000 Einwohnern relativ klein ausgefallene Zentrum konzentriert sich um die **Plaza Colón** und die vanillegelb gestrichene eiserne Konstruktion der **Kathedrale San Marcos,** die leicht erhöht über der Ostseite der Plaza thront. Heraldische und florale Motive schmücken das schlichte Gehäuse, im Innern gibt es ein Christusbildnis anonymer Herkunft aus dem 17. Jh. zu sehen. Im Westen geht die Plaza in zwei kleine schattige Parks mit den **Plazas Vicuña Mackenna** und **del Trabajador** über. Dort sind auch die letzten erhaltenen älteren Gebäude zu besichtigen. Das ehemalige **Zollhaus,** ein repräsentativer Bau aus cremefarbenem und braunrotem Stein mit einem imposanten Giebel und einer kunstvollen schmiedeeisernen Markise über dem Eingang, beherbergt heute die *Casa de la Cultura.* Auch der **Bahnhof,** gleich nebenan, umhüllt sich mit dem behaglichen Charme der Gründerzeit.

Westlich davon wird Arica ganz Alltag. In den **Fußgängerzonen** der Straßen 21 de Mayo und Thompson regiert das city-übliche Nebeneinander aus

Straßencafé in der Fußgängerzone von Arica

Banken, Geschäften und Straßencafés, die Calle Bolognesi ist mit Kneipen, Kunstgewerbekiosken und Büros von Reiseveranstaltern vollgestopft.

Wegen des Verkehrs ist das Flanieren auf der Avenida Máximo Lira entlang der gleichnamigen **Feria** nicht das pure Vergnügen, und damit verlieren leider auch die Büdchen der bolivianischen und peruanischen Marktfrauen und der kleine Fischmarkt ein wenig an Reiz.

Die höchste Attraktion Aricas erklimmt nur, wer geduldig ist, einfacher ist es, sich auf den **Morro** kutschieren zu lassen. Das Wahrzeichen Aricas bietet neben dem **Museo Histórico y de Armas** ein wirklich beeindruckendes Panorama: Im Westen ruht die Halbinsel Alacrán im Meer, daneben erblickt man die ausgedehnten Hafenanlagen; ein Blick in Richtung Küstenkordillere erfaßt das sensationelle Valle de Lluta, das wie eine grüne Zunge zwischen den sandigen Wüstenbergen an Arica leckt.

Das frühere Inseldasein von Alacrán endete 1967, als man das 460 m vor der Küste gelagerte Eiland mit dem Festland verband. Auf dieser Insel begruben die Aymara ihre Toten, und noch heute befinden sich dort viele Mumien und Ritualgegenstände.

Das Valle de Azapa

In den fruchtbaren Tälern des Lluta und Azapa am Río San José haben die frühesten Bewohner der Region gesiedelt. Ausläufer der vom Titicacasee ausstrahlenden Tiwanaku-Kultur erreichten die Täler, danach kamen die Inka. Kein Wunder: Das Valle de Azapa ist in dieser staubtrockenen, sandigen Umgebung üppig und grün, das süße Wasser des binsengefaßten Río San José erlaubt vielfältigen Obst- und Gemüseanbau.

Bananen, Oliven und Dattelpalmen bestreiten den Löwenanteil der heutigen Kulturen.

Der Ausflug ins Valle de Azapa (27 km) versenkt den Besucher in die indianische Vergangenheit, haben doch dessen Bewohner die hellen, glatten Bergeinfassungen des Tales regelrecht wie eine überdimensionale Leinwand benutzt. Der **Cerro Sombrero,** der **Cerro Sagrado** und **Alto Ramírez** sind mit pastoralen Szenen bedeckt, es werden Cameloiden in naturalistischer Seitenansicht gezeigt, daneben gibt es Schamanen- und Sternmotive. Die Datierung ist noch nicht entschlüsselt, unterschieden werden kann aber zwischen reliefähnlichen Scharrbildern und Petroglyphen, Zeichnungen auf dem Fels. Das erstaunliche Format der Bilder erlaubt es, sie bei günstigem Sonnenstand schon von weitem zu erkennen und wirft gleichzeitig die Frage auf, wie sie so präzise haben angefertigt werden können.

Die **Pukara de San Lorenzo** aus dem 12. Jh. läßt viele Wünsche offen, denn sie ist nicht besonders gut restauriert. In der sonnigen Ortschaft **San Miguel de Azapa** 5 (S. 335) hat die Universidad de Tarapacá von Arica das Museo Arqueológico San Miguel de Azapa ausgestattet, das zweifellos als Beispiel für die sorgfältige Präsentation indianischer Kulturen gelten darf. Prunkstücke sind 7000 Jahre alte Mumien aus der Chinchorro-Kultur.

Auf dem Weg nach Putre

Die Straße von Arica nach Putre durch das grüne **Valle de Lluta** wird von den Gleisen der Eisenbahn begleitet, die den geduldigen Gast in 36 Stunden nach La Paz schaukelt. Nicht ganz so rein ist der

Indianische Lebensmittel auf dem Vormarsch

Für die energischen Verkäuferinnen der Märkte des *altiplano* gilt keinerlei Diskussion: *chañar* ist ein Allroundtalent. Ein Aufguß wird gegen Bronchitis verkauft, ein Sirup heilt Oberflächenwunden. Die Früchte des Baumes kann man getrocknet zu Mehl verarbeiten, das Holz seines Stammes dient als widerstandsfähiges Baumaterial. Der Baum des *altiplano* ist indianische Kulturpflanze; die UNESCO hat sie zum Lebensmittel der Zukunft erklärt.

Ebenso wie die in allen Herbstlaubfarben schillernde *quínoa,* eine Getreidesorte, die auch auf dem *altiplano* gedeiht. Von weitem muten die Ähren wie muntere Trockenblumensträuße an, doch der Nährwert der attraktiven Pflanze an Eiweiß, Kohlenhydraten, Phosphor und Kalzium ist unschlagbar. Auch *quínoa* soll stärker in den Blick der Weltöffentlichkeit gerückt werden, denn sie läßt sich problemlos in schwierigen Höhenlagen anbauen.

Quínoa kann man schroten, mahlen und dann weiterverwenden. Die indianische Aymara-Kommune von Cancosa in der Nähe der Grenze zu Bolivien, völlig einsam zwischen lauter Fünftausender-Vulkanen gelegen, bietet selbstbewußt ihr Wissen feil. Mit *cherquiempanadas,* mit gedörrtem Schaffleisch gefüllten Teigtaschen, und honiggesüßten Keksen aus *quínoa* erbringen sie im Handumdrehen den Beweis, wie vielseitig einsetzbar und wohlschmeckend die gesunde, bunte Pflanze ist.

Und eigentlich sollte man es wissen: Alles, was von der indianischen Hochebene kommt, hat höchste Qualität. Schließlich entstammt die Kartoffelknolle, die viele für typisch deutsch halten, der Aymara-Küche. Und mehr als achtzig verschiedene *altiplano*-Sorten übertrumpfen spielend das Sortiment, das der mitteleuropäischen Hausfrau zur Verfügung steht.

Fluß, nicht ganz so idyllisch sein Anblick: Am schwefelhaltigen Wasser des Lluta-Tals gedeihen vor allem Alfalfa für die Viehwirtschaft, Mais, Zwiebeln, Rote Bete und Knoblauch, und die schmale Ebene ist mit Hühnerfarmen übersät. In Pferchen werden Holsteiner Fleckvieh und Lamas gehalten. Die schiere Größe des Friedhofs von **Poconchile** **6**, erste Station nach 35 km, scheint nicht in das kleine, in Alfalfafelder gebettete Dörfchen zu passen, dessen Häuser hauptsächlich aus Spanplatten gefertigt sind. Doch die Erklärung ist recht einfach: Während des Baus der Eisenbahnlinie nach Bolivien wurden viele Arbeiter Opfer der Malaria, und die Verstorbenen fanden hier ihre letzte Ruhe.

Nach 40 km schwingt sich die Straße in einer gigantischen Kehre empor und läßt das 700 m hoch liegende Valle de Lluta wie ein grünes Band hinter sich. Auf 2500 m Höhe beginnt die Zone der kuriosen Kandelaberkakteen, die als einzige deutlich sichtbare Zeichen von Vegetation die felsbestreuten Kordillerenflanken sprenkeln. Die Kakteen haben einen stachelbewehrten Sockel, in dem sie Feuchtigkeit aus der Luft speichern, und eine weit verzweigte Krone aus fleischigen, mitunter sonnenverbrannten Ästen.

Das Erstaunlichste an der im 12. Jh. errichteten **Pukara de Copaquilla** 7 ist ihre Lage: Die Festung balanciert praktisch auf einem ringsum von Abgründen umgebenen Felsen, in den tiefen Schluchten befanden sich die Felder ihrer Bewohner. Von der Universität von Taracapá 1979 in Maßen wiederhergestellt, sind es runde Mauerfragmente mit steinernen Fußböden, die sich über die gewölbte Erde breiten. Die steilen Felswände der gegenüberliegenden Berge reflektieren das Sonnenlicht in allen erdenklichen Erdtönen. Auch heute noch wird der Talgrund als Anbaufläche genutzt.

Der **Tambo de Zapahuira** 8 geht ebenfalls auf prä-inkaische Zeiten zurück, und man nimmt an, daß er im Jahr 1000 gebaut wurde. Ein Viertel der ursprünglichen Anlage ist rekonstruiert. Hier wurden Lebensmittel gelagert, Salz und Kartoffeln getauscht. Die Reisenden haben am Wegesrand kleine Steinpyramiden *(apachetas)* für die Aymara-Erdgöttin Pachamama errichtet und ihre Begegnungen gefeiert. In der Kolonialzeit diente diese Strecke dem Transport von Silber, das auf Lamas geladen wurde.

Bei Kilometer 111 und dem **Cruce de Zapahuira** hat die gut befahrbare Piste bereits 3000 m Höhe erklommen. Wenn die Wetterverhältnisse es erlauben, können Liebhaber komplizierter, aber schöner Fahrstrecken und alter *altiplano*-Kirchen auf der alten Straße von Arica nach Potosí einen Abstecher in die Andenortschaft **Belén** 9 unternehmen

Lamas an der Straße durch den altiplano

Der Vulkan Parinacota, einer der Höhepunkte des Parque Nacional Lauca im äußersten Nordosten Chiles

(77 km). Das winzige Örtchen liegt auf 3200 m Höhe wie ein Meteoriteneinschlag zwischen nackten Felswänden, Eukalyptushainen, winzigen Oreganofeldern und Viehweiden. Seine 150 Einwohner können jeden Sonntag zwischen zwei sehenswerten Kirchen pendeln: Die Iglesia de Belén ist die kleinste und älteste der *altiplano*-Kirchen aus dem frühen 17. Jh.; die im Barockstil gebaute Iglesia de Nuestra Señora del Carmen aus dem 18. Jh. besteht aus Stein und versammelt 22 Heiligenfiguren in ihrem Innenraum. Zahlreiche *pukaras* in unmittelbarer Umgebung von Belén bezeugen die rege prähispanische Siedlungstätigkeit in dieser Region.

Auf der Hauptstrecke zum Parque Nacional Lauca zweigt nach weiteren 9 km ein steiles, kurvenreiches Sträßlein in die Andensiedlung **Socoroma** 🔟 ab und landet im puren Mittelalter. Das Dorf in der tiefen Schlucht kündigt sich durch halsbrecherisch gelegten Terrassenfeldbau an. Opuntien kraxeln über die steinernen Einfassungen, die Felder werden im Fruchtwechsel mit Kartoffeln und Mais bebaut. Es gibt Blumen und Oregano. Letzterer wird, weil der Gebrauch dieses Krautes in Chile nicht besonders verbreitet ist, nach Spanien und Italien exportiert. Hinter dem ärmlichen Örtchen – die Häuser haben zum Schutz vor den winterlichen Regenfällen Wellblechdächer – klettern die 3–4 m schmalen Terrassen weiter hinunter in die Schlucht.

Die *papa colorada* von Socoroma genießt einen hervorragenden Ruf und findet, obwohl doppelt so teuer wie andere Kartoffeln, immer ihre Abnehmer. Daraus komponiert man ein typisches Andenessen: Kartoffeln aus Socoroma werden mit den Oliven aus dem Valle de Azapa komplettiert.

Wie die prähispanische Oasengründung Socoroma, verdankt auch das 3500 m hoch gelegene **Putre** 🔟 (S. 334) seine Existenz dem Umstand, ein wichtiger Knotenpunkt auf den zahlreichen Handelswegen des *altiplano* gewesen

zu sein. Mit seinen 1200 Einwohnern, eingefaßt von Oreganofeldern und geräumigen Weideflächen für Lamas und die wolletragenden Alpakas, wirkt es, als hätte es eine Welle an die Bergflanke gespült. Es ist der einzige größere Ort an der internationalen Straße nach Bolivien und folglich mit einer Radiostation und einem Militärlager ausgestattet. Einige der niedrigen Häuser bewahren noch Spuren aus dem 17. Jh., die Mehrzahl entstammt dem 19. Jh. Im *Supermercado Marina* wandern Trauben, Knoblauch, Eis, Suppenknochen und Ölfilter über die hölzerne Theke. Die Iglesia de Putre an der zentralen Plaza wurde 1871 restauriert und hat einen typischen, aus früherer Zeit stammenden, zweigestuften *altiplano*-Glockenturm aus weißgekalktem Adobe und Stroh.

Der Parque Nacional Lauca

Wegen baulicher Schönheiten sticht Putre nicht gerade hervor, wohl aber wegen seiner dörflichen Atmosphäre und der Infrastruktur an Hotels und Restaurants, die als Sprungbrett für Erkundungen des Parque Nacional Lauca dient. Eine Rundtour von etwa 112 km auf fast durchgehend asphaltierter Straße erreicht den höchsten Vulkansee der Welt, den Lago Chungará an der Grenze zu Bolivien, der sich bereits im Parkinnern befindet.

Nach etwa 14 km gelangt die Panamericana an den Eingang des **Parque Nacional Lauca** 12 (S. 318; 4400 m). Er wurde 1970 zum Schutz der Vogelwelt geschaffen und umschließt auf knapp 1400 km² eine einzigartig schöne Vulkan- und *altiplano*-Landschaft. Auf der tellerflachen Hochebene, Produkt reger vulkanischer Tätigkeit, reihen sich zwischen schimmernden Flußläufen Lagunen funkelnd wie Juwelen aneinander, deren hoher Salzgehalt ihnen weiße Rahmen beschert. Olivenfarbene Hochmoore *(bofedales),* stellen die Nahrung der Tiere sicher und werden auch als Weide für Lamas und Alpakas genutzt. Eine nicht alltägliche Gelegenheit zum Bad auf 4200 m Höhe bieten die von der Forstbehörde Conaf verwalteten **Termas de Las Cuevas** nach 22 km. Über Lavazungen klettert die Straße dann zu einem Aussichtspunkt über die Lagunen von Cotacotani hinauf.

Der ruhige, smaragdfarbene **Lago Chungará** 13 auf 4750 m Höhe und die ihn umgebenden, schneegekrönten Sechstausender Parinacota, Sajama,

Die Kirche von Parinacota

Auf den Märkten ist schon deutlich die Nähe Boliviens zu spüren

Quisiquisini, Guallatiri und Quimsachatas bieten wohl einen der schönsten und entrücktesten Anblicke Chiles. Wellen aus Anthrazit, Ockergelb und Sienarot mustern die Berge mit ihrem Sockelsaum aus Hochmooren, und diese rätselhafte Landschaft scheint sich unendlich zu dehnen. Wäre da nicht der Verkehr, der über die Straße rumpelt – man befände sich in einem Traum. Conaf-Mitarbeiter verteilen Informationen über die Tierwelt. Im Chungará-See paddeln die Enten, suchen Flamingos nach Nahrung. Wer Glück hat, bekommt Puna-Wachteln und Nandus, Andengänse und Viscachas zu Gesicht.

Der Rückweg führt über **Parinacota** **14**, einen alten Handelsplatz auf der Strecke von Arica nach Potosí. Die Korräle, in denen früher das Lastvieh gehalten wurde, sind noch erhalten. Versunken fast liegen die kleinen, kalten Steinhäuschen in einem Meer aus Hochmooren. Wie auch Aiquina und Tirana, gleicht Parinacota einer Geisterstadt; wie die beiden anderen füllt es sich nur zu Zeiten religiöser Feste mit Leben. Der Virgen de la Natividad wird am 8. September gehuldigt. Doch hier hat sich auf 4450 m Höhe auch ein wahrhaft archaisches Kleinod einer weltabgewandten Ruhe erhalten, die es praktisch verbietet, profane Fragen wie nach den Einkommensverhältnissen der 150 Einwohner zu stellen.

Die im französischen Revolutionsjahr 1789 fertiggestellte Kirche ist der wahre Stolz des Örtchens. Eine weißgekalkte Mauer mit drei bogengekrönten Toren umschließt die *altiplano*-Schönheit mit separatem Glockenturm, dessen Absätze Rahmen aus *paja brava* akzentuieren. Schmuckelemente aus rosafarbenem Vulkangestein zieren Turm wie Mauer. Erstaunen erregen die sorgfältig gemalten Fresken im Innern, denn sie stellen auf die im 18. Jh. typische, drastische Weise die Leiden des Fegefeuers dar.

Osterinsel und Juan-Fernández-Inseln

Die Osterinsel

Von Josef W. Schmid

Der Nabel der Welt

■ (S. 316) Der Name der Osterinsel stammt vom holländischen Kapitän Jacob Roggeveen, der am Ostersonntag 1722 als erster Europäer die damals ausschließlich von Polynesiern bewohnte Insel entdeckte. Seit dem Jahr 1888 ist die Osterinsel chilenisches Staatsgebiet und wird offiziell *Isla de Pascua* genannt, die Einheimischen bezeichnen sie als *Rapa nui,* als ›großen, weiten Flecken‹. Weltbekannt ist sie wegen ihrer riesigen Steinstatuen *(Moai)* und der als geheimnisvoll beschriebenen Vergangenheit.

Nach fünf Stunden Flug von Santiago aus landet der moderne Linienjet exakt 109° 26′ westlich von Greenwich und 27° 9′ 30″ südlich des Äquators, knapp unter dem Wendekreis des Steinbocks. Zum Festland sind es 3765 km, nach Tahiti 4239 km. Die nächste bewohnte Insel, Pitcairn mit nur 40 Einwohnern, liegt 2250 km weiter westlich. *Rapa nui,* das von den drei Hauptvulkanen Poike, Rano Kau und Maunga Terevaka gebildet wird, gilt als der am weitesten von einem anderen bewohnten Ort entfernte Flecken Land.

Ursprünglich von dichter Vegetation überzogen, zeigt sich die als 171 km² große Dreieck aus dem Südpazifik ragende Insel heute als grasbewachsene Hügellandschaft. Seit Anfang des 20. Jh. sind Teile von ihr vorwiegend mit Eukalyptus wieder aufgeforstet worden. Die höchste Erhebung, der Berg Maunga Te-

Monumentale Köpfe beim Steinbruch
◁ *Rano raraku auf der Osterinsel*

revaka, ragt 501 m aus dem Meer, doch sein weitaus größerer Teil – 3000 m – ruht unter Wasser.

Bäche oder Flüsse gibt es auf der Osterinsel nicht. In den drei größten Kratern haben sich Regenwasserseen gebildet. Größtenteils wird die Trinkwasserversorgung durch Grundwasser gedeckt.

Entstehung und Geographie

Vor 3 Mio. Jahren setzte die erdgeschichtliche Entstehung der Osterinsel ein. 500 km östlich des Pazifikgrabens durchbricht flüssige Magma die in 3000 m Tiefe ruhende Nazcaplatte. Gewaltige Lavamassen erheben sich bis 370 m über die Wasseroberfläche und formen eine 12 km² große Insel. 1 Mio. Jahre später baut sich 25 km südwestlich ein zweiter Vulkan aus dem Pazifik auf, explodiert und hinterläßt einen 450 m tiefen Krater, der sich mit Regenwasser füllt. Nördlich steigen weitere Vulkane empor. Lavaströme fließen in den Süden und Osten und verbinden die bereits bestehenden Inseln. Die Osterinsel entsteht.

Auf dem mineralienreichen Lavagrund gedeiht eine reiche Pflanzenwelt, die sogar Palmen einschließt. Doch die letzte Eiszeit vernichtet den tropischen Pflanzenwuchs. Gräser und Farne überwuchern nun die nur von Seevögeln bewohnte Insel. Kurz vor der Zeitenwende kommt die Vulkantätigkeit zum Stillstand, und der einsame Landflecken treibt langsam, aber unaufhörlich (2–15 cm pro Jahr) auf den südamerikanischen Kontinent zu.

Vor 17 000 Jahren erreichte die Eiszeit ihren Höhepunkt. Als Folge der danach ansteigenden Temperaturen schmolz das zu Eis erstarrte Wasser, und große Teile der südostasiatischen Landmasse wurden überschwemmt. Um der Sintflut zu entkommen, flohen die Austronesier bis zu den Malediven und nach Madagaskar. Die Bewohner von Taiwan erreichten die im Pazifik gelegenen Inselgruppen Fidschi, Tonga und Samoa. Weitere Volksgruppen segelten mit Katamaranen in Richtung Pazifik. Sie nannten sich Maohi. Ihr Entdeckungsdrang trieb sie bis zu den entlegenen Marquesas-Inseln. Zu Ehren ihrer Vorfahren erbauten sie grandiose Megalith-Kultstätten mit meterhohen Steinstatuen aus hartem Basalt.

Doch Überbevölkerung und Hungersnot zwingen zahlreiche Stämme, andere bewohnbare Inseln zu suchen. Der *ariki* (Stammesführer) Hotu Matua träumt der Legende nach von einer fernen Insel hinter dem Horizont. Sieben Kundschafter werden ausgeschickt und entdecken tatsächlich nach mehrwöchiger Fahrt in die vom König beschriebene Richtung ein unbewohntes Eiland. Mit einigen hundert Stammesmitgliedern bricht Hotu Matua zum isoliertesten und einsamsten Flecken Ozeaniens auf und gibt ihm nach der glücklichen Landung kurz nach der Zeitenwende den Namen *Te Pito o te Henua,* ›Nabel der Welt‹.

Die Insel wird besiedelt

In den zahlreichen Buchten rund um die Insel sickert Grundwasser ins Meer. Daher errichteten die Eingewanderten ihre Siedlungen entlang der Küste. Die Höhlen und Grotten in den Lavaklüften dienen als Wohnstätten. Im fruchtbaren Vulkanboden gedeihen schnell die mitgebrachten Pflanzen: Süßkartoffeln, die Knollenfrucht *taro,* Zuckerrohr und Ba-

Eingerahmt von Vulkangestein: Der Sandstrand Ovahe an der Nordküste

nanen. Die kleinen Nüsse der heimischen Palme ersetzen die gewohnte Kokosnuß. Hühner und Ratten spenden Fleisch, hochseetüchtige Auslegerboote erlauben das Fangen von großen Raubfischen.

Das Land teilt Hotu Matua unter seinen Söhnen auf. So entstehen verschiedene Stämme, denen eine selbsternannte aristokratische Familie vorsteht. Die Klasse der *hanau eepe* unterscheidet sich mit ihrem korpulenten Körperbau von den schlanken *hanau momoko*. Nach uralter Tradition durchbohren sich die Mitglieder der oberen Gesellschafts-

klasse die Ohrläppchen und stecken aufgerollte Zuckerrohrblätter in die Öffnung, die bei Festen durch Holzschmuck ersetzt werden. Der Status entscheidet über die Hautfarbe: Gegen die arbeitende Bevölkerung mit ihrer von der Sonne verbrannten, dunklen Haut verteidigt die Oberschicht ihre Blässe als Merkmal des Adels. Junge Mädchen werden monatelang in die Jungfrauenhöhle *(Ana o keke)* gesperrt, damit sie bleich werden.

Zu Ehren der Verstorbenen errichtet jede Familiengemeinschaft nahe den Küstenfelsen einen *Ahu* (s. S. 266 f.), ei-

halten. Ein wasserdichtes Geflecht aus Blättern und Gräsern bildet das Dach. Dort finden die Menschen während der zeitaufwendigen religiösen Zeremonien Unterschlupf.

Die Verfeinerung der Kultur wird von einem immer aufwendigeren Baustil begleitet. Tonnenschwere Basaltquader schleppen die Arbeiter aus abgelegenen Steinbrüchen heran. Am Kraterberg Rano raraku im Osten der Insel wird leicht zu bearbeitendes Tuffgestein entdeckt. Das weiche Material erlaubt den mit großen Steinfäusteln arbeitenden Bildhauern, innerhalb weniger Wochen mehrere Meter lange Statuen aus dem fast senkrecht aufsteigenden Felsen zu schlagen. Um die bis zu 150 t schweren Kolosse abzutransportieren, läßt man sie zunächst auf dem Rücken liegend den steilen Berghang hinabrutschen. Unten werden sie in tiefen Gruben sicher abgestellt und später in einem ihrer Breite entsprechenden Graben auf den Bauch gekippt. Ganze Dorfgemeinschaften ziehen dann ihre künftigen Standbilder zu den bis zu 25 km entfernten Siedlungen. Doch damit ist ein *Moai* noch nicht fertiggestellt. Im westlichen Teil der Insel, beim Vulkanhügel Puna pau, schlagen die Steinmetze aus rötlichem Schlackengestein die zylinderförmigen *Pukao.*

Sind die neuen Statuen am Standort angelangt, werden die alten *Moai* gestürzt und wandern als Füllmaterial in die neu gestalteten Plattformen. Die Statue und der am Kopf festgebundene *Pukao* werden mit Holzstangen angehoben und Geröll zu einer Rampe zusammengeschoben.

Die Herstellung der *Moai* dominiert das gesamte Inselleben. Am Ranu raraku werden gleichzeitig mehrere hun-

ne rechteckige, zum Meer ansteigende Steinrampe. Aus Lavabrocken entstehen die ersten Standbilder, die sagenhaften *Moai.* Augen aus polierter weißer Koralle, lose in die ausgeschlagenen Augenhöhlen gelegt, wachen symbolisch über die Dörfer. Die Toten werden hinter den *Ahu* in eigenen Krematorien verbrannt.

Vor den *Ahu* werden großflächige, teilweise gepflasterte Versammlungsplätze angelegt. In unmittelbarer Nähe baut man die *Hare paenga,* bootsförmige Gemeinschaftshäuser, die einen Sockel aus behauenen Steinquadern er-

Rätsel aus Stein und Holz
Moai, Ahu und *Rongo Rongo*

Als die Teilnehmer an der Oster-insel-Expedition des Kapitäns James Cook 1774 deren Bewoh-ner nach der Bedeutung der zerbroche-nen steinernen Kolosse fragten, erhiel-ten sie die Antwort, dabei handele es sich um *ariki,* Häuptlinge oder Könige. Alle Osterinsel-Statuen trugen ur-sprünglich einen Namen, heute sind nur noch wenige überliefert, wie z. B. Ko te Riku, Paro, Piro Piro und Hiave. Aus den Standbildern strömt angeblich *mana,* eine übernatürliche Kraft, und sie sind Ruhestätten der verstorbenen Stammesführer, Versinnbildlichungen ihrer Person. Manche nennen sie auch ›Lebendes Gesicht‹.

Auf der kleinen Insel sind etwa 1000 Statuen in verschiedenen Größen und Formen bekannt. Aufsehen erregen meist nur die Giganten; die größte von ihnen mißt 20,65 m und wird auf 250 t Gewicht geschätzt. Sie liegt, noch mit dem Fels verbunden, aus dem sie ge-meißelt wurde, am Außenhang des Kraterbergs Rano raraku. Diese *Moai*-Werkstatt war ursprünglich übersät mit Steinfäusteln aus Basalt, 397 Steinko-losse in den unterschiedlichsten Ferti-gungsstadien bedecken den Hang.

Die Bildhauer gestalteten aus dem weichen Tuff büstenähnliche Figuren. Angedeutete Ohrpflöcke in den offenen Ohrläppchen und überlange Finger, unter den Bauchnabel gelegt, verleihen den *Moai* ihren unverwechselbaren ari-stokratischen Ausdruck. Am Fuß des

Rano raraku stecken rund 70 in Trans-portrichtung blickende Statuen bis zur Brust eingegraben in Gruben. Die Sta-tue 15, die einer Legende nach den Kriegsführer Hiave darstellt, mißt 12,40 m, doch nur die Hälfte ragt aus dem Erdreich. Warum die Rapa nui immer größere Skulpturen herstellten, ist nicht bekannt. Heute sind 43 *Moai* wieder auf ihrem ursprünglichen Standort aufgerichtet worden.

Die Steinplattformen, die *Ahu,* dien-ten auch als Basis der *Moai.* Es handelt sich um enorme, rampenförmige Stein-aufschichtungen entlang der Küste, die mit meterhohen Stützmauern zur See hin geschützt wurden. Alle sind Be-standteil eines Zeremonialkomplexes, der dem Ahnen- und Totenkult gewid-met war; den Monumenten aus dem 5. bis 18. Jh. ist ein Krematorium ange-schlossen. Die letzten *Ahu* entstanden noch im ausgehenden 19. Jh.

Archäologen unterscheiden fünf *Ahu*-Typen: Plattform-*Ahu,* Image-*Ahu,* Halbpyramiden-*Ahu,* Kanu-*Ahu,* Keil-*Ahu.* Die ersten *Ahu* wurden schon kurz nach der Besiedlung im 5. Jh. gebaut. Vom Jahr 1000 an wurden die ersten Kolossalstatuen aufgerichtet; und so entstanden die sogenannten Image-*Ahu.* Mit fortgeschrittenen Bautechni-ken und verfeinerten Methoden zur Steinbearbeitung entwickelte sich auch die Architektur. So weisen die frühen *Ahu* hochgestellte, dürftig bearbeitete Stützmauern auf. Später schichtete man an der Sichtfläche feinpolierte und teils konvex geformte Steinplatten aufeinander.

Der Zerfall der homogenen Inselgesellschaft im 17. und 18. Jh. veränderte auch die Bauten einschneidend. Über bestehende Gebäude wurden unbearbeitete Lavasteine zu einer Halbpyramide aufgetürmt. Statuen wurden nicht mehr aufgestellt. Als die ersten Europäer die Osterinsel betraten, begegneten sie einer neuen architektonischen Phase: Die Totenkultmonumente erhielten die Form eines Schiffes. Über die letzte *Ahu*-Form, die schmalen und keilförmigen, zum Meer gerichteten Steinrampen, ist wenig bekannt. Der Schweizer Erich von Däniken interpretiert sie als Abschußrampen außerirdischer Südseebesucher ...

Auf den immensen Plattform-*Ahu* standen die kolossalsten *Moai*. Während der periodischen Umbauarbeiten wurden sie gestürzt und das Bruchmaterial in die neuen, größeren Bauten gefüllt, Köpfe und Körperteile in die neuen Stützmauern integriert. Unter den letzten umgestürzten *Moai,* die heute flach mit dem Gesicht auf dem Boden vor den *Ahu* liegen, wurden Gräber eingerichtet. Viele der älteren Insulaner erinnern sich noch der Begrabenen und respektieren die Kultplätze. So zelebriert häufig ein Pfarrer bei archäologischen Ausgrabungen und Restaurierungsarbeiten die Messe. Heutzutage sind zwölf restaurierte *Ahu* zu bewundern. Die ersten Siedlungsplätze liegen wahrscheinlich am Strand Anakena an der Nordküste und bei dem Zeremonialzentrum Tahai an der Westküste.

1846 beschrieb der auf *Rapa nui* tätige Missionar Eugène Eyraud erstmals längliche, rechteckige Holztafeln, die in fast jedem Haus der Insulaner streng gehütet wurden. 1868 gelangte eine mit geflochtenem Frauenhaar umwickelte *Kohau Rongo Rongo* (Holzbrett mit Schriftzeichen) nach Tahiti. Der dortige Bischof Jaussen entdeckte unter dem 16 m langen Frauenzopf in Linien aufgereihte Zeichen, die aus Fischen, Palmen, Schildkröten, Menschen und phallischen Symbolen bestanden. Viele Forscher zerbrachen sich den Kopf über diese Schrift, die sich jedem Versuch der Entzifferung widersetzte. *Rongo Rongo* bleibt weiterhin ein Mysterium. Der deutsche Schriftgelehrte Thomas Bartel fand in umfangreichen Untersuchungen heraus, daß das Einritzen aneinandergereihter Symbole auch auf anderen polynesischen Inseln Tradition war.

Gemäß Überlieferungen sind mit den Erstbesiedlern und ihrem Anführer Hotu Matua 67 Schrifttafeln nach *Rapa nui* gelangt. Bei den jährlich stattfindenden Zeremonien am Strand von Anakena sollen eingeweihte Geschichtenerzähler, sogenannte *Tangata Rongo Rongo,* die eingeritzten Texte rezitiert haben. 1882 erklärten die Insulaner dem deutschen Kapitän Geisseler, daß es sich um verschiedene geschichtliche Aufzeichnungen handele. Ein tätowiertes Zeichen, das verheiratete Männer unterhalb des Nabels trugen, war auch auf einer der zwei Schrifttafeln zu erkennen, die auf der Insel verblieben waren. Niemand auf *Rapa nui* jedoch war in der Lage, die Texte zu übersetzen.

Heute sind 21 *Kohau Rongo Rongo* in verschiedenen Museen über den gesamten Globus verteilt. Auf der Osterinsel ist kein einziges Original verblieben. Die größte, die sogenannte *Tahua,* zählt 1825 Symbole und mißt 91 × 11,5 × 16 cm.

Josef W. Schmid

Eingegrabene Monumentalstelen bei Ranu raraku

dert der Steinriesen bearbeitet oder für den Transport fertiggemacht. Weite Teile der Inselfläche hat man gerodet, um für die zahlreichen Arbeiter kalorienreiche Nahrung anzupflanzen. Doch als die Insel Kuwae im Westpazifik 1450 explodiert und einen gut 10 km großen Krater in den Meeresboden reißt, kommt es auf *Rapa nui* zu einem heftigen und langanhaltenden Klimawechsel, der über Jahre hinweg katastrophale Mißernten verursacht. Regenfälle schwemmen den fruchtbaren Humus ins Meer.

Die mächtigen *arikis,* die angeblich mit übernatürlichen Kräften *(mana)* regieren, werden für dieses Unheil verantwortlich gemacht. In der *Moai*-Werkstatt am Rano raraku herrscht plötzlich geheimnisvolle Ruhe. Eine 20 m lange Statue ist fast fertiggestellt, nur der Rücken ist noch mit dem steilen Felshang verbunden. Am Puna pau warten über 40 *Pukao* auf ihren Abtransport. Doch die

zahlreichen Dorfgemeinschaften haben etwas Dringlicheres zu tun: Sie verteidigen ihre fruchtbaren Küstenabschnitte. Die traditionellen Stammesgebiete zerfallen, zwei rivalisierende Gruppen beherrschen Osten und Westen der Insel.

Die nun mächtiger gewordenen Priester und Schamanen versuchen, den Schöpfergott Makemake mit Opfern zu versöhnen. Sogar Kinder sterben, um den Fruchtbarkeitsgott gütig zu stimmen. Um die Mitte des 15. Jh. gewinnt der Kult um den Vogelmann große Bedeutung, der durch einen alljährlich zur Brutzeit der Rußseeschwalbe auf den vorgelagerten Felsensplittern Motu nui, Motu iti und Motu Kaokao stattfindenden Wettkampf ermittelt wird. Schauplatz der Zeremonie ist Orongo, eine über 300 m tief ins Meer stürzende Kraterkante am Vulkan Rano kau. Ausgewählte Mitglieder verschiedener Familien schicken eigens trainierte Jungen, die *Hopu manu,* in den lebensgefährlichen Wettstreit um das erste Ei der Seevögel, die auf den Inselchen brüten. Die Teilnehmer müssen den Steilhang hinabklettern, durch das tosende Wasser zu den Inseln schwimmen, ein Ei finden und es ihrem Auftraggeber bringen, der oben auf der Kraterkante inmitten der Priester und seine Gefolgsleute das Rennen beobachtet. Dieser ist damit zum neuen *Tangata manu* (Vogelmann) gekürt, der mit seinem Stamm ein Jahr über die Insel gebieten wird.

Am Ostersonntag des Jahres 1722 erreichen Schiffe *Rapa nui*. Die Fremden, weißhäutige Europäer, werden wie Götter empfangen. Sie führen unbekannte Güter mit sich: Eisenäxte, Nägel, scharfgeschliffene Messer, reichverzierte Uniformen aus gewebten Stoffen und Kanonen. Kaum haben sie den Inselboden betreten, erschießen die vermeintlichen Gottheiten mehrere Insulaner.

Ein halbes Jahrhundert später, 1770, setzt eine spanische Expedition unter der Leitung des Kommandanten Felipe González zur erneuten Kolonisation der Osterinsel an. Kanonenkugeln donnern an den Vulkanfelsen Parehe auf der Halbinsel Poike. Mitreisende Priester stecken Holzkreuze in die Erde. Auf einem Fetzen Papier bestätigen Stammeshäuptlinge mit malerischen Zeichen die Zugehörigkeit zur spanischen Krone. Die Osterinsel heißt nun nach dem spanischen König Isla Carlos.

1774 erreicht eine von Kapitän James Cook angeführte Expedition die Insel. An Bord befinden sich die beiden deutschen Naturforscher Reinhold und Georg Forster. Sie erkunden das inzwischen baumlose Eiland auf ausgedehnten Wanderungen. Land und Leute hinterlassen bei ihnen einen verwahrlosten Eindruck. Der Zugang zu den zahlreichen Höhlen und Grotten wird ihnen strengstens verwehrt. Viele Statuen liegen vornübergestürzt und zerbrochen auf den *Ahu*-Rampen. Angebliche Stammesführer genießen nur wenig Respekt. Alle Gemeinschaftshäuser finden die Forscher unbewohnt vor.

Im Jahr 1782 ankern zwei Schiffe unter der Führung des französischen Kapitäns La Pérouse vor der Osterinsel, Samen und Schafe werden den Rapa nui übergeben.

Der nächste Kontakt mit den Weißen fällt weitaus weniger freundlich aus: Amerikanische Walfänger entführen Insulaner unter Waffengewalt, die Überlebenden versuchen, sich in Höhlen zu retten. Bis zum Jahr 1862 werden über 2000 Rapa nui auf peruanischen Sklavenmärkten verkauft. Nach internationalen Protesten kann eine kleine Gruppe mit dem französischen Missionar Eugène Eyraud via Tahiti zurückkehren. 1868 ernennt sich ein skrupelloser Franzose zum Inselkönig, 470 Insulaner verlassen daraufhin mit den Missionaren ihre unglückselige Heimat.

Zwanzig Jahre später kauft der chilenische Kommandant Policarpo Toro die Insel von der katholischen Mission in Tahiti. Doch Chile bekundet kaum Interesse an seiner neuen Besitzung. Die *Isla de Pascua* verpachtet man an eine irische Gesellschaft, die das gesamte Gebiet in eine einzige Schaffarm verwandelt. Die Insulaner werden in der späteren Dorfzone Hanga Roa zusammengesperrt.

1914 führt die Engländerin Katherine Routledge eine umfangreiche ethnologische und archäologische Studie durch. Auch der deutsche Kapuzinerpater Sebastian Englert, der 1937 die kurz zuvor zum Nationalpark erklärte Insel betritt, um eine Missionsschule einzurichten, erforscht die Geschichte des Inselvolks. Doch die Übernahme der Inselverwaltung durch die chilenische Marine im Jahr 1953 verschlechterte sich wieder die Lage. Mit einem nächtlichen Ausgehverbot sollen die Dorfbewohner diszipliniert werden. Mehrere Insulaner versuchen die Flucht aus ihrem ghetto-ähnlichen Zustand. Erst 1966 garantiert ihnen die chilenische Verfassung die gleichen Rechte wie den Chilenen auf dem Festland.

Thor Heyerdahl war elf Jahre zuvor mit seiner Kon-Tiki-Expedition in der Bucht von Anakena angekommen und hatte die ersten *Moai* wieder aufgerichtet. Sein Buch ›Aku Aku‹ macht die Osterinsel auf einen Schlag weltberühmt. Mitte der 60er Jahre erringt erstmals ein Insulaner das Amt des Bürgermeisters, Amerikaner verwandeln die Flugzeug-piste in eine befestigte Landebahn, Wasserversorgung, elektrischer Strom, Krankenhaus, ein neues Schulgebäude und die erste Unterkunft für Touristen entstehen.

Kevin Costners Ethnomovie ›Rapa nui‹ krempelt den Alltag der Insulaner 1993 völlig um. Viele von ihnen – die Statistik meldet 3900 Einwohner – beteiligen sich als Statisten an der gigantischen Holly-wood-Produktion, stellen ihre traditio-nellen Riten dar. 1995 wird der National-park Rapa nui von der UNESCO zum Weltkulturgut der Menschheit erklärt.

Inselrundfahrt

Hanga Roa, Tahai und Ahu Akivi

Der Tagesablauf in **Hanga Roa** **1** voll-zieht sich in gemächlichem Tempo. Es ist ein grünes Dorf inmitten anmutiger, tropischer Gärten voller duftender Blü-tensträucher. In der Dorfmitte befindet sich die **Markthalle** mit Gemüse, Früchten und Fisch. Schon frühmorgens

Die Osterinsel

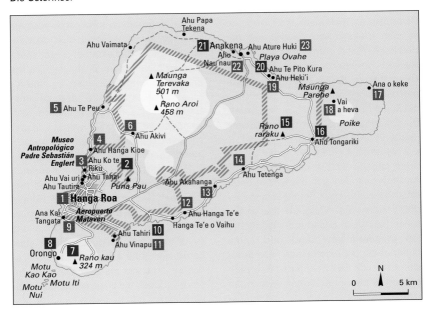

brutzeln Fleischspießchen auf einem selbstgebastelten Grill, und an der Kaffeebar bekommt man mit Fisch gefüllte Teigtaschen und die *sopaipillas,* fritierte runde Teigfladen, die mit Guavenkonfitüre bestrichen sind. Hundertschaften kleiner Souvenir-*Moai,* ausnahmslos handgemacht, warten geduldig auf Kundschaft.

Ihre gigantischen Vorbilder stehen nur ein paar Schritte weiter in Richtung Meer. Inseleinwärts gerichtet, überschauen sie bedächtig und stumm das Fußballfeld und das kleine Verwaltungszentrum der Insel mit Gouverneursgebäude, Bank, Gericht, dem Touristenbüro Sernatur und dem von der EU gestifteten Kulturzentrum. An der Einfahrt zum Fischerhafen hat sich der Franzose Gilles eigenhändig sein Restaurant gebaut: Die Taverne du Pêcheur gilt als der feinste Speiseplatz der Insel.

Im Dorf selbst verdient die Kirche mit den ausdrucksstarken, von Insulanern geschnitzten Holzstatuen ebenso wie der neugebaute Markt der Stein- und Holzschnitzer einen Besuch.

Folgt man der Küstenstraße, gelangt man zunächst zum bescheidenen Inselfriedhof, der zu Allerheiligen in einem Lichtermeer und einem Ozean aus weißen Lilien schwimmt, und nach etwa 700 m zu einer ganzen Schar von *Moai,* die über dem Meer thronen. **Tahai** ❷ ist der informativste archäologische Sektor auf Rapa nui. Die drei *Ahu*-Plattformen wurden 1967 unter der Leitung des amerikanischen Archäologen William Mullroy wieder aufgebaut. Schon aus weiter Entfernung leuchten die aus weißer Koralle geschnittenen Augen der Statue **Ko te Riku.** Sie ist die einzige ›Sehende‹ der Insel. Ko te Riku ist 4,75 m groß, wiegt 20 t und steht auf einem 20 × 4 m messenden *Ahu.* Ihren Kopf krönt ein tonnenschwerer, rot schimmernder *Pu-*

Die einzige ›sehende‹ Statue der Osterinsel: Ko te Riku

kao. Der Vorplatz wurde teilweise mit geglätteten Lavasteinen gepflastert. Starke Erosionsspuren zeichnen den *Moai* auf der mittleren Plattform, dem **Ahu Tahai,** so daß Details am Gesicht und an den Händen kaum mehr zu erkennen sind. Eine mit flachen Steinen markierte Bootsrampe führt in leichtem Gefälle zum Meer. Vor der abschließenden Mauer fließt bei Ebbe Grundwasser aus dem Inselboden.

Auf der dritten Plattform, dem **Ahu Vai uri,** befindet sich eine ganze Gruppe von Statuen aus unterschiedlichen Epochen. 50 m inseleinwärts sieht man auf einer Anhöhe niedrige Mauern aus behauenen Basaltquadern in der für das Gemeinschaftshaus *Hare paenga* typischen elliptischen Form. Die Bedeutung der im Zentrum der Gesamtanlage befindlichen ›Festung‹ ist noch nicht entschleiert.

Von dort ist das **Museo Antropo-lógico Padre Sebastián Englert** 3 schnell erreicht. Nur wenige originale Artefakte verblieben auf der Insel. Trotzdem vermittelt die Ausstellung einiges von der Geschichte von *Rapa nui*. Das Prunkstück ist das 1978 ausgegrabene, fast komplett erhaltene Korallenauge einer Statue.

Fast alle *Moai* sind der Erosion preisgegeben – bis auf einen auf dem **Ahu Hanga Kioe** 4, einige hundert Meter nördlich des Ahu Tahai. 370 kg chemischer Steinfestiger flossen 1986 in die mit Watte und Plastik verpackte, 4,90 m hohe Statue.

Weiter im Norden streift die Küstenstraße verschiedene Höhlen und biegt am **Ahu Te Peu** 5 inseleinwärts zu den riesigen Lavagrotten Ana Te Pahu und zum Ahu Akivi mit seinen sieben *Moai* ab. Diese Exkursion kann man als Ganztagswanderung anlegen oder mit dem Fahrzeug durchführen; in letzterem Fall empfiehlt es sich, die Besichtigung von Puna Pau und dem *Pukao*-Steinbruch einzuschließen.

Die sieben gleich großen, einander ähnlichen *Moai* des **Ahu Akivi** 6 blicken als einzige zum Meer – jedenfalls scheint es auf den ersten flüchtigen Blick so. Die Legende erzählt von sieben Kundschaftern, die der *ariki* Hotu Matua über das Meer schickte, um nach *Rapa nui* Ausschau zu halten. Ahu Akivi ist also als Ehrenmal der sieben waghalsigen Seefahrer entstanden. Aber warum müssen sie so weit entfernt von der Küste auf das Meer schauen?

Die Erklärung ist einfach: Wie bei allen Kultstätten der Osterinsel befindet sich unweit der Statuen eine Siedlung, die in deren Blickrichtung liegt. Ein kilometerlanges Labyrinth von Lavagrotten unter ihr bot hier ausreichende Trinkwasserreserven. Archäologische Ausgrabungen stellen für die Siedlung und den *Ahu* ein Baudatum um 1460 fest. Zu dieser Zeit war das gesamte Küstengebiet besiedelt.

Restauriert wurde der Ahu Akivi 1960. Bei den Ausgrabungen kam ein enormer Monolith aus der *Ahu*-Steinfüllung ans Tageslicht, der Verbindungen zu Zentralpolynesien nahelegt. Aber auch mehrere Dutzend kleinere Steinfigürchen wurden gefunden. Runde Scheiben aus Tuff und Obsidian wurden 1970 als Pupillen der *Moai*-Augen gedeutet.

Das Zeremonialzentrum des Vogelmann-Kultes: Orongo

Der südlich des Dorfes liegende, 324 m hohe Vulkan **Rano kau** 7 bot die imposante Bühne des alljährlich stattfindenden Wettkampfes *Tangata manu* um das erste Ei der Rußseeschwalbe. Bis 1876 beobachteten Missionare diesen Fruchtbarkeitsritus zu Ehren des Schöpfergottes Makemake. Neuerliche Berühmtheit erhielt der Kult durch seine filmische Wiederbelebung in ›Rapa nui‹.

Die Erdstraße um das westliche Ende der Landebahn führt durch Eukalyptuswälder und Guavenpflanzungen auf den Vulkan, von dessen Gipfel aus man die gesamte Insel überblicken kann. Ein *mirador* gibt den Blick zum 170 m tief eingegrabenen Kratersee frei. Der See mit einem Durchmesser von 800 m ist zum überwiegenden Teil mit schwimmenden Totorabinsen bewachsen. An den steilen Kraterabhängen gedeihen Avocados, Mangos, Kaffee, Wein und weitere, neu eingeführte Pflanzen. Die ursprüngliche Vegetation wurde praktisch total ausgerottet. Versuche, den endemi-

Der Ahu Akivi

Wer rutscht am besten auf Bananenschlitten?

Die *Tapati Rapa nui* ist das bedeutungsvollste Ereignis im Jahreskalender der Osterinsel. Eine neue *Reina Rapa nui* (›Osterinsel-Königin‹) wird gewählt. Schon zu Jahresbeginn stellen die wichtigsten Familienclans eine Kandidatin vor. *Reina Rapa nui* wird, wer die höchste Punktzahl aus verschiedenen Wettkämpfen sammelt. Für jede Disziplin gibt es erfahrene Athleten und Experten auf der Insel, die von den Kandidatinnen umschwärmt werden. Die Wettkämpfe finden im Tanzen, Singen, Pferderennen, Angeln, Tauchen, Triathlon à la *Rapa nui*, im Schnitzen von *Moai*-Statuen, im Kochen, dem *Kaikai*-Fadenspiel, im Rudern und im *Haka pei* statt, einem Abfahrtsrennen auf Bananenbaumschlitten. Körperbemalung und die Fertigkeit beim Auffädeln von Muschelketten wird ebenfalls geprüft. Wer letztlich wen unterstützt, darüber entscheidet die Stammeszugehörigkeit.

Die Vorbereitungen nehmen Tag und Nacht in Anspruch. Ganze Familien ziehen mit Koch- und Schlafzeug zum Haus ihrer Kandidatin und schneidern Kostüme, üben Tänze und Gesänge, bauen Umzugswagen und Ruderboote.

Ende Januar ist es dann soweit. *Tapati Rapa nui* beginnt mit einem Fest und der Vorstellung der Kandidatinnen. Die Folkloredarbietungen ziehen sich bis spät nach Mitternacht hin; anschließend wird in den provisorischen *Hare maúku*, den Festhütten, gefeiert.

Der Strand von Anakena dient als Kulisse für das Schauspiel der Ankunft Hotu Matuas und der ersten Siedler. Im Krater der *Moai*-Werkstatt Rano raraku findet der Triathlon statt. Bananenbündel auf den Schultern, laufen die Athleten um den kreisrunden Kratersee, durchqueren ihn schwimmend und paddeln auf einem selbstgefertigten Binsenboot zurück. Am Berg Maunga Pui rasen nackte, nur mit Erdfarben bemalte Inseljünglinge auf Bananenstämmen einen Abhang hinunter. Geschwindigkeit: 80 km/h.

Der Ruderwettbewerb gleicht einem Piratenfilm, denn rammen ist nicht verboten. Die nächtliche Beute der Fischer wandert in den Erdofen *umu* und wird an die Bevölkerung verteilt.

Den Höhepunkt der zweiwöchigen Festlichkeiten bildet der Straßenumzug mit geschmückten Karossen. In der letzten Festnacht wird das Punktergebnis bekanntgegeben und der neugewählten *Reina Rapa nui* eine holzgeschnitzte Krone aufgesetzt. Daß aus ihr durchaus eine ›Miss‹ werden kann, hat die *Reina* von 1997 bewiesen: Sie wurde gleich anschließend zur ›Miss Chile‹ gewählt.

Josef W. Schmid

schen Baum *toromiro* wieder anzusiedeln, sind bislang nicht geglückt. Nur wenige Exemplare des *mahute*-Strauches, dessen Rindenbast einst das Grundmaterial für die Zeremonialgewänder bildete, haben überlebt.

Am südlichsten Punkt von *Rapa nui* hat die Conaf eine Informationsstation aufgeschlagen, in der Faltblätter zur Flora und Fauna sowie zur Geschichte des Vogelmann-Kultes verteilt werden und die Eintrittsgebühr (für den gesamten Nationalpark) zu entrichten ist. Das Dorf im Zeremonialgelände **Orongo** 8 besteht aus 53 kleinen, ovalen Steinhäusern mit niedrigen Eingängen, die während der *Tangata-manu*-Zeremonien den Teilnehmern als Unterschlupf dienten. Am östlichen Ende der Häuserreihen erscheinen Vogelmann-Zeichen, das maskenähnliche Gesicht des Gottes Makemake und das Fruchtbarkeitssymbol *komari* gut sichtbar auf einer natürliche Steinformation. Das Betreten der praktisch über dem Abgrund schwebenden Felsen ist streng untersagt. Die Szenerie auf dem schmalen Grat zwischen Vulkankrater und tosendem Meer ist atemberaubend.

Auf dem Rückweg ins Dorf liegt die Höhle **Ana Kai Tangata** 9. Die Lavagrotte ist in einer kleinen Bucht versteckt und von der Straße über Steinstufen zu erreichen. An der Decke sind noch wenige Reste ritueller Malereien zu erkennen: Vogel-Motive in Weiß und Ocker.

In den Osten: Von Vinapu nach Anakena

Idealer Ausgangspunkt der rund 60 km langen Rundfahrt ist das östlich der Landebahn gelegene **Vinapu**. Der holprige Feldweg endet direkt vor dem **Ahu Tahiri** 10 mit sechs auf der Nase liegenden Statuen. An dieser Stelle machten die Mitglieder der von Thor Heyerdahl angeführten Kon-Tiki-Expedition 1955/56 umfangreiche Ausgrabungen, die sie später über eine mögliche Einwanderung der Bewohner von *Rapa nui* aus den Inka-Gebieten spekulieren ließen. Eine meerseitige Stützmauer aus exakt zusammengefügten, feinpolierten Basaltquadern lieferte den Zündstoff, denn deren Gestalt ähnelt – wenn man schnell urteilt – den bekannten Baukünsten der Inka. Die seriöse Archäologie fand jedoch bis zum heutigen Zeitpunkt keine Beweise für eine Einwanderung südamerikanischer Stämme. Der größte Stein in der 2,80 m hohen Mauer wiegt etwa 7 t. Das Baudatum wurde auf 1228 fixiert. Unter den drei Statuen im Süden der Zeremonialplattform richteten die Insulaner noch im 19. Jh. eine Grabkammer ein.

100 m südlich liegt der **Ahu Vinapu** 11, ein etwa aus dem Jahr 860 stammendes Bauwerk aus der Frühphase der Plattformarchitektur: Die Mauerblöcke wurden lediglich roh bearbeitet und vertikal nebeneinandergereiht. Inseleinwärts erhebt sich vor dem *Ahu* eine Stele aus ockerfarbenem Tuff. Einer Skizze aus dem Jahr 1886 zufolge hatte sie noch zwei Köpfe. Sie wird zu späteren Statuenformen gerechnet, da noch im 19. Jh. Zeremonien an diesem Ort beobachtet wurden.

Um der Südküste mit ihren vielen ehemaligen Zeremonialzentren zu folgen, muß man das kurze Wegstück bis zum Ende der Landebahn zurückfahren. Mehrere kleine *Ahu*-Ruinen mit vornübergekippten Statuen folgen in kurzen Abständen. Bei **Vaihu** vereinigt sich der Weg mit der Küstenhauptstraße. Ehemals befanden sich in dieser Bucht große Zeremonialplattformen. Der **Ahu Hanga Te'e** 12 ist besser erhalten, doch

Blick von Ranu raraku über die Osterinsel

eine ganze Reihe von *Moai* wurde hier umgestürzt. Am Wasser ruht ein großer *Pukao* mit gut sichtbaren Steinritzungen.

Der **Ahu Akahanga** 🔢 verdient eine eingehende Besichtigung. Unmittelbar vor dem Parkplatz sieht man die Steinfundamente mehrerer Bootshäuser. Der *Ahu* selbst besteht aus sechs übereinandergebauten Konstruktionen. Mindestens 22 *Moai* gab es hier, doch sie sind entweder umgestürzt oder wurden als Baumaterial in die Mauern eingefügt. Möglicherweise standen einst 17 Statuen nebeneinander. Ein Band aus roter Vulkanschlacke markiert die obere Steinplattenreihe der ansteigenden, doppelgestuften Rampe. Unter den *Pukaos* befinden sich Grabkammern. Einige Meter weiter westlich ruht ein einzelner *Moai* seitlich über einer Steinrampe, der keine der typischen Augenhöhlungen aufweist, so daß man annimmt, daß er beim Aufrichten seitlich weggerutscht war und einfach liegenblieb – ein nicht wiedergutzumachender Betriebsunfall ...

In einer flachen Talsenke, einige Kilometer weiter, befindet sich der **Ahu Tetenga** 🔢, ein flacher Steinhaufen mit wenigen, zerbrochenen Statuen. Das Bauwerk wurde nicht fertiggestellt, obwohl hier einer der größten Kolosse außerhalb der *Moai*-Werkstatt liegt. Vom Ahu Tetenga führt die Straße auf eine Anhöhe und gibt den Blick frei zu den Felsen des Rano raraku. Direkt neben der Straße erspäht man einen weiteren auf dem Bauch liegenden Koloß, der auf seinen Weitertransport wartet.

Die **Moai-Werkstatt** am Vulkan **Rano raraku** 🔢 ist wohl der spektakulärste Steinbruch der Welt. Für die Besichtigung sollten mindestens 2 Std. eingeplant werden. Schon aus der Distanz erkennt man leicht 70 *Moai*-Köpfe am Fuß des Berges. Die steilen Hänge des Rano raraku sind übersät mit 400 bis zu 250 t schweren und über 20 m langen Statuen. Im höhergelegenen, felsigeren Abschnitt liegen die *Moai,* die man gerade bearbeitet hatte, am Bergfuß stecken die fertiggestellten Kolosse in tiefen Gruben bereit zum Abtransport. Einige Exemplare sind auf dem Rücken heruntergerutscht. Andere liegen im flachen Gelände auf dem Bauch.

Mehrere Erkundungspfade breiten ein Netz über den Hang. Sicherheitshalber empfiehlt es sich, den gepflasterten

Weg zu nehmen. Hat man die Statue Piro Piro passiert, führt ein schmaler Pfad zu einer in den Fels gehauenen Treppe, die am Kraterrand endet. Die kurze Besteigung lohnt sich, denn der Ausblick auf den runden Kratersee und weitere 117 Statuen ist einmalig. Über einen Durchgang beim westlichen Abfluß des Sees konnten sie auf die Außenseite des Kraters geschafft werden.

Einen weiteren Höhepunkt der Inselrundfahrt bildet unbestreitbar der erst vor kurzem wiederaufgebaute **Ahu Tongariki** 16 in der Hotu-iti-Bucht, das imposanteste Bauwerk in ganz Polyne-

sien: 23 000 m³ Lavagestein wurden zu einer keilförmigen Rampe aufgeschichtet, 15 Kolossalstatuen aus Tuff thronen tonnenschwer auf flachen Fundamenten; die Kulisse ist ergreifend. Im Rücken der steinernen Riesen leuchtet der tiefblaue Pazifik, und im Inselinnern erblickt man die Steilwand des Rano raraku.

1993 begannen die komplizierten Restaurierungsarbeiten. Am 21. Mai 1960 hatte eine gewaltige Flutwelle die Osterinsel erreicht, die durch das bis heute heftigste Erdbeben an der über 4000 km entfernten chilenischen Südküste ausgelöst worden war. Sie raste mit 650 km/h quer über den ganzen Pazifik. Tongariki wurde innerhalb von Sekunden weggespült: Der 180 m lange *Ahu* und die vornübergekippte Reihe der Statuen – der schwerste *Moai* wiegt immerhin 88 t – flogen förmlich durch die Luft; die Überreste verteilten sich anschließend auf eine Fläche von über 100 000 m².

Mit Hilfe eines aus Japan herbeigeschifften Baukrans räumten 90 Insulaner unter der Leitung des chilenischen Archäologen Claudio Cristino das Trümmerfeld. Jeder bearbeitete Steinbrocken wurde aussortiert und genau vermessen. In Museen und Privatsammlungen suchten Archäologen nach Dokumenten und Fotos, die aus der Zeit vor der Flutkatastrophe stammten. Aus den gesammelten Daten konnte das Monument rekonstruiert werden.

Die monatelangen Ausgrabungs- und Restaurierungsarbeiten entmystifizierten weitgehend die angeblich rätselhafte Vergangenheit von *Rapa nui,* denn durch sie konnte die kontinuierliche Bauentwicklung belegt werden. Bei den *Ahu*

handelt es sich ausschließlich um Totenkultstätten einer einzigen – der polynesischen – Kultur. Die Baugeschichte erstreckt sich über einen Zeitraum von 1000 Jahren. Was klein begann, endete gigantisch. Dutzende aufgerichteter Statuen wurden periodisch gestürzt und als Füllmaterial für ein größeres Bauwerk verwendet. Viele Teile von zerbrochenen *Moai* liegen heute als Beweisstücke seitlich des Ahu Tongariki. Dimension sowie Form unterscheiden sich gravierend. Der größte *Moai* ist 8,90 m hoch und wiegt 88 t, der abgebrochene Kopf ist allein 26 t schwer. Die Statue mit *Pukao* auf der Westseite der Plattform wiegt 60 t und ist nahezu unversehrt. Die feinen Kantenlinien der je 2 m² messenden Hände, die Verzierungen an den meterlangen Ohren und ihre ausgewogene Proportion machen sie zum perfektesten Standbild auf der gesamten Insel. Am besten besucht man Tongariki zum Sonnenaufgang oder am späten Nachmittag.

Über die **Halbinsel Poike** geht es von der imposanten Südküste hinüber

Herrliche Küstenszenerie und faszinierende Zeugen der Vergangenheit: Hotu-iti Bucht

zur Nordküste. Ein kleines Holzgebäude taucht bei einer Anhöhe auf. Hier wohnt der Aufseher einer Rinderfarm, mit dem man an Nachmittagen die Halbinsel mit der Jungfrauenhöhle **Ana o keke** 17 und den Jungfernbrunnen **Vai a heva** 18 besuchen kann. Er freut sich über ein mitgebrachtes Päckchen Zigaretten.

An der Küstenlinie im Norden reihen sich die *Ahu* gleich in mehreren Ketten auf. Die Gegend, die die Spanier 1770 betraten, muß dicht besiedelt gewesen sein. Es handelt sich vorwiegend um jüngere Konstruktionen, die sogenannten Halbpyramiden-*Ahu.* Größere *Moai* sind nicht vorhanden. Einer der ersten *Ahu,* den man von der Straße aus erreicht, hat den Umriß eines Schiffes. Das Innere des etwa 80 m langen und 2 m hohen *Ahu* enthält Grabkammern. Kurz bevor man zur Bucht La Pérouse kommt, schützt linker Hand ein Zaun eine Lavafläche. Dutzende eingravierte Figuren sind auf ihrer Oberfläche zu erkennen, die Haifische, Schildkröten, Angelhaken und Katamarane darstellen. In der Bucht soll eine Hafenanlage entstehen. Die riesige Ruine des **Ahu Heki'i** 19 ist nur wenig erforscht. Mehrere *Moai* liegen, mit Steinen bedeckt, auf der *Ahu*-Rampe, darunter befinden sich Grabkammern.

Wesentlich mehr Aufsehen erregt ein riesiger Kiesel in der folgenden Bucht Hanga o Honu. Rund um den ovalen, glattgeschliffenen Stein kauern oft Touristen, um zu meditieren, denn magische Kräfte sollen angeblich aus **Te Pito** 20 strömen. Die grauschwarze Basaltkugel steht in dem Ruf, der Nabel der Welt zu sein, dessen Lage die Pilger exakt mit 27° 5' 7,2" südlicher Breite und 109° 18' 6,9" westlicher Länge angeben. Einige Insulaner behaupten, er wäre vor langer Zeit vom Ahu a Kapu an der Westküste zum Ahu Te Pito Kura an die Nordküste

gebracht worden. Unmittelbar daneben stand bis 1838 der größte *Moai,* der je aufgerichtet wurde. Gemäß der Legende kam der überdimensionale Kiesel mit dem ersten Inselkönig Hotu Matua nach *Rapa nui.* Geologen jedoch untersuchten ihn und betrachten ihn als natürliches Produkt vulkanischer Tätigkeit auf der Osterinsel. Er wiegt fast 1 t und hat einen Durchmesser von 80–100 cm.

1993 entdeckten Archäologen bei Ausgrabungsarbeiten am Ahu Tongariki eine weitere Steinkugel. Sie ist etwas kleiner als Te Pito, aber ebenso glattpoliert und mit einem eingravierten Fregattvogel geschmückt. Eingebettet in die Steinreihen des restaurierten Monuments, erregt sie allerdings nicht die gleiche Aufmerksamkeit.

Auf der Weiterfahrt in Richtung Westen leuchtet unter der rotschimmernden Felswand des Maunga puha der kleine Sandstrand Ovahe. An der flachen, hellsandigen Bucht von **Anakena** 21 waren vor 1500 Jahren die ersten Siedler mit ihrem Anführer Hotu Matua gelandet. Die Königsfamilie schlug hier ihre Residenz auf und verbot den Inselbewohnern fortan den Zutritt. Nur zu besonderen Festen und Zeremonien durften sie sich in Anakena versammeln. 1960 wurden hier Kokospalmen angepflanzt, was die Bucht zur idealen Kulisse für ein Bad im Meer macht.

Der imponierende **Ahu Nau nau** 22 wurde 1978 restauriert. Die Rücken der *Moai* sind noch mit originalen Gravuren verziert. In die meerseitige Stützmauer wurde ein *Moai*-Kopf eingebaut. Mehrere Steinplatten weisen guterhaltene Petroglyphen auf. Der einzelnstehende *Moai* auf dem **Ahu Ature Huki** 23 direkt am Fuß der kleinen Anhöhe wurde 1956 von der Kon-Tiki-Expedition zusammen mit den Insulanern als erste Statue wieder aufgerichtet.

Die Juan-Fernández-Inseln

Wo Robinson
auf Freitag traf

■ (S. 311) »Es war am 30. September gewesen, an dem ich den Fuß auf dieses schreckliche Eiland gesetzt hatte, also zu einer Zeit, da bei uns die Sonne in der herbstlichen Tagundnachtgleiche steht, während sie dort senkrecht über mir glühte; denn nach meiner Berechnung befand ich mich neun Grad zweiundzwanzig Minuten nördlich des Äquators«, notiert der berühmteste Schiffbrüchige aller Zeiten, Robinson Crusoe, am 30. September 1659.

Wer Robinson Crusoe nicht kennt, hat – da sind sich die Kinder und auch die Erwachsenen der Welt einig – etwas ganz Grundlegendes in seinem Leben verpaßt. Hat nicht von den schrecklichen, todbringenden Wellen gelesen, die den Unglücklichen an einen einsamen Strand spülten, von seiner Verzweiflung, als er feststellen mußte, daß er sich auf einer rings vom Meer umgebenen Insel befand, und wie er eine Stelle entdeckte, um sein Lager aufzuschlagen: »eine Ebene, deren eine Seite von einem mächtigen Felsen gebildet wurde, welcher sich wie die Front eines Hauses nach der Ebene steil herabsenkte …«.

Aber wer weiß schon, daß es tatsächlich einen Robinson Crusoe gegeben hatte, der den Schriftsteller Daniel Defoe zu seinem Roman inspirierte? Es ist die Geschichte des schottischen Feuerkopfes Alexander Selcraig – oder Selkirk, wie er sich später taufen sollte –, der sich am 7. Februar 1704 in London auf dem Handelsschiff ›Cinque Ports‹ eingeschifft hatte und mitten im Ozean in einen so immensen Streit mit seinem Kapitän Thomas Stradling über den Zustand des Schiffs und die armselige Ernährung der Matrosen geriet, daß er bat, ausgesetzt zu werden mit nichts anderem als einer Axt, einer Bibel, ein wenig Tabak, einem Gewehr, ein paar nautischen Büchern und einem Pfund Schießpulver. Vier Jahre lang währte sein selbstgewähltes Exil, das er – praktisch noch mit den Wellen strauchelnd, die ihn ans Ufer brachten – sogleich verfluchte.

Die Umstände waren hart, aber er wußte sich einzurichten. Die Baumstämme dienten ihm als Blätter eines Tagebuchs, in die er seine Notizen ritzte. Er las die Bibel und legte einen Kalender an, um den Sinn für die Zeit nicht zu verlieren. Aus Seehundfellen nähte er Kleider, und aus Blättern baute er ein Regendach. Er züchtete Ziegen und gewöhnte sich so sehr an das Barfußlaufen, daß er seine Füße noch Jahre nach seiner Rückkehr im Februar 1709 nicht in Schuhe zwängen konnte. Das Sprechen hatte er auch verlernt.

Zeitgenossen sagen, er sei nach seiner Robinsonade für die Zivilisation verloren gewesen, andere Stimmen behaupten, daß er das davor auch schon war. Die Abenteuerlust ließ sich aus seinem Leben nicht bannen. Am Strand seines schottischen Heimatfleckens Largo baute er die Höhle nach, die er auf den Juan-Fernández-Inseln bewohnt hatte, und zur Heirat flüchtete er nach London. Als Seefahrer starb er 1723 mit 47 Jahren an Bord eines Handelsschiffes vor den Küsten von Afrika. Und 1719 erschien ›Das Leben und die seltsamen und überraschenden Abenteuer des Ro-

Arche Noah
für gestrandete Pflanzen

Ein sattes, feuchtglänzendes, prunkendes Pflanzenkleid bedeckt weite Teile des Juan-Fernández-Archipels und versetzt Wissenschaftler immer wieder in staunendes Entzücken. Mit den Galapagos-Inseln vor Ecuador ist sein Reichtum an seltenen Gewächsen schon verglichen worden; eine Arche Noah für gestrandete Pflanzen wurden die Islas Juan Fernández genannt. Kostbar ist dieses bunte Pflanzenkaleidoskop auch, weil einige Gewächse dem hiesigen Habitat nicht entsprechen, sondern aus anderen Breitengraden eingewandert sind, wie beispielsweise der Sandelholzbaum aus Asien und Polynesien, der auf Neuseeland beheimatete *olivillo (Coprosma triflora)* und Farnsorten wie die *Dicksonis bertorama* von den Fidschi-Inseln.

Goldregen rieselt auf die feuchte Erde, wo man 80 Mio. Jahre alte fossile Pollen aus dem Südwesten Afrikas fand. Wie kommen diese Pollen auf eine Insel, die erst vor knapp 5 Mio. Jahren aus dem Wasser schoß? Auch bei dem Strauchgewächs *Lactoris fernandisiana* kapitulieren alle, die seine Genese nachvollziehen wollen. Ebenfalls verblüffen die niedrigen Orangenbäume *(Zanthoxylum mayu)* und der kleine *peralillo,* die sonst so tief im Süden des Subkontinents nicht wachsen. Neben den 50 verschiedenen Farngewächsen, die hier himmelhoch gedeihen, gibt es verschiedene Palmenarten, die Myrte oder den Zimtbaum. Ein fröhlicher Vermittler zwischen all den Gewächsen ist der leuchtend rote Juan-Fernández-Kolibri, der sich und seine Brut vom Nektar der *sófora* ernährt.

Doch das Paradies, das die UNESCO 1977 zum Biosphärenreservat erklärt hat, ist bedroht. Die von einigen Kolonisten mitgebrachten und eingebürgerten Brombeerhecken überwuchern die heimischen Pflanzen und schnüren ihnen den Sauerstoff ab. Die als Fleischspender angesiedelten Kaninchen haben sich ebenfalls zur Plage ausgewachsen, derer man nicht Herr wird. Die Ausbeutung der Gewässer, wegen ihres Reichtums an Fischen Lebensgrundlage der Insulaner und Freudenquell für Taucher, konfrontiert ebenfalls mit einem hausgemachten Problem, das durch Fangbeschränkungen gelöst werden soll. Langusten beispielsweise benötigen acht Jahre, bis sie ausgewachsen sind; werden kleinere gefangen, sollen sie wieder zurück ins Meer gebracht werden. Erfolge kann man schon bei den Pelzrobben vermelden, die gegen Ende des 19. Jh. als ausgerottet galten, weil sie erbarmungslos abgeschlachtet wurden.

Die Juan-Fernández-Inseln sind ein natürliches Laboratorium, das nun selber paradoxerweise eines Laboratoriums bedarf: Die seltenen Pflanzen, die natürlichen Kreuzungen, die unbekannten Pollen, sie werden jetzt in Gewächshäusern geschützt, damit die Zivilisation sie nicht weiter schädigen kann.

binson Crusoe, Seemann aus York‹ von Daniel Defoe, das ihm und seinem Autor gleichermaßen unsterblichen Ruhm bescheren sollte.

Und wer weiß schon, daß dieser sagenhafte Robinson-Archipel aus drei Inseln tatsächlich im letzten Winkel der Welt existiert und 360 Meilen entfernt von der chilenischen Küste bei San Antonio im oft recht stürmischen Pazifik ruht? Er hat nicht nur den berühmtesten Schiffbrüchigen der Welt zu bieten – real sowie literarisch – sondern einen Ursprung reif für eine Legende, ein wundersames, endemisches Pflanzenkleid, eine sagenhafte Vogelwelt, eine recht verrückte Physiognomie, ein glasklares Hummerparadies von Meer und eine herzliche Gastfreundschaft, die sich aus Alltagserfahrungen nährt. Hier halten die 550 Bewohner zusammen und ma-

chen es auch dem Besucher so schön wie möglich.

Wie die Osterinsel sind die Islas Juan Fernández aus vulkanischen Eruptionen entstanden, die vor 5 Mio. Jahren die Nazcaplatte durchbohrten. Zunächst waren sie kahl und nackt, doch die Lava schoß immer höher und fing die Regenwolken des Pazifiks ein. Der Regen zerrieb die Lava, und Pflanzen konnten entstehen – zuerst natürlich die Farne, die ältesten Gewächse der Welt. Doch die aus dem Meer emporgeschleuderten Eilande bewegen sich nicht nur wie die Isla de Pascua, sie sinken auch wieder zurück ins Wasser. Waren sie zunächst 3000 m hoch, so mißt der höchste Berg auf der Isla Alejandro Selkirk nur noch 1650 m. Der größte Teil des Landes ruht bereits wieder unterhalb des Meeresspiegels.

Hat hier Robinson Crusoe gelebt?

Zum ersten Mal gesichtet wurden die zerklüfteten Gipfel der Inselgruppe am 22. November 1574 von dem portugiesischen Kapitän in spanischen Diensten Juan Fernández, der seine ganzen seefahrerischen Künste aufbringen mußte, um diese Gegend zu erkunden. Zurückgekehrt in seinen peruanischen Heimathafen Callao, mußte er sich von der Inquisition den Vorwurf gefallen lassen, mit Teufelskünsten gesegelt zu sein. Doch seine Navigationstricks hatte der unerschrockene Mann in seinem auf portugiesisch verfaßten ›Tratado de Navegação de Chili Contra o Sul‹ festgehalten und somit dokumentiert, daß er nur mit Gottes Hilfe vorwärts gekommen sein konnte.

Zunächst siegte die Einfallslosigkeit. Die drei unbewohnten Inseln wurden schlicht *Más a tierra, Más fuera* und *Santa Clara* getauft, ›Näher zum Land‹, ›Weiter Draußen‹ und ›Santa Clara‹. Heute heißen sie nach ihren berühmten Bewohnern: Robinson Crusoe und Alejandro Selkirk – nur Santa Clara behielt ihren Namen. Auf letzterem, lediglich 2 km² großen felsigen Eiland siedelten die Bewohner die von dem Seefahrer Juan Fernández eingeführten Ziegen an, die es nun völlig kahlgefressen haben. Die 44 km² umfassende Isla Alejandro Selkirk blieb weitgehend unberührt – übrigens auch von Alexander Selkirk, der ja auf Robinson Crusoe lebte. Lediglich während der Hummersaison siedeln sich hier Fischer an. Die chilenische Regierung dachte sich 1909 jedoch, was den englischen Seeleuten recht war, könne ihr nur billig sein, und errichtete auf Alejandro Selkirk eine Strafkolonie, die bald wieder aufgegeben wurde.

Nur die 47 km² große Isla Robinson Crusoe ist bewohnt. Auch heute versinkt der seit 1877 dauerhaft besiedelte Hauptort San Juan Bautista keineswegs in Trubel, obwohl hier alle 550 Insulaner beisammen sind. Wer zu den Islas Juan Fernández unterwegs ist, sollte es nicht wegen städtischer Zerstreuung sein, sondern Abgeschiedenheit in einer traumhaft schönen Natur zu schätzen wissen.

Ein Laboratorium hat man die Islas Juan Fernández schon genannt, weil sich hier isoliert vom (chilenischen) Festland ein ganz eigenes Pflanzenkleid entwickelte, andere Samen jedoch über den regen Seevogelverkehr zu dem Archipel transportiert und dort heimisch wurden. Botaniker sind denn auch ständige staunende Gäste auf Robinson Crusoe (s. S. 281).

Und auch die Geographie ist ziemlich außergewöhnlich. Aus den kleinen, scharfkantigen und stark gefalteten Inseln brechen hohe Gipfel hervor wie versteinerte Eruptionen. Auf der Isla Alejandro Selkirk befindet sich der Cerro de Los Inocentes, mit 1650 m die höchste Erhebung des Archipels, auf der Isla Robinson Crusoe erreicht El Yunque immerhin 915 m. Steilste Felsen mit Wänden, die die Erosion schraffiert hat, schirmen tatsächlich so lotrecht wie Hausmauern das Inselinnere ab, Zackenkronen lassen sie wie Drachenrücken wirken. Im späten Nachmittagslicht ist deren Schattenspiel auf den weichen grünen Matten im Innern der Insel besonders schön.

An den scharfgeschnittenen Gipfelspitzen der stark gefalteten Gebirgszüge im Nordosten der Insel regnen sich die Pazifikwolken ab, und der üppige Niederschlag durchfeuchtet die riesigen Farn- und Walddickichte, während der Westen in den Sommern manchmal so aussieht wie die Umgebung von San Pedro de Atacama. Hier wurde auch die gerade 800 m messende Landepiste aus dem Fels gesprengt. Wenn die Winde besonders stürmisch blasen, dann wagt

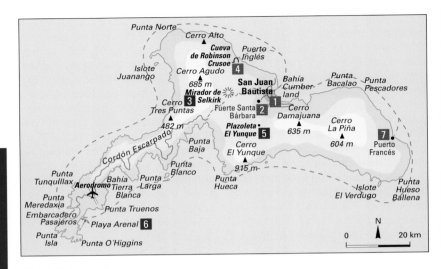

Die Isla Robinson Crusoe

hier allerdings kein Pilot das Landemanöver. Der übliche Nachhauseweg nach San Juan Bautista sieht vor, entweder fünf Stunden über die Insel zu kraxeln oder anderthalb Stunden die Küste entlangzuschippern, wobei es auch dort recht stürmisch zugehen kann. Das glasklare Wasser hat für Taucher unübersehbare Vorteile, und in das Bewußtsein aller Chilenen hat sich eingebrannt, daß die besten Hummer von ihrem Robinson-Inselchen kommen. Was allerdings zu deren radikaler Dezimierung geführt hat.

Es ist also nicht leicht, auf den Islas Juan Fernández einzutreffen. Um so glücklicher schätzt sich, wer dann da ist. Die meisten Besucher räumen nur drei Tage für den Aufenthalt ein, und wegen der beschränkten Kapazitäten der kleinen Flugmaschinen muß gerade während der Hauptsaison in den Sommermonaten präzise geplant werden. Die Reiseveranstalter sagen jedoch unisono, daß das einzige, worüber sich die Gäste beklagten, ihre zu geringe Zeitauf-

wendung sei. Nicht die noch bescheidene touristische Infrastruktur, nicht, daß auf den Inseln die ärztliche Versorgung nicht besonders reichhaltig ausfällt, liefert Anlaß zur Beschwerde.

Die Robinson-Crusoe-Insel

San Juan Bautista **1** an der Bahía Cumberland ist eine ordentliche Ansammlung von Fischerkaten und Häuschen an Erdstraßen und liegt ganz in der Nähe der Stelle an der Nordküste, wo auch Alexander Selkirk seine Höhle in den Fels grub – damals wie heute offenbar der beste Platz zum Wohnen. Die einzige städteplanerische Extravaganz in dem Zehn-Sträßlein-Dorf ist die enge Nachbarschaft von Friedhof, Fußballplatz und Leuchtturm. In der Casa de Cultura Alfredo de Rodt mit der Biblioteca Daniel Defoe werden Ausstellungen veranstaltet. Ein kleines Zimmermuseum dokumentiert die Geschichte des deutschen Kriegsschiffs ›Dresden‹, das während eines Kampfes gegen drei Schiffe der britischen Kriegsmarine im Februar 1915 in der Bahía Cumberland sank. Unterkünfte und kleine Restaurants liegen in den Straßen Alcalde Larrain und Carrera Pinto.

Gleich bei dem Ort liegt die 1974 restaurierte **Festung Santa Bárbara** ▣, die die Spanier 1749 zum Schutz gegen Piratenüberfälle bauten, und nebenan befinden sich die sieben Grotten umfassenden, sogenannten **Cuevas de los Patriotas.** Dorthin wurden 1815 spanische Soldaten verbannt, die sich während der Unabhängigkeitskriege nicht den Nationalisten ergeben wollten.

Eine schöne Fortsetzung dieser Route bildet der etwa anderthalbstündige Spaziergang zum **Mirador de Selkirk** ▣, der gleich hinter der Festung Santa Bárbara in einen üppigen Farndschungel mündet, den bevorzugten Aufenthaltsort des endemischen Kolibris *picaflor rojo.* Die Conaf geleitet mit einem Lehrpfad durch den Wald. Zum 565 m hoch gelegenen *mirador* auf dem Cerro Portezuelo muß man etwas klettern, wird oben aber mit der Einsicht belohnt, warum dieser Aussichtspunkt den Namen des Schiffbrüchigen erhielt: Die Sicht auf die komplette Insel – ein bißchen Wüste und viel kühler Dschungel –, das Meer und die beiden anderen Eilande ist majestätisch schön und vor allem grenzenlos.

Die **Robinsonhöhle** (Cueva de Robinson Crusoe) ▣, westlich von San Juan Bautista, ist zu erwandern oder mit einer kleinen Bootsfahrt zu erreichen. Sie liegt eng umschlossen von steil aufragenden Bergwänden an einem schwarzen Kieselstrand, der mit Krebsen übersät ist. Flink sprudelt hier ein Flüßchen ins Meer – für Robinson war es überlebenswichtig. Auf einem Hügel

sind noch die Überreste eines spanischen Forts zu sehen.

Von San Juan Bautista leicht zu erreichen ist die etwa 3 km entfernte, malerische **Plazoleta El Yunque** ▣, eine kleine Lichtung am Fuß des gleichnamigen Berges, die von den prächtigen Pflanzenkuppeln des Regenwaldes umrundet wird.

Wer zum einzigen Sandstrand der Insel will, kurvt etwa zweieinhalb Stunden mit einem Boot an Robbenrefugien und Inselchen vorbei zur äußersten Südwestspitze der Insel, die etwa 23 km von San Juan Bautista entfernt liegt. Die Passage allein ist schon lohnend, der Strand der **Playa Arenal** ▣ mit seinem butterfarbenen Sand wunderschön. Hier kann man auch picknicken. Es gibt allerdings kein Süßwasser – das muß mitgenommen werden.

Den Haupterwerbszweig der Insel näher kennenzulernen ist ein höchst interessantes Ausflugsangebot. Die Langusten- und Hummerfischer lassen sich auf ihrer Fahrt zu den Fangplätzen begleiten. Wer Glück hat, erwischt einen, der zum Mittagessen den Langusteneintopf *perol* bereitet und dazu einlädt.

Das Sindicato de los Pescadores erklärt sich, wenn Zeit dafür ist, gerne bereit, Gäste zu verschiedenen Teilen der Insel und in die Buchten zu bringen, z. B. in den östlich gelegenen **Puerto Francés** ▣, wo man noch Überreste einer spanischen Batterie ausmachen kann. Dorthin zu wandern verlangt Ausdauer, denn der Weg ist lang, kreuzt aber malerische und bizarr gelegene Täler, in denen der *coatí,* eine in Ecuador beheimatete Bärenart, zu Anfang des 20. Jh. angesiedelt wurde.

Lavafelder des Vulkans Llaima, in der Nähe von Temuco ▷

Information

Unterkunft

Restaurant

Sehenswert

Museum

Einkauf

Nachtleben

Unterhaltung

Feste

Aktivitäten

Verkehr

Tips &
Adressen

▼ Das erste Kapitel, **Tips & Adressen von Ort zu
Ort**, listet die im Reiseteil beschriebenen Orte in alpha-
betischer Reihenfolge auf. Zu jedem Ort finden Sie hier
Empfehlungen für Unterkünfte und Restaurants sowie
Hinweise zu den Öffnungszeiten von Museen und ande-
ren Sehenswürdigkeiten, zu Unterhaltungsangeboten
Aktivitäten, Verkehrsverbindungen etc. Piktogramme
helfen Ihnen bei der raschen Orientierung.

▼ Die **Reiseinformationen von A bis Z** bieten ein
Nachschlagewerk – von A wie Anreise über N wie
Notruf bis Z wie Zeitunterschied – mit vielen nützlichen Hinweisen, Tips und Antworten auf Fragen, die
sich vor und während der Reise stellen.

**Bitte schreiben Sie uns, wenn sich etwas
geändert hat!**
Alle in diesem Buch enthaltenen Angaben wurden von der Autorin nach bestem Wissen erstellt
und von ihr und dem Verlag mit größtmöglicher
Sorgfalt überprüft. Gleichwohl sind – wie wir im
Sinne des Produkthaftungsrechts betonen müssen – inhaltliche Fehler nicht vollständig auszu-
schließen. Daher erfolgen die Angaben ohne jeg-
liche Verpflichtung oder Garantie des Verlages
oder der Autorin. Beide übernehmen keinerlei
Verantwortung und Haftung für etwaige inhaltliche Unstimmigkeiten. Wir bitten dafür um Ver-
ständnis und werden Korrekturhinweise gerne
aufgreifen:
DuMont Reiseverlag, Postfach 10 10 45,
50450 Köln
E-mail: info@dumontreise.de

Inhalt

■ Reiseinformationen von A bis Z

■ Kleiner Sprachführer 366

■ Glossar 368

■ Abbildungs- und
Quellennachweis 369

■ Register 370

Adressen und Tips von Ort zu Ort

Preiskategorien der Hotels:
(zwei Personen im Doppelzimmer, in der Regel mit Frühstück):
sehr preiswert: bis 30 $, ca. 31 €
günstig: 31–50 $, ca. 32–53 €
moderat: 51–80 $, ca. 54–85 €
teuer: 81–100 $, ca. 85–108 €
sehr teuer: über 100 $, über 108 €

Preiskategorien Restaurants:
(jeweils für ein Menü ohne Getränke)
günstig: bis 20 $, ca. 21 €
moderat: 21–35 $, ca. 22–37 €
teuer: über 35 $, ca. 37 €

Achao

Vorwahl: 065
Lage: Hintere Umschlagkarte links B 22
Einwohner: 2500

 Hostería La Nave (günstig), Pablo Cárdenas Vivar, s/n, Tel. 66 12 19; es gibt nicht viele Übernachtungsmöglichkeiten in dem pittoresk-melancholischen Achao, diese hier ist neu und angenehm.

Markt Do u. So ab 9.30 Uhr.

 Landwirtschaftsmesse in der ersten Feb.-Woche.

 Fährverbindungen nach Dalcahue etwa halbstündl. 7.30–22 Uhr.

Algarrobo

Vorwahl: 035
Lage: Vordere Umschlagkarte links B 14
Einwohner: 4000

Hotel Pacífico (moderat), Av. Carlos Allessandri 1930, Tel. 48 28 18, Fax 48 10 40, hotelpa@entelchile.net, www.hotel-pacifico.cl; 55 Zi., nüchternes Hotel in attraktiver Terrassenlage an der Hauptpromenade; Zimmer mit Meerblick und Balkon, luftiges Restaurant, Swimmingpool.

An derselben Straße liegen auch mehrere preiswerte *residenciales.*

Algarrobo (moderat); man sitzt schön am Meer, die Küche ist auf Fisch spezialisiert.

Ancud

Vorwahl: 065
Lage: Hintere Umschlagkarte links B 22
Einwohner: 23 000

Sernatur, Libertad 665, Tel. 62 28 00, Fax 62 26 65, infochiloe@serna tur.cl; ausgesprochen freundlich, das Prospektmaterial fließt spärlich.

Hostería Ancud (moderat), San Antonio 30, Tel. 62 23 40, Fax 62 23 50, resancud@panamericanahoteles.cl, resancud@entelchile.cl; 24 Zi., luftig gebaute Anlage, weiträumig; warme, vom Holz dominierte Innenausstattung; oberhalb der Stadt gelegen, mit Blick aufs Meer.
Hotel Galeón Azul (moderat), Libertad 751, Tel. 62 25 67, Fax 62 25 43; 21 Zi., galeonazul@telsur.cl; reizvolle, ungewöhnliche Architektur; die (kleinen) Zimmer wir-

ken wie Schiffskabinen; sehr gepflegt, originell, Restaurant eher prosaisch; Hafenblick.

Las Golondrinas (moderat), Baquedano s/n, Tel./Fax 62 28 23, fmallagaray@Latin Mail.com; Platz für 40 Personen, Bungalows mit rot geschindelten Mauern, viel Holz und Glas, funktionell und zweckmäßig eingerichtet, Einheiten für 4–6 Pers. Liegt schön zwischen Stadtzentrum und dem Strand Arena Gruesa.

Hostería Ahui, Av. Costanera (günstig), Tel./Fax 62 24 15; 19 Zi., helles, großzügiges Holzhaus direkt an der Costanera; gemütliches Restaurant, freundliche Wirtsleute.

Hotel Balai (günstig), Pudeto 169, Tel./Fax 62 29 66 u. 62 25 41; 25 Zi., an der Plaza, das hübscheste Hotel dieser Kategorie; viel Holz, gepflegte Bäder, freundlich, eigene kleine Bibliothek; Vermittlung von Touren.

Polo Sur (sehr preiswert), Av. Salvador Allende 630, Tel. 62 22 00; 7 Zi., einfache Unterkunft in einem gemütlichen, großzügig geschnittenen Holzhaus direkt am Meer, mit Restaurant, freundliche Besitzer.

Hospedaje Bellavista (sehr preiswert), Tel. 62 23 84; 8 Zi., gemütliches, familiäres Ambiente; die behaglichen Zimmer haben kein Bad.

Hospedaje Madryn (sehr preiswert), Bellavista 491, Tel. 62 21 28; 12 Zi., wirkt eher wie ein Hotel; verschachtelte, kleine Zimmer, freundlicher Service.

🍴 **Hostería Ancud** (moderat), San Antonio 30, Tel. 62 23 40; charmantes Restaurant mit lohnendem Blick über die Bucht; traditionelle chilenische Küche.

La Pincoya (moderat), Prat 61, Tel. 62 26 13; Panoramablick auf den Hafen; große Auswahl an Meeresfrüchten, gepflegte Weine.

El Trauco (günstig), Blanco 515, Tel. 62 22 05; chilotische und chilenische Küche, Suppen und Fisch.

Restaurant Kuranton (günstig), A. Prat 94, Tel. 62 22 16; hier soll der beste *curanto* von Ancud aufgetischt werden.

El Sacho de Ancud (günstig), Mercado Municipal, Lokal 7; typisches Marktlokal mit frischer Ware. Hier ißt man Fisch und Meeresfrüchte.

Café: La Confitería, Rosario/Imperial.

📷 **Museo Regional Audelio Bórquez Canobra,** an der Plaza; aufwendig gestaltetes Museum zur chilotischen Volkskultur; freier Eintritt für Kunsthandwerker und Maler, die dort ihre Werke ausstellen und verkaufen; Jan.–März Mo–Fr 10–19 Uhr; übrige Monate Mo–Fr 10–13 u. 15–18 Uhr.

🛍 **Mercado y Feria;** Strickwaren, Holzschnitzereien, Körbe und kleine Skulpturen aus Sandstein; tägl. 8–20 Uhr, im Jan./Feb. 8–21.30 Uhr.

Artesanías de Chiloé, Blanco Encalada 70. Kunstgewerbe aus verschiedenen Ortschaften und den Inselchen des Archipels.

Cestería en fibra vegetal, Amunátegui 18. Wer sich für chilotische Körbe interessiert, ist hier gut aufgehoben.

🗺 **Ausflüge** zur Playa Lechagua, zur Península Lacuy, nach Caulín, zum Golf von Quetalmahue und der Playa Brava sowie zum spanischen Fort Faro Corona bieten die Taxifahrer an der Plaza an; Auskunft in den größeren Hotels.

Turismo Ancud, Blanco Encalada 730, Tel. 62 11 26; Ganztagesausflüge mit tägl. wechselndem Programm.

Das **Hotel Balai** unterhält eine Reiseagentur.

Austral Adventures, www.australadventures.com für Bootsausflüge und Exkursionen.

🚌 **Busbahnhof** an der Arturo Prat s/n; Verbindungen mit Cruz del Sur halbstündl. nach Puerto Montt u. Castro; mit Queilén Bus 8x tägl. nach Castro u. Puerto Montt, Mo u. Fr nach Punta Arenas; mit Buses Transchiloé tägl. nach Puerto Montt u. Concepción. **Buses Cruz del Sur** und **Turibus** haben ein Büro in der Chacabuco 672.

Viele Verbindungen innerhalb der Insel, oft mit den gelben **Sammeltaxis** *(colectivos).*

Antofagasta

Vorwahl: 055
Lage: Vordere Umschlagkarte links C 6
Stadtplan: S. 225
Einwohner: 230 000

Sernatur, Maipú 240, Tel. 26 40 16, Fax 26 40 44.
Conaf, Av. Argentina 2510, Tel./Fax 22 78 04, jcontrer@conaf.cl.

Hotel Antofagasta (teuer), Balmaceda 2575, Tel. 22 88 11, Fax 26 45 85; das Grandhotel der Stadt am klippengesäumten Strand; repräsentativer Bau, sehr ordentliche Zimmer unterschiedlichen Zuschnitts.
Carrera Club Hotel (teuer), Av. Ejército 01151, Tel. 35 04 00; 140 Zi., für Behinderte geeignet, mit Pool, eigenem Strand, von außen nüchtern und schmucklos, innen komfortabel, zeitlos-elegant eingerichtete Zimmer.
Ancla Inn (moderat), Baquedano 516, Tel. 22 48 14; 67 Zi., mit Pool und Restaurant, ordentliche Qualität.
Hotel Plaza (moderat), Baquedano 461, Tel. 26 90 46, Fax 26 68 03; einen halben Block von der Plaza entfernt; relativ nüchternes, aber praktisches und komfortables Haus mit kleinem Swimmingpool.
Hotel Diego de Almagro (günstig), Condell 2624, Tel. 26 83 31, Fax 25 17 21; im spanischen Kolonialstil eingerichtet, viel dunkles Holz; die komfortablen Zimmer sind nicht groß, haben aber Küche und einen kleinen Wohnraum. Sehr gutes Preis-Leistungs-Verhältnis; zentral gelegen.
Anexo Hotel Astore (günstig), Baquedano 692, Tel. 26 12 03, Fax 26 74 39; Etagenhotel; man lebt wie in einer kleinen Villa; geräumige Zimmer, kein Restaurant.
Hotel San Marcos (günstig), Latorre 2946, Tel. 25 17 63, Fax 22 14 92; in der Nähe des Busterminals gelegen; recht einfache, ordentliche Unterkunft mit sauberen Zimmern und Restaurant.
Hostal del Norte (günstig), Latorre 3162, Tel. 25 12 65; leicht hellhörig, aber annehmbare Qualität.

Residencial El Cobre (sehr preiswert), Prat 749, Tel. 22 51 62; 12 Zi., als Jugendherberge empfohlen; keine Kochmöglichkeit, Frühstück.

 Club de Yates (teuer), am alten Hafen, neben dem Hotel Antofagasta (s. o.), Zugang von der Avenida Balmaceda aus; hervorragende Lage am Meer, verglaste Panoramafront; edel, Fisch und Meeresfrüchte; abends auch Show.
Caliche (moderat), Latorre/Baquedano; kleines, recht elegantes Restaurant mit zuvorkommender Bedienung, spezialisiert auf Fisch.
El Arrayán (moderat), Diáz Gana 1314, Tel. 24 75 63; schönes, Kolonialstil-Ambiente, internationale Karte mit Mittelmeer-Touch.
El Arriero (moderat), Condell 2644; neben Hotel Diego de Almagro; derselbe gepflegte spanische *tasca*-Stil, dezente Musik; empfehlenswerte *parillas* und Weine.
Bavaria (günstig), Latorre 2618; beliebte Restaurantkette; geblümte Tischdecken, ein wenig auf bayrisch getrimmt, aber auch bodenständige chilenische Küche; Sandwiches.
D'Alfredo (günstig), Latorre zwischen Prat und Baquedano; Pizza und Pasta in moderner Designer-Umgebung; beliebt bei Jugendlichen und zum Business-Lunch.

 Museo Regional de Antofagasta, Bolívar 188; Vor- und Frühgeschichte sowie – interessanter – viel zur Salpetergeschichte; Di–Sa 9–13 u. 15.30–18.30, So 11–14 Uhr.
Museo Geológico de la Universidad, Av. Angamos 0610, gchong@socompa.ucn; Exponate aus der Zeit, als die Atacama-Wüste noch von Meer bedeckt war; Mo–Fr 9–12 und 15–18 Uhr.

 Mercado Municipal mit Kunstgewerbemarkt.
Geldumtausch im Telebanco und dem Banco Sudamericano, in der Calle Prat (ein Block südöstlich der Plaza Colón).

Ausflüge zum Wahrzeichen der Stadt, **La Portada,** mit Kleinbussen; von der Latorre aus zu erreichen.

 Busbahnhof, Latorre/Bolívar; häufige Verbindungen nach Arica, Calama und Iquique; mehrmals tägl. Verbindungen nach Santiago (die Busse halten auch in Caldera, Copiapó, La Serena und Vallenar); häufige Verbindungen nach Caldera, Copiapó, Vallenar und La Serena; mehrmals tägl. Verbindungen nach San Pedro de Atacama (mit TurBus, sonst Umsteigen in Calama und weiter mit Buses Frontera, s. S. 295).
Tramarca, Uribe 936, Tel. 25 17 70, verkauft Fahrscheine für den Zug Calama–Oruro (früher Antofagasta–La Paz).
Autovermietung: Avis, Balmaceda 2499, Tel. 22 10 73, und im Flughafen; **Budget,** Prat 206, Tel. 25 17 45, und im Flughafen, Tel. 22 70 17.
Der **Flughafen Cerro Moreno** liegt im Norden der Stadt und wird von allen Fluglinien bedient; häufige Verbindungen nach Arica, Calama, Copiapó, Iquique und Santiago. Flughafen-Shuttles bietet Lan Chile an. Aerobus, Baquedano, Tel. 26 28 64, hat einen Abholdienst. **Stadtbüro Lan Chile,** Prat 445, Tel. 26 51 51, Fax 22 25 26.

Arica

Vorwahl: 058
Lage: Vordere Umschlagkarte links C 1
Einwohner: 165 000

 Sernatur, Prat 375, 2. Stock, Tel. 23 21 01, Fax 25 45 06; ausgesprochen freundlich und hilfsbereit, eine Menge an Material.
Information im Internet: www.arica.cl.
Conaf, Av. Vicuña Mackenna 820, Tel. 25 07 32, Fax 25 07 50, gcistern@conaf.cl, Informationen zum Parque Nacional Lauca, zu Camping- und Unterkunftsmöglichkeiten, Prospektmaterial über die Tierwelt; tägl. 8–18.30 Uhr.

Hotel Arica (sehr teuer–teuer), Av. Cdte. San Martín 599, Tel. und Fax 25 45 40; 114 Zi., außerhalb des Zentrums am Strand; heiteres Luxushotel, gemütliche große Zimmer und Bäder; Swimmingpool, Restaurant, Bar; wirklich empfehlenswert.
Hotel Bahía Chinchorro (moderat), Av. Luis Beretta Porcel 2031, Tel. 24 10 68, Fax 24 52 17; 70 Zi., am Beginn der Strandzone Chinchorro gelegen, relativ neu, mit Balkonzimmern; auch Bungalows, kleiner Garten, Restaurant; nüchterne Stimmung.
Hotel El Paso (moderat), Gral. Velázquez 1109, Tel./Fax 23 19 65; 65 Zi., in einem großen, schattigen Garten gelegenes, hübsch gemachtes Haus; Terrassenzimmer, Jogging Trails, Tennisplätze, gutes Preis-Leistungs-Verhältnis.
Best Western Volapuk (moderat), 21 de Mayo 425, Tel. 25 25 75, Fax 25 11 68; 33 Zi., Pool, Sauna, Gym, modernes, praktisches City-Hotel, ohne Schnickschnack, aber nett.
Hotel Savona (moderat–günstig), Yungay 380, Tel. 23 23 19, Fax 23 16 06; 32 Zi., kleines, kompaktes, mitten im Zentrum gelegenes Haus; sehr freundlicher Service, DZ empfehlenswert, EZ oft nicht leise.
Hotel Diego de Almagro (günstig), Sotomayor 490, Tel./Fax 22 44 44; 17 Zi., im spanischen Castillo-Look; an einer belebten Straße, deswegen nicht leise.
Hotel King (günstig), Colón 376, Tel. 23 20 94, Fax 25 11 24; 22 Zi., man wohnt wie in einem großen Privathaus, freundliches Ambiente.
Hotel San Marcos (günstig), San Marcos 540, Tel. 23 29 70, Fax 25 18 15; 34 Zi., ordentliche Qualität, saubere Zimmer, freundlicher Service.
Empfehlenswerte Residenciales (alle sehr preiswert):
Jardín del Mar, Velázquez 669, Tel. 25 72 83; **Blanquita,** Maipú 472, Tel. 23 20 64; **Caracas,** Sotomayor 867, Tel. 25 36 88; **Las Palmeras,** Andrés Bello 1387, Tel. 23 21 73.
Residencial Madrid (sehr preiswert), Baquedano 685, Tel. 23 14 79; als Jugendherberge empfohlen: keine Kochmöglichkeit, keine Verpflegung.

Hotel Arica (teuer), Av. Cdte. San Martín 599, Tel. 25 45 40; internationale Küche.

El Arriero (moderat), 21 de Mayo 385, Tel. 23 26 36; deftige chilenische Hausmannskost, viel gegrilltes Fleisch.

El Tambo (moderat), im Pueblo Artesanal, Hualles 2825; außerhalb Aricas im Kunstgewerbedorf; dekoratives Ambiente; die chilenische Küche wird allseits gelobt.

Maracuya (moderat), Av. Cdte. San Martín 321, Tel. 22 76 00; sommerliches Terrassenrestaurant, schwebt fast über dem Meer; geschmackvoll kunstgewerblich eingerichtet; Fisch und Meeresfrüchte.

La Ciboulette (moderat), Thompson 238, Tel. 25 00 07; französische und italienische Küche.

Los Aleros de 21 (moderat), 21 de Mayo 736, Tel. 25 28 99; man speist wie in einem gutbürgerlichen Landhaus; chilenische Spezialitäten.

El Rey del Marisco (günstig), Colón/Maipu; im 2. Stock mit Terrasse; hier köstlich: *congrio.*

Cafés zum Draußensitzen: **DiMangio,** 21 de Mayo 235; **Barrabas,** 21 de Mayo 244.

Casino de Arica, Parque Brasil; von Gärten umgeben, gepflegt; Kasino- und Barbetrieb bis morgens um 4 Uhr.

Museo Histórico y de Armas, El Morro; Exponate zum Salpeterkrieg, Dokumentation der entscheidenden Schlachten (eine fand vor Arica statt); Dez.–Feb. 8–22 Uhr, März–Nov. 8–20.30 Uhr.

Kunstgewerbemärkte in der Pasaje Bolognesi.

Pueblo Artesanal, auf dem Weg zum Valle de Azapa, Hualles 2825; Kunsthandwerker stellen hier ihre Arbeiten in typischen *altiplano*-Häusern aus; tägl. außer Mo 9.30–13 u. 15.30–19.30 Uhr.

Feria Sangra, jeden Sonntag Kunstgewerbemarkt an der Costanera.

Geldumtausch: Redbanc in den Banken auf der 21 de Mayo; Casa de Cambio bei Turismo Sol y Mar, Colón 610.

Vicuña Tours, Germán Riesco 1364, Tel./Fax 22 89 16, victours@terra.cl; Ausflüge in den *altiplano,* Besuch des Lago Chungará und der Ortschaften Putre, Parinacota, Belén und Socoroma; außergewöhnlich interessante Touren in die Welt der Aymara (der Betreiber Gerardo Pérez ist Aymara).

Busbahnhof, Av. Diego Portales; häufige Verbindungen in alle Landesteile und größeren Städte sowie nach Peru.

Verbindungen nach **Bolivien,** La Paz mit Chile Bus, Géminis (beide im Terminal), Litoral (Chacabuco 454), Autobuses Martínez (Pedro Montt 620), Trans Salvador (Av. Santa María 2010); ins Valle de Azapa von der Calle Chacabuco (zwischen Baquedano und Lynch); nach Socoroma, Belén, Putre, Valle de Codpa von der Calle Germán Riesco 2071; zum Lago Chungará und nach Parinacota mit Autobuses La Paloma, Germán Riesco 2071, Tel. 22 27 10.

Verbindungen nach **Peru:** Buces, Tas Choapa und Taxis Colectivos, Diego Portales 1002. Züge nach Peru: Máximo Lira, Tel. 23 11 15.

Autovermietung: American Rent a Car, Gral. Lagos 559, Tel. 25 22 34; **Hertz,** Gral. Velázquez 1109, Tel. 23 14 87, Fax 25 70 58.

Aeropuerto Chacalluta, ca. 18 km nördlich der Stadt; häufige Verbindungen nach Santiago mit den Zwischenstationen Iquique und Antofagasta.

Stadtbüros der Fluggesellschaften: Aerocontinente, 21 de Mayo 423, Tel. 25 88 43, Fax 25 88 42, www.aerocontinente.com; **Aeroperu,** Edif. Empressarial, 7. Stock, Tel. 25 19 37; **Lan Chile,** 21 de Mayo 345, Tel. 25 16 41, Fax 25 26 00; **Lloyd Aereo Boliviano,** Baquedano 377, Tel. und Fax 25 19 19, labarica@entelchile.net, La Paz–Santa Cruz–Cochabamba.

Baquedano

Lage: Vordere Umschlagkarte links C 6
Einwohner: 514

 Museo Ferroviario; interessantes Freilichtmuseum mit betagten und ausrangierten Loks und Maschinen; im Sommer tägl. 8–12.30 u. 14–19 Uhr, im Winter tägl. 9–12.30 u. 14–18 Uhr; freier Eintritt.

Calama

Vorwahl: 055
Lage: Vordere Umschlagkarte links D 5
Einwohner: 121 000

 Oficina Municipal de Información Turística, Latorre 1689, Tel. 34 53 45.

Das **Preisniveau** der Unterkünfte in Calama ist generell hoch.

Park Hotel de Calama (sehr teuer), Camino al Aeropuerto 1392, Tel. 31 99 00, Fax 31 99 01; 60 Zi., ein klassisches, elegantes, neues Hotel etwas außerhalb der Stadt; sehr komfortabel, zuvorkommender Service; Swimmingpool ohne Schatten, Tennisplätze.
Hostería Calama (teuer), Latorre 1521, Tel. 31 03 06; 68 Zi., bequemes, kühles Innenstadt-Hotel mit Kolonialstilmöbeln; gepflegter Garten.
Hotel Lican Antai (teuer), Ramírez 1937, Tel. 34 16 21, Fax 34 29 70; 50 Zi., geräumig und stilvoll, freundlicher Service; die Zimmer sind nicht überwältigend.
Hotel El Mirador (moderat), Sotomayor 2064, Tel./Fax 34 03 29 und 31 02 94; 25 Zi., familiäres, kleines Hotel; geräumige Zimmer und große Bäder; schöner Patio.
Hotel Quitor (moderat), Ramírez 2116, Tel./Fax 34 17 16; 41 Zi., Komfort etwas älteren Datums; geräumige, behaglich eingerichtete Zimmer.

Empfehlenswerte Kost wird im Hotel **Lican Antai** und im **Park Hotel** serviert (teuer).

Alfredo's (günstig), an der Plaza; Restaurantkette, hier im modernen Glas- und Stahl-Design; beliebt; Pizza, Pasta und Sandwiches.
Bavaria (günstig), Sotomayor 2093; Restaurantkette, solide Qualität, zivile Preise; chilenische Küche; die deutschen Spezialitäten wie Eisbein mit Sauerkraut braucht man hier ja nicht zu verzehren; auch beliebte Cafeteria.
Club Croata (günstig), an der Plaza; leicht angegammelter Bourgeois-Schick; große Portionen schmackhaften Essens und Menüs; keine Raffinessen.

Geldumtausch: Casa de Cambio, Sotomayor 1818.

 Ein Besuch der **Kupfermine Chuquicamata** ist leicht in Eigenregie zu organisieren: Man nimmt eines der vielen gelben Sammeltaxis, die einen vor der Auskunftstelle entlassen; Führung tägl. 9.45 Uhr. Es empfiehlt sich, früher da zu sein, da die Anzahl der Plätze limitiert ist! Der Reisepaß muß mitgebracht werden. Klassische **Ausflugsziele** sind Chiu Chiu und die Pukara de Lasana; auch ein Besuch von Caspana und Aiquina läßt sich hier buchen.

Buses Frontera, Antofagasta 2041; Verbindungen 5x tägl. nach San Pedro de Atacama, um 11 u. 18 Uhr nach Toconao.
Buses Géminis, Antofagasta 2239; Nov.–März tägl. Verbindungen nach Argentinien, sonst nur Mi 10 Uhr.
Buses Tramarca, Sotomayor 1961; mehrmals tägl. Verbindungen nach Antofagasta; **Tur-Bus,** Ramírez 1802, verkehrt zu zahlreichen Orten entlang der Panamericana und nach San Pedro de Atacama; **Flota Barrios,** Ramírez 2298 und **Pullman Bus,** Sotomayor 1808, bedienen ebenfalls die Panamericana.

Flughafen El Loa, ca. 8 km südöstlich; Calama liegt in dem Netz Iquique–Antofagasta–Santiago.
Stadtbüro Lan Chile, Latorre 1499, Tel. 31 39 27, Fax 34 13 78.

Autovermietung: Avis, Pedro Leon Gallo 1985, Tel. 31 97 97.
Hertz, Latorre 1510, Tel. 26 83 23.

Caldera

Vorwahl: 052
Lage: Vordere Umschlagkarte links B 9
Einwohner: 13 700

 Hotel Portal del Inca (moderat), Carvallo 945, Tel. 31 52 52, Fax 31 56 48; 40 Zi., etwas außerhalb gelegen; nüchterne Anlage, wenig Grün.
Hotel Puerta del Sol (moderat); Wheelwright 750, Tel. 31 52 05, Fax 31 55 07; 6 Zi., am Ende der Costanera gelegen, ein wenig verschachtelt gebaut; Terrasse, Swimmingpool; große, lichte Zimmer.
Hotel Costanera (günstig); Wheelwright 543, Tel. 31 60 07; 11 Zi., ein älteres, malerisches Holzhaus; recht niedriger Standard.
Residencial Palermo (sehr preiswert), Cifuentes 150, Tel. 31 58 47; 10 Zi., sehr einfach, sauber.

 Nuevo Miramar (moderat), in einem Pavillon am Ende der Fischermole; servieren den besten *congrio* und *corvina;* hier speist man bei Kerzenschein.
El Macho (günstig), im nördlichen Abschnitt der Costanera; einfache Kneipe mit Meeresfrüchte-Karte.

 Caldera hat keinen zentralen Busbahnhof, die Busse fahren vor den Büros der entsprechenden Gesellschaften ab: Pullman und Tramarca für die Langstrecken in der Cerda/Edwards, nach Copiapó in der Calle Gana; häufige **Busverbindungen** nach Copiapó; mehrmals tägl. über Copiapó in nördliche und südliche Richtung nach Vallenar und La Serena, nach Chañaral und Antofagasta.

Caleta Gonzalo

Vorwahl: 065
Lage: Hintere Umschlagkarte links B 22

Infobörse im Café/Restaurant, das auch Abendessen serviert.

Cabañas Caleta Gonzalo, Tel. 73 13 41, www.pumalinproject. org, pumalin@telsur.cl, 7 attraktive Bungalows des Pumalin-Projektes von Douglas Thompkins.
Camping: Vermietung von Feuerstellen, Verkauf von Holzkohle und frisch geschlachteten Lämmern zum Grillen durch die Infobörse, s. o.

Fährverbindungen (46 km südlich von Puerto Montt) **La Arena–Caleta Puelche** (Dauer 30 Min.), Jan.–Feb. 8x tägl., sonst 5x tägl.; es müssen aber auch Busse mitgenommen werden, die Vorrang vor Privatautos haben!
Fährverbindungen **Hornopirén–Caleta Gonzalo,** Jan.–Feb. tägl. Abfahrt von Caleta Conzalo um 9 Uhr.
Information bei Transmarchilay; in Santiago, Av. Providencia 2653, Local 24, Tel. 02/234 14 64, Fax 234 48 99; in Puerto Montt, Angelmó 2187, Tel. 065/ 27 04 20, Fax 27 04 30, www.transmarchi lay.cl.
Busse: Caleta Gonzalo–Chaitén, 3x wöchentlich, B y V Tours Tel. 73 13 90. Von Puerto Montt nach Hornopirén, Jan/Feb. vom Terminal in Puerto Montt aus: Buses Fierro, Tel. 25 30 22, Mo–Sa 3x tägl. So 2x tägl. Dann mit der Fähre weiter nach Caleta Gonzalo.

Caleta Tortel

Lage: Hintere Umschlagkarte rechts B 26
Einwohner: 450

Bootsverbindung von Puerto Yungay 2x wöchentl. mit einer Barkasse des Cuerpo Militar de Trabajo (Dauer der Überfahrt ca. 4 Std.); Privatanbieter: José Maripillán, Tel. 067/23 48 15 (das einzige öffentliche Telefon in Caleta Tortel), und Saturino Casanova; Kontakt am besten über Sernatur in Coyhaique (s. S. 304); Bootsmiete für 2–3 Std. 55 000– 70 000 Pesos (ca. 100–140 US-$).

Cartagena

Vorwahl: 035
Lage: Vordere Umschlagkarte rechts B 14
Einwohner: 10 400

🍴 Viele nette **Strandrestaurants** an der Playa Chica; das beste gehört zum Hotel Bahia, Playa Chica 196, Tel. 21 12 46.

Caspana

Lage: Vordere Umschlagklappe links B 5, bei Alquina
Einwohner: 400

📷 **Museo Regional de Historia y Antropología,** an der Plaza; anschaulicher Überblick über indianische Kulturen, archäologische Stätten und Brauchtum; Di–Fr 10–17 Uhr.

Castro

Vorwahl: 065
Lage: Hintere Umschlagkarte links B 22
Einwohner: 20 500

ℹ️ **Sernatur,** Kiosk an der Plaza; freundlich. **Informationen im Internet:** www.chiloeweb.com.

🛏️ **Hotel Unicornio Azul** (teuer–moderat), Av. Pedro Montt, Tel. 63 23 59, Fax 63 28 08; 18 Zi., originell gestaltet, gepflegt.
Alerce Nativo Gran Hotel (moderat), O' Higgins 808, Tel. 63 22 67, Fax 63 23 09; 35 Zi., nicht ganz im Zentrum gelegen; angenehme Qualität.
Hostería de Castro (moderat), Chacabuco 202, Tel. 63 23 01, Fax 63 56 88; 29 Zi., gemütlicher Holzbau mit verglastem Restaurant; komfortabel eingerichtete Zimmer; blendende Lage oberhalb des Meeres.
Hotel Casita Española (moderat), Los Carrera 308, Tel./Fax 63 51 86; 21 Zi., eher familiäres Ambiente; gemütliche, kleine Zimmer.

Hostal Kolping (günstig), Chacabuco 217, Tel./Fax 63 32 73; 15 Zi., helle, großzügig geschnittene Holzvilla mit geräumigen Zimmern und Bädern; sehr freundlich, familiär, empfehlenswert.
Hostal Central (sehr preiswert), Los Carrera 316, Tel. 63 27 26; 8 Zi., saubere, verwinkelt geschnittene Familienpension; etwas hellhörig.
Hostal Chilote (sehr preiswert), Aldunate 456, Tel./Fax 63 50 21; 7 Zi., ordentlich und freundlich, Zimmer ohne oder mit Privatbad.

🍴 **Sacho** (teuer–moderat), Thompson 213; Tel. 63 20 79; auf zwei Stockwerke verteiltes Spezialitätenrestaurant für Muscheln, Taschenkrebse und Austern; gepflegter Bistro-Stil; das beste Restaurant in Castro.
Hostería de Castro (moderat), Chacabuco 202, Tel. 63 23 01; trotz des sehr hübschen Settings nüchterner Stil.
Del Mirador (moderat), Blanco 392, Tel. 63 39 58; direkt an der Plaza, gemütlich; auf Meeresfrüchte spezialisiert, nettes Café nebenan.
Palafito (moderat–günstig), Lillo 30, Tel. 63 54 76; direkt am Meer gelegen; etwas turnhallenhaft, aber rustikal und nett; Spezialität: rohe Seeigel *(erizos)*.
La Brújula (günstig), O'Higgins/Los Carrera, 63 32 29; Jugendlichen-Treffpunkt an der Plaza; Videoclips, gute Sandwiches und Coca-Cola; Familienmenüs.

📷 **Museo de Arte Moderno de Chiloé,** Galvarino Riveros s/n im Parque Municipal, das Museum stellt zeitgenössische Exponate chilotischer und chilenischer Künstler aus; im Sommer tägl. 10–17 Uhr.
Museo Municipal de Castro, San Martín; Überblick über Geschichte und chilotische Kultur; Mo–Sa 9.30–13 u. 15–18.30, So 10.30–13 Uhr.

🛍️ **Feria Artesanal,** Costanera; breites Angebot regionalen Kunstgewerbes; besonders originell sind die typisch chilotischen Strickwaren und dicken Pullover; tägl. geöffnet.

Geldumtausch: Money Exchange, Chacabuco 286.

 Pehuén Turismo, Blanco 299, Tel. 63 23 61, Fax 63 52 52, www.turismopehuen.cl; Bootsausflüge rund um die Insel und in den Nationalpark Chiloé.

Expediciones Pumalin, Chacabuco 202, Tel. 63 23 01.

Chiloé Insular, Gamboa 387, Tel. 53 16 09.

Busbahnhof, Sotomayor/San Martín; halbstündl. Verbindungen nach Puerto Montt und Ancud, 8x tägl. nach Quellón.

Sammeltaxis in die kleineren Städtchen wie Chonchi, Queilén, Dalcahue fahren ab Calle Ramírez; Lokalbusse ab Calle Aldea.

Büro von Lan Chile, Blanco 299, Tel. 63 28 66, Fax 63 52 54.

Caulín

Lage: Hintere Umschlagkarte links B 21
Einwohner: 300

Las Ostras de Caulín (moderat), am Strand von Caulín, 9 km nördlich von Chacao, Tel. 09/643 70 05 (mobil); bäuerlicher Bistro-Stil, karierte Tischdecken und schönes Glas; beste Austern, Champagner und Wein; ein echter Tip. Dort kann man auch übernachten.

Chacao

Lage: Hintere Umschlagkarte links B 21

Fährverbindungen nach Puerto Montt halbstündl.

Chaitén

Vorwahl: 065
Lage: Hintere Umschlagkarte links B 22
Einwohner: 3300

Información Turística, an der Costanera; viel Material, auch kleine

Naturkunde-Ausstellungen und Präsentation des Proyecto Parque Pumalín; www.pumalinproject.org.

Sernatur, Av. Bernardo O'Higgins 284, Plaza de Armas, Tel. 73 10 82, infopalena@sernatur.cl.

Brisas del Mar (moderat), Av. Corcovado 278, Tel. 73 12 94, Fax 73 12 66; komplett eingerichtete Bungalows für den längeren Aufenthalt.

Hostería Los Coihues (moderat–günstig) P. Aguirre Cerda 398, Tel. 73 14 61, coihues@telsur.cl; gemütliches Hotel mit engagierten Betreibern, viele Ausflüge zur Erkundung der Gegend, Wanderungen, Reiten.

Hostería Puma Verde (moderat–günstig) O'Higgins 54, Tel. 73 11 84, www.pumalinproject.org, pumaverde@telsur.cl; 12 Zi., attraktives Holzhaus mit komfortablem und sehr behaglichem Innenleben; wird von den Parque Pumalin-Betreibern geleitet.

Hotel Mi Casa (günstig), Av. Norte 206, Tel./Fax 73 12 85, hmicasa@telsur.cl; 18 Zi., attraktiv oberhalb des Ortes gelegen; geräumige Anlage.

Hostería Schilling (günstig), Av. Corcovado 246, Tel. 73 12 95, Fax 73 12 98; 17 Zi., frisch restauriertes Holzhaus; familiäres Ambiente, gemütlich, Kaminrestaurant.

Galpones del Volcán (günstig), 26 km von Chaitén entfernt auf dem Weg nach Termas Amarillas, Tel. 73 12 30; 5 Zi., lauschige, kleine Pension mitten in der Natur; die Besitzer bieten Ausflüge in die Umgebung an, auch Pferdemiete.

Brisas del Mar (moderat), Av. Corcovado 278; Fisch und Meeresfrüchte; schöner Blick auf die Bahia de Chaitén.

Canasto de Agua (günstig), Portales 90, Tel. 73 15 50; imposantes Holzhaus, gutes Essen; abends beliebter Treffpunkt; empfehlen die Leute im Ort.

Sehr einfache und nette **Fischlokale** entlang der Av. Corcovado, z. B. die **Cocinería Marita Estrella.**

An der Bahia de Chaitén werden **Bootsausflüge** zu einer Seelöwenkolonie angeboten.

Chaitur, Av. O'Higgins 67 (im Busbahn-hof), Tel. 73 14 29, Fax 73 12 66, nchaitur@hotmail.com; Trekking und Reittouren, Ausflüge zur Bahia Santa Bárbara und zum Lago Yelcho.

 Busbahnhof, Av. O'Higgins 67; Verbindungen nach Coyhaique, Mi–So 1x tägl.; nach Futaleufú, Mo–Sa 1x tägl.; nach La Junta, Mo–Sa 1x tägl.; nach Palena Di u. Do 1x tägl.

Fährverbindungen **Chaitén–Hornopirén,** im März–Dez. nur 1x wöchentl. (Mi 8 Uhr) mit Reservierung; im Jan.–Feb. nur Verbindung Caleta Gonzalo–Hornopirén 4x wöchentl. mit Reservierung! Fährverbindungen **Chaitén–Quellón,** 1x wöchentl., während der Sommermonate 3x wöchentl.; oft ausgebucht, daher vorherige Reservierung ratsam!
Information bei Transmarchilay, in Santiago, Av. Providenica 2653, Local 24, Tel. 02/234 14 64, Fax 234 48 99, in Puerto Montt, Angelmó 2187, Tel. 065/27 04 20, Fax 27 04 30, www.transmarchilay.cl.
Navimag, Ignacio Carrera Pinto 188, Tel. 73 15 70, Fax 73 15 71, www.navimag.cl.
Catamaranes del Sur in Puerto Montt, Av. Diego Portales s/n, Tel. 48 23 70, www.catamaranesdelsur.cl, info@catamaranesdelsur.cl; verbindet Chaitén mit Puerto Montt.

Aerosur, Tel. 73 12 28, fliegt tägl. nach Puerto Montt.
Weitere Anbieter: Aeromet, Todesco 42, Tel. 73 12 75, und **Aerovip,** Riveros 453, Tel. 73 14 01.

Chañaral

Vorwahl: 052
Lage: Vordere Umschlagkarte links C 8
Einwohner: 13 500

In der **Municipalidad,** Costanera/Los Baños; freundlich und darum bemüht, Chañaral und Umgebung zu fördern.

Apart Hotel Portal Atacama (moderat), Merino Jarpa 1420, Tel.

48 97 99; das modernste und bequemste Hotel am Ort.
Hostería Chañaral (günstig), Miller 268, Tel. 48 00 50, Fax 48 05 54; 22 Zi., hübsch gelegen und ordentliches Preis-Leistungs-Verhältnis.
Hotel Nuria (sehr preiswert), Av. Costanera 300, Tel. 48 09 03; 9 Zi., kleiner Motelbetrieb, freundlicher Service, schlicht.

Hostería Chañaral (günstig), Miller 268; bodenständige Küche ohne Raffinessen.
Alicanto (günstig), Panamericana Sur 49, Caleta de Pescadores; Restaurant mit Panoramablick, oberhalb des Fischerhafens gelegen; viel Fisch auf der Speisekarte.
Wenige einfache Restaurants auf der Calle Merino Jarpa.

Terminal Pullman Bus an der Costanera neben der Municipalidad; fast alle Busse in Nord-Süd-Richtung unterbrechen hier die Fahrt. Busse in den Parque Nacional Pan de Azúcar: Turismo Chango, Jarpa/Los Baños, 2x tägl.

Chile Chico

Vorwahl: 067
Lage: Hintere Umschlagkarte links C 25
Einwohner: 3700

Oficina de Información Turística, O'Higgins 3333, Tel. 41 13 59.

Hostería Austral (moderat), Bernardo O'Higgins 501, Tel./Fax 41 14 61; 10 Zi., immer noch eine der besten Unterkünfte am Ort, mit gutem Restaurant.
Hotel Ventura (günstig), am Ortsausgang, Tel. 41 13 11; gemütlich und gut informierte, engagierte Wirte.
Hotel Los Dos (günstig), José Miguel Carrera 290, Tel. 41 17 10.
Residencial Don Luis (sehr preiswert), Balmaceda 175, Tel. 41 13 84; 8 Zi., einfache und saubere Pension, sehr freundlich.

Hostería Austral (günstig), Bernardo O'Higgins 501; beliebter Treffpunkt, auf der Speisekarte v. a. Fleisch.
Café-Restaurant Loly y Elizabeth (günstig), an der Plaza; klein und gemütlich; Menüs aus der Regionalküche.

 4x wöchentl. **Busse** nach Puerto Guadal (ca. 2 Std.), dort Anschlüsse zu Bussen, die die Carretera Austral befahren, z. B. nach Coyhaique und Cochrane; die Busfahrer halten auf Wunsch auch am Flughafen von Balmaceda. 2x tägl. Busverbindungen nach **Argentinien** (über Los Antiguos nach Comodoro Rivadavia).

Fährverbindungen nach Puerto Ibáñez (Dauer 2.15 Std.).
Ferry Chelenco, Manuel Rodríguez 253, Tel. 41 13 68; Baquedano 146, Coyhaique, Tel. 23 34 66; Di, Do, So.
Ferry Pilchero, Portales 99, Coyhaique, Tel. 23 42 40; ganzjährig Abfahrt von Chile Chico Di 15, Do 10, Fr 17, So 12 Uhr, Abfahrt von Puerto Ibáñez Di, Mi, Fr, Sa 12 Uhr (nimmt auch Autos mit).

Flüge mit kleinen Maschinen, nach Coyhaique, tägl. außer So. Don Carlos, O'Higgins 264.

Chiu Chiu

Vorwahl: 055
Lage: Vordere Umschlagkarte links D 5, bei Chuquicamata
Einwohner: 320

 Hotel Tujina (günstig–sehr preiswert), Esmeralda s/n, Tel. 32 63 86; 17 Zi., helles, mit viel Holz um einen Patio gebautes, kleines Hotel; Zimmer verschiedener Kategorien, auch Apartments; ordentlich, sauber, freundlich.

 Hotel Tujina (günstig), Esmeralda s/n; einfache Regionalküche, Salate, Gemüse, Fleisch.
El Tambo (günstig),Granaderos s/n; typisches Haus aus Adobe und Kaktusholz; einfache andine Küche, *cazuelas*.

 Iglesia de San Francisco, an der Plaza; eine Vorzeigeschönheit unter den *altiplano*-Kirchen, berühmtes Christusgemälde; tägl. außer Mo 9–14 u. 16–19 Uhr.

 Kunstgewerbegeschäft an der Hauptstraße Granaderos, gut sortiert.

Chonchi

Vorwahl: 065
Lage: Hintere Umschlagkarte links B 22
Einwohner: 3000

 Oficina de Turismo, Candelaria/Centenario.

 Posada Antiguo Chalet (moderat–günstig), Irrarázabal s/n, Tel. 67 12 21; 12 Zi., schöne Lage oberhalb der Capitanía del Puerto; renoviertes, lauschiges Holzhaus.
Hostería Mirador (sehr preiswert), Ciriaco Álvarez 198, Tel. 67 13 51; preiswert und einfach.
Hospedaje La Esmeralda (sehr preiswert), Irarrázabal 8, Tel. 67 13 28, daniel grady@telsur.cl; 10 Zi., mit Gemeinschafts- oder eigenem Bad, kommunikative Atmosphäre, Organisation von Ausflügen, auch gutes Restaurant.

 Hotel Remis (günstig), Irarrázabal 63, Tel. 67 12 71; hochgelobte Fisch- und Meeresfrüchteküche.
Besonders urig sind die **Garküchen** an der Costanera.

 Museo de las Tradiciones Chonchinas, Centenario; liebevoll eingerichtetes Brauchtumsmuseum; im Sommer Mo–Sa 9–20 Uhr, im Winter Mo–Sa 9–13 Uhr.

 Fiesta Criolla de Chonchi; Folkloregruppen und typisch chilotisches Essen; erste Feb.-Woche.

 Sammeltaxis *(colectivos)* nach Castro halten an der Kirche und an der Stadtverwaltung.

Cochamó

Vorwahl: 065
Lage: Hintere Umschlagkarte links B 21
Einwohner: 2000

 Campo Aventura (moderat), Valle Concha s/n, zu buchen über: Outsider, San Bernardo 318, Puerto Varas, Tel./Fax 23 29 10, outsider@telsur.cl; 14 Zi., großzügig gestaltetes, sehr schönes Camp im Pionierstil; gute Küche, eigenes Restaurant mit – auch – vegetarischen Gerichten, freundlicher Service, viele Ausflugsmöglichkeiten, z. B. Seakayak, Reiten, Trekking.
Hotel Cochamó (sehr preiswert), Catedral 19, Tel. 21 62 12; 8 Zi., schlichtes kleines Hotel; nur Frühstück.

Motorboote für Ausflüge auf den Seno de Reloncaví kann man von Fischern für einen halben Tag mieten (ca. 40 US-$).

Pferderennen; im Sommer (Dez.–März) fast jeden Sonntag.

Busverbindungen nach Puerto Varas und Puerto Montt; Abfahrt 3x tägl.

Cochrane

Vorwahl: 067
Lage: Hintere Umschlagkarte rechts C 26
Einwohner: 3000

Sernatur, Plaza de Armas, Tel. 52 21 15; im Sommer normalerweise tägl. außer So 9–13 u. 14.30–20 Uhr.
Conaf, Río Nef, Tel. 52 21 64; ist nur unregelmäßig geöffnet; es gibt aber eine ständig besetzte **Conaf-Station** direkt am Eingang zur Reserva Nacional Tamango an der Bootsanlegestelle auf dem Lago Cochrane; obligatorische Anmeldung, begleitete Bootsausflüge und Wanderungen.

Hostería Wellmann (günstig), Las Golondrinas 36, Tel./Fax 52 21 71; 12 Zi., beste Wahl in Cochrane; kleines Haus mit Restaurant, recht nüchtern; bietet auch Ausflüge und Ausritte an.
Residencial El Fogón (sehr preiswert), San Valentín 651, Tel. 52 22 40; einfach und sauber; mit Restaurant.
Restaurant: Rogeri (günstig), Tte. Merino 502, Tel. 52 22 64. Eine Alternative, wenn man nicht nur in seinem Hotel essen will.

Mehrmals wöchentl. Verbindungen nach Coyhaique mit Acuario 13, Los Ñadis und Buses Don Carlos.

Autovermietung: Marcial E. Moya Díaz, Dr. Steffens 147, Tel. 52 22 76.
Achtung: Im Ort gibt es Tankstellen!

Coñaripe

Vorwahl: 063
Lage: Hintere Umschlagkarte links B 19, bei Villarrica
Einwohner: 1300

Información Turística, an der Plaza.

Entre Montañas (sehr preiswert), Guido Beck de Ramberga, Tel. 23 80 76, Fax 31 72 98; 18 Zi., recht intimes Holzhaus mit Restaurant; kleine, gepflegte Zimmer; sehr nette Atmosphäre.

Außerhalb:
Hotel Termas de Coñaripe (sehr teuer), Tel. 31 73 30, Reservierungen (in Santiago) Tel. 02/5 58 97 38; liegt auf dem anspruchsvollen Weg nach Liquiñe; Thermalzentrum mit Massagen, Sauna; Hotel, Bungalows, Restaurant; bieten auch Ausflüge an.

 Häufige **Verbindungen** nach Lican Ray (JAC); tägl. nach Villarrica und Panguipulli (Buses San Pedro).

Concón

Vorwahl: 032
Lage: Vordere Umschlagkarte rechts B 14
Einwohner: 9080

Hotel Concón (sehr teuer), Av. Borgoño 23100, Tel. 81 42 12, Fax 81 39 55; 80 Zi., an der Küsten-Avenida mit Blick aufs Meer gelegen; modern, funktionell.
Mantagua Centro Turístico (moderat), Tel./Fax 81 14 15; 30 Zi.,Ferienanlage mit geräumigen Bungalows, Swimmingpools und Strandzugang; Pferde- und Mountainbike-Verleih.

Im neu gebauten Yachthafen im Stadtteil Caleta Higuerilla und in La Boca reiht sich ein nettes **Strandrestaurant** an das nächste.

Copiapó

Vorwahl: 052
Lage: Vordere Umschlagkarte links C 9
Einwohner: 127 000

Sernatur, Los Carrera 691, Tel. 21 28 38, Fax 21 72 48; haben viel Prospektmaterial, sehr engagiert.
Conaf, Martínez 55, Tel. 23 70 42, Fax 23 70 42, fcorrea@conaf.cl.

Hotel Chagall (sehr teuer), O'Higgins 760, Tel. 21 37 75, Fax 21 15 27; 34 Zi., in optimistischen Farben gehaltenes modernes Hotel; kleine, feine Zimmer.
Hostería Las Pircas (moderat), Av. Copayapu 95, Tel. 21 32 20, Fax 21 16 33; 62 Zi., außerhalb gelegen; blitzsaubere, komfortable Bungalow-Anlage mit großem Garten.
La Casona (moderat), O'Higgins 150, Tel./Fax 21 72 78; 10 Zi., kleines Haus im Kolonialstil, sorgfältig ausgesuchte Wohnaccessoires; gemütliche, nicht sehr große Zimmer; sehr freundlich und hilfsbereit; Restaurant mit Hausmannskost.
Residencial Nuevo Chañarcillo (sehr preiswert), Rodríguez 540, Tel. 21 23 68; 7 Zi., empfehlenswertes kleines, gepflegtes Billighotel.

Hostería Las Pircas (moderat), Av. Copayapu 95; angenehmes Restaurant mit internationaler Küche.

Bavaria (günstig), Chacabuco 487, Tel. 21 34 22; Cafeteria und Restaurant in ordentlichem, unaufwendigem Stil; gute, solide Qualität.
El Corsario (günstig) Atacama 245; deftige Speisen nach chilenischen Rezepten werden in einem betagten Haus mit Patio serviert.
El Quincho (günstig), Atacama 169; Tel. 21 53 74; Turnhallenatmosphäre; hier ist man auf große Fleischportionen spezialisiert.

Museo Ferroviario y Estación, Martínez s/n; interessant nicht nur für Eisenbahn-Liebhaber; tägl. 10–13 u. 15–19 Uhr, im Jan./Feb. 9–13 u. 15–21 Uhr; Eintritt nach Größe: unter 1 m gratis, bis 1,50 m halber Preis, über 1,50 m Vollzahler.
Museo Mineralógico, Rodríguez/Colipí; umfassende Mineralienschau; Mo–Fr 10–13 u. 15.30–19, Sa 10–13 Uhr.
Museo Regional de Atacama, Atacama/Rancagua; Fundstücke zur Frühgeschichte, Minengeschichte; Di–Fr 9–19, Sa 10–12.45 u. 15–18.15, So 10–12.45, Mo 14.30–19 Uhr.

Sehr guter Standort für **Ausflüge in den Altiplano** und zum Ojos del Salado, z. B. zu buchen bei: Azimut 360, General Salvo, Providencia, Santiago, Tel. 02/235 15 19, Fax 235 30 84, azimut@terra.cl, www.azimut.cl.

Busbahnhof an der Av. Ramón Freire (Überlandverbindungen an der Ecke Colipí, Regionalverbindungen an der Ecke Chacabuco); Copiapó liegt an der zentralen Nord-Süd-Achse, daher häufige Verbindungen in alle größeren Städte.

Flughafen Chamonate, 15 km westlich von Copiapó, Shuttle-Service von Lan Chile; mehrmals tägl. Flüge nach Antofagasta und Santiago, an Werktagen nach El Salvador.
Stadtbüros: Lan Chile, Colipí 484, Tel. 21 35 12, Fax 23 12 81. **Ladeco,** Colipi 354, Tel. 21 72 85.

Corral

Lage: Hintere Umschlagkarte links B 20
Einwohner: 3600

 Castillo San Sebastián de la Cruz; Befestigung aus dem 17. Jh.; tägl. 9–19 Uhr, Kostümspektakel um 15.30 u. 17.30 Uhr.
Museo de Corral; kleines Geschichts- und Heimatmuseum mit Fotos zum Erdbeben von 1960; 15.12.–15.3. tägl. 9–13 u. 14–18.30 Uhr, sonst tägl. außer Mi 14–18 Uhr.

 Bootsverbindung zwischen Niebla und Corral; 8–21 Uhr halbstündl., im Winter bis 18.30 Uhr.

Coyhaique

Vorwahl: 067
Lage: Hintere Umschlagkarte links C 24
Einwohner: 43 500

 Sernatur, Bulnes 35, Tel. 23 17 52, Fax 23 39 49, mit einer Fülle an ordentlichem Prospektmaterial ausgestattet, hilfreich; zusätzlich Informationskiosk an der Plaza.
Conaf, Av. Ogana 1060, Tel. 21 21 09, Fax 21 21 01, jburgos@conaf.cl und mnarvaez @conaf.cl.

Hostería de Coyhaique (sehr teuer), Magallanes 131, Tel. 23 11 37, Fax 23 17 37, hotelsa@ctc.internet.cl; 40 Zi., in einem weitläufigen Garten, komfortabel und gemütlich.
Hotel Patagonia (teuer), Gral. Parra 551, Tel. 23 65 05, patagoniah@patagonia-chile.cl; 30 Zi., recht nüchternes Gebäude, aber gute Qualität.
Hostería Belisario Jara (moderat), Bilbao 662, Tel./Fax 23 41 50; 10 Zi., sehr freundlich, warme, hübsche Zimmer; köstliches Frühstück; leider etwas hellhörig, aber phantasievoll gebaut.
Hotel Luis Loyola (moderat), Prat 455, Tel./Fax 23 42 00; 18 Zi., direkt im Zentrum; gemütliche Zimmer, große Bäder, aber kein attraktives Äußeres.

Hostal San Cayetano (günstig), Simpson 829, Tel. 23 15 55; im recht teuren Coyhaique eine preiswerte Alternative.
Hostal Bon (günstig), Serrano 91, Tel. 23 11 89; 11 Zi, komfortable helle Zimmer, freundliche Wirtsleute.

Hostería de Coyhaique (teuer), Magallanes 131, Tel. 23 11 37; internationale Küche, zuvorkommender Service; das beste Restaurant am Ort.
Café Ricer (moderat), Horn 28, Tel. 23 33 06, Fax 23 33 86; im 1. Stock gepflegtes Restaurant mit chilenischer Küche, Fisch und Meeresfrüchte; originelle historische Dekoration aus der ersten Kolonistenzeit und Zeitschriften von 1950; im Parterre auch abendlicher Treffpunkt bei Eis und Kuchen.
El Galpón (moderat), Sargento Aldea 31; die erste Adresse für *parilladas;* mit Bar.
Casino de Bomberos (günstig), Gral. Parra 365; ein Tip fürs preiswerte Mittagessen.
La Olla (günstig), Prat 176, Tel. 23 47 00; hat sich auf spanische Kost kapriziert.
Restaurant Atico (günstig), Bilbao 563, Tel. 23 40 00; spiegelverglast, innen gemütlich, traditionelle chilenische Küche.
Cafés: Oriente, Condell 201, Tel. 23 16 22; in anheimelnder Atmosphäre werden deutsch-chilenische Apfelpasteten serviert.
Abends: Bar West, Bilbao 110.

Museo Regional de la Patagonia, Baquedano 310; Sehenswertes zur Geschichte der jungen Kolonie, Prähistorisches; die Begleiter sind sehr gut informiert; Mo–Fr 10–13 u. 15–18 Uhr.

Kunstgewerbemarkt an der Plaza (zwischen den Straßen Horn und Dussen); regionales Kunsthandwerk aus der gesamten Region: Puerto Cisnes, Puerto Aisén, Puerto Ibáñez und Cochrane: Leder- und Kuhfelltäschchen, Holzschnitzereien.
Geldwechsel: Casa de Cambio Emperador, Bilbao 222; nur Wechsel von US-Dollar, keine Reiseschecks, Turismo Prado, 21 de Mayo 417.

Das **Rodeo Oficial** von Coyhaique wird alljährlich am 11. und 12. Oktober begangen, der Wettbewerb findet am 12. 10. statt.

Coyhaique ist ein empfehlenswerter Standort für **Exkursionen** in die südliche Carretera Austral, weil sich hier die Infrastruktur (Busse, Flughafen) konzentriert. Es gibt eine ganze Reihe Tourenanbieter.

Ausflüge zur **Catedral de Mármol;** Vermietung von Booten für 6 Personen in Puerto Tranquilo, vom Wetter abhängig. Cabañas Shehen Aike in Puerto Ibáñez organisieren ebenfalls Fahrten.
Die Lodges der näheren Umgebung bieten **Angelausflüge** an; Infos zu Tagestouren in die nähere Umgebung bei Sernatur (s. o.).
Aeroviajes, Lillo 315, Tel. 23 40 98.
Andes Patagónicos, Horn 48, Tel. 21 67 11, Fax 21 67 12, ap@patagoniachile.cl, www.patagoniachile.cl/ap, ist auf Seereisen spezialisiert.
Expediciones Lucas Bridges, Tel. 23 33 02, www.aisen.cl, lbridges@aisen.cl, unterhalten im Parque Nacional Fjordo Queulat eine komfortable Lodge mit vier behaglichen Bungalows, das Restaurant serviert Fische und Krebse auf dem Holzkohlenfeuer; Wanderungen im Park.

Buses Don Carlos, Subte. Cruz 63, Tel. 23 19 81; nach Cochrane Mo; nach Villa O'Higgins Mo u. Mi; nach Caleta Tortel Mi; nach Chile Chico tägl. außer So.
Buses Ali, Simpson/Magallanes, Tel. 23 27 88, nach Balmaceda. Buses Acuario, im Busbahnhof. Buses Morales (holt vom Hotel ab), Tel. 23 23 16; nach La Junta Di u. Sa (9 Std.). **Buses Artetur,** Gral. Parra 337, Tel. 23 21 67. **Buses Norte Carretera Austral,** Gral. Parra 337, Tel. 23 21 67. **Mini Buses San Sebastian**, Pobl. Prat Mnz, Casa 8, Tel. 23 32 86, delfafe@hotmail.com, nach Pto. Ibáñez, Chile Chico. **Transportes Simón,** Manuel Rodríguez 305, Tel. 41 19 00, eacuna@cdechile.cl, nach Chile Chico. **Traeger,** Baquedano 457, Tel. 25 35 00, surnativo@hotmail.com, auch Autovermietung.
Transfer Valencia, Lautaro 828, Tel. 23

30 30, transfervalencia@terra.cl, Transfer zum Flughafen Balmaceda.

Autovermietung: Automundo AVR, Bilbao 510, Tel. 23 16 21; **Automóvil Club de Chile,** Simón Bolívar 194, Tel. 23 16 49, und im Flughafen von Balmaceda; **Ricer,** Horn 28, Tel. 23 29 20.
Fährverbindungen: Navimag, Pres. Ibáñez 347, Tel. 23 33 06, Fax 23 33 86, www.navimag.cl.
Flugverbindungen: Aerohein, Av. Baquedano 500, Tel. 25 21 77, www.aerohein.cl, aerohein@entelchile.net; fliegt in die Seenregion und zu touristischen Zielen in der Region Aisen, Flüge über die Laguna San Rafael und den Gletscher.
San Rafael, 18 de Septiembre 469, Tel. 23 34 08, tasnrafael@patagoniachile.cl, fliegt auf Anfrage nach Caleta Tortel, in die Region Aisén und die Seenregion. Der ›richtige‹ **Flughafen** von Coyhaique liegt in **Balmaceda,** ca. 50 km südöstlich der Stadt; mehrmals tägl. Verbindungen mit allen großen Gesellschaften. **Travell,** Condell 149, Tel. 23 77 95, bietet auf die Flugtermine abgestimmte Transfers zum Flughafen von Balmaceda an.
Stadtbüro Lan Chile, Gral. Parra 402, Tel. 23 11 88, Fax 21 71 97.

Curacautín

Vorwahl: 045
Lage: Hintere Umschlagklappe links B18/19
Einwohner: 13 000

La Suizandina (günstig–sehr preiswert), Camino Internacional km 83, Casilla 44, Tel. 197 37 25, mobil 09/884 95 41, lasuizandina@gmx.net, www.suizandina.cl; in Araukarienwäldern gelegene Pension einer jungen Schweizer Familie mit vielen Sportangeboten, Trekking, Reiten, Radfahren, Besteigung des Vulkans Lonquimay; Gäste werden auf Wunsch in Curacautín abgeholt.

 In der Hochsaison im Sommer direkte **Bus-Verbindungen** von Santiago mit Curacautín mit TurBus, sonst Umsteigen in Temuco, Terminal Rural Erbus, Bío-Bío.

Dalcahue

Vorwahl: 065
Lage: Hintere Umschlagkarte links B 22
Einwohner: 3000

 Hotel La Isla (moderat–günstig), Mocopulli s/n, Tel. 64 12 41; 18 Zi., in einem großen Garten gelegene Holzvilla; ganz neu, komfortabel eingerichtet.

Residencial Playa (sehr preiswert), Manuel Rodríguez 9, Tel. 64 13 97; 10 Zi., dem gleichnamigen kleinen Meeresfrüchte-Restaurant angeschlossen; schlicht, Zimmer mit und ohne Bad.

Altue Sea Kayaking (moderat), etwas außerhalb gelegen, zu buchen über Altue in Santiago, Encomenderos 83 (Las Condes), Tel. 02/232 11 03; hier übernachtet man nicht nur in einem geräumigen *palafito,* hier ist auch das einzige Seekajak-Center Chiles eingerichtet. Sector Astillero s/n, Tel. 09/419 68 09 (mobil), Fax 02/233 67 99, altue@seakayakchile.com (s. u.).

 Residencial Playa (günstig), Manuel Rodríguez 9, Tel. 64 13 97; empfehlenswert sind Lammbraten *(asado de cordero)* und Meeresfrüchtetopf *(paila marina).*

Dalca (günstig), R. Freire 502, Tel. 64 12 22 und Tucán (günstig), R. Freire 597, Tel. 64 13 88, sind einfache Restaurants mit deftiger Küche.

Die Köchinnen der **Garküchen** an der Costanera neben der Feria Artesanal bereiten vor den Augen der Kunden Hausmannskost wie *empanadas, asado de cordero* und *cazuelas* zu; man sitzt überdacht auf Holzbänken.

 Centro Cultural Dalcahue, Costanera s/n; kuriose Kostbarkeiten aus dem chilotischen Alltagsleben; im Sommer tägl. 9–20 Uhr, im Winter tägl. 9–13 Uhr.

Feria Artesanal, Costanera s/n; breite Präsentation typisch chilotischen Kunsthandwerks, wirklich originell; Do u. So vorm.

Aitue Excursiones, O'Higgins 13, Tel. 64 12 51; Schiffsausflüge zu den vorgelagerten Inseln.

Altue Sea Kayaking Center, etwas außerhalb gelegen, zu buchen über Altue in Santiago, Encomenderos 83 (Las Condes), Tel. 02/232 11 03, www.altueseaka yak.co.cl (auf Englisch); mehrtägige Touren in die andinischen Fjorde oder rund um Chiloé; weitere Programme auf Anfrage.

Sammeltaxis nach Castro fahren von der Freire/O'Higgins ab.

Fähren zur Insel Quinchao etwa halbstündl. 7.30–22 Uhr.

El Tabo

Vorwahl: 035
Lage: Vordere Umschlagkarte rechts B 14

 Hotel Restaurante Bilbao (günstig), San Marcos 802, Tel. 46 12 71; 15 Zi., internationale Fisch- und Fleischgerichte.

Cabañas La Fazenda (sehr preiswert), Tel. 46 16 19; 9 Bungalows direkt am schönen Sandstrand; Standardeinrichtung, sehr nette Wirtsleute.

Ensenada

Vorwahl: 065
Lage: Hintere Umschlagkarte links B 21, bei Petrohue

Hotel Enseñada (moderat), 45 km von Puerto Varas entfernt auf der Ruta International 225, Tel./Fax 21 20 28; vom kanadisch/schottischen Paar Munro geführt; schöne, geräumige,100 Jahre alte Holzvilla mit Garten und eigenem Strand am Lago Llanquihue; Tennisplätze, Hallenbad, Sauna, Kinderspielplatz.

Ausflüge werden organisiert: Trekking, Reiten, Kayaking, Rafting, Tagesausflüge nach Cochamó und Besuch von Puerto Montt und dem Fischerhafen Angelmó.

Frutillar

Vorwahl: 065
Lage: Hintere Umschlagkarte links B 21, bei Puerto Varas
Einwohner: 5000

Oficina de Información Turística, Av. Philippi, Pavillon am Strand östlich der Plaza, Tel. 42 10 80, www.frutillar.cl (auf Spanisch); bemüht und freundlich.
Sernatur, Av. Philippi 753, Tel. 42 16 85.

Zwar gibt es in Frutillar eine große Auswahl, trotzdem ist in der Hochsaison oft kein mehr Bett frei.
Hotel Salzburg (sehr teuer–moderat), Camino Playa Maqui s/n, Tel. 42 15 99, salzburgo@telsur.cl; 31 Zi., nördlich von Frutillar Bajo; von Wald umgeben, im Schwarzwälder Stil, Pool, Paddle-Tennis.
Casa de la Oma (teuer), Camino Tegualda km 14, Tel./Fax 33 91 70; außerhalb von Frutillar gelegen; schönes, großes Holzhaus; bietet organisierte Ausflüge und Reittouren an.
Hotel Frau Holle (moderat), A. Varas 54, Tel. 42 13 45; in einer recht ruhigen Seitenstraße; hübsche, gediegene Holzvilla; familiär, sehr freundlich.
Hospedaje Las Dalias (moderat), Av. Philippi 1095, Tel. 42 13 93; 12 Zi., gepflegte Großbürgervilla im Dahliengarten.
Los Maitenes (moderat–günstig), Camino Costero a Pto. Octay (2,5 km nördlich von Frutillar Bajo), Tel. 33 00 33; 10 Bungalows, betagtes Landhaus auf einem 16-ha-Grundstück am Seeufer; holzgetäfelte Innenausstattung, Privatstrand, die Besitzerfamilie organisiert Angeltouren und Ausflüge.
Hospedaje Winkler (günstig), Av. Philippi 1155, Tel. 42 13 88; 15 Zi., man wohnt wie in einem Privathaus, im Garten einige Bungalows; kleine, aber schöne Zimmer, kommunikative Atmosphäre; wird auch als Jugendherberge empfohlen.

Kaisersee-Haus (sehr preiswert), Av. Philippi 1333, Tel. 42 13 87; 10 Zi., ebenfalls eine Großbürgervilla, diesmal in Holz und nicht mehr ganz frisch; Inneneinrichtung aus Omas Zeiten; ausgesprochen freundlich, beliebt bei Travellern.

Club Alemán (teuer), Av. Philippi 747, Tel. 42 12 49; gehobene, deutsch inspirierte Küche.
Selva Negra (moderat), A. Varas 24, Tel. 42 16 25; Butzenscheiben und deutsche Gemütlichkeit, Wildgerichte.
Don Carlos (moderat), Balmaceda 40, Tel. 42 17 09; der Besitzer ist Argentinier, und so kommen hier köstliche Steaks und Grillplatten auf den Tisch.
Club Bomberos (günstig), Av. Philippi 1065, Tel. 42 15 88; den ganzen Tag über voll; gute, preiswerte Küche und große Kuchenauswahl.
Salón de Té Trayen, Av. Philippi 963; wahre Tortenschlachten; für den Nachmittagskaffee sehr beliebt.

Museo de la Colonización Alemana, Av. Pérez Rosales; unterhaltsames Freiluftmuseum zur deutschen Kolonisation in einem großen Park; Landhaus-Kopie, Scheunen, Schmiede; 15. Dez.–15. März tägl. 10–14 u. 15–20 Uhr; sonst tägl. 10–14 u. 15–18 Uhr.
Reserva Forestal Edmundo Winkler, Av. Caupolicán s/n; der Wald in seiner ursprünglichen Zusammensetzung; tägl. 10–19 Uhr; im Jan. und Feb. Führungen.

Mehrere **Artesanía-Märkte** an der Av. Philippi.
Geldumtausch: Exchange, Av. Philippi 883, tauscht auch Traveller Cheques.

Semanas Musicales de Frutillar, Ende Jan.; anspruchsvolle Musik-Festivalwochen mit landesweiter Beteiligung; Auskunft in einem eigenen Pavillon, Av. Philippi 777, Tel. 42 12 90, semfruti@telsur.cl.

 Minibusse von Frutillar Bajo nach Frutillar Alto an der Manuel Montt.

Von Frutillar Alto Verbindungen nach Puerto Varas (alle 2 Std.), nach Llanquihue, Puerto Octay, Osorno und Puerto Montt (mehrmals tägl.).

Futaleufú

Vorwahl: 065
Lage: Hintere Umschlagkarte links C 22/23
Einwohner: 1000

Oficina de Información Turística, O'Higgins 536 (nur im Sommer geöffnet).

Hostería Río Grande (moderat), O'Higgins 397, Tel. 72 13 20, www.raftingchile.cl, 16 Zi., großzügiges, weiträumiges, geschindeltes Holzgebäude; hübsche Zimmer, aufmerksamer Service; Veranstaltung von Touren, auch Kayaking.
Hostería La Casa de Campo (günstig), am Lago Espolón südl. von Futaleufú, Tel. 31 46 58, www.lagoespolon.cl, espolon@terra.cl; 10 Zi., saubere Unterkunft mit Gemeinschaftsbädern; dort kann man auch Pferde mieten, die engagierten und aufmerksamen Pächter organisieren Angelausflüge und Trekking.
Mehrere schlichte aber ansprechende *hospedajes,* wie die **Posada Ely,** Balmaceda 409, Tel. 72 12 05, oder **Carahue,** O'Higgins 332, Tel. 72 12 21.

El Encuentro (günstig), O'Higgins 653, Tel. 72 12 47; Lamm, Lachs, gute Pisco Sours, man sitzt bei der Familie.
Hostería Río Grande (günstig), O'Higgins/Balmaceda; anheimelndes Interieur, keine besonders umfangreiche Karte.
Skorpios (günstig), Calle Mistral 255; familiäres Restaurant; es gibt Forelle, Salat, gefüllte Avocado und Hühnchen – und nicht viel mehr.

Hostería Rio Grande Centro Aventura, O'Higgins 397, Tel. 72 13 20, caf@exchile.com.
Rafting und Kayaking über **Aqua Motion,**

in Puerto Varas, Tel./Fax 65/23 59 38, info@aquamotion.cl, www.aquamotion.cl.
Altue Travel, Santiago, Encomenderos 83, 2. Stock, Las Condes, Tel. 02/2 32 11 03, Fax 2 33 67 99, altue @entelchile.net.

Busverbindungen nach Chaitén, tägl. außer So, nach Oscorno und Puerto Montt über Argentinien (Di, Do)

Horcón

Vorwahl: 032
Lage: Vordere Umschlagkarte rechts B 14, bei Quintero

El Ancla und **Reina Victoria** (günstig), Playa La Caleta; *die* Fischrestaurants von Horcón.

Hornopirén

Vorwahl: 065
Lage: Hintere Umschlagkarte links B 21/22
Einwohner: 1100

Hotel Hornopirén (sehr preiswert), Carrera Pinto 388, Tel. 26 30 62, Anexo 256; 12 Zi, recht einfache, aber weitläufige Anlage mit ordentlichen Zimmern, auch ein empfehlenswertes Restaurant.

Fährverbindungen (46 km südlich von Puerto Montt) **La Arena–Caleta Puelche** (Dauer 30 Min.), Jan.–Feb. 8x tägl., sonst 5x tägl.; es müssen aber auch Busse mitgenommen werden, die Vorrang vor Privatautos haben!
Fährverbindungen **Hornopirén–Caleta Gonzalo,** Jan.–Feb. tägl. um 16 Uhr. Information bei Transmarchilay in Santiago, Av. Providencia 2653, Local 24, Tel. 02/234 14 64, Fax 234 48 99; in Puerto Montt, Angelmó 2187, Tel. 065/27 04 20, Fax 27 04 30, www.transmarchilay.cl.

Busverbindungen mit **Buses Fierro** Mo–Sa 3 x tägl. nach Puerto Montt, So 2x tägl.

Iquique

Vorwahl: 057
Lage: Vordere Umschlagkarte links C 3
Einwohner: 180 000
Stadtplan: S. 245

Sernatur, Aníbal Pinto 436, Tel. 31 22 38; auskunftsfreudig, ausgeklügeltes und nützliches Prospektmaterial.

Hotel Arturo Prat (teuer), Aníbal Pinto 695, Tel. 41 10 67, Fax 42 70 00; 94 Zi., elegantes, frisch renoviertes, angenehmes Haus mit Swimmingpool; zentral an der Plaza Prat.

Holiday Inn Express (teuer), Av. 11 de Septiembre 1690, Tel./Fax 43 33 00; 82 Zi., an der Playa Brava; im Styling kopiert es die geometrischen indianischen Architekturen; komfortabel, kühl und neu.

Hotel Atenas (moderat), Los Rieles 738, Tel. 43 10 75, Fax 43 11 00; 38 Zi., im Bereich der Península Cavancha; großbürgerliche Villa mit ebenso eingerichteten Zimmern, kleinem Swimmingpool und Terrassenrestaurant; moderner, nüchterner Trakt im hinteren Teil.

Hotel Cavancha (teuer–moderat), Los Rieles 250, Tel. 43 10 07, Fax 43 10 39; 70 Zi., groß, recht modern; mit Tennisplätzen.

Cano Hotel (moderat), Ramírez 996, Tel. 31 55 80, Fax 31 55 81; 20 plüschige, gemütliche, kleine Zimmer; sonst eher nüchtern mit Stilmöbelimitaten.

Hotel Charlie Inn (moderat), Tomas Bonilla 948, Tel. 41 38 35; eine adäquate Option für Gäste, die in der Nähe der Playa Cavancha wohnen wollen.

Hotel Doña Geñoveva (moderat), Latorre 458, Tel. 41 15 78, Fax 41 40 58; 15 Zi., in der Innenstadt; große, lichte Zimmer; ordentlich und gepflegt.

Hotel Caraní (günstig), Latorre 426, Tel. 41 36 46, Fax 42 51 24; 12 Zi., hübsches und gepflegtes kleines Haus in der Innenstadt.

Hotel Carlos Condell (günstig), Av. Baquedano 964, Tel. 42 44 67, Fax 42 29 20; 12 Zi., das einzige Hotel in einem Patio-Haus aus der Zeit des Salpeterbooms.

Casablanca (teuer), Los Rieles s/n (Península Cavancha); Restaurant einer luxuriös wirkenden Apartmentanlage mit Strandblick; italienische Vorspeisen, Meeresfrüchte, Mittagsmenüs; teuer, elegant, aufmerksamer Service.

Centro Español (moderat), Plaza Arturo Prat 58, Tel. 42 32 84; ein Muß; britisch anmutende Club-Bar im maurisch-andalusischen Stil; hervorragende Meeresfrüchte, gut geschulte Bedienung.

Club de Yates (moderat), Recinto Portuario, Tel. 41 33 85; gegenüber der alten Muelle de Pasajeros; recht rustikal, Hafenatmosphäre; Spezialität: *pastel de jaivas,* eine Art Krebsfleisch-Mousse.

El Sombrero (moderat), Los Rieles 704 (Península Cavancha), Tel. 41 13 11; Strandrestaurant der vornehmeren Art; luftige Terrasse; Fisch und Meeresfrüchte.

El Wagon (moderat), Thompson 85, Tel. 41 16 47; ausgesprochen gemütliches Fischrestaurant mit gutem Service.

Bavaria (günstig), Aníbal Pinto 926, Tel. 42 78 88; Kettenrestaurant an der Plaza Prat; das übliche bodenständige Angebot solider chilenischer Küche, gute Sandwiches.

La Cabaña (günstig), Cespedes y Gonyales 717, Tel. 41 19 27; eine Empfehlung für die Mittagszeit, gute Auswahl an Schnellgerichten, Sandwiches, *empanadas.*

Café La Cioccolata, Aníbal Pinto/Serrano; Teesalon und eigene Pralinenproduktion, die überzeugend aussieht.

Abends: Taberna Barracuda, Gorostiaga 601, Tel. 42 79 69; eingerichtet wie ein Kontor einer Salpeter-Oficina, gut für Drinks und Tapas.

Café Santa Fe, Mall Las Américas, Av. Los Héroes 2555; Tex-Mex-Stil und am Wochenende Live-Musik.

 Cooperación de Desarrollo Social (Municipalidad), Av. Baquedano 1005; Fotoausstellung zum Militärmassaker in der Escuela Santa María; Mo–Fr 9–13 u. 14–18 Uhr.

Estación Central, Sotomayor s/n; Bahnhofsgebäude aus der Zeit des Salpeterbooms; Mo–Fr 8–13 u. 15–19 Uhr.

Museo Naval, Aníbal Pinto s/n; hier erfährt man alles über Arturo Prat und die

Seeschlacht von Iquique; Di–Sa 10–13 u. 15–18, So 10–13 Uhr.

Museo Regional, Av. Baquedano 951; in einer typischen Salpeterboom-Villa, mit den Schwerpunkten Salpeterzeit und Frühgeschichte; Jan./ Feb. Mo–Fr 9–13 u. 16–20, Sa 10–13 u. 16–20, So 10–13 Uhr.

Palacio Astoreca, Lynch/O'Higgins; Möbel aus der Gründerzeit; Di–Sa 10–13 u. 15–20, Sa u. So 10–13 Uhr.

Teatro Municipal, Plaza Arturo Prat; architektonisches Prachtstück aus der Zeit des Salpeterbooms; tägl. 8–21 Uhr.

Zollfreie Zone Zofri, nordöstlich des Zentrums; größte Freihandelszone Südamerikas, hauptsächlich elektronische Geräte; Mo–Fr 10–13.30 u. 16.30–21, Sa 10–14 u. 17–21 Uhr; Busse zur Zofri fahren auf der Amunátegui ab.

Geldtausch: Afex, Serrano zwischen Uribe und Lynch, tauscht auch Traveller Cheques. Weitere Möglichkeiten in der Zofri.

Mane Tours, Av. Baquedano 1067, Tel. 41 87 15, Fax 47 30 32 ; breit gefächertes Tourenprogramm auch nach la Tirana, Pica, San Pedro de Atacama. Mehrere Veranstalter bieten zusätzlich Halbtagesausflüge zur Oficina Humberstone an.

Desert Adventure, Baquedano 1124, Tel./Fax 47 40 91; auch Touren in den Altiplano und in die Nationalparks.

Body- und Windsurfen an den Stränden Playa Cavancha und Playa Brava, im Süden der Stadt.

Paragliding: Kann man lernen bei der Escuela de Parapente Manutara, 18 de Septiembre 1512, Tel./ Fax 41 82 80, manutara chile@hotmail.com.

Turbus, Esmeralda/Ramírez; operiert auf den längeren Strecken nach Arica, Calama, Antofagasta, Santiago (häufige Verbindungen).

San Andrés, Sgto. Aldea/B. Arana; Verbindungen nach Mamiña und Pica.

Flota Barrios, Sgto. Aldea 987, Verbindungen nach Antofagasta, Calama, Santiago und Tocopilla.

Autovermietung: Budget, O'Higgins 1361, Tel. 42 25 27. **First,** Oscar Bonilla 1161, Tel. 42 52 44. **Hertz,** Crl. Souper 650, Tel. 42 63 16.

Der **Flughafen** von Iquique liegt etwa 30 km südlich der Stadt; mehrmals tägl. Flüge nach Arica, Antofagasta, Calama und Santiago; es gibt mehrere zuverlässige Sammeltaxis für den Transfer zwischen Hotel und Flughafen (pro Person ca. 2000 Pesos), z. B. Airbus (Tel. 41 02 50), Aerotransfer (Tel. 43 19 42).

Stadtbüros: Lan Chile, Tarapacá 455, Tel. 42 76 00, Fax 41 69 30. **Aerocontinente,** Anibal Pinto 641, Tel 41 89 19, Fax 41 90 24. **Lloyd Aereo Boliviano,** Serano 442, Tel./ Fax 41 83 96.

Isla de Pascua

s. Osterinsel

Isla Negra

Vorwahl: 032
Lage: Vordere Umschlagkarte rechts B 14, bei El Tabo

Hostería La Candela (moderat), de la Hostería 67, Tel. 21 33 49; 12 Zi., einziges Hotel im Pablo-Neruda-Ort, ältlich, aber charmant; deftige chilenische Küche.

Café del Poeta (moderat), Museo Pablo Neruda; über den Klippen schwebend, im Museumskomplex gelegen; Bistroküche, gute Pisco Sours.

Casa-Museo Pablo Neruda; Ferienvilla Pablo Nerudas, ausschließlich geführte Besuche in Spanisch und Englisch; während der Sommersaison tägl. außer Mo 10–20 Uhr, sonst Di–Fr 10–14 u. 15–18, Sa u. So 10–20 Uhr.

Islas de Juan Fernández

s. Juan-Fernández-Inseln

Juan-Fernández-Inseln

Vorwahl: 032
Lage: 630–830 km westlich vor der Küste
Karte: S. 284
Einwohner: 650

Die **Conaf-Station** des Parque Nacional Archipiélago Juan Fernández unterhält zwei Auskunftstellen: Alcalde Larraín s/n, und Vicente González s/n, Tel. 75 10 04, Mo–Fr 8–18 Uhr.

Hostería Daniel Defoe (moderat), Daniel Defoe 449, Tel./Fax 75 10 75; 19 Zi., etwas außerhalb des kleinen Ortes direkt an der Bahía Cumberland gelegen; komfortable *cabañas*.
Hostería Alejandro Selkirk (moderat), Carrera Pinto s/n; schönes Holzhaus in ruhiger Lage; Reservierung in Santiago unter Tel. 02/531 43 43.
Hostería El Pangal (moderat), Sector El Pangal, Bahía Cuberlang, in Santiago zu buchen über 02/273 43 09; 30 Zi, von Gärten und Terrassen umgeben, schöner Blick, Swimmingpool; gutes Restaurant.
Hostería Villa Green (moderat), Larrain Alcalde 246, Tel. 75 10 49, Fax 75 10 44; 16 Zi., einfaches, aber sehr gemütliches Hotel; ausgesprochen gastfreundliche Bewirtung.
Einige **Bungalowanlagen und Hostales** (Cabañas Dafne, Cabañas Robinson Crusoe etc., moderat–günstig) lassen sich über die Fluggesellschaften anmieten. Die meisten Unterkunftsmöglichkeiten bieten Halb- und Vollpension sowie Organisation von Ausflügen an. Kreditkarten-Zahlung nicht üblich.

Die Hotels offerieren Halb- oder Vollpension. Sonst:
El Nocturno (günstig), Alcalde Larraín s/n Tel. 75 11 13; die beste Adresse für Fisch und Meeresfrüchte.

 Casa de la Cultura Alfredo de Rodt; Bibliothek und Ausstellungsraum, enthält wenige Exponate zur Tierwelt und zur Geschichte des deutschen Kriegsschiffes ›Dresden‹; Mo–Fr 10–13 u. 17–21 Uhr.

Es gibt vier Fluglinien, die von Los Cerrillos in Santiago starten (Kapazität für 5–10 Gäste, das Gepäck ist auf 10 kg limitiert); die Flugtermine liegen zwischen Oktober und April, ansonsten nur auf Anfrage.
LASSA, Av. Larrain 7941, im Aerodrom Tobalaba, Tel./Fax 02/273 43 54, fliegen ab September nach Bedarf, im Jan–Feb. tägl.
Servicio Aéreo Ejecutivo SAE, Av. Apoquindo 7850, Torre 3, Local 4, Tel. 02/211 24 43, Fax 229 34 19.
Transportes Aéreos Isla Robinson Crusoe, Av. Pajaritos 3030, Of. 604, Maipú, Tel. 02/534 46 50, Fax 531 37 72, tairc@tairc.cl, www.tairc.cl; 2–3x wöchentl., Dez.–Feb. tägl.
VIC's, Camino Lonquén, Calera de Tango, Tel. 02/855 33 77, serviaereo@entelchile.net.

Per Schiff: Naviera del Sur, Calle Blanco 1041, of.18, Valparaíso, Tel. 032/59 43 04. Das Versorgungsschiff fährt in der ersten Woche jeden Monats.

La Junta

Vorwahl: 067
Lage: Hintere Umschlagkarte links C 23
Einwohner: 1100

 Espacio y Tiempo (moderat), Carretera Austral s/n, Tel. 31 41 41, Fax 31 41 42, info@espacioytiempo.cl, www.espacio-y-tiempo.cl; 9 Zi; gemütliches Hotel mit vielen Ausflugsangeboten; im Restaurant werden die lokalen Spezialitäten serviert: Hirsch und Lachs. Man kann Angeltouren und Aufenthalte in den Thermalbädern des Südens buchen.

Tagesausflüge zu den natürlichen Thermalquellen des Río Palena, Puerto Bonito, organisiert **Montañamar Tours,** deren Büro sich in Concepción befindet, Freire 1480, Of.303, Tel./Fax 041/22 37 25, www.montanamarchile.com, hannes@montanamarchile.com.

La Serena

Vorwahl: 051
Lage: Vordere Umschlagkarte rechts B 11
Einwohner: 110 000

Sernatur, Prat/Matta (an der Plaza), Tel. 22 51 19, Fax 21 39 56, nur spärliche und oberflächliche Auskünfte.
Conaf, Córdovez 281, Tel. 22 56 85, Fax 21 50 73, wcanto@conaf.cl.

La Serena Club Resort (sehr teuer–teuer), Av. del Mar 1000, Tel. 22 12 62, Fax 21 71 30, resort.serena@chilnet.cl; 98 Zi., großes, typisches Ferienhotel der gehobenen Klasse, direkt am Strand; guter Service.
Hotel Campanario del Mar (sehr teuer–teuer), Av. del Mar 4600, Tel. 24 55 16, Fax 24 55 25; 21 Zi., hebt sich mit seinen architektonischen Kolonialstil-Zitaten etwas von den üblichen, dünnwandigen Strandhotels ab.
Hotel Los Balcones de Aragon (teuer), Av. Francisco de Aguirre 781, Tel. 21 21 69, Fax 21 18 00; 25 Zi., pflegt den gehobenen, neuen Kolonialstil; nett.
Hotel Francisco de Aguirre (moderat), Córdovez 210, Tel./Fax 22 29 91; 85 Zi., geräumiges Haus, stilistisch zwischen kleinem Grandhotel und Landhaus; gediegen und gepflegt.
Hotel Turismo Berlin (moderat), Córdovez 535, Tel. 22 29 27, Fax 22 35 75; 15 Zi., kleines Innenstadt-Hotel älteren Datums, gründlich renoviert; behaglich eingerichtete, geschmackvolle Zimmer.
Hotel de Castilla (moderat), Regimento Coquimbo 1049, Tel./Fax 22 76 72; 12 Zi., kleines Hotel, von außen in kastilischem Stil, plüschige Zimmer.
Hotel Mediterráneo (moderat), Cienfuegos 509, Tel. 22 58 37; 23 Zi., in der Innenstadt; nüchtern, viel Glas; wirkt wie ein ordentliches Hotel für Handelsreisende.
Hostal El Punto (günstig–sehr preiswert), Andrés Bello 979, Tel./Fax 22 84 74, www.punto.de, info@punto.de; Villa Kunterbunt mit Garten unter deutscher Leitung, hübsches kleines Hostal, Frühstück, Kuchen und kleine Gerichte, Aus-

flüge und Exkursionen werden organisiert.
Hacienda Los Andes (moderat), Hurtado, Tel. 053/198 21 06, haciendalosandes@entelchile.net,www.haciendalosandes.cl; ein zweites Projekt von Clark Stede, dem Betreiber des Hotel Outsider (s. Puerto Varas). Aus einer ehemaligen Hacienda bei La Serena am Río Hurtado entstand eine ausgesprochen stilvolle Anlage mit Jacuzzi unterm Glasdach und Palmengarten. Zelten ist möglich. In einem Naturschutzgelände von 500 ha wurden 7 km Naturlehrpfade gelegt. Exkursionen, Reitausflüge und Vernetzung mit Angeboten aus dem Süden: Puerto Varas und Chiloé. Die Gäste werden in Vicuña abgeholt.

Donde El Guatón (moderat), Brasil 750; beliebt für seine ausladenden Grillteller.
Don Oscar (teuer), Av. del Mar 2500, Tel. 21 83 97; eine Empfehlung für Fisch und Meeresfrüchte.
El Granero (moderat), Colón 360, Tel. 22 42 69; hier speist man hauptsächlich Fleisch in einem lichten, rustikalen, ländlichen, sehr dekorativen Ambiente.
El Gran Gavito (teuer), Restaurant des Hotels Costa Real, Av. Francisco de Aguirre 170; internationale Kost mit gehobenem Standard.
La Mía Pizza (moderat), Av. del Mar; es gibt auch Pizza, aber wesentlich interessanter und origineller sind die Meeresfrüchte und der Fisch.
Café del Patio (günstig), Prat 470; Open-Air-Café, Treffpunkt, Bar, Restaurant, Live-Musik, beliebtes Allround-Talent; hier ist man zu keiner Uhrzeit falsch.
Donde Elbita (günstig), Av. Costanera 7, in Penuelas zwischen La Serena und Coquimbo direkt am Meer; guter Fisch zu sehr annehmbaren Preisen.
Mercado La Recova (günstig); einfache, gute Fischrestaurants im 1. Stock.
Abends: Afro Son, Balmaceda 824; eine Mischung aus Bar und Pub, Live Musik.
Brooklyn's, Av. del Mar 2150.

 Casa González Videla, an der Plaza; Wohnhaus des Ex-Präsidenten

Gabriel González Videla; Möbel und Dokumente zu seinem Leben; Di–Sa 9–13 u. 16–19, So 9–13 Uhr.

Museo Arqueológico, Cienfuegos/ Córdovez; eines der ersten Museen Chiles, das sich intensiv mit indianischer Kultur beschäftigt hat; kleine Schau zur Stadtgeschichte; Di–Fr 9–13.30 u. 15–19.30, Sa 10–13 u. 16–19, So 10–13 Uhr.

Der **Mercado La Recova** ist eine Fundgrube für Papaya-Fans; große Auswahl an andinischem Kunstgewerbe.
El Mall Plaza La Serena, Av. Alberto Solari 1400, Shopping Mall mit Restaurants und Kinos.

Ausflüge ins Valle del Elqui bieten viele Reiseveranstalter an. Eine interessante Exkursion zur Isla Damas und zur Reserva Nacional Pingüinos de Humboldt veranstaltet u. a. Talinay Adventure Expeditions, Friends und Inservtur. Weitere ungewöhnliche Angebote wie Trekking und Reiten in der Cordillera.

Busbahnhof südlich der Stadt, El Santo/Amunátegui; Verbindungen nach Copiapó, Vallenar (stündl.), Antofagasta (9x tägl.), Santiago (8x tägl., darunter eine Nachtverbindung), El Salvador (5x tägl.), Calama (3x tägl., darunter eine Nachtverbindung), Arica, Iquique (2x tägl.).
Die Gesellschaft **Fenix** fährt ins Valle del Elqui.

Autovermietung: Avis, Av. Francisco de Aguirre 68 und im Flughafen, Tel. 22 71 71; **Budget,** Balmaceda 3850, Tel. 24 82 00; **Hertz,** Av. Francisco de Aguirre 225, Tel. 22 54 71.

Flughafen La Florida, ca. 7 km südöstlich; häufige Verbindungen mit den wichtigsten chilenischen Airlines (Lan Chile, Ladeco, Avant) nach Antofagasta, Arica, Copiapó, El Salvador, Iquique (2–3x tägl.) und Santiago (häufig). Bus Shuttle zum Flughafen.
Stadtbüro Lan Chile, Balmaceda 406, Tel. 22 15 31, Fax 22 33 07.

Las Rocas de Santo Domingo

Vorwahl: 035
Lage: Vordere Umschlagkarte rechts B 14, bei Cartagena
Einwohner: 2100

Hotel Rocas de Santo Domingo (teuer), La Ronda 130, Tel. 44 43 56; 20 Zi., modern und geräumig, am Strand.

La Tirana

Lage: Vordere Umschlagkarte links C 3
Einwohner: 558

Museo de La Tirana; Privatmuseum gegenüber der Kirche an der Plaza; Exponate zur Salpetergeschichte; geöffnet auf Anfrage (Auskunft im Almacén Progreso an der Plaza).
Museo de la Virgen de La Tirana; kleines Museum mit Votivgegenständen, neben der Kirche der Virgen del Carmen an der Plaza; Mo–Fr 9–13 u. 16–19.30, Sa u. So 9–21 Uhr.

Fiesta de la Virgen del Carmen; Messen, Umzüge, rituelle Tanzdarbietungen; alljährlich 12.–18. Juli; Feste auch während der Karwoche und am 5./6.Januar zum *Pascua de los Negros.*

Lican Ray

Vorwahl: 045
Lage: Hintere Umschlagkarte links B 19, bei Villarrica
Einwohner: 1700

El Conquistador (moderat), Gral. Urrutia 855, Tel. 43 13 36, Fax 43 10 19; von einem weiten, baumbestandenen Garten umgebene Bungalowanlage; modern eingerichtet; Restaurant und Swimmingpool.
Hotel Refugio Inaltulafquén (moderat), Cacique Punulef 510, Tel./Fax 43 11 15; recht großzügiger Komplex am Strand, schönes Ausflugsrestaurant.

An der Hauptstraße Gral Urrutia mehrere **Terrassenrestaurants** mit chilenischer *comida corrida* und Sandwiches, z. B. Ñandú's.

 Buses JAC an der Gral. Urrutia/ Plaza; häufige Verbindungen nach Villarrica und Coñaripe, mehrmals tägl. nach Panguipulli.

Mancera

Lage: Hintere Umschlagkarte links B 20, bei Valdivia

 Castillo de San Pedro de Alcántara; Fort aus dem 17. Jh.; 15.11.–15.3. tägl. 10–13 u. 14–20 Uhr, sonst tägl. außer Mo 10–13 u. 14–18 Uhr.

Marbella Resort

Lage: Vordere Umschlagkarte rechts B 14, bei Zapallar

 Marbella Resort (sehr teuer), km 35 Carretera Concón a Zapallar, Tel. 032/77 20 20, Fax 77 20 30, www.mar bella.cl, Information (in Santiago) über Tel. 02/206 54 54, Fax 228 31 98; in einem weiten, grünen Gartengrundstück separat am Meer gelegen; eigener Badebetrieb, Golfplatz, Restaurants, Diskothek, Kino, Bars, Tennisplätze.

Mejillones

Vorwahl: 055
Lage: Vordere Umschlagkarte links C 5
Einwohner: 5600

 Mejillones (moderat), Manuel Montt 86, Tel. 62 15 90, Fax 62 16 46; neu, ordentlich, sauber, Anleihen an den mexikanischen Pueblo-Stil.
Hotel Capitanía (günstig), Av. San Martín 410, Tel./Fax 62 15 42; 17 Zi., schöner Blick auf die Küste; angenehme, kleine Zimmer; ruhig.

Hostal Miramar (günstig), Av. San Martín 650, Tel. 621638; schlicht, aber ordentliche Qualität.

 La Casona (günstig), Borgoño 296, Tel. 62 34 33; die gute Hausmannskost der Küste: Fisch und Meeresfrüchte.
Zlatar (günstig), M. Rodríguez 125, Tel. 62 15 80; nüchternes Turnhallenstil-Restaurant mit einfacher, typischer chilenischer Küche; schmackhafter Lachs und *corvina*.

 Museo de Mejillones; kleines Heimatkundemuseum in einer traditionellen Holzvilla; tägl. 10–14 u. 17–21 Uhr.

 Mehrmals tägl. Verbindungen nach Antofagasta.

Molino de Agua

Lage: Hintere Umschlagkarte links B 21, bei Puerto Montt

 Club Alemán (moderat), Camino Ensenada km 215, Tel. 065/33 82 91; u. a. Forellengerichte.

Monte Grande

Lage: Vordere Umschlagkarte rechts C 11, bei Paihuano
Einwohner: 3900

 Casa Escuela y Correo; zwei Schulzimmer aus der Zeit Gabriela Mistrals, inklusive Schulbänken und einer Landkarte von Chile; tägl. außer Mo 10–13 u. 15–18 Uhr.

Niebla

Vorwahl: 063
Lage: Hintere Umschlagkarte links B 20, bei Valdivia

 Hotel El Castillo de Niebla (moderat), Antonio Ducce 750, Tel. 28 20 61, hotelcastillo@hotmail.com; 11 Zi, in einer Traditionsvilla aus dem 19. Jh. entstand ein charmantes Hotel mit Swimming Pool und einer überdachten Laube (Quincho) im Garten.

 Restaurant Los Castellanos (moderat), Antonio Ducce 875, Tel. 28 20 82; die ›Kastilier‹ haben auch Paella auf der Speisekarte.

 Castillo de la Pura y Limpia Concepción de Montfort de Lemus; Fort aus dem 17. Jh.; Dez.–März tägl. 10–19 Uhr, Apr.–Nov. tägl. außer Mo 10–17 Uhr.

 Bootsverbindung zwischen Niebla und Corral; 8–21 Uhr halbstündl., im Winter bis 18.30 Uhr.

Oficina Chacabuco

Lage: Vordere Umschlagkarte links C 5

 Oficina Chacabuco; hochinteressantes Kultur- und Industriedenkmal; gleichzeitig Gedenkstätte für 3000 politische Gefangene des Pinochet-Regimes; tägl. außer Mo 10–17 Uhr.

Oficina Humberstone

Lage: Vordere Umschlagkarte links C 3

Oficina Humberstone; sehenswerte Salpeter-Industrieanlage, erhalten sind Verwaltungsgebäude, Theater, Kirche und einige Unterkünfte; tägl. 10–18 Uhr; Führungen nur Sa u. So; organisierte Touren von Iquique aus.

Osorno

Vorwahl: 064
Lage: Hintere Umschlagkarte links B 20
Einwohner: 100 000

Sernatur, Edificio Gobernación s/n, Tel./Fax 62 26 65, infosorno@serna tur.cl; effektiv und hilfsbereit.

Hotel del Prado (teuer), Cochrane 1162, Tel. 23 50 20, Fax 23 70 80; 54 Zi., recht elegantes Hotel mit intimer Atmosphäre; Swimmingpool; ziemlich teuer für das Gebotene.
Hotel García Hurtado de Mendoza (moderat), Mackenna 1040, Tel. 23 71 11, Fax 23 71 13; 63 Zi., gepflegte Kolonialstil-Kopie; diskreter, zuvorkommender Service; ruhig, schön gegenüber dem Conjunto Histórico gelegen.
Hotel Waeger (moderat), Cochrane 816, Tel. 23 37 21, Fax 23 70 80; 70 Zi., renoviert, bodenständig; man kann den Pool des Hotel del Prado mitbenutzen.
Gran Hotel Osorno (moderat), O'Higgins 615, Tel. 23 21 71, Fax 23 93 11; 40 Zi., direkt an der Plaza; nüchterner, blasser 1960er Jahre-Stil; freundlich.
Hotel Pumalal (moderat), Bulnes 630, Tel./Fax 24 24 77; 21 Zi., familiär; die Zimmer sind geräumig und angenehm eingerichtet.
Residencial Riga (günstig), Amthauer 1058, Tel./Fax 23 29 45; 12 Zi., mit gepflegtem Garten, nicht leise; mehrere Zimmer in recht beengten Bungalows; nette Wirtsleute, üppiges Frühstück.
Residencial Schulz (günstig), Freire 530, Tel. 23 72 11, Fax 24 64 66; 10 Zi., in einem betagten Holzhaus, verschachtelt; hat Charme.
Residencial Hein (sehr preiswert), Errázuriz 1757, Tel. 23 41 16; 10 Zi., unter den Residenciales eine gute Wahl; anständig ausgestattete Zimmer.

Arcadio (moderat), Rodríguez 1077; relativ kleines, beliebtes Restaurant mit Bar; traditionelle chilenische Gerichte.
Fogón Copahue (moderat), Santiago 506, Tel. 23 85 21; ein Restaurant für Fisch-Verächter: Fleisch am Spieß und gebraten.
Fogón Rehuenche (moderat), Concepción 258, Barrio Rahue, Tel. 23 72 61; familiäres Ambiente, karierte Tischdecken, leckere Pisco Sours; eine sehr gute Wahl in der Viehmarktstadt, um Steaks zu essen.
La Casa del Altillo (moderat), Mackenna 1011, Tel. 23 20 53; in der rosaroten Casa Schüller, elegant und qualitätsvoll, die beste Küche von Osorno.

Bavaria (günstig), O'Higgins 743, Tel. 23 13 02; die solide, behaglich eingerichtete Restaurantkette gibt's auch hier.

Bocatto, Ramírez/Matta; das beliebteste Café für die ganze Familie; Eis, Kuchen, kleine Gerichte.

Dino's, Ramírez 898, Tel. 23 44 92; liegt genau gegenüber dem Bocatto und hat dasselbe Publikum; auch Treffpunkt; Snacks und Sandwiches.

Abends: Apache, Errázuriz 1485; eine Mischung aus Kneipe und Bar.

Feria Libre de Rahue; größter Viehmarkt des Südens; am schönsten morgens; Mo–Sa 7–19, So 9–14 Uhr.

Museo Histórico Municipal, Av. Matta 809, Tel. 23 86 15; zwei Schwerpunkte: Mapuche-Kultur und Kolonisation durch deutsche Siedler; Mo–Fr 10–12.30, 14.30–17 Uhr.

Busbahnhof, Av. Errázuriz s/n; häufige Verbindungen nach Puerto Montt, Puerto Varas, Temuco und Valdivia; mehrmals tägl. nach Santiago.

Buses Pirihueco fährt zum Lago Ranco, nach Entre Lagos und Puyehue.

Verbindungen vom **Flughafen Siebert** nach Temuco und Santiago jeweils 2x tägl.

Autovermietung: Budget, Freire 848, Tel. 23 53 03; **Salfa Sur,** Matta 505, Tel. 23 69 02.

Stadtbüros der Fluggesellschaften: Air France, Cochrane 908, Tel. 23 48 50; **Alitalia,** Cochrane 651, Tel. 20 08 08, Iberia, Freire 624, Tel. 24 66 66; **Lan Chile,** Ramírez 802, Tel. 31 49 49, Fax 31 43 95.

Osterinsel

Vorwahl: 032
Lage: 3765 km westlich vor dem Festland
Karte: S. 270
Einwohner: 3000 (Hanga Roa)

Sernatur, Tu'u Maheke, Tel./Fax 10 02 55; Hotel- und Restaurant-listen, Stadt- und Inselpläne; Sernatur-Schalter auch im Flughafen.

Conaf-Station beim Zeremonialzentrum Orongo; Faltblätter, Prospektmaterial, tägl.

9–18 Uhr; Eintritt zum Nationalpark 10 $.
Websites: www.osterinsel.de; www.rapanui.cl.

Hotel Hanga Roa (sehr teuer), Av. Pont s/n, Tel. 10 02 99, Fax 10 04 26, hotpanam@ctc-mundo.net; 60 Zi., nüchterne, luftige Bungalowanlage; mit Panoramablick aufs Meer außerhalb von Hanga Roa gelegen; bietet zwar alle Bequemlichkeiten, ist aber leicht verwahrlost.

Hotel Iorana (sehr teuer), Atamu Tekena s/n, Tel. 10 03 12; 50 Zi., etwas außerhalb von Hanga Roa; gepflegtes größeres Haus, Garten, Swimmingpool.

Chez Joseph (teuer), Avareipua s/n, Tel. 10 02 72; 20 Zi., ordentliche Qualität, relativ einfach.

Hotel Poike (teuer), Petero Atamu s/n, Tel. 10 02 83; 20 Zi., hübsch gemachtes Hotel, von Garten umgeben; freundlicher Service; mitten im Ort.

Hotel Manutara (teuer–moderat), Av. Pont s/n, Tel. 10 02 97; 25 helle geräumige Zi., Garten, Pool; sehr freundlicher Service.

Hotel O'Tai (moderat), Av. Te Pito o te Henua s/n, Tel. 10 02 50, www.aclaris.cl/otai; 24 Zi, angenehme Atmosphäre, ordentliche Zimmer.

Chez Erika (moderat), Tuki Haka Hevari s/n, Tel. 10 04 74; 11 saubere, gepflegte Zi., blumenstrotzender Garten; gutes Frühstück, auf Wunsch Halbpension; empfehlenswert.

Residencial Chez Goretti (moderat) Av. Atamu Tekena s/n, Tel. 10 04 59; 8 Zi., vergleichbare Qualität; die Besitzerin ist die Schwester von Erika Hereveri (Chez Erika).

Hotel Ota'i (moderat), Te Pito o Te Henua s/n, Tel. 10 05 60; 18 Zi., gutes Preis-Leistungs-Verhältnis, Swimmingpool.

Residencial Kona Tau (sehr preiswert), Avaripua s/n, Tel. 10 03 21, konatau@entelchile.net; als Jugendherberge empfohlen; keine Kochmöglichkeit, aber Verpflegung.

Zahlreiche weitere **Residenciales,** die oft einen guten, ansprechenden Standard bieten; die Anbieter warten am Flughafen in der Ankunftshalle.

Azul Tahai (moderat), Av. Policarpo Toro, in der Galería de Arte; der Wok ist im Einsatz: Asia-Küche und Fisch.

Kona Koa (moderat), Oha Vehi s/n. Nur wegen der Speisen kommt am Wochenende niemand: Show und Tanzeinlagen stehen auf dem Programm.

La Taverne du Pêcheur (moderat), Caleta de Pescadores; gilt als beste Adresse in Hanga Roa; der Wirt ist ein beleibter Franzose; wundervolle *paella,* sehr gute Weine.

Pea (günstig), Av. Atamu Tekena; schwebt als Holz-Stelzenbau über dem Meer beim einzigen kleinen Stadtstrand; auf die Empfehlungen achten, z. B. frischestes *ceviche* für Liebhaber rohen Fisches.

 Banana Café und **Aloha,** beide Av. Atamu Tekena s/n; nette Bars und Treffpunkte, ab und zu Konzerte mit Lokalbands.

Diskotheken: Toroco und **Biditi** öffnen erst gegen Mitternacht.

Museo Antropológico Padre Sebastián Englert; die *Rapa-nui-*Sammlung des rührigen Missionars Sebastian Englert gilt vielen als Initialfunke für die neuerliche Beschäftigung mit den Kulturschätzen der Insel; didaktisch gut gemacht; Di–Sa 9–12.30 u. 14–17.30, So 9–12 Uhr.

Holzschnitzereien des charakteristischen *Moai kavakava* aus Myrtenholz erhält man in Kunstgewerbegalerien im Zentrum; **Muschelketten** und **Lapislazulikunst** in dem kleinen Markt an der Hauptstraße Av. Atamu Tekena.

Exkursionen zur **Erkundung der Insel** (halbtägig, ganztägig oder zweitägig) mit abschließendem Bad am Strand von Anakena, in Spanisch, Englisch und Deutsch; Stadtführungen schließen mit Museumsbesuch.
Empfehlenswerte Agenturen sind:
Pacific Images, Tel./Fax 10 06 00, pacific_images@entelchile.net; www.osterinsel.ch. (Als einzige mit deutschsprachigem Leiter und Führer).

Kia-Koe, Av. Atamu Tekana s/n, Tel. 10 08 52, Fax 10 02 82, kiakoe@ entelchile.net.

Weil zunehmend Schäden an den wertvollen Monumenten entstehen, erwägt die Inselverwaltung, das Besichtigen auf eigene Faust nicht länger zu gestatten.

Einige Supermärkte und Geschäfte vermieten **Fahrräder** und **Motorräder,** andere bieten **Pferde** an.

Tapati Rapa nui; zweiwöchiges Brauchtums- und Folklorefestival in der letzten Januar- und ersten Februarwoche.

In Hanga Roa verkehren **Taxis,** sonst gibt es keine öffentlichen Verkehrsmittel auf der Osterinsel.

Lan Chile fliegt Mataveri 4x wöchentl. von Santiago aus an.

Stadtbüro Lan Chile, Av Policarpo Toro s/n, Tel. 132 32 10 09 20 innerhalb Chiles, 056/32 10 09 20 bei internationalen Anrufen.

Panguipulli

Vorwahl: 063
Lage: Hintere Umschlagkarte links B 20
Einwohner: 8300

Oficina de Turismo Panguipulli, O'Higgins 793, Tel. 31 22 02; sehr freundlich.

Hotel España (moderat), O'Higgins 790, Tel./Fax 31 11 16; 8 Zi., hier regiert bei der Inneneinrichtung der kleinen Zimmer der niedliche Plüsch; warme Atmosphäre, typisch chilenische Küche; der Besitzer organisiert auch gerne Ausflüge.

Residencial Ruca Pangui (sehr preiswert), Ramon Freire 98, Tel. 31 25 08, und **Tio Carlos** (sehr preiswert), Etchegaray 377, Tel. 31 12 15, schlichte, aber saubere Unterkünfte.

Camping: El Bosque, Tel. 31 14 89.

 **Girasol** (günstig), Martínez de las Rosas 664 ; Fleisch und Fisch teilen sich die Speisekarte.
Hotel España (günstig), O'Higgins 790; kleiner Speisesaal mit chilenischen Hausmannskost-Menüs.

 Geldwechsel: Turismo Christopher, Martínez de Rosas 705, Tel. 31 17 89.

 Ausflüge in die Region Siete Lagos, selbstorganisiert oder über das Hotel España (s. o.); Auskünfte erhält man auch bei der Touristeninformation, die selbst alljährlich in der dritten Januarwoche eine Vier-Tages-Tour in diese Region veranstaltet.

 Semana de las Rosas mit Wahl der ›Miss Rose‹; erste Februar-Woche.

 Busbahnhof, Mistral/Portales; häufige Verbindungen nach Osorno, Puerto Montt, Santiago, Temuco und Valdivia; 2x tägl. nach Puerto Fuy über Choshuenco und Neltume.

Papudo

Vorwahl: 033
Lage: Vordere Umschlagkarte rechts
B 13/14, bei Zapallar
Einwohner: 2500

 Hotel Carande (günstig), Chorrillos 89, Tel. 79 11 05, Fax 79 11 18; 25 Zi., zweckmäßiges Hotel mit geräumigen Zimmern; großes Restaurant, Spezialität: Meeresfrüchte.
Hotel Moderno (günstig), Domingo Fernández Concha 150, Tel. 79 11 14; 8 Zi., kleines Hotel mit Patio; recht einfache Zimmer.

 La Abeja (günstig), Chorrillos 336; das maritim dekorierte Restaurant ist stolz auf seine *empanadas* aus dem Ofen; viel Fisch.
La Cabaña (günstig), am Strand; man kann sowohl draußen als auch drinnen sitzen; typische chilenische Küche ohne große Raffinessen, es gibt Fisch und Meeresfrüchte.

 Häufige **Busverbindungen** nach Viña del Mar und Zapallar; für **Überlandbusse** muß man sich von einem Taxi (an der Plaza) zur Kreuzung mit der Carretera 5 fahren lassen.

Parque Nacional Lauca

Lage: Vordere Umschlagkarte links C/D 1

Conaf Las Cuevas; mit Informationsmaterial ausgestattet; hier bekommt man außerdem aktuelle Auskünfte über die Straßenverhältnisse; tägl. 8–18.30 Uhr.
Conaf-Stationen in Parinacota und Chungará; dort kann man auf Anfrage übernachten.

Parque Nacional Pan de Azúcar

Lage: Vordere Umschlagkarte links C 8

Conaf, an der Caleta de Pan de Azúcar; daran anschließend mehrere *cabañas;* einige Möglichkeiten zum Zelten.

Parque Nacional Pérez Rosales

Lage: Hintere Umschlagkarte links
B/C 21, bei Petrohue

Conaf-Stationen an den Saltos de Petrohue und in Petrohue.

 **Hotel Peulla** (teuer), Peulla, Tel./Fax 065/25 80 41; 20 Zi., komfortabel und gut ausgestattetes Hotel; wer nicht auf eigene Faust reisen will, kann eine entsprechende Tour mit Kurzbesuch in Argentinien vorausbuchen bei: Andina del Sud, Puerto Montt, Varas 437, Tel. 065/25 77 57, oder in Puerto Varas, Del Salvador 243, Tel. 065/23 28 11.

Hostería Petrohue (teuer), am Strand des Lago Todos Los Santos, Tel. 065/25 40 82; 15 Zi., wunderschöne Holzvilla im traditionellen Stil.

Parque Nacional Puyehue

Lage: Hintere Umschlagkarte links B/C 20

Conaf-Station in der Nähe des Salto La Princesa; Informationsbüro mit kleinem Umweltmuseum, Camping möglich; tägl. 8.30–18.30 Uhr.

Hotel Termas de Puyehue (teuer), Ruta 215, km 76, Tel. 064/23 28 81, Fax 23 69 88 (Osorno), Buchung in Santiago über Tel. 02/293 60 00, Fax 283 10 10; ventas@puyehue.cl, www.puyehue.cl; 80 Zi., trotz seiner Größe ein ausgesprochen anheimelndes Hotel mit gemütlich eingerichteten Zimmern und viel warmem Holz; großes Restaurant im gehobenen Turnhallenstil mit Panoramafenstern und internationaler Küche; gepflegte Badeanlagen im hübschen schwedischen Design, Innen- und Außenbecken; schöner Garten, 117 000 ha Parkanlagen.
Hotel Antillanca (teuer), Ruta 215, km 98, Tel./Fax 64/23 51 14; 41 Zi., aufgemacht wie eine Skihütte de luxe, Holz dominiert bei der Innengestaltung; offene Galerien, Restaurant mit Hüttenstimmung, Bar, Fernsehzimmer; Skizentrum.

Auto Museo Moncopulli; einziges Automuseum von Chile; tägl. 10–19 Uhr, im Sommer bis 20.30 Uhr.

Parque Nacional Torres del Paine

Vorwahl: 061
Lage: Hintere Umschlagkarte rechts C 29

Niederlassungen der staatlichen Forstbehörde **Conaf** liegen leicht erreichbar an der Laguna Amarga und an der Laguna Azul, die Verwaltung mit kleinem Naturkundemuseum und einem Relief der Torres del Paine befindet sich gegenüber der Posada Río Serrano an der Endhaltestelle der Busse von Puerto Natales; sechs weitere Stationen im Park.

Der Parque Nacional Torres del Paine hat auch im chilenischen Winter seine Reize, doch sollte man sich vorab erkundigen, welche Unterkünfte das ganze Jahr über geöffnet haben. In der Hochsaison sollte man unbedingt vorher eine Reservierung vornehmen!
Explora Hotel Salto Chico (sehr teuer, inkl. Vollpension), Sector Salto Chico, Tel. 41 12 47; 30 Zi., das aufwendigste Hotel mit großzügig geschnittenen Zimmern und viel Komfort; von außen allerdings kein sehr schöner Anblick; eigenes Ausflugsprogramm und Abholservice vom Flughafen in Punta Arenas. Nur in Packages buchbar. Gebührenfrei zu buchen über Design Hotels in Deutschland: 01 30/81 49 75, in Österreich: 08 00/29 11 29, in der Schweiz: 08 00/89 32 29. Oder über: Wendy Pampa Tours, Güttinger Str. 19, 78315 Radolfzell am Bodensee, Tel. 0 77 32/97 22 90, Fax 97 22 92, Wendy-Pampa-Tours@t-online.de.
Hostería Lago Grey (sehr teuer, inkl. Halbpension), Lago Grey, Tel./Fax 41 02 20; 20 Zi., die Lage ist ebenfalls erstklasssig: die Fenster blicken auf den Grey-Gletscher und den eisbergbesetzten Fluß; sehr ordentliche, gepflegte Zimmer; eigenes Ausflugsprogramm.
Hostería Pehoe (teuer, inkl. Vollpension), km 387 Ruta 9 Norte, Tel. 41 13 90; 32 Zi., unschlagbare Lage unterhalb der Cuernos del Paine auf einer Insel im Lago Pehoe, doch enttäuschen Zimmer und Anlagen; eigenes Ausflugsprogramm.
Hostería Las Torres (teuer, inkl. Halbpension), westl. der Laguna Amarga, Sector Almirante Nieto, in Punta Arenas Tel./Fax 71 00 50, lastorres@chileaustral.com, www.chileaustral.com/lastorres; 29 Zi., unterhalb der Torres del Paine in einem 5900 ha großen Park gelegen; elegant-rustikal gestaltete Aufenthaltsräume, Zimmer teilweise im alten Estancia-Gebäude untergebracht; aufsehenerregend gute Küche, zuvorkommendes Personal; eige-

nes Ausflugsprogramm. Ungewöhnlich: Tagesausflüge zu Schäfern, Mitarbeit im Stall, Lamm-Grillabend.

Hostería Mirador del Payne (teuer–moderat inkl. Halbpension), Tel. 22 87 12 u. 22 69 30, Calle Fagnano 585, Punta Arenas; 20 Zi, Gästehaus der Rinder-Estancia Lazo, originelle und praktisch eingerichtete Zimmer; wer Lust hat, hilft auf der Farm mit, eigenes Ausflugsprogramm, Trekken, Reiten, Sportfischen.

Hosteria Lago del Toro (moderat), Tel. 41 23 52, 41 24 81, info@lagodeltoro.com, www.lagodeltoro.com; 10 Zi, die Architektur dominieren Holz und Glas, gemütliche Zimmer, Restaurant im Tasca-Stil; liegt außerhalb des Parks am Río Serrano, eigenes Ausflugsprogramm.

Hostería Río Serrano (moderat), Tel. 24 05 28, Ignacio Carrera Pinto 710, Punta Arenas, hrserrano@entelchile.net; Nachbar der Hostería Lago del Toro, ganz in der Nähe der Administration der Conaf gelegen; bieten ein umfangreiches Ausflugsprogramm mit Reiten und Kayaktouren an.

Posada Río Serrano (moderat–günstig), km 339, Ruta 9, Norte, Tel. 41 06 84; 6 Zi., die preiswerteste Übernachtungsmöglichkeit im Nationalpark, abgesehen von den Schutzhütten; einfache Vierbett-Zimmer, Gemeinschaftsduschen, recht ordentlich.

Neun **Schutzhütten** *(refugios)* und ebenso viele **Campingplätze** im Park, in teilweise landschaftlich wunderschöner Lage; sehr unterschiedliche Ausstattung. Die *refugios* und Campingplätze bei der Hostería Las Torres und der Posada Río Serrano haben Minimärkte und sind entsprechend teuer.
Zwei weitere Lodges mit Campingplätzen liegen 3 bzw. 5 km von der Hostería las Torres entfernt. Chilean Camp Lodge (36 Zi.) und Los Cuernos Lodge (28 Zi.), beide im Landhausstil mit viel Holz und Glas (8000–11 000 Pesos/Person, Vollpension zusätzlich 21 000 Pesos; Camping 2000–3000 Pesos/Person, Zelt- und Schlafsackverleih). Informationen bei der Agentur Fantástico Sur, Magallanes 960,

2. Stock, Punta Arenas, Tel. 061/22 60 54, Fax 22 26 41, lastorres@chileaustral.com.

Top-Restaurants in der Hostería Las Torres und im Hotel Explora, gute Kost in den übrigen; das Restaurant in der Posada Río Serrano ist recht einfach.

Kunstgewerbeladen bei der Conaf-Verwaltung, gegenüber der Posada Río Serrano.

Über die vielfältigen **Wander- und Trekkingtouren** informieren die Mitarbeiter der Conaf.
Andescaper, Eberhard 599, Tel./Fax 061/41 25 92; unternimmt Touren in den Nationalpark, vermittelt Ausrüstung und Bergführer.
Pferde können an der Hostería Las Torres (kleinere Ausritte, auch Halbtagesritte) und an der Estancia Lazo/Mirador del Payne (Pferdetrekking, Ganztagesausflüge) gemietet werden. Ganztagesausflüge zum Kennenlernen mit dem **Geländewagen** bieten alle Hotels an.

Start- bzw. Endpunkt der **Busverbindungen** nach Puerto Natales ist die Conaf-Administration, bei der Posada Río Serrano; Abfahrt von Puerto Natales tägl. gegen 7 Uhr, Ankunft etwa gegen 11 Uhr bei der *guardería* an der Laguna Amarga; Stopps bei allen *hosterías* (außer Estancia Lazo und Hostería Lago Grey) und bei Bedarf auch an der Straße; Rückfahrt von der Conaf-Verwaltung gegen 14 Uhr, aber man sollte sich auf jeden Fall besser vorher erkundigen, da die Zeiten variieren können!

Parque Nacional Tres Cruces

Lage: Vordere Umschlagkarte links D 8/9

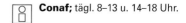 **Conaf;** tägl. 8–13 u. 14–18 Uhr.

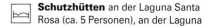 **Schutzhütten** an der Laguna Santa Rosa (ca. 5 Personen), an der Laguna

del Negro Francisco (ca. 8 Personen) und an der Laguna Verde (ca. 15 Personen); sehr spartanisch; Übernachtung ist gratis.

Pica

Vorwahl: 057
Lage: Vordere Umschlagkarte links C 3
Einwohner: 1800

Motel El Resbaladero (günstig); Gral. Ibáñez 57, Tel. 74 13 16; 12 Zi., geräumiges, luftiges Motel im oberen Teil des Städtchens bei den Thermalbädern.

Los Naranjos (günstig), Barbosa s/n, volkstümliches Restaurant mit preiswerter, guter Küche; Mittagsmenüs.
El Edén (günstig), Riquelme 12; regionale Spezialitäten, *asados, cazuelas.*

Badeanlage Cocha Resbaladero, Baden in warmen Quellen; tägl. geöffnet.

Busverbindungen 4x tägl. nach Iquique mit verschiedenen Gesellschaften; halten am Ortseingang und im Barrio Resbaladero am Motel El Tambo.

Pisco Elqui

Vorwahl: 051
Lage: Vordere Umschlagkarte rechts C 11
Einwohner: 450

Refugio Misterios de Elqui (moderat), Prat s/n; Tel./Fax 45 11 26; 16 Zi., attraktiv gelegene Bungalow-Anlage ganz aus warmem Holz; sparsam gesetzte kunstgewerbliche Akzente, Garten mit Pool.
Hostería Los Datiles (moderat), Prat s/n, Tel. 45 11 21; 11 Zi., neu und rustikal-ländlich gestylt, am Hang des Valle del Elqui.
El Tesoro de Elqui (günstig), Calle Prat, Tel./Fax 198 26 09 tesoro@pisco.de, www.pisco.de; 12 Zi., schöne, gepflegte cabañas im Garten; deutsche Leitung, Pool; hervorragende, auch deutsche Küche; kulturelle Veranstaltungen.

Hotel Elqui (sehr preiswert), O'Higgins s/n, Tel. 45 10 83; 5 Zi., lustige Möblierung wie vom Flohmarkt, unkonventionell, netter Garten.

La Escuela (moderat), in der ehemaligen Schule; originell: der Schulhof ist Patio und Bar, das Restaurant auf die kleinen Schulräume verteilt; Kerzenlicht, Bistro-Küche und Wok-Gerichte.

Kunstgewerbemarkt; vor der Kirche; auch mit landwirtschaftlichen Produkten der Hippies.

In den größeren *hosterías* werden **Ausritte** organisiert.

Porvenir

Vorwahl: 061
Lage: Hintere Umschlagkarte rechts, Ausschnitt
Einwohner: 6300

Información Turística, Mario Zavattaro 402, Tel. 58 00 94; freundliche Auskünfte und ein wenig Prospektmaterial in Pionierqualität.

Hostería Los Flamencos (moderat), Teniente Merino s/n, Tel. 58 00 49; 12 Zi., am Ortseingang gelegen; in der typischen Holzbauweise, freundlicher Service.
Mehrere einfache Hotels und *residenciales* im Ort, z. B. **Hotel Central** (günstig), Philippi/Croacia, Tel. 58 00 77; 15 Zi., gutes Preis-Leistungs-Verhältnis, Zimmer mit Gemeinschafts- oder eigenem Bad.

Club Social Croata (günstig), Señoret 542, Tel. 58 00 53; deftiger regionaler Mittagstisch, z. B. Hammeleintopf; hemdsärmelige Atmosphäre.
Restaurant Puerto Montt (günstig), Croacia 1169, Tel. 58 02 07; schlicht, aber ein guter Tip für Meeresfrüchte.
Restaurant Rosas (günstig), Philipi 296, Tel. 58 00 88; hier sind die Fischgerichte zu empfehlen.

Museo Provincial Fernando Cordero Rusque, Valdivieso 402; zeigt alles, was es um und in Porvenir gab und gibt: Ethnologie, Goldrausch, Schaffarm-Geschichte; Mo–Fr 9–13 u. 13.45–17 Uhr, im Jan./Feb. zusätzlich Sa u. So 11–13 u. 14.30–16 Uhr.

Buses Gesell, Almeyda 257, Tel. 58 04 88; nach Río Grande (Arg.) Di u. Sa um 13 Uhr, nach Camerón Di u. Fr 15 Uhr, nach Primavera Mo, Mi u. Fr um 17 Uhr.

Ferry Barcaza Patagonia, bei Austral Broom, Señoret s/n, (Costanera), Tel. 58 00 89; tägl. Fährverbindung nach Punta Arenas (Di, Mi, Fr 14, Do, Sa 11.30, So 17 Uhr). **Catamarán Campo de Hielo Sur,** Croacia 625, Tel. 58 02 59, Fax 58 04 04; Fährverbindung nach Punta Arenas Mo, Mi, Fr 9.45 u. 20.45, Sa 9.45, So 19.45 Uhr.

Aerovías Dap, Señoret s/n (Costanera), Tel. 58 00 89, www.aeroviasdap.cl; fliegt 4x tägl. nach Punta Arenas.

Pucón

Vorwahl: 045
Lage: Hintere Umschlagkarte links B 19
Einwohner: 8000

Sernatur, an der Municipalidad, Bernardo O'Higgins/Palguin, Tel. 44 33 38; **Información Turística,** Brasil/Caupolicán, Tel. 44 16 71.

Gran Hotel Pucón (sehr teuer–moderat; inkl. Halbpension), Clemente Holzapfel 190, Tel./Fax 44 10 01, www.gran hotelpucon.cl, info@granhotelpucon.cl; 145 Zi., die schönste Mischung aus Grandhotel und Familienferienstimmung; italienisch inspirierte Einrichtung, bequeme Zimmer, Swimmingpool, Garten; direkt am Strand, es wird ein reichhaltiges Animateur-Programm geboten.
Hotel del Lago (sehr teuer), Ansorena/ Pedro de Valdivia, Tel. 29 10 00, Fax 29 12 00; Reservierung in Santiago über Tel. 02/ 245 60 07, Fax 245 60 08; 100 Zi., Spielauto-

maten dominieren leider das neue Klassehotel, Kasino und Kino im 1. Stock; international austauschbar kühl, luxuriös und marmorglatt gestylt, sehr komfortabel.
Hotel Huincahue (teuer), Pedro de Valdivia 375, Tel./Fax 44 35 40; 12 Zi., man fühlt sich wie in einem Privathaus: unten Kunstgalerie und Restaurant, oben Kaminzimmer; viel Holz, viel Glas, viel Licht.
Hotel Gudenschwager (teuer), Pedro de Valdivia 12, Tel./Fax 44 11 56; 15 Zi., behäbiges, dunkles Holzhaus in großem Garten; sehr gemütlich, die Zimmer sind klein, die Dielen knarren; das erste Hotel in Pucón überhaupt; überteuert!
Hostería La Poza (moderat), Clemente Holzapfel 11, Tel. 44 13 20, Fax 44 19 58; 20 Zi., hübsch gestaltet, Garten, schöne Terrasse, *cabañas;* die Zimmer sind hell, freundlich, aber klein.
Hotel Munich (moderat), Gerónimo de Aldarete 275, Tel. 44 20 12; 25 Zi., stilvoll eingerichtet, fein, gepflegt, intim.
La Posada Plaza (moderat–günstig), Pedro de Valdivia 191, Tel./Fax 44 10 88; 16 Zi., ordentliche Qualität in einem recht kleinen Haus im Alpenstil.
Hostería ¡Ecole! (günstig), Gral. Urrutia 592, Tel. 44 16 75, Fax 44 13 34; 14 Zi., sehr beliebtes Travellerhotel, der kleine Garten ist den ganzen Tag über Treffpunkt; Bibliothek, kommunikative Atmosphäre, nettes Restaurant; behilflich bei jeder Form von Exkursion.
Landhaus San Sebastian (günstig), Tel. 197 23 60, mobil 09/44 31 17 86, www.land haus-pucon.de, info@landhaus-pucon.de; die Idylle liegt auf dem Weg zum Lago Caburga. Auf den Tisch kommen Produkte aus der eigenen Farm, pestizidfrei; managt ein deutsches Ehepaar.
La Tetera (sehr preiswert bis günstig), Urrutia 580, Tel. 44 14 62, www.tetera.cl, info@tetera.cl; nettes und gemütliches Hostal mit schönem Garten; freundliche Atmosphäre; Sport- und Ausflugsprogramme und Vernetzung mit ähnlichen Projekten weiter im Süden; Sprachkurse; führt ein chilenisch/Schweizer Ehepaar.
Kila Leufu (günstig), außerhalb von Pucón, Tel. 09/711 80 64 (mobil), www. kilaleufu.homestead.com, margotex@

yahoo.com; ›Unsere kleine Farm‹ in Chile: Hier lernt man Käse zu machen. Zelten im Garten möglich, begleitete Wanderungen.

Altamar (teuer), Rolando Matus 6, Tel. 44 15 97; die Inneneinrichtung ist eher bescheiden; leckere Meeresküche.
La Marmita de Péricles (moderat), Fresia 317; klein und nett zum Sitzen, familiärer Stil, nicht billig; die Spezialität sind Fondues.
Puerto del Estero (moderat), O'Higgins 248, Tel. 44 10 29; Fischrestaurant mit Blick auf den See.
Viva Perú (moderat–günstig), O'Higgins 761, Tel. 44 42 85; Rezepte vom nördlichen Nachbarn: Papas a la huancaina, *ceviche* von rohem Fischfilet.
Tijuana's (moderat–günstig), Ansorena 303, Tel. 44 18 91; lustiges mexikanisches Restaurant, auch Bar.
Mamas 'n' Tapas (moderat–günstig), O'Higgins 587; auch für später abends, mehr Bar als Restaurant, mit Tapas und Drinks.
Abends: Zum Ausgehen gibt es eine Auswahl an Bars, die Moden wechseln. Z. B. **Vagabundos,** Fresia 135; **Krater,** O'Higgins 447, mit Karaoke.
Chocolates Patagonia, Fresia/Alderete; bestes Eis; Kuchen und Pralinen aus eigener Herstellung und in ausgezeichneter Qualität; Café, Bistro, ständig voll.

Bäckerei Holzapfel, Clemente Holzapfel 524 und **Chocolates Patagonia** (s. o.); Pralinen und Schokolade aus eigener Herstellung.
Kunstgewerbemarkt, Fresia zwischen Pedro de Valdivia und Gerónimo de Aldarete (nur in der Hochsaison); auch Tattoos, Piercing, Hippie-Schmuck und Batikkleider. Mehrere Geschäfte mit **Sportkleidung** internationaler Marken (z. B. Helly Hansen, Patagonia) auf der Fresia.

Die **Reiseveranstalter** offerieren ein relativ homogenes Programm: Bergbesteigungen des Villarrica, des Osorno und Llaima, Rafting auf dem Río Trancura in mehreren Schwierigkeitsgraden, Verleih von Skiausrüstung und Fahrrädern, Trekking, Touren zu den Thermalbädern, eine breitgefächerte Palette von Reitausflügen.
Empfehlenswerte Veranstalter: Anden Sport (mit mehrtägigen Raftingausflügen zum wohl bekanntesten Wildwasserfluß Chiles, dem Bío Bío), Sol y Nieve, Viajes Trancura, Off Limits (halten auch Kurse im Fliegenfischen ab). Zu speziellen Touren erteilt die Hostería ¡Ecole! (s. o.) Auskunft.

Terminal Buses JAC, Palguin/ Engler; halbstündl. Verbindungen nach Villarrica, häufige Verbindungen nach Temuco, mehrmals tägl. nach Valdivia und Santiago.

Der **Flughafen** liegt 5 km außerhalb der Stadt, Direktflüge von Santiago in der Hochsaison. **Stadtbüros der Fluggesellschaften: Lan Chile,** Tel. 44 35 16, und **Ladeco,** Tel. 44 16 66, Fax 44 35 42, teilen sich ein Büro in der Urrutia 102.

Autovermietung: Hertz, Fresia 224, Tel. 44 16 64.

Puerto Aisén

Vorwahl: 067
Lage: Hintere Umschlagkarte links C 24
Einwohner: 20 000

Sernatur, in der Municipalidad, Esmeralda 810, Tel. 33 25 62.

Hotel Los Caicahues (moderat), Michimalongo 660, Tel./Fax 33 56 80; 29 Zi., gepflegtes, geräumiges Innenstadthotel.
Residencial Roxy (sehr preiswert), Sgto. Aldea 972, Tel. 33 27 04; schlichte, aber saubere Unterkunft.

Restaurant Carrera (günstig), Cochrane 465; einfache Meeresfrüchte-Küche.

Häufige Verbindungen nach Coyhaique und Puerto Chacabuco.

Stadtbüro Lan Chile, Sgto. Aldea 1141, Tel. 33 29 74, Fax 33 48 84.

Puerto Bertrand

Vorwahl: 067
Lage: Hintere Umschlagkarte links C 26

 Hostería Río Baker (teuer), 1 km südlich von Puerto Bertrand, Buchungen über Tel./Fax 033/44 19 60; 18 Zi., in einem weitläufigen Garten verteilte, schöne, helle Bungalows; die Besitzer bieten Ausflüge und Angeltouren an.
Río Baker Lodge (teuer) Tel. 41 14 99; ein beliebtes Ziel für Fliegenfischer, anheimelndes Haus.

Puerto Chacabuco

Vorwahl: 067
Lage: Hintere Umschlagkarte links B/C 24
Einwohner: 1200

 Hotel Loberías de Aisén (teuer), J. M. Carrera 50, Tel. 35 11 15, Fax 35 11 88; 24 Zi., man hat keine andere Wahl: das überteuerte Hotel mit plüschigen, kleinen Zimmern im hellhörigen Preßspanstil macht den Preis durchs freundliche Personal wett.
Hostal Moraleda, (sehr preiswert), O'Higgins s/n, Tel. 35 11 55, 10 Zi., wirklich schlicht.

 Fähren nach Quellón; wöchentl. Abfahrten, während der Sommermonate 3x wöchentl.; oft ausgebucht, daher ist vorherige Reservierung unbedingt anzuraten! Buchung bei **Navimag;** in Santiago, El Bosque Norte 0440, Tel. 02/442 31 20, Fax 2 03 50 25; in Puerto Montt, Angelmó 2187, Tel. 065/43 23 00, Fax 27 66 11; in Coyhaique, Pres. Ibañez 347, Tel. 067/23 33 06, Fax 23 33 86, in Puerto Chacabuco Terminal de Transbordadores, Tel. 35 11 11, Fax 35 11 92, www.navimag.cl.

Häufige **Busverbindungen** mit Puerto Aisén und Coyhaique.

Puerto Cisnes

Vorwahl: 067
Lage: Hintere Umschlagkarte links C 24
Einwohner: 5000

 Hostal Michay (günstig), Gabriela Mistral 112, Tel. 34 64 62; 8 Zi., nette, saubere Pension, ordentliche Zimmer.
Residencial El Gaucho (sehr preiswert), Golmberg 140, Tel. 34 65 14; 6 Zi., ganz schlicht.

 El Guairao (günstig), Pardo s/n; das beste Restaurant am Ort; Fisch.

Puerto Fuy

Lage: Hintere Umschlagkarte links C 24
Einwohner: 300

 Hotel El Roble (günstig), Neltume, Tel. 063/31 18 49; 10 Zi., schlichte und einzige Unterkunft in Neltume, dem Dorf der Sägewerke.

 Zwei kleine **Fernfahrer-Restaurants** im Ort.

 Autofähre nach Puerto Pirihueico (Argentinien); Nov.– März tägl. 7 u. 14 Uhr (1.30 Std. Fahrzeit); vor dem Übertritt nach Argentinien mit dem **Mietwagen** (nur von wenigen Verleihern gestattet) müssen einige Formalitäten erledigt werden; keine Busverbindung nach Argentinien.

Puerto Guadal

Vorwahl: 067
Lage: Hintere Umschlagkarte Teil 4 C 26
Einwohner: 500

 Terra Luna Lodge (teuer; inkl. Vollpension), 1,5 km von Puerto Guadal entfernt, Tel. 43 12 63, Fax 43 12 64, www.terra-luna.cl, Buchung in Santiago über Azimut 360, General Salvo 159, Providenica, Tel. 02/235 15 19, Fax 235 30 85, azimut@terra.cl, www.azimut.cl, ausgesprochen gemütliche Lodge in einem großen Garten, Grillplatz, direkt am Lago General Carrera gegenüber dem San-Valentín-Gletscher gelegen; Rundum-Betreuung bei der Organisation, Abholung von den Flughäfen Chile Chico oder Cochrane; Ausflüge nach Wunsch; ungewöhnliche Trekking-Angebote, auch über den Campo de Hielo Norte und zum Cerro San Lorenzo; sehr freundlich und versiert; es wird spanisch, englisch und französisch gesprochen; Voranmeldung notwendig.

Hacienda Tres Lagos (teuer; Packages mit Ausflügen und Vollpension) Carretera Austral km 274, Lago Negro, Puerto Guadal, Tel. 41 13 23, zu buchen über Augusto Leguía Sur 31, Of.11., Las Condes, Santiago, Tel. 02/231 19 27, www.patagoniadreamhotel.com, hacienda@terra.cl; am Ufer des Lago Negro, Lago Carrera im Rücken und wenige Minuten vom Lago Bertrand entfernt, in warmen Holz und Rottönen gestaltete Anlage mit behaglichen Bungalows, Sauna am Flußufer, Grillplatz. Fliegenfischen und Trekken.

Puerto (Ingeniero) Ibáñez

Vorwahl: 067
Lage: Hintere Umschlagklappe rechts, C 25
Einwohner: 800

 Cabañas Shehen Aike (moderat bis günstig), Av. Luis Risopatrón 55, Tel./Fax 42 32 84; für 28 Gäste; funktional eingerichtete Holzbungalows mit Küche und Haupthaus, Grillplatz, 100 m vom Ufer des Lago Carrera entfernt, viele Ausflüge, Fliegenfischen. Engagierte chilenisch-schweizerische Leitung. Auch für Rollstuhlfahrer geeignet.

Es gibt im Ort noch drei weitere einfache *residenciales,* **Ibáñez, María** und **Vientos del Sur,** und einen Campingplatz. Die Residenciales bieten auch Essen für ihre Pensionsgäste an.

 Täglich **Busse** nach Coyhaique und Fähren über den Lago General Carrera nach Chile Chico.

Puerto Montt

Vorwahl: 065
Lage: Hintere Umschlagkarte links B 21
Stadtplan: S. 134
Einwohner: 110 000

 Sernatur, Av. Décima Region 480, Ed. Intendencia, 2. Stock, Tel. 25 45 80, infoloslagos@sernatur.cl; außerdem Informationskiosk an der Av. Varas, gegenüber der Plaza an der Costanera, ständig belagert, viel Prospektmaterial, auskunftsfreudig.
Conaf, Ochagavía 458, Tel. 48 61 02, Fax 48 61 03, pbahamon@conaf.cl.

Hotel Vientosur (sehr teuer), Ejercito 200, Tel./Fax 25 87 01; 20 Zi., malerisch oberhalb der Innenstadt gelegen; attraktive, große Anlage, hell; aufmerksame Betreuung.
Hotel Vincente Pérez Rosales (sehr teuer), Antonio Varas 447; Tel. 25 25 71, Fax 25 54 73; 83 Zi., einen Block von der Costanera; war einmal die erste Adresse am Ort; frisch restauriert und hübsch im Chaletstil eingerichtet; gutes Restaurant.
Gran Hotel Don Luis (teuer), Urmaneta/Quillota, Tel. 25 90 01, Fax 25 90 05, www.hoteldonluis.cl; 60 Zi., elegantes, angenehmes, behaglich eingerichtetes Haus, komfortable Bäder; zentral gelegen, beliebt bei US-Touristen. Für Behinderte geeignet. Zu buchen auch über Best Western.
Hotel Burg (teuer–moderat), Av. Diego Portales/ Pedro Montt, Tel. 25 39 42, Fax 25 38 13; 30 Zi., klein, fein, elegant eingerichtet, zentral gelegen; ausgesprochen freundlicher Service; vermitteln gerne Touren.
Hotel Colina (moderat), Talca 81, Tel. 25 35 01, Fax 27 38 57; 40 Zi., typisches Innenstadthotel, gepflegte Zimmer und Bäder, zentral gelegen.

Residencial Millantú (günstig), Illapel 146, Tel. 25 27 58, Fax 26 35 50; 12 Zi., ordentliche, saubere und nett gemachte Pension.
Residencial Urmeneta (günstig), Urmeneta 290, Tel. 25 32 62; 10 Zi., Etagenpension mit ansprechend eingerichteten Zimmern und gut ausgestatteten Bädern; manche Zimmer liegen zum Hausgang; wird auch als Jugendherberge empfohlen.
Hospedaje González (sehr preiswert), Gallardo 552; 8 Zi., nicht ganz im Zentrum, aber die hellen, großen Zimmer und der Preis machen die Unterkunft attraktiv (Gemeinschaftsbad).
Viele Familien bieten am Busbahnhof **Privatzimmer** an; Glück und Pech sind leider nicht voraussagbar.

Balzac (teuer), Urmeneta 305, Tel. 31 32 51; intimer Rahmen, elegant dekoriert, frische Blumen, aufgeweckter Service und exquisite Meeresfrüchte; wirklich empfehlenswert.
Centro Español (teuer), O'Higgins 233, Tel. 28 28 70; empfehlenswerte Küche, gepflegtes Styling, spanische Rezepte.
Embassy (moderat), Ancud 104, Tel. 25 22 32; das Spezialitätenrestaurant für Meeresfrüchte und Fisch im Stadtteil Pelluco.
Restaurant (moderat), Angelmó 1878, Tel. 27 16 61; hier werden nicht nur Fleischliebhaber fündig (Spezialität: asado vom Lamm); der Speisesaal ist eingerichtet wie ein Museum: Trödel, Antiquitäten, alte Büchersammlungen, Kompasse, Rettungswesten; sehr unterhaltsam.
Amsel (günstig), Pedro Montt/Av. Diego Portales, Tel. 25 39 41; Hausmannskost, chilenische Küche, Sandwiches.
Dino's (günstig), Pedro Montt 550, Tel. 25 27 87; den ganzen Tag über Treffpunkt, kleine Gerichte und Sandwiches.
Marisquerías (günstig), in Angelmó; eine Speisekarte gibt's nicht, und Wein aus Gläsern ist Glückssache (meist wird er in Kaffeetassen serviert); aber hier gibt es das beste, authentischste curanto von Puerto Montt und sehr unterhaltsamen Service; man sitzt eng zusammengedrängt; nur zu Marktzeiten geöffnet.

Mercado Pesquero, Angelmó; nicht ganz so urig und nicht ganz so außergewöhnlich, aber auch sehr nett sind die verschiedenen kleinen Restaurants in der galería; auch abends geöffnet.
Nette **Fischrestaurants** in Pelluco: **Los Aleros de Pelluco, Fogón de Cotele, Los Tocones de Pelluco.**
Café Real, Rancagua s/n (gegenüber der Post); richtiger Cappuccino, starker Espresso und Sahnetorten im Wiener Kaffeehaus-Stil.
Internet-Cafés in Angelmó und in der Calle Varas.
Abends: Circus Bar, Miraflores 1177, **Canta Luna** und **Retromania** in Pelluco.

Museo Juan Pablo II, Av. Diego Portales; Sammlungen zu Flora und Fauna sowie Geschichte, Fotos zur Stadtgeschichte; Jan.–Feb. Mo–So 9– 19, März–Dez. 9–12 u. 14–18 Uhr.

Mercado de Mariscos y Pescados Angelmó; großer Fisch- und Meeresfrüchtemarkt am Hafen; tägl. 10–20 Uhr.

Feria Artesanal de Angelmó; vielerlei Kunstgewerbe, Lapislazuli-Schmuck und Strickwaren von Chiloé; tägl. 9–19 Uhr.
Pueblito Artesanal Melipulli; Kunstgewerbe und Kunsthandwerk; tägl. 9–19 Uhr.
Geldumtausch: Casa de Cambios Afex, Talca 84. Exchange, Av. Diego Portales 516.

Puerto Montt bietet sich als **Standort** für Ausflüge zur Carretera Austral und zur Isla Chiloé an.
Veranstalter für eine sportbegeisterte Klientel (Vulkanbesteigung, Trekking): Travellers, Av. Angelmó 2456, Tel./Fax 25 85 55, die auch eine informative Website gestaltet haben: www.gochile.cl, gochile@entelchile.net.
Alsur, Antonio Varas 445, Tel. 28 76 28, alsur@telsur.cl, veranstalten Touren in den Parque Pumalín von Douglas Thompkins (s. S. 160).
Lahuen-Tur im Mercado Artesanal Pueblito de Melipulli arbeitet mit der ökologisch

orientierten Hostería !Ecole! in Pucón zusammen.

Informationen über den **Parque Pumalin** von Douglas Thompkins: Buin 356, Tel. 25 00 79, www.pumalinproject.org, pumalin@telsur.cl.

⇄ **Busbahnhof,** Av. Diego Portales s/n; häufige Verbindungen nach Santiago (Cruz del Sur, InterSur, TurBus); 18x tägl. nach Ancud und Castro/ Isla de Chiloé (Cruz del Sur); 13x tägl. nach Temuco, Osorno und Valdivia (TurBus); 5x tägl. nach Chonchi und Quellón/Isla de Chiloé (Cruz del Sur); 2x tägl. nach Chillán, Concepción und Talcahuano (InterSur); tägl. nach Viña del Mar und Valparaíso (Condor Bus), nach Osorno, Panguipulli, Valdivia und Lanco (Buses Pirihueico); tägl. Verbindungen in folgende Orte in Argentinien: Bariloche, Neúquen, Bahia Blanca, Trelew, Puerto Rawson, Buenos Aires (AndesMar).

Autovermietung:
Avis, Urmeneta 1037, Tel. 25 33 07, und im Flughafen;
Budget, Guillermo Gallardo 450, Tel. 25 48 88;
Hertz, Antonio Varas 126, Tel. 25 95 85;
First, Antonio Varas 447, Tel. 25 20 36.

Fährverbindungen und Schiffsreisen:
Navimag, Angelmó 2187, Tel. 43 23 00, Fax 27 66 11, Rundtouren nach Chaitén, Quellón und Puerto Chacabuco in verschiedenen Streckenabschnitten (›Alejandrina‹); Fährverbindungen zur Laguna San Rafael (›Evangelistas‹) und nach Puerto Natales (›Puerto Edén‹). ´
Transmarchilay, Angelmó 2187, Tel. 27 04 20, Fax 27 04 30, www.transmarchi lay.cl, Fährverbindungen nach Castro und Chaitén (›Pincoya‹), an die Caletas der Carretera Austral, Caleta La Arena und Caleta Puelche (›Tehuelche‹) und zwischen Hornopirén und Caleta Gonzalo (Nur Jan.–Feb., tägl.)
Motonaves Skorpios, Angelmó 2187,Tel. 25 29 19; Fahrten zur Laguna San Rafael.
Catamaranes del Sur, Av. Diego Portales s/n, Tel. 48 23 70, www.catamaranesdelsur.cl, info@catamaranesdelsur.cl; bedient

die Strecken Puerto Montt – Chaitén und Chacabuco – San Rafael.
Andina del Sud, Antonio Varas 347, Tel./ Fax 25 77 97, adspuerto.montt@andinadel sud.cl; veranstaltet Schiffsreisen über die Seenplatte hinüber nach Argentinien. Ausnahmslos jede Tour ist in der Saison stark gebucht; unbedingt im Voraus reservieren!

Der **Flughafen El Tepual** wird tägl. mehrmals von Lan Chile und Ladeco aus südlicher und nördlicher Richtung angeflogen; Verbindungen nach Balmaceda, Punta Arenas und Santiago; Aerosur fliegt nach Chaitén, Futaleufú und Palena an die Carretera Austral (Terminplan nicht fest).
Stadtbüros der Fluggesellschaften:
Aerocontinente, O'Higgins/Benavente, Tel. 34 77 77, Punta Arenas, Santiago.
Aeromet, im Flughafen, Tel. 29 94 01, nach Chaitén.
Aero Puleche, Copiapó 106, Tel. 43 58 27, nach Chaitén.
Aerosur, Urmeneta 149, Tel./Fax 25 25 23, aerosur@telsur.cl, nach Chaitén.
Lan Chile, Tel. 25 33 15, O'Higgins 167, Local 1B.

Puerto Natales

Vorwahl: 061
Lage: Hintere Umschlagkarte rechts C 30
Einwohner: 15 000

▯ **Sernatur,** Bulnes 285, Tel. 41 12 63, Fax 41 13 88, oder Pedro Montt s/n, Tel./Fax 41 21 25; **Conaf,** O'Higgins 584, Tel. 43 11 38.

▱ **Costaustralis** (sehr teuer), Pedro Montt 262, Tel. 41 20 00; 50 Zi., strahlender, attraktiver Glaskasten an der Costanera; komfortable Zimmer, sommerlich gehaltenes Design.
Hotel Capitán Eberhard (teuer), Pedro Montt 58, Tel. 41 12 06, Fax 41 12 09; 60 Zi., im renovierten, glasklaren 60er Jahre-Stil.
Hotel Lago Sarmiento (teuer–moderat), Bulnes 90, Tel. 41 15 42; 36 Zi.,unterschiedlich geschnittene Zimmer, hübsche Aufenthaltsräume, freundliche Atmosphäre.

Hostal Lady Florence Dixie (moderat), Bulnes 659, Tel. 41 11 58; ein charmantes gemütliches Hotel, das guten Service bietet.

Hotel Milodón (moderat–günstig), Bulnes 356, Tel. 41 17 27; 14 Zi., neu und relativ klein, anheimelnde Zimmer.

Hostería Sir Francis Drake (moderat), Philippi 383, Tel./Fax 41 15 53; 8 Zi., in einem großbürgerlichen, gepflegten Haus; familiär, sehr nette Gastwirte.

Hostal Indigo (günstig), Ladrilleros 105, Tel. 41 36 09, Fax 41 01 69, indigo@entelchile.net, www.conceptoindigo.com; 18 Zi., auffallendes Äußeres in Gelbblau; alternative Jugendherbergs-Atmosphäre; Restaurant mit mexikanischer Küche und Drinks.

Casa Cecilia (sehr preiswert), Tomás Rogers 54, Tel. 41 38 75, Fax 41 17 97, redcecilia@entelchile.net; eines der (bei Deutschen) beliebtesten Residenciales; sehr freundliche Wirtsleute, kommunikative Atmosphäre.

Hostal Los Antiguos (sehr preiswert), Ladrilleros 195, Tel. 41 14 88; schlicht, aber gepflegt und sauber.

Hostal Patagonia (sehr preiswert), Patagonia 972, Tel./Fax 41 27 56; sehr freundlich geführte und blitzsaubere Pension etwas außerhalb des Zentrums; mit Küchenbenutzung und Aufenthaltsraum; Gepäckaufbewahrung.

Última Esperanza (moderat), Eberhard 354; geworben wird mit Lachssteaks, aber das gediegene Restaurant hat eine überzeugende Fisch- und Meeresfrüchte-Karte.

La Tranquera (moderat), Bulnes 579, Tel. 41 10 39, gemütliches Restaurant mit empfehlenswerter Küche, freundlicher Service, kommunikative Atmosphäre.

Cristal (günstig), Bulnes/Chiloé; Atmosphäre wie in einem großen, fröhlichen Studentenlokal; große Portionen, sehr nett.

El Nuevo Marítimo (günstig), Pedro Montt 214; an der Costanera, schlichte Einrichtung und gute Küche; manchmal kommen sogar Reisegruppen.

La Burbuja (günstig), Bulnes 371; ähnliches Publikum, vergleichbare Kost und

ähnlich kommunikative Atmosphäre wie im ›Cristal‹; auch spät abends noch geöffnet.
Abends: Salsoteca Eclipse, Ramírez 390.

 Museo Municipal, Bulnes 285; Exponate zur indigenen Bevölkerung und zur Stadtgeschichte; Mo–Fr 8.30–12.30, 14.30–18 Uhr, Sa 15–18 Uhr.

Geldumtausch: Cambios Mili, Blanco Encalada 266, Latino América, Blanco Encalada 189.

Bootsausflüge zum Glaciar Balmaceda und durch die Fjorde von Magallanes, z. B. mit ›Alberto d'Agostini‹ und ›Cutter 21 de Mayo‹. Nach Puerto Bories (mit den alten Kühlanlagen in echt britischer Backsteinarchitektur) Puerto Consuelo, Fjordo Eberhardt, Estancia Margot, Colonia de Cormoranes, Estancia Perales, Colonia de Lobo Marinos, Glaciar y Monte Balmaceda, Paso de los Toros–Río Serrano, und von dort Weiterfahrt mit dem Tragflügelboot in den Parque Nacional Torres del Paine, vorausgesetzt, daß es das Wetter zuläßt.

21 de Mayo, Ladrilleros 171, Tel. 41 11 76, und Eberhard 554, Tel. 41 19 78, 21demayo@chileaustral.com, www.turismo21demayo.cl; zuverlässiger Familienbetrieb. Verschiedene Kanalfahrten von Puerto Natales aus, auch zu den Glaciares Balmaceda und Serrano.

Navimag, Puerto Montt 262, Tel. 41 13 00, Fax 41 43 61, www.navimag.cl
Viele Anbieter auch für den Parque Nacional Torres del Paine, z. B. **Andescaper,** Eberhard 599, Tel./Fax 41 25 92.

Busverbindungen in den Parque Nacional Torres del Paine: Buses Fernández, Eberhard 555; Buses Sur, Baquedano 534; Servitur, Prat 353; Buses JB, Prat 258; Abfahrten jeweils nur gegen 7 Uhr!
Verbindungen nach Punta Arenas (häufig): Buses Fernández, Eberhard 555. Buses Turis Sur, Philippi/Valdivia.
Verbindungen nach El Calafate/Argentinien (mehrmals wöchentl.): Zaahi, Arturo Prat, Tel./Fax 41 22 60, auch Eintagestrips zum Perito Moreno-Gletscher.

Buses Lagoper, Angamos 640, und Cootra, Baquedano 244, verbinden mit Río Turbio (Argentinien).

Der **Flughafen** liegt 5 km außerhalb.
Stadtbüro Lan Chile, Tomás Rogers 78, Tel. 41 12 36, Fax 41 35 87.

Autovermietung: Andes Patagónicos, Bulnes 1053, Tel. 41 45 94. **Turismo Zaahj,** Bulnes 459, Tel. 41 22 60. Wer ein Auto mit Allradantrieb braucht, sollte in der Hochsaion besser vorbuchen!

Puerto Octay

Vorwahl: 064
Lage: Hintere Umschlagkarte links B 21, bei Purranque
Einwohner: 2100

Oficina Municipal de Turismo, Esperanza/Plaza de Armas, Tel. 39 14 91.

Yan Kee Way Lodge (sehr teuer), Tel. 21 20 30, Fax 21 20 32, yankee way@telsur.cl, www.southernchilexp.com; wirklich exklusive Anlage für Fliegenfischer und an organisierten Ausflügen Interessierte; akzeptieren nur Dollar-Zahlung; freundlich und zuvorkommend.
Península de Centinela (moderat), Península de Centinela, Tel./Fax 39 13 26; 26 Zi., wo schon Windsors übernachteten: romantische Holzvilla mit Erkern und Türmen; Bungalows im gepflegten, großen Garten.
Hostería La Baja (sehr preiswert), Península Centinela, Tel. 39 12 69; 10 Zi., einfach und nett.
Hospedaje La Cabaña (sehr preiswert), Germán Wulf 712, Tel. 39 12 60; 8 Zi., schlichte Unterkunft, aber freundliche Wirtsleute, pieksauber.
Hosteria Zapato Amarillo (sehr preiswert) Tel. und Fax 39 15 75, shiela@ telsur.cl, 4 Zi; 2,5 km von Puerto Octay entfernt auf der Straße nach Osorno; Pick-up vom Ort aus; geräumiges Holzhaus, Küche, Internetcafé, Ausflugsangebote, Spezialität der Küche: Käsefondue.

Residencial Teuber (sehr preiswert) Germán Wulf 712, Tel. 39 12 60; 8 Zi., schlichte Unterkunft, aber freundliche Wirtsleute, pieksauber.

Fogón de Anita (günstig), am Ortseingang, Tel. 39 14 55; rustikal eingerichtete *parillada.* Vermietet auch Zimmer.
Restaurant Baviera (günstig), Germán Wulf 582, Tel. 39 14 60; es werden deftige chilenische Spezialitäten und Fisch serviert.

Museo del Colono, Independencia 591; landwirtschaftliche Geräte und Möbel aus der Zeit der deutschen Kolonisten; Jan.–Feb. Mo–Sa 9.30–13 u. 15–19, So 11–13 u. 15–19 Uhr; übrige Monate tägl. außer Mo 11–15 Uhr.

Mehrmals tägl. **Busse** nach Frutillar, Llanquihue und Puerto Varas.

Fahrradvermietung: Bike Way, O'Connor 451.

Puerto Puyuhuapi

Vorwahl: 067
Lage: Hintere Umschlagkarte links C 23
Einwohner: 540

Termas de Puyuhuapi (sehr teuer), Tel. 32 51 03 u. 32 51 17; zu buchen über Patagonia Connection, Fidel Oteiza 1921, of. 1006, Santiago, Tel. 02/225 64 89, Fax 274 81 11 (auch viele deutsche Reiseveranstalter mit Chile-Angebot haben die ›Termas‹ im Programm); 32 Zi., exklusives, sehr sympathisches Badehotel in unschlagbarer Lage; Thalassotherapie, Massagen, Thermalquellen, viele Ausflugsmöglichkeiten.
Cabañas El Pangue (teuer–moderat), Carretera Austral km 240, Tel./Fax 32 51 28, cpangue@entelchile.net; 13 Zi., am Nordufer des Lago Risopatrón; anheimelnde, sehr gut ausgestattete Bungalows mitten im Grünen; Ausflüge mit Pferd und Boot.
Hotel La Casona de Puyuhuapi (günstig), Carretera Austral s/n, Tel. 32 51 08;

8 Zi., behagliches, großes Holzhaus, gepflegte Zimmer.
Hostal Alemana (günstig), Av. Otto Übel 450, Tel. 32 51 18; 6 Zi., mitten im Ort; attraktive Holzvilla ganz in Weiß, umgeben von einem schönen Garten.

 Hostal Alemana (günstig), Av. Otto Übel 450, Tel. 32 51 18; sehr ordentliches Restaurant.
Café Rossbach (günstig), gegenüber der Teppichfabrik, hübsches Restaurant im imposanten Holzhaus.

 Fábrica de Alfombras; kleine Teppichfabrik aus den Anfängen der Kolonie, in der immer noch gearbeitet wird; Mo–Fr 8.30–12 u. 13.30–19 Uhr.

 Thermalbäder im Hotel Termas de Puyuhuapi; Tageskarte etwa 10 000 Pesos; Überfahrten 3x tägl., Tel. 32 51 03. Fahrt zur **Laguna San Rafael** mit dem Patagonia Express vom Hotel Termas de Puyuhuapi aus. www.patagonia-connec tion.com
Idyllisch wohnen im Parque Nacional Queulat: **Lodge Fjordo Queulat,** über Aisén Bridges Travel, Tel. in Coyhaique 067/23 33 02, lbridges@aisen.cl, www.aisen.cl.

Puerto Tranquilo

Lage: Hintere Umschlagkarte rechts C 26
Einwohner: 415

bei **Sernatur** in Coyhaique (s. S. 302).

Bootsausflug zu den ›Marmorkathedralen‹; Buchung in der Terra Luna Lodge in Puerto Guadal und in den Cabañas Shehen Aike in Puerto Ibáñez.

Puerto Varas

Vorwahl: 065
Lage: Hintere Umschlagkarte links B 21
Einwohner: 16 000

Información Turística, am Bootssteg; **Secretaria de Turismo,** San Francisco 411, Tel. 32 13 30, Fax 23 24 37.

Hotel Colonos del Sur (teuer), del Salvador 24, Tel. 23 33 69, Fax 23 20 80, treservas@colonosdelsur.cl; außen Alpenstil mit viel Holz, innen raffinierte Architektur mit viel Licht; trotz der Größe intime Wirkung; sehr hübsche Zimmer mit komfortablen Bädern; Lieblingshotel der US-Touristen.
Hotel Bellavista (teuer), Vicente Pérez Rosales 060, Tel. 23 20 11, Fax 23 20 19, hotelbellavista@entelchile.net, www.hotel-bellavista.com; 38 Zi., der Blick über See und auf den Osorno ist unschlagbar, das Hotel: ein wenig nüchterner Alpenlandstil.
Hotel Licayarén (moderat), San José 114, Tel. 23 23 05, Fax 23 29 55; 20 Zi., kleineres, gemütliches Haus direkt am See.
Hotel del Bosque (günstig), Santa Rosa 714, Tel. 23 28 97, Fax 23 60 00, travelsur@ travelsur.com; 20 Zi., oberhalb des Zentrums; ruhig, gepflegt, ansprechende Zimmer.
Hotel Outsider (günstig) San Bernardo 318, Tel./Fax 23 29 10, outsider@telsur.cl; 8 Zi., eines der hübschesten, guten Traveller-Hotels; klein, sehr warm und ausgeklügelt eingerichtet; sehr freundlicher Service.
Casa Azul (sehr preiswert), Manzanal 66, Tel. 23 29 04, casaazul@telsur.cl; 8 Zi., gemütliche, sehr freundliche Adresse für Backpackers, mit Garten und Küchenbenutzung.
Hostal Colores del Sur (sehr preiswert), Santa Rosa 318, Tel. 33 85 88; hier wohnt man nicht falsch; sehr freundliche Wirte, schönes Holzhaus; quirliges, internationales, junges (Sportler-)Publikum.

 Chamaca Inn (teuer), Del Salvador s/n, Tel. 23 28 76; eine der besten Adressen für Fischliebhaber.
Merlin (teuer), Imperial 0605, Tel. 23 31 05; betagte Holzvilla; junger, kreativer deutscher Koch; phantasievolle Fisch-und Fleischgerichte; schöne Bar; am Wochenende unbedingt reservieren!
Donde Gordito (moderat), San Bernardo s/n, im Marktgebäude (auch abends

zugänglich); kleines, hübsch eingerichtetes Restaurant mit familiärer Stimmung; empfehlenswerter curanto und große Auswahl an frischen Meeresfrüchten.

Campo Aventura Café (moderat), San Bernardo 318; Bistro-Café mit wechselnden Tagesgerichten, kleiner Garten; gutes Frühstück und Sandwiches, auch vegetarische Küche; beliebter Treffpunkt den ganzen Tag über, auch nett für Abendverabredungen.

Restaurant Mediterráneo (moderat), Santa Rosa 068 (Costanera) Tel. 23 72 68; Meeresfrüchte und Fisch beherrschen die Speisekarte. Nett.

Pims Pub, San Francisco 712; beliebter Tex-Mex-Schuppen.

Café Mamusia, San José/San Francisco; winzig und voll, eigene Trüffelherstellung.

Abends: Barometro, San Pedro 418, Tel. 23 63 71; zur Zeit beliebteste und beste Mischung aus Bar/Pub/Kneipe.

 Artesanías Claudio Caro, San Pedro 422, große Auswahl, recht fein und nicht billig.

Ausgesuchte Sachen bei **Artesanía Vicky Johnson,** Santa Rosa/del Saldavor.

Hippie-Märkte mit selbstgemachtem Kunstgewerbe an der Plaza.

Geldumtausch: Travelsur, San Pedro 451, Exchange, Del Salvador 257.

 Tagestouren nach Ensenada, zum Lago Todos Los Santos und nach La Burbuja auf dem Vulkan Osorno veranstalten viele Reiseagenturen, z. B. **Andina del Sud,** Del Salvador 243, Tel. 23 25 11.

Aqua Motion, San Francisco 328, Tel./Fax 23 59 38, info@aquamotion.cl, www.aquamotion.cl; außergewöhnliche Sportangebote, Trekking, Fahrradtouren zum Osorno, Rafting, Reitausflüge in die Anden, Spezialreisen zur Carretera Austral mit Parque Nacional Los Glaciares in Argentinien; zuverlässig, sicher und gut, deutsche Leitung.

Alsur Expediciones, Del Salvador 100, Tel. 23 23 00; interessantes Tourenangebot.

Campo Aventura, San Bernardo 318, Tel./ Fax 23 29 10, outsider@telsur.cl; sehr empfehlenswerte, gut geführte Reittouren

in die Anden oder auf den Spuren der Jesuiten an den Lago Todos Los Santos, Verknüpfungen mit Kayak-Touren.

Ko'KayaK, San José 320, Tel. 34 64 33, info@paddlechile.com; veranstaltet Rafting und Kanufahren auf dem Río Petrohue und Sea Kayaking im Lago Todos Los Santos, auch mehrtägig in Verbindung mit Trekking; Paddeln im Lago Llanquihue und im Reloncavi-Fjord; sprechen Englisch und Französisch.

Das **Kasino** wurde jetzt an der Costanera gegenüber dem Hotel Colonos del Sur installiert.

 Minibusse nach Puerto Montt (alle 20 Min.); verschiedene Haltestellen an der Hauptstraße del Salvador und an der San José.

Busse nach Llanquihue, Frutillar und Puerto Octay ab San José/San Bernardo (etwa alle 2 Std.).

Cruz del Sur, Portales/San Pedro, mehrmals tägl. Verbindungen über Puerto Montt zur Isla de Chiloé.

Terminal de Buses Varmontt, San Francisco s/n; Verbindungen nach Puerto Montt, Santiago (mehrmals tägl., nach Santiago gibt es auch eine Nachtfahrt).

Stadtbüro Lan Chile, Av. Gramado 560, Tel./Fax 23 47 99.

Puerto Williams

Vorwahl: 061
Lage: Hintere Umschlagkarte rechts, Ausschnitt
Einwohner: 3000

 Oficina de Turismo Municipal, Av. Pres. Ibañéz s/n, Tel. 61 10 13.

 Hostería Wala (günstig), Ruta al Aeropuerto, Tel. 62 11 14; 12 Zi., ein alteingesessenes Hotel mit Restaurantbetrieb; nur in der Sommersaison geöffnet.

Hostería Camblor (sehr preiswert), Via 2 s/n, Tel./Fax 62 10 33; 8 Zi., relativ neu, ordentliche Zimmer, freundlicher Service.

Hostal Refugio Coiron (sehr preiswert), Maragano 168, Tel. 62 11 50; 8 Zi., eine gemütliche Unterkunft mit Gemeinschaftsbädern und Küchenbenutzung, kommunikative Atmosphäre und sehr freundlicher und effektiver Service, eine Empfehlung.

🍴 Empfehlenswerte Restaurants in der **Hostería Wala** (s. o.) und bei Señora Flor, im Centro Comercial.

🏛 **Museo Martín Gusinde;** klein, aber gut: ethnologische Sammlung, Exponate zur Naturgeschichte, Daten zur Entdeckungsgeschichte; und die damals sensationellen Fotos des Breslauer Ethnologen Martin Gusinde, der die kultischen Feste der Selk'nam beschrieb; Apr.–Sept. Di–Fr 10–13 u. 15–18, Sa u. So 15–18 Uhr, Okt.–März Mo–Do 9–13 u. 15–18, Sa u. So 15–18 Uhr.

📖 **Parque Etnobiológico Omora,** ein Naturpark mit Wanderlehrpfaden.

Turismo Navarino, im Centro Comercial, Tel. 62 10 50; veranstaltet Exkursionen und bucht Flüge, z. B. zum Kap Hoorn (Cabo de Hornos).

Karanka Expeditions, Casilla 11, Tel. 62 11 27; vermittelt Exkursionen, Trekking, Reitausflüge und Angelausflüge.

SIM Adventures, Tel. 62 11 50, Fax 62 12 27, coiron@simltd.com, www.simltd.com; Veranstalter von Tagestouren, Trekkingprogrammen und Transporten, aber auch Aufsehen Erregendes wie beispielsweise Törns zum Kap Hoorn, Trekking über die Darwin-Kordillere und Bootsfahrten auf dem Beagle-Kanal und in die Antarktis, deutsch- und englischsprachig.

 Fährverbindung: Austral Broom, wöchentl. Verbindung mit Punta Arenas (Dauer: ca. 26 Std.), s. unter Punta Arenas.

Flugverbindung: DAP fliegt Di, Do (14.30 Uhr) u. Sa (18 Uhr) nach Punta Arenas; in der Hochsaison Vorausbuchung ratsam.

Punta Arenas

Vorwahl: 061
Lage: Hintere Umschlagkarte rechts, Ausschnitt
Stadtplan: S. 181
Einwohner: 115 000

ℹ️ **Sernatur,** Magallanes 960, Tel. 24 13 30, serna12a@entelchile.net; verfügen über viel Prospektmaterial. Informationskiosk: Av. Colón 700.

Conaf, Av. Bulnes 0309 Piso 4, Tel. 23 88 75, Fax 23 85 70.

🏨 **Hotel Cabo de Hornos** (sehr teuer), Plaza Muñoz Gamero 1025, Tel. 24 21 34, rescabo@panamericananhoteles.cl; 100 Zi., das einzige Fünf-Sterne-Hotel im Süden, neoklassizistischer Kasten, exklusiv aufgemacht.

Hotel José Nogueira (sehr teuer), Bories 959, Tel./Fax 24 88 40, nogueira@chile austral.com; 25 Zi., die exquisiteste Möglichkeit, zu wohnen: nicht renovierter, sondern restaurierter Stadtpalast der Sara Braun vom Beginn des 20. Jh.

Hotel Los Navegantes (teuer), José Menéndez 647, Tel. 24 46 77, Fax 24 75 45; 50 Zi., heimeliges, plüschiges, komfortables Hotel.

Hotel Tierra del Fuego (teuer–moderat), Av. Colón 716, Tel. 22 62 00, Fax 22 62 00; 61 Zi., relativ klein und fein, Stilmöbel; gutes Preis-Leistungs-Verhältnis.

Hotel Savoy (moderat), José Menéndez 1073, Tel./Fax 24 79 79; 32 Zi., frisch renoviertes, kleines, beliebtes Innenstadt-hotel.

Hotel Mercurio (moderat), Fagnano 595, Tel. 22 34 30; 13 Zi., frisch renoviert, gute Innenstadtlage auf dem Weg zum Mirador Santa Cruz.

Hostería !Ecole! Patagonia (günstig), O'Higgins 764, Tel. 24 10 79; 12 Zi., !Ecole! aus Pucón hat hier ihre Dependance aufgeschlagen. Nette Stimmung, warme Zimmer, kleine Bibliothek.

Dinka's House (sehr preiswert), Caupolican 169, Tel. 22 60 56; seit Jahren ein Dauerbrenner bei Rucksack-Reisenden, sauber und schlicht, gutes Preis-Leistungs-Verhältnis, Gemeinschaftsbäder.

La Pergola (teuer), im Hotel José Nogueira, Bories 959; zum Aperitif pflückt man sich die Trauben von den Weinranken der Pergola; stilvoller kann man nicht tafeln in Punta Arenas.

Sotito's Bar (teuer), O'Higgins 1138, Tel. 24 35 65; gemütlich-elegantes Restaurant mit den besten *centollas* und *ostiones* – sagt man; die Kenner bestellen sie naturell.

El Mercado (moderat), Mejicana 617, Tel. 24 74 15; bemalte Fenster, rustikales Ambiente, gutes Essen, vor allem Fisch, beliebt bei nordamerikanischen Touristen.

El Mesón del Calvo (moderat), Jorge Montt 687, Tel. 22 50 15; ist bekannt für sein Lamm am Spieß, hier sitzen die Fleischliebhaber richtig.

El Remezón (moderat), 21 de Mayo 1469, Tel. 24 10 29; man speist Lammbraten und Räucherlachs.

El Quijote (günstig), Lautarro Navarro 1087, Tel. 24 12 25; Mittagsgerichte wie krabbengefüllte Avocado und Eintöpfe, der Stil erinnert eher an ein Café als ein Restaurant.

Abends: Nómade, Mejicana 733, Tel. 24 08 93; Tex-Mex am Ende der Welt, Drinks und mexikanische Snacks.

La Taberna, im Club de la Unión des Hotel José Nogueira, Eingang an der Plaza Muñoz Gamero, Tel. 24 13 17; schöne, stilechte Bar im verwinkelten Kellergewölbe; gemütlich, gute Drinks und spanische *tablas.*

Diskothek: Labirinto, Pedro Montt 951.

 Museo Naval y Marítimo, Pedro Montt 981; Marinemuseum mit Modellschiffen, Exponate zur Geschichte der Yaghan und zur Entdeckung der Antarktis; Di–Sa 9.30–12.30 und 15–18 Uhr.

Museo Regional de Magallanes, Magallanes 949; Dokumentation der Entdeckungs- und Stadtgeschichte, Führung durch die Palastgemächer der Familie Braun/Menéndez; der Wohntrakt der Familie ist nur mit Führung zu besichtigen; Di–Fr 11–17, Sa u. So 11–14 Uhr.

Museo Salesiano Maggiorino Borgatello, Av. Bulnes 374; eines der lohnendsten Museen Chiles; Tierschau, Missions-Schau, ethnologische Sammlung, Fotos zur Entwicklung der Region; tägl. 10–12 u. 15–18 Uhr.

 Zona Franca; Freihandelszone; Mo–Sa 10–12.30 u. 15–20.30 Uhr.

Geldumtausch: Sur Cambios, Lautarro Navarro 1001, und bei Bus Sur, Colón/Magallanes.

Ausflugsfahrten zu den Inseln, Kanälen und den Glaciares Agostini und Marinelli: Barcaza Melinka, über Turismo Comapa (größter Veranstalter am Ort), Magallanes 990, Tel. 20 02 00. Darüber hinaus findet sich eine Vielzahl von weiteren Touranbietern, z. B. Coiron, Waldo Seguel 532, Tel. 22 18 21; Polos Sur, Chiloé 873, Tel. 24 31 73; Turismo Pehoe, José Menéndez 918, Tel. 24 45 06, Fax 24 80 52, vermittelt Touren auf dem ›Catamarán Campo de Hielo Sur‹ und weitere Schiffsausflüge. Attraktionen sind vier- bis siebentägige Schiffsreisen in die Antarktis, zu den Pinguinkolonien auf der Isla de Magdalena, in die Fjorde Feuerlands.

Navimag, Av. Independencia 830, Tel. 20 02 00, Fax 22 58 04, www.navimag.cl.

Einen zentralen Busbahnhof gibt es nicht.

Buses Austral, Pedro Montt 966, Tel. 24 44 75, 2x tägl. nach Puerto Natales.

Buses Fernández und **Buses El Pingüino,** Sanhueza 745, Tel. 24 16 84, 7x tägl. nach Puerto Natales.

Buses Ghisoni, Lautarro Navarro 971, Tel. 22 32 05.

Buses Pacheco, Colón 900, Tel. 24 21 74, 3x wöchentl. (Mo, Mi, Fr 7.15 Uhr) nach Río Grande/Argentinien.

Bus Sur, Colón/Magallanes, Tel. 24 44 64, 5x tägl. nach Puerto Natales; tägl. nach Osorno, Puerto Montt; Mo nach Coyhaique, Puerto Aisén.

Buses Turibus, Sanhueza 745, Tel. 22 79 70, 3x wöchentl. (Mo, Do, Sa 9.30 Uhr) nach Osorno, Puerto Montt, Ancud, Castro, Chonchi, Quellón, Concepción, Santiago.

TecniAustral, Lautarro Navarro 975, Tel. 22 20 78, fährt nach Argentinien (Río Grande, Ushuaia).
Autovermietung:
Große Auswahl: u. a. **Automóvil Club de Chile,** O'Higgins 931, Tel. 24 36 75; **Budget,** O'Higgins 964, Tel. 22 59 38; **Emsa,** Roca 1044, Tel. 24 11 82.

Fährverbindung: Austral Broom, Av. Bulnes/Costanera del Estrecho, Tel. 21 81 00, www.tabsa.cl; wöchentl. Verbindung nach Puerto Williams (Dauer: ca. 26 Std.).

Der **Flughafen Carlos Ibáñez del Campo** bildet das Sprungbrett nach Feuerland und in die Antarktis. DAP fliegt 3x wöchentl. (Mo, Mi, Fr 9.15 Uhr) nach Río Grande und Ushuaia in Argentinien, 6x wöchentl. nach Puerto Williams, 15x wöchentl. nach Porvenir; mehrmals tägl. Verbindungen mit Lan Chile und Ladeco nach Santiago über Puerto Montt, 1x wöchentl. nach Concepción.
Stadtbüros: Aerocontinente, Roca 1000, Tel. 22 03 92, Fax 22 04 03, Puerto Montt, Santiago.
DAP, O'Higgins 891, Tel. 22 33 40, www.aeroviasdap.cl. Nach Puerto Williams, Tierra del Fuego und Puerto Natales.
Lan Chile, Lautaro Navarro 999, Tel. 24 12 32, Fax 24 15 36.
Ladeco, Lautaro Navarro 999, Tel. 24 12 32.

Punta Choros

Lage: Vordere Umschlagkarte rechts B 11

Conaf-Station im Hafen von Punta Choros; mit einem kleinen, sehr interessanten Naturkundemuseum; jeder Besucher der Reserva Nacional Pingüino de Humboldt erhält einen kurzen Einführungsvortrag; an der Station Anmeldung zum Zelten.

Putre

Vorwahl: 058
Lage: Vordere Umschlagkarte links C 1
Einwohner: 2800

Información Turística, im Kiosk an der Plaza; unregelmäßig geöffnet.
Conaf, Verwaltungsbüro gegenüber dem Regimentsgelände; Auskunft über den Parque Nacional Lauca; tägl. 8–18.30 Uhr.
Difrol (Dirección de Fronteras y Límites), Carrera 350 (im Gebäude der Gobernación Provincial); wer Exkursionen und Bergbesteigungen in der Provinz Parinacota plant, muß sich hier anmelden.

Hostería Las Vicuñas (teuer), Bernardo O'Higgins s/n, Tel. 23 22 16; 103 Zi., große Bungalowanlage mit Kakteengärten, Bar und Speiseraum; gut ausgestattete Zimmer, eher nüchterne Atmosphäre.

Hostería Las Vicuñas (teuer), Bernardo O'Higgins s/n; regionale Küche.
Rosamel (moderat), an der Plaza; recht einfache, schmackhafte Menüs, Eintöpfe; nicht billig.

Buses La Paloma, Buses Cooper Putre und **Taxi Colectivo Jurasi** fahren nach Arica; **Buses Humire** fahren nach Visviri und Bolivien (Di u. Fr).

Quellón

Vorwahl: 065
Lage: Hintere Umschlagkarte links B 23
Einwohner: 7500

Hostería Quellón (günstig), Av. Pedro Montt 369, Tel. 68 12 50, Fax 68 13 10; 20 Zi., Holzvilla an der Costanera, freundlicher Service, gemütlich eingerichtet.
Hotel La Pincoya (günstig), La Paz 064, Tel. 68 12 85; 14 Zi., die preiswerte Alternative, nicht ganz so komfortabel.
Mehrere preiswerte *residenciales* an der Calle Pedro Montt.

Los Suizos (moderat), Ladrilleros 399, Tel. 68 17 87; ganz gemütlich, hier gibt's auch Pasta und Schweizer Rezepte, nicht ganz originalgetreu.

El Fogón (günstig), Pedro Montt, Tel. 68 12 50; gegrillte *centollas*.

Hotel El Leo Chico (günstig), Pedro Montt 325, Tel. 68 15 67; das Restaurant des kleinen und netten Hotels serviert sehr schmackhafte Gerichte zu guten Preisen.

El Coral (günstig), 22 de Mayo 215, Tel. 68 16 51; schlichtes Ambiente, aber gute chilotische Rezepte.

In den rustikalen **Garküchen** an der Costanera Pedro Montt werden mittags leckere Meeresfrüchte zubereitet.

 Museo Municipal, Gómez García/ Santos Vargas; hier wird die Stadtgeschichte aufgeblättert, viele Fotos; Mo–Fr 8.30–13 u. 14.30–18.30 Uhr.

Museo Inchin Cuivi Ant, Ladrilleros 225; Exponate zur Kultur der Huiliche, der Mapuchegruppe, die sich auf Chiloé niederließ; tägl. 10–20 Uhr.

 **Feria Artesanal Llauquil,** Gómez García; Kunstgewerbestände mit Holzschnitzereien, Strickwaren und Körben.

Mehrmals tägl. **Busverbindungen** nach Castro und Ancud.

Fähren nach Chaitén und Puerto Chacabuco; wöchentl. Abfahrten, während der Sommermonate 3x wöchentl.; oft ausgebucht, vorherige Reservierung ratsam!

Büros der Fährgesellschaften:

Alejandrina (Quellón–Puerto Chacabuco); in Santiago, El Bosque Norte 0440, Tel. 02/203 50 30, Fax 203 50 25; in Puerto Montt, Angelmó 2187, Tel. 065/25 37 54, Fax 25 85 40; in Coyhaique, Presidente Ibáñez 347, Tel. 067/23 33 06, Fax 23 33 86.

Transmarchilay (Quellón–Chaitén); in Santiago, Av. Providencia 2653, Local 24, Tel. 02/2 34 14 64, Fax 2 34 48 99; in Puerto Montt, Angelmó 2187, Tel. 065/27 04 20, Fax 27 04 30; www.transmarchilay.cl.

Navimag, Pedro Montt 457, Tel. 68 22 07, Fax 68 26 01, www.navimag.cl.

Rapa nui

s. Osterinsel

Reñaca

Vorwahl: 032
Lage und Einwohner: s. Viña del Mar

 **Hotel Oceanic** (teuer), Av. Borgoño 12925, Tel. 83 00 06, Fax 83 03 90; 34 Zi., südlich von Reñaca attraktiv über dem Klippenstrand gelegenes, schönes Hotel mit dem Spitzenrestaurant ›Rendezvous‹.

 Rendezvous (teuer), s. Hotel Oceanic.

Cuca Beach (moderat), Ignacio Carrera Pinto 176, Tel. 83 62 87; hier treffen sich die Liebhaber von Fleisch und Grillgerichten.

Los Pomairinos (moderat), Borgoño 14890, Tel. 83 30 59; typische chilenische Küche und viele Fisch- und Meeresfrüchte-Zubereitungen.

Abends: Es gibt Bars und Kneipen in der Calle Central und in der Av. Borgoño.

San Miguel de Azapa

Lage: Vordere Umschlagkarte links C 2
Einwohner: 830

Museo Arqueológico San Miguel de Azapa; hochinteressante Exponate zur indianischen Geschichte in einem recht kleinen, aber schön gemachten Museum; tägl. 10–18 Uhr, Jan./Feb. tägl. 9–20 Uhr.

San Pedro de Atacama

Vorwahl: 055
Lage: Vordere Umschlagkarte links D 5
Einwohner: 1000

Información Turística, Toconao/ Padre Le Paige, an der Plaza; Auskünfte auch in der Municipalidad an der Plaza, z. B. nach Straßenzuständen.

Hotel Explora Larache (sehr teuer), Toconao s/n, in Santiago 02/206 60 60; 50 Zi., liegt abgeschottet außerhalb von San Pedro; die Gäste finden es schön, die Bewohner von San Pedro vermutlich nicht: Die raffinierte Luxusherberge am Rande der trockensten Wüste der Welt hat vier Swimmingpool; nur in Packages buchbar, viele deutsche Reiseveranstalter bieten es an.

Hotel Terrantai (teuer), Tocopilla 19, Tel. 85 10 45, Fax 85 10 37; 14 Zi., Purismus auf Atacameño-Art: Glas, rohe Steine, Platten und Holz vereinen sich zu einer architektonischen Askese, die Ruhe und Archaik ausstrahlt; freundliches Haus mit gutem Service; Veranstaltung von Touren.

Hotel Tulor (teuer), Domingo Atienza s/n, Tel./Fax 85 10 27; 9 Zi., auch hier versucht man, die Architektur der Gegend anzupassen: rote Lehmwände, die kühl halten, aber moderne Bäder; recht kleine Zimmer; großes, interessantes offenes Restaurant mit kreisrunder Bar.

Hotel Altiplánico (moderat), Domingo Atienza 282, Tel. 85 12 12, Fax 85 12 38, www.altiplanico.cl, contacto@altiplanico.cl; Anlage aus verschiedenen Bungalows am Ortsende; die Zimmer haben Terrasse, Naturmaterialien: Holz, Stroh, Lehm, bis zu den Bettsockeln.

Hotel Kimal (moderat), Domingo Atienza s/n, Tel./Fax 85 10 30; 14 Zi., der Stil entstammt der Landschaft: rote Lehmwände, Ladrillo-Fußboden, sparsam eingesetztes Kunsthandwerk; kühl und schlicht.

Hostería San Pedro de Atacama (moderat), Solcor 370, Tel. 85 10 11; 42 Zi., das Traditionshaus am Ort; kleiner Swimmingpool, Garten, großes, luftiges Restaurant; die Zimmer sind eher bescheiden.

Residencial Andacollo (günstig), Tocopilla s/n, Tel. 85 10 06; 12 Zi., von Rucksackreisenden als angenehme, saubere, ruhige Adresse empfohlen.

Residencial Casa Gorvatsch (sehr preiswert), Le Paige 178, Tel. 85 11 01, corvatsch@sanpedroatacama.cl; eine Schweizerin hat die Casa vor Jahren eröffnet: geräumige Zimmer, Garten; Organisation von Ausflügen.

Residencial Katarpe (sehr preiswert), Domingo Atienza s/n, Tel. 85 10 17; 10 einfache, aber funktionelle und blitzsaubere Zimmer in Bungalows; kleines Frühstücks-restaurant, ausgesprochen freundlich; eine der wenigen Unterkünfte, die einem Bewohner des Ortes gehören.

Residencial und Camping Takha Takha (sehr preiswert), Caracoles s/n, Tel. 85 10 38; ähnliche Tradition wie die Hostería; 8 saubere, schlichte Zimmer; schöner, großer Malvengarten; kleiner Campingplatz.

Residencial Rayco (günstig–sehr preiswert), Antofagasta s/n, Tel. 85 10 08; 14 Zimmer mit unterschiedlichem Zuschnitt; Gemeinschaftsbad oder eigenes Bad stehen je nach Reisebudget zur Wahl.

La Casona (moderat), Caracoles 195, Tel. 85 10 05; im typischen Adobe-Stil von San Pedro eingerichtet, Feuerstelle in der Mitte; chilenische Küche, auch Drinks.

La Estaka (moderat), Caracoles s/n, Tel. 85 11 20; die vielen Nachahmer des Estaka können das Original nicht übertrumpfen; im dunklen Lehmsaal speist man an langen, kommunikationsfördernden Tischen bei Kerzenlicht; auch vegetarische Menüs; Atmosphäre leicht flippig-szenig, auch als Café und Treffpunkt sehr schön zu jeder Tageszeit.

Paacha (moderat), Hotel Kimal, Domingo Atienza s/n; im indianischen Stil errichtet, man sitzt nett; die Speisekarte kennt keine Extravaganzen.

Restaurant Juanita (günstig), an der Plaza, Tel. 85 10 39; der Klassiker von San Pedro aus der Zeit, als es noch keine Reisetouren zu den Tatio-Geysiren gab, nur eine ungefähre Wegbeschreibung für den mutigen Einzelgänger. Ordentliche Menüs zu kleinen Preisen, hübscher Garten. Um die Mittagszeit recht voll. Die dazu gehörige Pension ist spartanisch.

Café Étnico, Tocopilla 423, Tel. 85 13 77; klein und rustikal, hat Internet.

Todo natural, Caracoles s/n; das winzige Café ist immer voll, weil die Wirtin ihre Vollkornbrötchen nur auf Bestellung backt; selbstgemachter Joghurt, Müsli, frische Säfte, Obstsalat; alles schön teuer.

Museo Arqueológico Padre Le Paige, Calle Padre Le Paige; eines der besten Museen Chiles: übersichtlich, didaktisch aussagekräftig, sehr interessante Exponate; tägl. 9–12 u. 14–18 Uhr, Jan./Feb. tägl. 10–13 u. 15–19 Uhr.

 Feria Artesanal neben der Municipalidad in einer überdachten Passage; Strickwaren, Ponchos, Hüte, bestickte Westen und Taschen, Rucksäcke, Schmuck, Figuren.
Mehrere Läden mit Kunstgewerbe: **Galería La Mono Arte,** Caracoles 101; **Mallku,** Caracoles 190.
Geldumtausch: Casa de Cambio, Toconao s/n.

 Zahlreiche organisierte **Ausflüge** in die nähere und weitere Umgebung. Der Standard für den Erstbesuch sind die Tatio-Geysire, das Valle de la Luna und der Salar de Atacama mit seinen Flamingo-Kolonien; weitere Angebote: Besuch der *pukara* von Quitor, zur Ausgrabungsstätte von Tulor; wunderschöne Ausflüge in den *altiplano* zu hochgelegenen Lagunen, auch verbunden mit mehrtägigen Exkursionen nach Bolivien zum Salar de Uyuni. In mehreren der kleinen Reisebüros kann man Fahrräder mieten, es gibt Trekking und Pferdetouren. Azimut z. B., Caracoles s/n, Tel. 85 14 69, base-spa@netline.cl, veranstaltet neben dem Standardprogramm hochinteressante 12-Tages-Trekkings, die man auch portionieren kann.
Veranstalter: Die zahlreichen Agenturen stehen im harten Wettkampf. Die weitgehend synchronisierten Programme mildern das etwas. Desert Adventure, Caracoles/Tocopilla, Tel. 85 10 67, www.desertadventure.cl, gehört zu den Alt-Eingesessenen. Gelobt werden die Exkursionen, die das Hotel Terrantai anbietet. Turismo Colque sind die einzigen, die die Tagestour zur Laguna Verde nach Bolivien anbieten (Caracoles s/n, Tel. 85 11 11). Für außergewöhnliche Trekkingprogramme und Vulkanbesteigungen von Lascar und Licancabur ist Azimut 360 (Tel. in Santiago 02/235 15 19, s. S. 342) zu empfehlen, weil sie über eine ausgezeichnete Logistik und ebensolche Begleiter verfügen. Sprechen Französisch und Englisch und arbeiten in Deutschland mit Hauser zusammen.

 Buses Frontera, Licancabur s/n; Busverbindungen nach Calama (5x tägl.), Minibusse nach Toconao.
Wer über die Pasos Sico oder Jama nach Argentinien reisen will, erkundigt sich besser in Calama!

Santiago

Vorwahl: 02
Lage: Vordere Umschlagkarte rechts C 14
Stadtplan: S. 72/73
Einwohner: 6 Mio.

 Sernatur, Av. Providencia 1550, Tel. 731 83 86, Fax 731 83 37; umfangreiches Prospektmaterial, auch auf Deutsch und Englisch. www.sernatur.cl, info@sernatur.cl.
Conaf-Zentrale, Av. Bulnes 259, Tel. 390 02 82; hilfsbereit und mit viel Material ausgestattet; man sollte sich Info-Blätter und Karten hier geben lassen, da sie in den Filialen (z. B. auf der Osterinsel) manchmal knapp sind; www.conaf.cl.

 Hotel Carrera (sehr teuer), Teatinos 180, Tel. 698 20 11, Fax 672 10 83; 307 Zi., reiner Art-déco-Prunk im Zentrum; elegantes Traditionshaus mit allem Komfort; verschiedene Restaurants, Bars, Fitneßcenter, Swimmingpools, Ladengalerien.
Plaza San Francisco Kempinksi (sehr teuer), Av. O'Higgins 136, Tel. 6 39 38 32, Fax 639 78 26; 156 Zi., an der Iglesia San Francisco, zentral; ausgewählt diskreter, anheimelnder britischer Antiquitäten-Stil, zuvorkommendes Personal.
Hotel Conquistador (sehr teuer), Miguel Cruchaga 920, Tel./Fax 696 55 99; 100 Zi., zeitlos-elegant eingerichtet, zentral gelegen; die Zimmer sind nicht gerade groß.
Hotel Diego de Velázquez (sehr teuer), Diego de Velázquez 2141, Tel./Fax 234 44 00; 70 Zi., in Providencia; angenehme, komfortable Ausstattung, guter Service.
Hotel Fundador (sehr teuer), Serrano 34, Tel./Fax 387 12 00, hotelfundador@hotelfundador.cl; 150 Zi., im Barrio París-Londres gelegen, großzügig geschnitten; reprä-

sentativ, leicht plüschig mit Antiquitäten.

Sheraton Santiago (sehr teuer), Av. Santa María 1742, Tel. 70 71 00; 250 Zi., liegt sehr schön am Río Mapocho zwischen altem Zentrum und Providencia; großzügig geschnittene Zimmer, bester Komfort.

Hotel del Parque (teuer), Merced 294, Tel. 639 26 94, Fax 639 27 54; 30 Zi., gepflegtes, etwas nüchternes, modernes Hotel in der Nähe des Parque Forestal und der Plaza Mulato Gil; ansprechend eingerichtete Zimmer mit großen Bädern; trotz der zentralen Lage relativ ruhig.

Hotel Orly (teuer), Pedro de Valdivia 027, Tel. 231 89 47, Fax 252 00 51; 18 Zi., in Providencia; hübsches, intimes Haus, sommerlich eingerichtet.

Hotel Principado de Asturias (teuer), Ramon Carnicer 21, Tel. 222 70 22, Fax 222 31 58, www.hotelesprincipado.com; 88 Zi, liegt zwischen Plaza Italia und Cerro Santa Lucía, viel Mahagoni und Glas, klassisches Zimmer-Design.

Hotel Atton (moderat), Alonso de Córdova 5199 (Las Condes), Tel. 422 79 00, Fax 422 79 01, reservas@atton.cl, www.atton.cl; 211 Zi., geräumige, zeitlos-elegante Zimmer, ansonsten recht kühl und business-like.

Hotel City (moderat), Compañía 1063, Tel. 695 45 26, Fax 695 67 75; 26 Zi., praktisch, weil es so zentral liegt und einen eigenen Parkplatz anbieten kann.

Hotel Majestic (moderat), Santo Domingo 1526, Tel. 695 83 66, Fax 697 40 51, www.hotelmajestic.cl; 50 Zi., der sanft arabisch-indische Stil verblüfft, luftig gebaut; angenehm, geräumige Zimmer, sehr sauber; und ein indisches Restaurant.

Hotel Montebianco (moderat), Isidora Goyenechea 2911, Tel. 233 04 72, Fax 233 04 20; 33 Zi., liegt in der parkähnlichen Zone von Las Condes; hübsche Zimmer im Chippendale-Stil.

Hotel Principado (moderat), Vicuña Mackenna 30 (Providencia), Tel. 222 81 42, Fax 222 60 65, hotelesprincipado@hotelesprincipado.com; 45 Zi, alles in Creme und Rot gehalten, gemütliche Zimmer.

Hotel Santa Lucía (moderat), Huérfanos 779, Tel. 639 82 01, Fax 633 18 44;

100 Zi., nichts Raffiniertes, aber ein ordentliches Haus mit angenehm eingerichteten Zimmern mitten in der Innenstadt.

Hotel Vegas (moderat–günstig), Londres 49, Tel./Fax 6 32 24 98; 20 Zi., zentral bei der Iglesia San Francisco; exquisites Preis-Leistungs-Verhältnis, sehr freundlicher Service; gemütliche Zimmer in einer typischen París-Londres-Villa.

Hostal Kolping (günstig), Ricardo Cumming 102, Tel. 699 11 92; eine empfehlenswerte Adresse im Barrio Brasil.

Hostal Río Amazonas (günstig), Rosas 2234, Tel. 698 40 92; 8 Zi, im aufstrebenden Trend-Viertel Barrio Brasil in einem Patiohaus aus dem 19. Jh. untergebracht; informiert über Touren, kleine Reise-Bibliothek, kommunikative Atmosphäre.

Hotel París (günstig–sehr preiswert), París 813, Tel. 639 40 37; 18 Zi., eine Italienerin führt dieses beliebte Traveller-Hotel mit kommunikativer Atmosphäre, Zimmer z.T. klein und laut, nach den besseren und teureren fragen.

La Casa Roja (sehr preiswert), Agustinas 2113, Tel. 696 42 41, info@lacasaroja.tie.cl; aus Großbürgervilla wird schönes, unkonventionelles Hostal im Barrio Brasil; zwei Patios, Küchenbenutzung, gutes Frühstück, auch Mehrbettzimmer, Internetcafé.

Residencial Londres (sehr preiswert), Londres 32, Tel./Fax 638 22 15; 15 Zi., ebenfalls in einer Villa, Zimmer unterschiedlich geschnitten, beliebter und ausgezeichneter Traditions-Treffpunkt internationaler Backpacker, die dort ihre Reiseführer zurücklassen; kann man leider nicht reservieren.

Residencial Eliana (sehr preiswert), Grajales 2013, Tel. 672 61 00;

Residencial Gloria (sehr preiswert), Latorre 449, Tel. 698 83 15;

Residencial Vicky (sehr preiswert), Moneda 2055, Tel. 696 07 87; alle drei einfache, jugendherbergsähnliche residenciales mit Kochmöglichkeit und Verpflegung.

Aqui esta Cocó (teuer), La Concepción 236, Tel. 235 86 49; das elegante Restaurant hängt voller Fischernetze, an den Wänden Weinregale, lustig sitzt und speist man im Weinkeller; vorzügliche

Meeresfrüchte und entsprechende Weinauswahl, So geschl. Providencia.

Balthasar (teuer), Las Condes 10690, Tel. 215 10 90; internationale und chilenische Küche in einem ländlich-eleganten Ambiente; alles frisch – ein wenig Paul Bocuse auf chilenisch – mit guter Weinauswahl; es herrscht eine lockere, lebhafte Atmosphäre. Las Condes.

Hereford Grill (teuer), Av. El Bosque Norte (Las Condes), Tel. 231 91 17; Tenderini 171 (Zentrum); exklusive Steakrestaurants mit britisch-dezentem Styling.

Isla Negra (teuer), Bosque Norte 0325, Las Condes, Tel. 231 31 18 ; eine Galionsfigur schwebt über der Bar in Schiffsform: Die Einrichtung will an das Haus von Pablo Neruda erinnern, und das passende Essen dazu ist richtig chilenisch, vom feinen Fisch bis zum deftigen Lammfrikassee.

Azul Profundo (moderat), Constitución 111, Tel. 738 02 88; ausgesprochen originelle Mischung aus In-Style-Bar und anspruchsvollem Fischrestaurant, Pablo Neruda und Francisco Coloane gewidmet; die Dekoration ist halb Hafenspelunke, halb Dichtercafé. Bellavista.

El Chachachá (moderat), Av. Ricardo Cumming 536, Tel. 699 43 60; auch in Santiago prickelt das Kuba/Salsa-Fieber. Kubanisches Restaurant im In-Viertel Barrio Brasil.

Solar de Sancho Pansa (moderat), Cañas 982, Tel. 225 14 13; neben dem ›Terraza‹ und dem ›Café Las Lanzas‹ an dem In-Platz Plaza Nuñoa eine frische Adresse für spanische Küche.

Camino Real (moderat), Parque Metropolitano, Cerro San Cristóbal, Station Tupahue, Tel. 232 17 58; elegantes Spitzenrestaurant mit internationaler Küche in wunderschöner Panoramalage.

Centre Catalá (moderat), Av. Suecia 428, Tel. 233 22 20; hier wird traditionelle katalanische Küche serviert wie beispielsweise Stockfischeintopf. Providencia.

Chez Henry (moderat), Portal Concha, Plaza de Armas, Tel. 696 66 12; Feinkostgeschäft mit zwei angeschlossenen Restaurants, chilenische Standardküche, ein bißchen altmodisch-steif, aber ein Unikat.

Da Carla (moderat), Mc Iver 577, Tel. 633 52 01; sie ist der Klassiker unter den italienischen Restaurants, bodenständige und feine Küche, in der Innenstadt.

Eladio (moderat), gibt es gleich dreimal: Pío Nono 241 (Bellavista), Tel. 777 33 37; Av. 11 de Septiembre 2250 (Providencia), Tel. 231 42 24; Av. Ossa 2234 (La Reina) Tel. 277 06 61; das Publikum variiert, das Essen ist immer das gleiche; ein wirklich guter Tip für große Fleischportionen zu moderaten Preisen, sehr beliebt. So geschl.

El Otro Sitio (moderat), Antonia López de Bello 125, Tel. 777 30 95; die üppige Pflanzendekoration ruft sommerliche Stimmung hervor; hübsches, sympathisches Patio-Restaurant mit peruanischen Spezialitäten, nicht billig. Bellavista.

La Sarita Colonia (moderat), Dardignac 50, Tel. 737 02 42; hier gibts Sushi und peruanische Küche in einer Mischung aus Bar und Restaurant. Ebenfalls in Bellavista.

R. (Erre punto) (moderat), Lastarría 297, Tel. 664 98 44; Restaurant und Bar unter einem Dach im selben Styling; gartenhaft, sommerlich; peruanische Küche.

Tasca Mediterránea (moderat), Purísima 161, Tel. 737 15 42; zwei spanische *tascas* nebeneinander, eine ähnelt einem Café mit ausliegenden Zeitungen, die andere hat Restaurantbetrieb; empfehlenswerte *tablas*, nicht billig; ein Modeplatz, auch für spätabends. Bellavista.

La Divina Comida (moderat), Antonia López de Bello 93, Tel. 737 23 00; wer Pasta ißt, bekommt ein Lätzchen; beste italienische Küche in einer soliden Trattoria, aufmerksamer Service. Bellavista.

La Pergola de la Plaza (moderat), Plaza del Mulato Gil de Castro, Tel. 639 36 04; Pisco Sour und Bistro-Küche; recht klein, hübsch zum Draußensitzen unter Sonnenschirmen.

La Terraza (moderat), Washington 58, Plaza Nuñoa, Tel. 223 39 87; internationale Bistro-Kost, Lieblingsbar der Intellektuellen und Filmschaffenden; zum Draußensitzen.

Les Assassins (moderat), Merced 297, Tel. 638 42 80; winziges, sehr nettes französisches Restaurant.

Mercado Central (günstig); bis 15.30 Uhr kann man hier in verschiedenen offenen Restaurants vorzüglich und deftig chilenisch speisen, z. B. im La Joya del Pacifico oder im Donde Augusto; beliebt sind rohe Seeigel und Eintopf aus Meeresfrüchten *(paila marina)*.

Charra de Oro (moderat–günstig), Ricardo Cumming 342, Tel. 697 26 95; für alle, die die mexikanische Küche lieben.

El Puente de Chacabuca (günstig), Brasil 72, Tel. 696 79 62; eine neue Adresse für peruanische Küche, diesmal im Barrio Brasil.

El Viejo Verde (günstig), Antonia López de Bello 0110, Tel. 735 07 55; eines der wenigen vegetarischen Restaurants neben den *food parlours* in der Innenstadt. Bellavista.

Étniko (günstig), Constitución 172, Tel. 732 01 19; bunte Gestaltung in der Architektur und auch bei den Rezepten. So geschl. Bellavista.

Las Vacas Gordas (günstig), Cienfuegos 280, Tel. 697 10 66; preiswerte Pizza und üppige parilla, serviert im Barrio Brasil.

El Biógrafo (günstig), Villavivencio/Lastarría, Tel. 639 95 32; kleine, zweigeschossige, laute, volle, sehr nette In-Kneipe und Bar seit 20 Jahren; beste Sandwiches und spanische *tablas;* intellektuelles Publikum.

El Caramaño (günstig), Purísima 257, Tel. 737 70 43; der Besitzer gründete es 1983 als eine Art *speakeasy* auf chilenisch unter der Pinochet-Diktatur, auch heute noch muss man anklopfen; geschickt geteilte Räume mit Flohmarktmobiliar; bodenständige, empfehlenswerte Küche; oft voll. Mo geschl. Bellavista.

Geo Pub (günstig), Encomenderos 83, Tel. 233 66 75; gelungene Mischung aus Traveller-Bar und gutem Restaurant, in dem die Bistro-Küche dominiert; Salate und Crêpes. Providencia.

Cafés:

Au bon Pain, mehrere Filialen auf der Av. Providencia; die Cafés sind schlicht im Eiscaféstil eingerichtet, die Auswahl an Backwaren und frischgepreßten Säften ist vielfältig.

Café Caribe, mehrere Filialen im Zentrum, z. B. im Paseo Ahumada; große, seriös gemachte Stehcafés mit Bedienungen in den knappsten Minis Santiagos.

Café Colonia, Mac Iver 161; hier kauft tout Santiago Geburtstagstorten, weil sie deutsche Qualität haben sollen; im altmodischen, gemütlichen ›Café Köln‹ ist die Angebotspalette groß.

Café Haití, Paseo Ahumada; Konkurrenz zum Caribe in exakt demselben Stil.

Café Paula, mehrere Filialen im Zentrum (z. B. Paseo Ahumada); hochgetürmte Sahnetorten, guter Capuccino und Sandwiches in den bekanntesten Cafes der Stadt; schlicht eingerichtet und klein.

Café Tavelli, Av. de Fuenzalida 34 (Providencia); sehr beliebtes Café auch zum Draußensitzen; hat es zu literarischem Ruhm gebracht.

Café Viena Royal, Av. Apoquindo 3038; Wiener-Kaffeehaus-Plüsch-Imitat; es gibt sogar Sachertorte und vegetarische Sandwiches.

Confitería Las Torres, Alameda 1570; stilechtes Café und Bar im echten Fin-de-Siècle-Ambiente, manchmal abends Tango.

Eiscafé Coppelia; mehrere Filialen der hochgelobten Eiscafés in Providencia, z. B. Av. 11 de Septiembre 2155, Manuel Montt 2517, Av. Providencia 2209, Av. Coyancura 2265.

Die bekanntesten und am meisten frequentierten Ausgehviertel sind der Barrio Bellavista und die Straßen Suecia und Gral. Holley in Providencia. Trifft man in **Bellavista** alles vom französischen Restaurant und der Salsa-Diskothek bis zur spanischen *tasca* und dem Undergroundschuppen, ist das Angebot in **Providencia** stromlinienförmiger auf international gestylte Restaurants und Pubs zugeschnitten. Im Kommen ist der Barrio Brasil (z. B. ›Baroco‹), sehr beliebt die Plaza Nuñoa. Ein Oldtimer unter all den neuen, jungen Bars: El Biógrafo (s. o.) mit Programmkino.

Tantra Lounge, Ernesto Pinto Lagarigue 154; was zur Zeit überall angesagt ist: Indian Vibes und Tekkno, Chill-out-Rooms im 2. Stock.

Étniko, Constitucion, zur Zeit angesagte Tekkno-Disco und Bar, auch Restaurant.
Liguria, Providencia 1373, Tel. 235 79 14; klassische Bar, die bis in die frühen Morgenstunden geöffnet ist und man auch Gutes zu essen bekommt.
La Habana Vieja, Tarapacá 755, Tel. 638 52 84. Eine gelungene Mischung aus Disko, Live-Musik-Bühne, Bar und Restaurant, alles schön kubanisch! In der Innenstadt.

 La Chascona, Márquez de la Plata 0192, Tel. 7 77 87 41; das originelle Stadthaus von Pablo Neruda; Führung obligatorisch, Aug.–Mai tägl. außer Mo 10–13 u. 15–18 Uhr, Juni/Juli tägl. außer Mo 10–13 u. 14.30–17.30 Uhr.
Iglesia San Francisco, Londres 4; Messen 8, 10, 12 u. 19.30 Uhr, So 9, 10, 11, 12, 13 u. 19.30 Uhr.
Kathedrale, Plaza de Armas; Ehrfurcht heischender, prächtiger Bau, mit einer Fassade von Joaquín Toesca; Messen Mo–Sa 11, 12.30 u. 19, So 10, 11 u. 12 Uhr.
La Moneda, Plaza del la Constitución; Regierungspalast und ehemalige Münze; Besichtigung der Innenhöfe komplikationslos möglich. Führungen jeweils am letzten Sonntag im Monat von 9–13 Uhr, oder vorherige telefonische Anmeldung Tel. 69 00 40 00.
Museo Arqueológico, Plaza del Mulato Gil de Castro, Tel. 6 38 35 02; relativ kleines, gut gemachtes Museum zur indianischen Vorgeschichte Chiles; Mo–Fr 10–14 u. 15.30–18.30, Sa 10–14 Uhr (z. Zt. geschl.).
Museo de Arte Colonial y Convento San Francisco, Londres 4; ausführliche Präsentation wertvoller Sakralkunst; Di–Sa 10–14 u. 15–18, So 15–18 Uhr.
Museo de Arte Precolombino, Bandera 361, Tel. 695 38 51; attraktives Museum zur präkolumbischen Kunst aus Mexiko, Peru, Bolivien und natürlich Chile; Di–Sa 10–18, So 10–14 Uhr.
Museo Artequín, Quinta Normal; didaktisches Kunstmuseum für Kinder im Ex-Weltausstellungs-Pavillon Paris; Di–Fr 9–17, Sa u. So 11–18 Uhr. Auch Workshops.
Museo de Arte Popular Americano, Compañía 2691; Schau zeitgenössischen

lateinamerikanischen Kunsthandwerkes. Mo–Fr 9–17 Uhr.
Museo de Arte Visuales, Jose V. Lastarria 307, Tel. 664 93 37, Fax 638 39 75, www.mavi.cl; einen Überblick über zeitgenössische chilenische Kunst erhält man in diesem Privatmuseum mit 650 Kunstwerken; Di–So 11.30–19.30 Uhr.
Museo de Ciencia y Tecnología, Parque Quinta Normal, Tel. 680 46 00; Wissenschafts- und Technikmuseum; Di–Fr 10–17.30, Sa u. So 11–19 Uhr.
Museo de la Ciudad, Casa Colorada, Merced 860, Tel. 633 07 23; anschaulich aufgebautes Museum zur Stadtgeschichte von Santiago mit Schauvitrinen; Di–Fr 10–18, Sa 10–17, So 11–14 Uhr.
Museo de Fauna Menor, Parque O'Higgins, Tel. 681 75 42; Sammlungen von Insekten und Reptilien; tägl. 10–19 Uhr.
Museo Histórico Nacional, Palacio de la Real Audiencia, Plaza de Armas 951, Tel. 638 14 11; das zweigeschossige Kolonialgebäude ist ein passender Rahmen für die Exponate zur Nationalgeschichte; Di–Sa 10–17.30, So 10–14 Uhr.
Museo del Huaso, Parque O'Higgins; Tel. 556 19 27; kleines, dem chilenischen Cowboy (huaso) gewidmetes Volkskundemuseum; Mo–Fr 10–17, Sa u. So 10–14 Uhr.
Museo de Insectos y Caracoles, Parque O'Higgins, Tel. 556 56 60; Insekten, Muscheln, Schnecken und Reptilien; tägl. 10–20 Uhr.
Museo Nacional de Historia Natural, Parque Quinta Normal, Tel. 681 40 95; ausführliche Schau zu allen 14 Regionen des Landes; Di–Sa 10–17.30, So 11–18.30 Uhr.
Museo Salvador Allende, Herrera 360, Tel. 681 75 42; kleines Museum zu Ehren des sozialistischen Experiments von Salvador Allende, Exponate zeitgenössischer Kunst, Donationen, Mo–Fr 11–19 Uhr.
Palacio de Bellas Artes, Parque Forestal s/n, Tel. 633 06 55; Museum der Schönen Künste und der Zeitgenössischen Kunst; Di–So 11–19 Uhr.
Palacio Cousiño, Dieciocho 438, Tel. 698 50 63; die gesamte kostbare Innenausstat-

tung des Fin-de-Siècle-Palastes importierte Isidora Goyenechea aus Europa; Di–Fr 9.30–13.30 u. 14.30–17, Sa u. So 9.30–13.30; zweisprachige Führungen.
Posada del Corregidor, Esmeralda 749; eines der wenigen erhaltenen Gebäude aus der frühen Kolonialzeit, heute Kunstgalerie.

 Teatro Municipal, San Antonio 149, Tel. 463 10 00; Gastspielbühne, das Programm ist gemischt.
Teatro Oriente, Av. Pedro de Valdivia zw. Providencia und Costanera, Tel. 251 53 21; Beethoven-Zyklen mit internationalen Musikern.

Es gibt viele verschiedene Aufführungsstätten für das spannende zeitgenössische Theater Chiles: La Arena, Teatro Universidad Católica (Plaza Nuñoa), Estación Mapocho, El Conventillo, Centro Cultural Montecarmelo, Teatro San Ginés, Teatro Bellavista, La Comedia (alle in Bellavista), Museo de Arte Contemporáneo im Parque Forestal, Galpón, Chucre Mazur 7, Goethe-Institut; im Anzeigenteil der großen Tageszeitungen finden sich die Ankündigungen.

Goethe-Institut, Esmeralda 650, Tel. 638 31 85; kümmert sich engagiert um die Kulturszene, insbesondere das Theater, mit guten Gastspielen und Kooperationen; Bibliothek, Sprachkurse. Finanziert die Gedenkstätte Oficina Chacabuco im Norden Chiles (s. dort).
Instituto Chileno-Suizo, Lastarria 39, Tel. 638 54 14, chilenosuizo@tie.cl, www.chilenosuizo.cl; ist ein engagiertes Kulturinstitut mit eigenem kleinen Gästehaus; veranstaltet Sprachkurse, Ausstellungen; schöner Treffpunkt.

 Mercado Central, Puente/San Pablo; Lebensmittelmarkt in einem schmiedeeisernen Palast; viele nette, lohnenswerte Restaurants im Innenraum; So–Do 6–16, Fr 6–20, Sa 6–18 Uhr.
Mercado de las Flores, Av. La Paz/Av. Santa María; lebhafter, volkstümlicher Blumen- und Lebensmittelmarkt.

Artesanías de Chile, Antonio Varas 475 (Providencia), chilenisches Kunstgewerbe. Und im Centro Cultural Estación Mapocho.

Überall in der Stadt verstreut schlagen **Kunsthandwerker** ihre Stände auf; am bekanntesten sind die halb Hippie-, halb Kunstgewerbemärkte im Barrio Bellavista, an der Alameda gegenüber dem Cerro Santa Lucía und an der Providencia an der Metrostation Pedro de Valdivia. Anspruchsvolle Lapizlazuli-und Kunstgewerbegeschäfte sprenkeln den Barrio Bellavista (besonders hervorzuheben: Artesanía campesina e indígena, Purísima 303). Einen ausführlichen Besuch lohnt das Pueblito de los Dominicos, Av. Las Condes 12 000, ein richtiges kleines Dorf mit Freiluftrestaurants und vielen originellen Angeboten, auch Antiquitäten und Pflanzen.

Die **Shopping Malls** in Santiago haben sich das Attribut verdient, die modernsten von Südamerika zu sein. Die zurückhaltend in kühlem Elfenbein, Marmor und Lichtspielen entworfene Mall Alto Las Condes und der Parque Arauco, Av. Kennedy, sind Aushängeschilder.

Wer in Südamerika gute **Buchgeschäfte** sucht, muß oft weit laufen. Die Feria Chilena del Libro unterhält mehrere Filialen im Zentrum von Santiago, hat eine große Auswahl und bietet gute Beratung. Auch die Buchhandlung im Gebäude der Universidad de Chile und die Librería Andrés Bello in der Calle Bandera sind empfehlenswert. Historische, Geographie- und Kunstbücher sowie Biographien gibt es in der Buchhandlung an der Plaza Mulato Gil de Castro.
Geldumtausch: im internationalen Flughafengebäude gleich bei der Ankunft, sonst im Zentrum in den Straßen Agustinas und Huerfanos im Börsenviertel zwischen Morandé und Teatinos.

 Empfehlenswerte Reisebüros für außergewöhnliche Exkursionen, Sportangebote, Lodges in Nationalparks: **Azimut,** General Salvo 159, Providencia, Tel. 235 15 19, Fax 235 30 85, azimut@terra.cl, www.azimut.cl.

Altue, Encomenderos 83 (Las Condes), Tel. 232 11 03, Fax 233 67 99, altue@chile-outdoors.com

Besichtigung von Weingütern: Cousiño Macul, Av. Quilín 7100, Peñalolén, Santiago, Tel. 284 10 11. Viña Undurraga, Camino a Melipilla km 34, Talgante, Tel. 817 23 46. Concha y Toro, Virginia Subercaseaux 210, Pirque, Tel. 821 70 69.

Das Valle de Colchagua haben viele Veranstalter im Programm, z. B. auch die österreichischen Montañamartours, www.montanamarchile.com, info@montanamar chile.com.

Busverbindungen: Santiago verfügt über vier verschiedene Terminals, die jeweils unterschiedliche Ziele im Landesinnern zusammenfassen. Sie sind alle mit der Metro gut zu erreichen.

Terminal San Borja, Av. O'Higgins 3250 (neben der Estación Central); Verbindungen in die Küstenorte der Zentralregion und in den Norden.

Terminal de Buses Alameda, Av. O'Higgins 3750; Gemeinschaftsterminal der beiden größten chilenischen Busgesellschaften Pullman Bus und TurBus; Verbindungen in die Küstenorte, in den Norden und den Süden bis Puerto Montt. Metro Universidad de Santiago.

Terminal de Buses Santiago Sur, Av. O'Higgins 3712; Verbindungen in den Süden bis hinunter nach Punta Arenas; auch internationale Verbindungen, z. B. ins argentinische Mendoza. Metro Universidad de Santiago

Terminal Los Héroes, San Martín/Av. O'Higgins; Busse in kleinere Ortschaften, Metro Los Heroes.

Terminal San Borja, San Borja 184, in den Norden, Santiagos Umgebung und Mittelchile. Metro Central.

Bahnverbindung:

Estación Central, Av. O'Higgins 3250, www.efe.cl; es gibt nur einen Nachtzug nach Temuco mit Wagen aus dem Jahr 1929; absolut empfehlenswert für geduldige Eisenbahnfans.

Das **Metrosystem** von Santiago ist sicher, schnell und gut. Leider, so sagen Kritiker, bedient es nur die Bessergestellten, da die Linien nicht die einfachen Wohnviertel erreichen. Richtig fertiggestellt ist nur die Linie 1 von San Pablo bis zur Escuela Militar, an den beiden anderen Linien wird teilweise noch gebaut. Mit der Metro lassen sich alle touristischen Ziele leicht erreichen. Wer sie häufiger benutzen will, ersteht einen *boleto valor* mit zehn Fahrten zu einem ermäßigten Preis, das erspart auch das Schlangestehen beim Fahrkartenkauf, besonders zu Verkehrsspitzenzeiten.

Autovermietung:

Automóvil Club de Chile, im Flughafen, Tel. 601 98 28; Fidel Oteiza 1960, Tel. 274 62 61.

Avis, San Pablo 9900, Tel. 601 99 66; im Flughafen, Tel. 690 13 82; im Hotel Sheraton, Av. Santa María 1742, Tel. 274 76 21; im Hotel Crowne Plaza, Av. O'Higgins 136, Tel. 639 22 68.

Best, Francisco Bilbao 1362, Tel. 204 49 33.

Budget, Manquehue 600, Tel. 220 82 92; im Flughafen, Tel. 601 94 21.

Dollar, Málaga 115, Local 101, Tel. 245 61 75; im Flughafen, Tel. 601 86 56.

Europa, Roma 1554, Tel. 557 07 60.

Hertz, Costanera A. Bello 1469, Tel. 235 96 66; im Flughafen, Tel. 601 92 62; im Hotel Hyatt, Av. Kennedy 4601, Tel. 245 59 36.

Laguna Autos, Av. Vespucio Sur 01273, Tel. 559 74 09.

Der **Flughafen Arturo Merino Benítez** (ca. 25 km vom Zentrum entfernt) mit nationalem und internationalem Flügel ist in etwa 30–45 Min. von der City aus zu erreichen; Tour Express (Moneda 1529, Tel. 601 95 73) und Centropuerto (Tel. 601 98 83) pendeln halbstündlich und ausgesprochen zuverlässig von 5.30 bis 22 Uhr für etwa 1500 Pesos zwischen Flughafen und Innenstadt, Endhaltestelle ist die Metrostation Los Héroes, dort warten auch Taxis für die Weiterfahrt. Für eine Taxifahrt vom Flughafen in die Stadt zahlt man 7000–8000 Pesos. Da das System der Inlandsflüge radial von Santiago ausstrahlt, ist der Flughafen entsprechend belebt.

Stadtbüros der Fluggesellschaften:
Aerocontinente, Marchant Pereira 367, Providencia, Tel. 204 08 73, Fax 343 76 38.
Aerolineas Argentinas, Moneda 756, Tel. 639 50 01.
Aeroperú, Fidel Oteiza 1953 (Providencia), Tel. 274 20 23.
Aeroméxico, Ebro 2738 (Las Condes), Tel. 234 00 01.
Air France, Alcántara 44 (Las Condes), Tel. 290 93 00.
Alitalia, El Bosque Norte 1017, Tel. 378 82 30.
American Airlines, Huérfanos 1199, Tel. 679 00 00.
British Airways, Isidora Goyenechea 2934 (Las Condes), Tel. 330 86 00.
Iberia, Bandera 206, Tel. 870 10 70.
KLM, San Sebastián 2839 (Las Condes), Tel. 233 09 91.
Lan Chile, Huérfanos 926 (Innenstadt), Av. Providenica 2006 (Providencia); El Bosque Norte 0174 (Las Condes) in den Malls Parque Arauco, Apumangue, Carmencita, Mall Plaza Vespucio, Mall Arauco Maipu; zentrale Telefonnummer 526 20 00; im Flughafen: Tel. 690 114 81, 690 14 80; www. lanchile.com.
Lufthansa, Moneda 970, Tel. 6 30 10 00;
Servicio Aéreo Ejecutivo, Apoquindo 7850 (Las Condes), Tel. 2 29 34 19.
Transportes Aéreos Robinson Crusoe, Monumento 2570 (Maipú), Tel. 5 31 37 72.
United Airlines, Av. El Bosque Norte 0177, of.19, (Las Condes), Tel. 337 00 00.
Varig, Av. El Bosque Norte 0177; Tel. 707 80 00.
Schiffs-und Kreuzfahrtlinien:
Patagonia Connection, Fidel Oteiza 1921, Of.100, Providencia, Santiago, Tel. 225 64 89, Fax 274 81 11, www.patagonia-connection.com, info@patagonia-connec tion.com.
Cruceros Australis, El Bosque Norte 0440, Las Condes, Santiago, Tel. 442 31 12, Fax 203 51 73, www.australis.com, terra@australis.com.
Cruceros Skorpios, Augusto Leguía Norte 118, Tel. 231 10 30, Fax 203 50 25, www.skorpios.cl, skoinfo@skorpios.cl.
Transmarchilay, Av. Providencia 2653,

Local 24, Tel. 234 14 64, Fax 234 48 99, www.transmarchilay.cl.
Navimag, Av. El Bosque Norte 0440, Las Condes, Tel. 442 31 30, Fax 203 50 25; Adresse für Deutschland, Österreich, Schweiz: **Chile Touristik,** Neue Kräme, 60311 Frankfurt, Tel. 069/23 30 62, chiletou ristik@aol.com, www.chiletouristik.com, www.navimag.cl.
Norden-Tours, Kleine Johannisstr. 10, 20457 Hamburg, Tel. 040/37 70 22 70, www.norden-tours.de; bieten Touren in die Antarktis mit einem Schiff der Hurtigrouten an; die Reise beginnt entweder in Santiago oder in Buenos Aires.

Santuario de la Naturaleza del Río Cruces

Lage: Hintere Umschlagkarte links B 20, bei Valdivia

Fuerte San Luis de Alba de Cruces; Festung aus dem 18. Jh.; im Sommer tägl. 10–13 u. 14–20 Uhr, sonst tägl. außer Mo 10–13 u. 14–18 Uhr.

Taltal

Vorwahl: 055
Lage: Vordere Umschlagkarte links C 7
Einwohner: 9400

Hostería Taltal (günstig), Esmeralda 671, Tel. 61 11 73, Fax 61 16 25; 16 Zi., schön am Meer gelegene Bungalowanlage im Malvengarten.
Hostal del Mar (günstig), Carrera 250, Tel. 61 16 12; 12 Zi., Standard-Qualität, freundliche Wirte.

Las Brisas (günstig), Esmeralda s/n; schöner Panorama-Blick aufs Meer; Meeresfrüchte und Fisch dominieren die Karte des einfachen Restaurants.

Museo de la Municipalidad, Av. Arturo Prat s/n; Völkerkunde im Kleinen: Exponate zur indianischen Geschichte; Mo–Fr 9.30–13 u. 16–19 Uhr; Eintritt frei.

Mehrmals tägl. **Busverbindungen** nach Antofagasta.

Temuco

Vorwahl: 045
Lage: Hintere Umschlagkarte links B 19
Stadtplan: S. 113
Einwohner: 220 000

Sernatur, Bulnes 586, Tel. 21 19 69, Fax 21 55 09; ausgesprochen versiert und auskunftsfreudig.
Conaf, Av. Bilbao 931, Tel. 21 19 12.

Hotel Terraverde (sehr teuer), Av. Arturo Prat 0220, Tel. 23 99 99, Fax 23 94 55, hotpanam@ctc-mundo.net; 120 Zi., schön am Fuß des Cerro Ñielol gelegen; sehr komfortables Haus im Business-Stil.
Holiday Inn Express (teuer), Av. Rudecindo Ortega 01800, Tel. 22 33 00, Fax 22 41 00, Reservierung: Tel. 800-366 66, www.holiday-inn.com; 80 Zi., von außen gegliederter Beton, innen repräsentativ, angenehmer Service.
Clásico Hotel de la Frontera (teuer–moderat), Bulnes 733, Tel. 20 04 00, Fax 20 04 01; elegantes, kleineres Haus direkt an der Plaza; das **Nuevo Hotel de la Frontera** liegt gegenüber, ist moderner, gesichtsloser, preiswerter; mittelmäßige Zimmer, freundlicher Service; zusammen 127 Zi.
Hotel Aitué (moderat), Antonio Varas 1048, Tel. 21 25 21, Fax 21 26 08; 35 Zi., kleines, behaglich herausgeputztes Haus; intime Stimmung; sehr zuvorkommender Service, günstige Wochenendtarife.
Hotel Bayern (moderat), Av. Arturo Prat 146, Tel. 27 60 00, Fax 21 22 91; 30 Zi., ruhige und trotzdem ziemlich zentrale Lage; die Zimmer sind klein, aber sehr gemütlich; der Service ausgesprochen hilfsbereit und nett.
Hospedaje Thiers (günstig), Thiers 659; Tel. 21 48 72; 4 Zi., im Wohnviertel gelegene Familienpension, freundlich.
Hostal Espelette (sehr preiswert), Claro Solar 492; Tel./Fax 23 48 05; 12 Zi., typische Familienangelegenheit: vom zentralen Salon gehen die geräumigen, ordentlichen Zimmer ab.
Hostería Austria (sehr preiswert), Hochstetter 599, Tel./Fax 24 71 69, www.hostal austria.cl; 7 Zi., Wohnen in betagter Holzvilla im traditionellen Stil der Region, kleine, gemütliche Zimmer, reichliches Frühstück; es wird Deutsch und Englisch gesprochen.
Hotel Turismo (sehr preiswert), Claro Solar 636, Tel. 21 05 83; empfehlenswerte Jugendherberge, Verpflegung.

La Estancia (teuer), Entrada Norte de Temuco (Av. Ortega), Tel. 22 02 87; am nördlichen Ortseingang in unmittelbarer Nähe des Holiday Inn Express und der neuen Shopping Mall; vom Garten umgebenes Farmgebäude, eine gelungene Mischung aus Landhausstil und Gemütlichkeit, am besten sind die *parilladas*.
Centro Español (moderat), Bulnes 483, Tel. 21 03 43; im 1. Stock; Atmosphäre etwas feierlich-düster, aber schmackhafte spanische Küche und gute Weine.
Club Alemán (moderat), Estebanez 772, im deutschen Club gibt es auch gute chilenische Küche.
Dino's (günstig), Bulnes 347, Tel. 21 36 60; beliebte Restaurantkette; Drinks und Sandwiches; unkomplizierter, netter Treffpunkt.
Mercado Municipal; ein Block zwischen Aldunate, Portales, Rodríguez und Bulnes, verschiedene Eingänge; nur zu Marktzeiten geöffnete, kleine Gaststätten; empfehlenswert sind die *caldillos* (Eintöpfe aus Fisch und Meeresfrüchten), *cazuelas* (Eintöpfe aus Fleisch oder Geflügel) und die chilenischen Bratwürste *(longaniza).*
Abends: Jalisco, Hochstetter 435; ein Treff für Drinks.

Monumento Natural Cerro Ñielol; schöne Aussicht, am spannendsten ist das Gebetsfeld der Mapuche; tägl. 8.30–23 Uhr.

Museo Regional de la Araucanía, Av. Alemania 84; Schauen zur Ethnographie der Mapuche und zur deutschen Kolonisation, gute Bibliothek; März–Dez. Di–Fr 10–17.30, Sa 11–17.30, So 11–14 Uhr.

Die Öffnungzeiten während der anderen Monate variieren.

Casa de la Mujer Mapuche, San Martín 433, Tel. 23 38 86; Stoffe und Schmuck der Mapuche-Frauen, leider unregelmäßige Öffnungszeiten.

Taller Artesanal de la Universidad Católica, Av. Alemania; Werkstätten und Verkaufsraum der Mapuche; Mo–Fr 9–13 u. 15–19 Uhr.

Feria Libre Pinto, Av. Balmaceda/Av. Pinto, bei der Eisenbahnstation; lebendiger, turbulenter Lebensmittelmarkt der Mapuche; tägl. 8.30–17 Uhr, im Winter bis 16 Uhr.

Mercado Municipal; Kunstgewerbe, Schmuck, Instrumente, Stoffe der Mapuche; Okt–März Mo–Sa 9–20, So 8.30–15 Uhr; Apr.–Sept. Mo–Sa 8–18, So 8.30–15 Uhr.

Geldumtausch: A. Pascual, Claro Solar 780.

TurBus, Lagos 576; häufige Verbindungen nach Concepción, Osorno, Puerto Montt, Pucón, Santiago u. Valdivia.

Buses JAC, Vicuña Mackenna 798, halbstündl. Verbindungen nach Villarrica und Pucón, nach Lican Ray und Valdivia.

Bahnhof an der Barros Arana/ Lautaro Navarro; tägl. Züge nach Santiago.

Autovermietung:
Automóvil Club de Chile, San Martín 0278 und im Flughafen, Tel. 24 89 03;
Avis, Vicuña Mackenna 448, Tel./Fax 23 80 13 und im Flughafen;
First, Antonio Varas 1036, Tel. 23 38 90 und im Flughafen, Tel. 33 57 39.
Hertz, Las Heras 999, Tel. 31 85 85

Aeropuerto Manquehue, 6 km südlich des Zentrums; mehrere Verbindungen tägl. nach Santiago mit allen großen Fluglinien; tägl. Verbindungen nach Concepción, Osorno, Puerto Montt und Valdivia.

Stadtbüro Lan Chile, Bulnes 687, Tel. 27 21 38, Fax 27 23 10.

Termas de Huife

Lage: Hintere Umschlagkarte links C 19, bei Cañi

Hotel Termas de Huife (moderat), Tel./Fax 045/44 12 22 oder in Santiago 02/6 55 18 81; komplett renoviertes Haus, elegant und bequem gestaltet, gemütliche Suiten, Restaurant mit Panoramafenstern; die Badeanlagen sind schön am Fluß gelegen, sämtliche weitere Anlagen wie Massageräume, Einzelbäder etc. liegen im Garten; sehr gepflegt; zu erreichen über den Camino Internacional (Richtung Argentinien).

Termas de Quimey-Co (moderat), ebenfalls auf dem Camino Internacional von Pucón aus zu erreichen, Tel. 045/44 35 44; tägl. 9–22 Uhr; Schwimmbecken, Schlammbäder, Restaurant.

Valdivia

Vorwahl: 063
Lage: Hintere Umschlagkarte links B 20
Einwohner: 113 000

Sernatur, Av. Prat 555, Tel. 34 23 00, Fax 34 40 46, infovaldivia@serna tur.cl; hilfsbereit, viel Material.

Hotel Pedro de Valdivia (sehr teuer), Carampangue 190, Tel. 21 29 31, Fax 20 38 88; 77 Zi., Hotelklassiker im etwas trocken geratenen Grandhotel-Stil, schattiger Garten mit Swimmingpool; erlesen; für Behinderte geeignet.

Puertas del Sur Resort (sehr teuer), Los Lingues 950, Isla Teja, Tel. 22 45 00, Fax 21 10 46, www.alartron.cl/puerta; 40 Zi., direkt am Fluß; modern, großer Garten, großer Pool, Tennisplätze, Fahrradmiete, Kinderspielplatz; viel Glas, sympathische Atmosphäre.

Best Western Hotel Naguilán (moderat), Gral. Lagos 1927, Tel. 21 28 51, Fax 21 91 30; 32 Zi., in einer restaurierten repräsentativen Gründerzeitvilla, gediegen, hell.

Villa Paulina (moderat–günstig), Yerbas Buenas 389, Tel. 21 24 45, Fax 25 63 72; 12

Zi., kleines Haus mit ausgesprochen persönlicher Note, gemütliches Restaurant; im 1. Stock liegen an einer Galerie die ›altdeutsch‹ möblierten Zimmer; Swimmingpool im Garten.
Hotel Jardín del Rey (günstig), Gral. Lagos 1190, Tel./Fax 21 85 62; 19 Zi., wohnen wie in einer Großbürgervilla: Repräsentationshaus in farbenfrohem Garten.
Hostería Costanera (sehr preiswert), Av. Prat 579, Tel. 25 00 42; Fax 25 23 94; 12 Zi., betagtes geschindeltes Holzhaus, knarrende Dielen, aber stilvoll.
Hostal del 900 (sehr preiswert), Picarte 953, Tel. 21 30 55; 10 Zi., günstig für Spätankömmlinge, liegt in der Nähe des Busbahnhofes. Saubere, ordentliche Zimmer mit Gemeinschaftsbädern.

 Camino de Luna (teuer), Bootsrestaurant an der Av. Prat nördlich der Puente Pedro de Valdivia, Tel. 21 37 88; romantischer Platz, man diniert bei Kerzenschimmer.
La Calesa (moderat), Yungay 735, Tel. 22 54 67; Meeresfrüchte-Spezialitäten auf peruanisch.
New Orleans (moderat), Esmeralda 682; man sitzt sehr schön, auf der Speisekarte Fisch und Fleisch in ausgewogener Mischung.
Dino's (günstig), Maipú/Pérez Rosales, Tel. 21 30 61; Café-Bar- und Restaurantkette; Bistroküche und -stil, beliebt den ganzen Tag über.
Selecta (günstig), Picarte 1093; einfaches Mittelklasse-Restaurant an der Hauptstraße, solide chilenische Küche.
Café Entrelagos, Pérez Rosales 640; macht die ganze Familie glücklich: Teesalon, Eissalon, Kaffeehaus, Pralinen und Marzipan aus eigener Herstellung; aber auch sehr nett für Drinks, kleine Gerichte und Sandwiches; stilvoll möbliert.
Abends: Cubana Club, Esmeralda 680, Salsa und Live-Musik.
El Legado, Esmeralda 657, beliebter Treff für Drinks.

 Jardín Botánico Universidad Austral, Isla Teja; in einem weiten, parkähnlichen Gartengelände gelegen, um-

fangreicher Baumbestand; tägl. 8–20 Uhr.

Museo Austral, Histórico y Antropológico ›Mauricio van der Maele‹, Los Laureles 47, Isla Teja; in der Villa von Carl Anwandter untergebrachtes Museum zur Mapuche-Kultur und zur Kolonisationsgeschichte; 15. Dez.–15. März tägl. 10–13 u. 14–20 Uhr; 15. März–15. Dez. tägl. außer Mo 10–13 u. 14–18 Uhr.
Museo de Arte Moderno; neben der Villa wird die ehemalige Brauerei zu einem Museum für moderne Kunst mit einer Ausstellung von Plastiken umgewandelt; 15. Dez.–15. März tägl. 10–13 u. 14–20 Uhr; 15. März–15. Dez. tägl. außer Mo 10–13 u. 14–18 Uhr.
Museo Cultural El Austral, Gral. Lagos s/n; Wanderausstellungen, kulturelle Veranstaltungen; tägl. außer Mo 10–13 u. 16–19 Uhr.

Mercado Fluvial, an der Av. Prat; Meeresfrüchte- und Landwirtschaftsmarkt; am belebtesten Mi u. Do; exportwürdiges Marzipan im Café Entrelagos; tägl. 8–14.30 Uhr.

Flußfahrten (vom Flußhafen aus): halbstündige Rundfahrten um die Isla Teja, verschiedene Veranstalter. Acht verschiedene Anbieter für Halbtagestouren (Mittagessen an Bord) nach Niebla, Corral und die Isla Mancera mit dem Besuch des Historien-Spektakels.
Verschiedene Anbieter für eine Fahrt zum Santuario de la Naturaleza.
Cervecería Kunstmann: auf der Küstenstraße nach Niebla, 5 km entfernt von Ortsausgang Valdivia, liegt die Brauerei Kunstmann: Bierverkostung und kleines Brauereimuseum.

Busbahnhof, Anfión Muñoz s/n; Verbindungen nach Osorno, Puerto Montt (stündl.), Temuco (häufig), Puerto Varas, Santiago (mehrmals tägl.).

Autovermietung:
Avis, Urmaneta 1037, Tel. 25 33 07.
Budget, O'Higgins 1361, Tel. 42 95 66.

Fähre nach Niebla, Isla Mancera und Corral; 2x tägl. (um die Mittagszeit).

Flughafen Pichoy, 32 km nordöstlich der Stadt; Shuttle-Service der Fluggesellschaften; wird 8x tägl. angeflogen; Verbindungen nach Puerto Montt, Temuco und Santiago.
Stadtbüro Lan Chile, Maipú 271, Tel. 25 88 40, Fax 25 88 43.
Flughafen-Shuttle über Transfer Valdivia, Tel. 22 55 33.

Valparaíso

Vorwahl: 032
Lage: Vordere Umschlagkarte rechts B 14
Stadtplan: S. 90
Einwohner: 275 000

Kiosk der Touristeninformation an der Muelle Prat. Departamento de Turismo, Condell 1490, Tel. 22 10 01.
Oficina de Turismo im Busbahnhof Terminal Rodoviario, Pedro Montt 2800, Tel. 21 32 46.

Puerta de Alcalá (moderat), Pirámide 524, Tel. 22 75 78, Fax 74 36 42; so, wie man sich ein Hotel für Geschäftsreisende vorstellt, nüchtern, Glasfront, funktional.
Hotel Brighton (günstig), Paseo Atkinson 151, Tel. 22 35 13, Cerro Concepción; 12 Zi., eine attraktive sonnengelbe Villa im viktorianischen Stil mit großer Café-Terrasse, blendende Aussicht.
Casa Aventura (sehr preiswert), Pasaje Gálvez 11, Tel. 75 59 63, Cerro Concepción, casatur@ctcinternet.cl; Etagenpension in einer Traditionsvilla, schöne Lage; wird von einem deutsch-chilenischen Paar geleitet; Touren, Spanischunterricht.
Casa Kolping Valparaíso (sehr preiswert), Francisco Valdés Vergara 622, Tel. 21 63 06, Fax 23 03 52; 12 Zi., kleines, freundliches Haus; auch Familienappartments, lobenswertes Frühstück.

Café-Restaurant Turri (teuer), Templeman 147, Tel. 25 20 91; in wunderschöner Lage mit ebensolchem Panoramablick, internationale Küche, aufmerksamer Service.
Gato Tuerto (moderat), Hector Calvo Joffre 205, Tel. 22 08 67, Cerro Bellavista; Bücher, Kunstgalerie, Café und Restaurant unter dem Dach einer viktorianischen Villa.
Restaurant Caleta Membrillo (moderat), Av. Altamirano 1569, Tel. 28 36 27; an der Fischermole, ansprechende Auswahl an (teilweise rohen) Meeresfrüchten und fangfrischem Fisch; seemannsmäßig gestylt.
J. Cruz Malbran (günstig), Condell 1466, Tel. 21 12 25; eine Institution, reizvolle Mischung aus leicht schlampigem Museum und einfachem Restaurant mit unspektakulären Küchenkreationen.
La Playa (günstig), Serrano 567; superbe, riesige Holztheke, museumsreife Möblierung; preiswertes gutes Essen und ebensolche Weine.
Café Riquet (günstig), Plaza Aníbal Pinto 1199, Tel. 21 70 14; kein Namenszauber, sondern ein richtiges Café mit kleinen Mittagsgerichten, die am liebsten von der Business-Kundschaft konsumiert werden.
Bar Roland (günstig), Errázuriz 1152, Tel. 23 51 23; ein Traditionshaus an neuem Platz: Früher etwas halbseiden, jetzt ein Restaurant mit typisch chilenischer Küche.
Valparaíso Eterno (günstig), Almirante Señoret 150, im zweiten Stock; eine Institution; schlichtes Ambiente, und es gibt auch italienisches Essen.
Winnipeg Libro Café Restaurant (günstig), Esmeralda 1083; Tel. 25 48 44; typische chilenische Küche, aber auch Bistro, sehr nett.

Casa Mirador de Lukas, Paseo Gervasoni 448, Cerro Concepción; kleine Ausstellung des chilenischen Karikaturisten Renzo Peccherino, guter Panoramablick; tägl. außer Mo 15.30–19 Uhr, Nov.–15. März auch 10.30–14 Uhr.
Congreso Nacional, Av. Pedro Montt s/n; Kongreßgebäude, das Senat und Abgeordnetenhaus beherbergt; Besuch nur nach vorheriger Anmeldung, Tel. 50 40 00.
Museo de Bellas Artes, Palacio Baburizza, Paseo Yugoslavo, Cerro Alegre; die attraktive Villa aus dem 19. Jh. ist ein ge-

lungenes Beispiel für die Architekturmode der Zeit; nur von außen zu besichtigen.

Museo a Cielo Abierto; Freiluftmuseum mit Wandgemälden; offen zugänglich, Cerro Bellavista.

Museo del Mar Lord Cochrane, Merlet 195, Cerro Cordillera; Modellschiffsbauten und schöner Blick über Hügel und Meer; tägl. außer Mo 10–18 Uhr.

Museo Naval, Paseo 21 de Mayo, Cerro Artillería; Museum zur Marinegeschichte Chiles, historische Dokumente, Fotografien, alte Maschinenteile; tägl. außer Mo 10–17.30 Uhr.

La Sebastiana, Ferrari 692, Cerro Bellavista; lustiges Wohnhaus von Pablo Neruda mit angeschlossenem Café; die Führungen geben viel aus der Biographie des Dichters wieder; tägl. außer Mo 10.30–14.30 u. 15.30–19 Uhr.

Standseilbahnen: Die *ascensores* auf die 45 Hügel von Valparaíso (Ascensor Concepción, Ascensor Peral, Ascensor Cordillera, Ascensor Artillería etc.) verkehren tägl. 7–23.30 Uhr, Sa bis 24 Uhr.

 Hafenrundfahrten: Start an der Muelle Prat, während der Ferienmonate ständig Fahrten, Dauer 1 Std.

 Mercado del Puerto, an der Plaza Echaurren; Fischmarkt, hier kann man auch gut und preiswert essen.

 Busbahnhof, Av. Pedro Montt/Rawson; Abfahrten nach Santiago alle 20 Min.; regelmäßige Verbindungen nach Concepción, La Serena (mehrmals tägl.), Puerto Montt (2x tägl.), Arica (tägl.). Nach Viña del Mar fährt ein **Stadtbus** von der Plaza Aduana ab.

Stadtbüro Lan Chile, Esmeralda 1048, Tel. 25 14 41, Fax 23 04 57.

Vicuña

Vorwahl: 051
Lage: Vordere Umschlagkarte rechts C 11
Einwohner: 7700

 Información Turística, an der Plaza de Armas.

 Hostería Vicuña (moderat), Sargento Aldea 101, Tel. 41 13 01, Fax 41 11 44; 25 Zi., mitten im Ort und trotzdem eine private Atmosphäre ausstrahlend; Bungalows großzügig im Garten verteilt, mit Swimmingpool.

Hotel Halley (günstig–sehr preiswert), Gabriela Mistral 542, Tel. 41 20 70; 12 Zi., Swimmingpool und renoviertes Gebäude im Kolonialstil sind keine Gegensätze; ebenso eingerichtete Zimmer.

Hostal Valle Hermoso (sehr preiswert), Gabriela Mistral 706, Tel. 41 12 06; 8 Zi., im spanischen Kolonialstil gehaltene Architektur, einfache, ordentliche, große Zimmer.

 Am besten und gepflegtesten speist man in der **Hostería Vicuña** (s. o., moderat).

Restaurant Halley (günstig), Gabriela Mistral 404; an der Plaza de Armas; nett und volkstümlich.

 Museo Gabriela Mistral, Gabriela Mistral s/n; aufschlußreiches Doppelmuseum: nobles, modernes Gebäude im Garten mit Büchern und Dokumenten; direkt nebenan an der Straße eine Kopie ihres schlichten, winzigen Geburtshauses mit Originalmobiliar; Jan.–Feb. Mo–Sa 10–19, So 10–18 Uhr; März–Aug. Di–Fr 10–13 u. 14–18, Sa 10–13 u. 15–18, So 10–13 Uhr; Sept.–Dez. Di–Fr 10–13 u. 15–19, Sa 10–13 u. 15–18, So 10–13 Uhr.

Museo Histórico de Elqui, Prat 90, kleine, der Kultur der Diaguita gewidmete Schau; Mo–Fr 10–18 Uhr.

 Observatorio Comunal Cerro Mamalluca, 6 km nordöstlich; astronomisches Observatorium; Informationen bei der Stadtverwaltung, Av. Gabriela Mistral 260; Tel. 41 13 52, obser_mamalluca@yahoo.com. Eigene Website von Mamalluca: www.angelfire.com/wy/obsermamalluca.

 Die Busse der Gesellschaft **Fenix** halten an der O'Higgins/Prat; mehr-

mals. tägl. Verbindungen nach Pisco Elqui und La Serena.
Sammeltaxis verkehren auf der Prat gegenüber der Bushaltestelle nach la Serena und ins Valle de Elqui.

Villarrica

Vorwahl: 045
Lage: Hintere Umschlagkarte links B 19
Einwohner: 35 000

 Oficina de Turismo, Pedro de Valdivia 1070, Tel. 41 11 62.

 Villarrica Park Lake Hotel (sehr teuer), Camino a Pucón km 13, Tel. 22 07 70 70, Fax 22 07 70 20, www.villarricaparklakehotel.com; ein riesiger Bau in Holz und Glas, innen viel Marmor, direkt am Seeufer gelegen; Pool, gutes Spa.
Hostería de la Colina (teuer–moderat), Presidente Rios 1177, Tel. 41 15 03; 15 Zi., schön in einem parkähnlichen Garten gelegen, gemütlich-elegant eingerichtete Zimmer; Organisation von Ausflügen, von der Vulkanbesteigung bis zum Forellen-Angeln.
Hostería Kiel (moderat), Gral. Koerner 153, Tel./Fax 41 16 31, reservas@yachting.cl; 17 Zi., familiäres, ansprechendes Hotel; plüschig eingerichtete Zimmer, abends sitzt man gemeinsam am Kamin; organisiert Ausflüge und Angeltouren.
Hotel El Ciervo (moderat), Gral. Koerner 241, Tel. 41 12 15, Fax 41 12 16; 11 Zi., Holzbau im Alpenstil; äußerst gepflegt mit individuell eingerichteten Zimmern, kleinem Pool; familiäre Atmosphäre.
Bungalowlandia (moderat–günstig), Arturo Prat 749, Tel./Fax 41 16 35; 10 Bungalows, neue Anlage am Seeufer, viel Holz, Garten; nette Besitzer; gut für längere Aufenthalte geeignet.
Hostería Los Cisnes (günstig), Arturo Prat 631, Tel. 41 14 25; 12 Zi., am Seeufer; klein, gemütlich, blitzblank, Zimmer mit Balkon.
Hotel Villarrica (günstig), Gral. Koerner 255, Tel./Fax 41 16 41; 8 Zi., schlichtes, unaufwendiges Hotel; kleine Zimmer, aber gemütlich.

La Torre Suiza (sehr preiswert), Bilbao 969, Tel./Fax 41 12 13, info@torresuiza.com, www.torresuiza.com; 8 Zi., die wichtigste Adresse für die, die mit Rucksack (Zelt, Fahrrad) unterwegs sind: Im Garten der netten Pension kann man sein Zelt aufschlagen oder eines mieten, Fahrradfahrer erhalten Discount; reichliches Frühstück, Internetcafé, kleine Leihbibliothek und Tourenvermittlung; betreibt eine chilenisch/schweizerische Familie.

 Hostería Kiel (moderat), Gral. Koerner 153; ausgesprochen gepflegt, kleine internationale Karte, schöner Blick.
Hotel Monteblanco (moderat), Pedro de Valdivia 1011; serviert wird internationale Küche, die italienisch angehaucht ist, Grillgerichte und dazu Fotos vom alten Villarrica.
El Rey del Marisco (günstig), Letelier 1030; direkt am Ufer, seemännisch möbliert, Fisch und Meeresfrüchte dominieren die Speisekarte.

 Buses JAC, Bilbao 610; ein Terminal für die Minibusse nach Pucón (halbstündl.), einer für die Busse nach Temuco (stündl.) und Valdivia (alle 2 Std.).
Busbahnhof, Pedro de Valdivia 621; Verbindungen nach Temuco (häufig) und direkt nach Santiago (mehrmals tägl.).

Viña del Mar

Vorwahl: 032
Lage: Vordere Umschlagkarte rechts B 14
Stadtplan: S. 98
Einwohner: 303 500

 Sernatur, Av. Valparaíso 507, Oficina 305, Tel. 88 22 85, Fax 68 33 55; sehr freundliche und hilfsbereite Mitarbeiterinnen.
Conaf, Av. 3 Norte 541, Tel. 97 01 08.
Central de Turismo y Informaciones, Libertad/Arlegui, Tel. 26 93 30, auch Sa geöffnet.
Informationen im Internet:
www.vinadelmar.cl.

Hotel O'Higgins (sehr teuer), Plaza Vergara s/n, Tel. 88 20 16, Fax 88 35 37; 265 Zi., das traditionelle Grandhotel von Viña, 1935 erbauter klassischer Kasten mit dementsprechendem Komfort, sehr stilvoll; im Februar steigen hier alle Song-festival-Stars ab.

Hotel Alcázar (teuer–moderat), Álvarez 646, Tel. 68 51 12, Fax 88 42 45; 30 Zi., nicht groß, aber sehr gepflegt; anspre-chende Zimmer.

Hotel Offenbacher Hof (moderat), Bal-maceda 102, Tel. 62 14 83, Fax 66 24 32; 25 Zi., geschmackvolle, schön renovierte Holzvilla, sehr freundlicher Service.

Hotel Rondó (moderat), Norte 157, Tel./Fax 88 31 44, www.hotelrondo.cl, rondo@hotelrondo.cl; kleines typisches Ferienhotel mit freundlich, funktional ein-gerichteten Zimmern.

Hotelera Squadritto (moderat), Von Schroeders 392, Tel. 62 60 22, Fax 66 04 74; 39 Zi., nettes, kleines, gemütliches Haus im eigenen Park; nicht in der ausgespro-chenen Hotelzone.

Hotel Chacras de Coria (günstig), 7 Norte 669, Tel. 90 14 19, Fax 88 44 50; 20 Zi., kleines Hotel, viel Holz und Blumen-schmuck.

Hotel Español (günstig), Plaza Vergara 191, Tel. 68 51 45, Fax 68 51 46; 25 Zi., in einer der ehemaligen großbürgerlichen Residenzen, familiäre Atmosphäre.

Residencial Helen Misch (sehr preis-wert), Poniente 239, Tel. 97 15 65; 8 Zi., in der ruhigen nördlichen Stadthälfte gele-gen; recht gemütliche Zimmer.

Neben chilenischer Meeresküche gibt es in Viña ein umfangreiches Angebot an italienischen Restaurants.

Cap Durcal (teuer), Av. Marina 51, Tel. 62 66 55; in Form eines Schiffes in Spitzen-lage auf einem Felsen direkt über dem Meer; serviert werden traditionelle chileni-sche Zubereitungen von Fisch und Mee-resfrüchten.

Delicias del Mar (teuer), Av. San Martín 459, Tel. 90 18 37; empfehlenswerte Adresse für Fisch und Meeresfrüchte.

Miramar (teuer), Hotel Miramar, Caleta Abarca s/n, Tel. 62 66 77; ambitionierte Küche in einem gartenhaft gestylten, ge-schmackvollen Halbrund von Restaurant, dessen Panoramafenster aufs Meer blicken lassen.

San Marco (moderat), Av. San Martín 597, Tel. 97 53 04; italienisches Restaurant in einer hübschen Villa; feine Auswahl an frischen Fischen, empfehlenswerte Ri-sotti.

Squadritto (moderat), Von Schroeders 392, Tel. 62 60 22; halb elegant, halb bo-denständig; traditionelle italienische Küche.

Café Santa Fé (moderat), San Martín/ 8 Norte, Tel. 69 17 19; kleines, buntes me-xikanisches In-Restaurant mit passablen *enchiladas* und *fajitas*.

Chez Gerald (moderat), Av. Perú 496, Tel. 68 92 43; das traditionsreichste Restaurant in Viña, bereits 1925 an der Küsten-Ave-nida eröffnet; angenehmes Styling; Spe-zialität: *machas a la parmesana*.

Margarita (moderat), Av. San Martín 348, Tel. 97 21 10; gibts auch noch in der Pasaje Lima; mexikanische Küche.

Mezón con Zeta (günstig), Paseo Cou-siño 9; in einer Passage der Av. Valparaíso; einfach-rustikale spanische *tasca* mit Schin-ken, Oliven und Käse.

 Programmkino im Palacio Rioja, Quillota 214; tägl. 3 Vorstellungen.

 Museo de la Cultura del Mar, Castillo Wulff, Av. Marina s/n, Tel. 62 54 27; Meeresobjekte und eine Do-kumentation über den Dichter Salvador Reyes; Di–Fr 10–13 u. 14.30–18, So 10–13 Uhr.

Museo Sociedad Fonck, 1 Oriente/ 4 Norte; archäologische Sammlungen zum Norden von Chile, umfangreiche Darstel-lung der Mapuche- und *Rapa-nui*-Kulturen; Di–Fr 10–18, So 10–14 Uhr.

Palacio Carrasco, Av. Libertad s/n; repräsentative Villa in schönem Garten; Sitz des Historischen Archivs, Fotoausstel-lung zur Stadtgeschichte und Räume für Wanderausstellungen; Mo–Fr 9.30–13 u. 14–18.30, So 10–14 Uhr.

Palacio Rioja, Quillota 214; Palast aus der Belle Epoque Chiles mit Kunstkino;

Di–So 10–14 u. 15–18 Uhr; tägl. 3 Kinovor-
stellungen.
**Quinta Vergara, Museo de Bellas
Artes;** Parkspaziergang und Museumsbesuch in exquisiter Umgebung; Park tägl.
7–18 Uhr, Museum tägl. außer Mo 10–14 u.
15–18 Uhr.

Lieblings-Shoppingmeile von
Viña ist die Av. Valparaíso, Mode bekommt man auch auf der Av. Libertad und
natürlich in den neuen Malls mit Restaurants.

**Festival Internacional de la Can-
ción;** zehntägiges Songfestival mit
internationaler Beteiligung; ein riesiger
(Medien-)Rummel; Mitte Feb.

Busbahnhof, Limache 1001; dort
halten auch die Stadtbusse aus Valparaíso; Verbindungen nach Santiago
(halbstündl.), in die nördliche Küstenregion (Reñaca, Concón, Zapallar, Papudo;
häufig), nach Concepción, Puerto Montt
und La Serena (mehrmals tägl.).

**Stadtbüros der Fluggesellschaften:
Iberia,** Ecuador, Tel. 69 44 86. **KLM,** Ecuador 258, Tel. 97 79 70. **Lan Chile,** Mall Marina Arauco, Libertad 1348, Tel. 25 14 41,
Fax 69 96 67.

Zapallar

Vorwahl: 033
Lage: Vordere Umschlagkarte rechts B 13
Einwohner: 2200

Hotel Isla Seca (sehr teuer), auf
dem Weg zwischen Zapallar und Pa-
pudo, Tel. 74 12 24, Fax 74 12 28; 39 Zi., lu-
xuriöses Komforthotel oberhalb der Küste,
eigener Garten.

César (teuer), am Strand von Zapallar; die exquisite Variante eines
Strandlokals, sehr freundlich.
Isla Seca (teuer), Hotel Isla Seca, Tel.
74 12 24; ein wunderschönes, lichtes, auf
italienisch getrimmtes Restaurant mit Ka-
chelfußboden; die Küche bietet edle chilenische Fische und Meeresfrüchte an.
Chiringuito (günstig), am südlichen Ende
des Strandes von Zapallar, neben dem
kleinen Fischmarkt; rustikal gemacht, fang-
frischer Fisch.

Reiseinformationen von A bis Z

Ein Nachschlagewerk – von A wie Anreise über N wie Notrufnummern bis Z wie Zeitunterschied – mit vielen nützlichen Hinweisen, Tips und Antworten auf Fragen, die sich vor oder während der Reise stellen. Ein Ratgeber für die verschiedensten Reisesituationen.

Anreise

Die Anreise ist lang in den letzten Winkel der Welt. **Flugangebote** vieler großer internationaler Linien konkurrieren auf dem mitteleuropäischen Markt, und man sollte aus eigener Bequemlichkeit neben der Preisgestaltung auch die Anzahl der Flugunterbrechungen und die Dauer der Zwischenaufenthalte als Auswahlkriterium berücksichtigen.

Einen Direktflug gibt es nicht, am kürzesten von deutschen Flughäfen aus ist die Verbindung Frankfurt–Buenos Aires–Santiago, die insgesamt etwa 8 Std. dauert und von Lufthansa angeboten wird. Lan Chile fliegt über Madrid täglich ab Frankfurt nach Santiago, die Flugzeit mit Aufenthalt auf dem Stopover-Flughafen beträgt etwa 18 Std. British Airways, Alitalia oder KLM fliegen zunächst zur Hauptstadt ihres Landes und von dort, mit einem zweiten Stopp, weiter nach Santiago. Für alle, die gegen einen längeren Aufenthalt in Madrid nichts einzuwenden haben, ist der Iberia-Flug mit einer (bezahlten) Hotelübernachtung in Spaniens Metropole interessant.

Charterflüge werden nach Chile nicht angeboten. Verbilligte Linientarife sind leicht erhältlich. Sie knüpfen sich an Bedingungen wie die Buchung fester Termine innerhalb eines gewissen Zeitraums mit der Möglichkeit der Umbuchung nur gegen Aufpreis. Die Gültigkeit des Tickets ist zeitlich limitiert, meist jedoch auf 60 Tage begrenzt. Das läßt durchaus genügend Zeit für einen ausführlichen Besuch des Landes.

Tip für Reisende mit viel Gepäck: Die Gepäckwagen im Flughafengebäude *(carritos)* erhält man gegen Zahlung von einem US-Dollar oder einem entsprechenden Betrag in Pesos.

Ärzte und Apotheken

Die ärztliche Versorgung und die Ausstattung der Apotheken entsprechen in den Großstädten deutschem Standard. Falls ein Arztbesuch nötig ist, können die Botschaften Namen von deutschsprachigen **Ärzten** vermitteln und **Krankenhäuser** nennen, in denen Deutsch gesprochen wird.

In Santiago gibt es eine Clinica Alemana, empfehlenswert sind auch die Einrichtungen der Universidad Católica an der Alameda zwischen Diagonal und Av. Portugal (Metro Santa Lucía). Auch in Temuco, Valdivia und Puerto Montt gibt es deutsche Kliniken. Die Rechnungen sind aufzuheben und im Original bei der Gesellschaft einzureichen, mit der man eine Reisekrankenversicherung abgeschlossen hat.

Apotheken *(farmacias)* sind im gesamten Land überreich vertreten und sehr gut ausgestattet. Notdienste an Sonn- und Feiertagen *(turno)* erfährt man über die Tageszeitungen. Viele Medikamente werden in Chile rezeptfrei verkauft.

Autofahren

Ein Auto zu mieten verheißt, unabhängig von Fahrplänen agieren zu können, ist in Chile allerdings nicht billig. Grundvoraussetzung sind ein Mindestalter von 25 Jahren, der internationale Führerschein und eine Kreditkarte. Gesellschaften wie Avis, Budget und Hertz operieren in den größeren Städten, es gibt aber auch viele kleinere lokale Anbieter. Ein Preisvergleich lohnt sich, Gabeltarife werden nicht überall offeriert, d. h., in vielen Fällen muß das Auto wieder am Ausgangsort abgegeben werden, oder man zahlt eine hohe Rückführungsgebühr. Zu Engpässen kann es in den Hauptreisezeiten, wie in den chilenischen Sommermonaten Januar und Februar kommen, so daß sich eine Vorausbuchung empfiehlt. Lan Chile z. B. bietet ein Paket von Flug und Mietwagen an.

Eine sichere Adresse für **Camper,** mit der man problemlos auch die schwierigen Passagen auf dem *altiplano* übersteht und die überdies auch garantiert, daß man den Wagen mit nach Argentinien, Bolivien und Peru nehmen kann, ist: Latino Camper, Cristof Kapner, Schaffenbergstr. 28, D-41352 Korschenbroich, Tel. 021 61/64 04 75, Fax 64 04 51, www.camperadventures-world wide.com, Latinocamper@t-online.de. Die Möglichkeit des Grenzübertritts ist attraktiv für alle, die die zusammenhängenden Naturlandschaften wie z. B. den *altiplano* (Grenzübergänge zu Bolivien, Argentinien) und die Seenplatte im Süden (Argentinien) bereisen wollen.

Das **Autofahren** in Chile bereitet keine Probleme, weil die Chilenen kontrolliert chaotisch fahren. Sichtkontakt zu halten lohnt sich mehr als das starre Beharren auf Verkehrsregeln. Die Straßenverhältnisse der Überlandstrecken sind oft etwas schwierig. Landschaftlich schöne Routen wie in der Seenregion oder auf dem *altiplano* bestehen häufig nur aus Pisten. Manche Strecken sind zu bestimmten Zeiten (bolivianischer *altiplano*-Winter im chilenischen Sommer) überhaupt nicht oder nur sehr schlecht zu befahren. Man sollte sich unbedingt vorab über den Straßenzustand informieren, denn auf 4000 m Höhe gibt es keine Möglichkeit der Hilfestellung. Vor einer Mißachtung der Empfehlungen ist dringend abzuraten.

Die **Geschwindigkeit** ist in den Städten auf 50 km/h und sonst auf 100 km/h beschränkt. (Osterinsel: Hanga Roa 30 km/h, auf der Insel 60 km/h). Die Straßenpolizei *(carabineros)* überwacht streng und recht unerbittlich deren Einhaltung auf den Überlandstrecken. Die Angelegenheit eventuell mit einer kleinen ›Geldspende‹ aus der Welt schaffen zu wollen, bringt garantiert Ärger und sollte wirklich unbedingt vermieden werden.

Behinderte

Das Reisen für Behinderte gestaltet sich in Chile nicht ganz einfach. Vor 1985 gebaute öffentliche Gebäude und Hotels haben in der Regel keine behindertengerechten Einrichtungen wie z. B. Rampen für Rollstühle. Weder Busse noch die Metro in Santiago verfügen über entsprechende Einrichtungen – doch das Bewußtsein wächst.

Diplomatische Vertretungen

■ **… in Deutschland**
Botschaft der Republik Chile
Mohrenstr. 42
10117 Berlin
Tel. 0 30/72 62 03-5
Fax 726 20 36 03
embajachilealemania@chileberlin.de

Generalkonsulate
Humboldtstr. 94
60318 Frankfurt a. M.
Tel. 069/55 01 95
Fax 596 45 16
cgfrande@web.com

Harvestehuder Weg 7–11
20148 Hamburg
Tel. 040/45 75 85
Fax 45 46 05
Congechile_hamburgo@t-online.de

Mariannenstr. 5
80538 München
Tel. 089/22 20 11
Fax 22 20 12
cgmunich@t-online.de

... in Österreich
Botschaft und Generalkonsulat von Chile
Lugeck 1/3/9
1010 Wien
Tel. 01/513 19 58, Fax 512 92 83

Honorarkonsulate
Kaplanhofstr. 3
4020 Linz
Tel. 07 32/78 14 41

Bärengasse 11
5020 Salzburg
Tel. 06 62/43 09 48

... in der Schweiz
Botschaft und Generalkonsulat von Chile
Eigerplatz 5, 12. Stock
3007 Bern
Tel. 031/371 70 45, Fax 37 20 05

... in Chile
Botschaft der Bundesrepublik Deutschland
Las Hualtatas 5677, Vitacura, Santiago
Tel. 02/463 25 00, Fax 463 25 25
www.embajadadealemania.cl
central@ambajadadealemania.cl

Deutsche Honorarkonsulate
Antofagasta, Av. Edmundo Pérez Zujovic, Tel. 055/25 16 91;
Arica, 21 de Mayo 639, Tel. 058/23 16 57;
Osorno, Mackenna 987, Tel. 064/23 21 51;
Puerto Montt, Benavente 342, Tel. 065/25 28 28;
Temuco, Caupolicán 648, Tel. 045/21 23 87;
Valdivia, Av. Arauco 389, Tel. 063/21 88 21.

Botschaft der Republik Österreich
Barros Errázuriz 1968, Santiago
Tel. 02/223 47 74, Fax 204 93 82

Botschaft der Schweiz
Américo Vespucio Sur, Santiago
(Las Condes)
Tel. 02/263 42 11, Fax 263 40 94

Botschaften und Konsulate haben in der Regel Mo–Fr 9–12 Uhr geöffnet.

Drogen

Der Konsum auch weicher Drogen wie Haschisch und Marihuana ist selbst in geringen Mengen in Chile absolut verboten und wird – wie viel mehr noch der Handel – unter hohe Strafe gestellt. Auf der Osterinsel wird Marihuana von einigen Insulanern angepflanzt und konsumiert.

Als Tourist sollte man sich in strikter Enthaltsamkeit üben, denn die chilenische Polizei versteht in dieser Hinsicht überhaupt keinen Spaß, und die Botschaften sind machtlos.

Einreise- und Zollbestimmungen

Für die Einreise benötigt man lediglich einen gültigen Reisepaß. Als zusätzliches Dokument gilt die **Touristenkarte** *(tarjeta de turismo)*, die man im Flugzeug erhält und ausfüllt. Sie gewährt einen Aufenthalt bis zu drei Monaten. Deren Kopie verbleibt im Paß und ist bei der Ausreise abzugeben.

Zur Verlängerung der Touristenkarte wendet man sich an die Extranjería, Moneda 1342, Santiago, Tel. 02/672 53 20, Mo–Fr 8.30–15.30 Uhr oder an die Büros der Gobernación Provincial in den einzelnen Provinzhauptstädten.

Ist die Touristenkarte verlorengegangen, meldet man dies bei der Policía Internacional, Departamento Fronteras, Gral. Borgoño 1052, Santiago, Tel. 02/737 12 92, Mo–Fr 8.30–12.30 u. 15–18 Uhr, oder bei jeder Polizeidienststelle. Wer von Paß und *tarjeta de turismo* bei der Ankunft eine Kopie gemacht hat, erleichtert den Behörden die Arbeit.

Devisen dürfen unbeschränkt nach Chile eingeführt werden, darüber hinaus 400 Zigaretten und 2 l alkoholische Getränke sowie Gegenstände des persönlichen Bedarfs, Sportgeräte, Laptops und Arzneimittel. Pflanzen, Tiere, Obst, Gemüse, Pilze und Fleisch, aber auch Samen und Erde dürfen nicht mitgenommen werden. Ebenso ist die Einfuhr von Waffen und Drogen untersagt. Informationen im Internet: www.aduana.cl.

Elektrizität

Die Stromspannung beträgt 220 V, doch die Steckdosen sind unterschiedlich eingerichtet – es empfiehlt sich ein Adapter mit verschiedenen Vorrichtungen.

Essen und Trinken

Freunde von Fisch und Meeresfrüchten sowie gutem Wein dürfen sich freuen – Chile ist ihr Dorado. Das Schöne: Um die typische chilenische Küche zu genießen, kommt man ohne Akklimatisierung aus, denn sie entbehrt trotz ihrer Üppigkeit und Vielfalt südamerikanischer Exotik, wenn man von einer gelegentlichen Prise frischgehackter Chilischote *(ají)* auf einer *ensalada chilena* absieht.

Einziges Zugeständnis an empfindliche Mägen sollte der Verzicht auf den Verzehr roher Meeresfrüchte in den ersten Urlaubstagen sein. Sie lieben die Chilenen ganz besonders. Riesenmuscheln *(loco)* oder Seeigel *(erizo)* konsumiert man am liebsten im Urzustand, akzeptiert höchstens ein wenig grüne Kräutersauce zum *loco* oder etwas Weißwein zum *erizo*. Und daß man Austern roh zu sich nimmt, ist Ehrensache.

Beim Verzehr von Lachs und Hühnern ist zu bedenken, daß sie in Käfigen und Farmen gezüchtet werden. Anders als Rinder, Ziegen und Schafe tummeln sie sich nicht ungehindert im Freien, und das macht sich im Geschmack ganz gewaltig bemerkbar. Salat kann man getrost zu sich nehmen, wo er angeboten wird, denn die Gemüsesorten werden vorgekocht, die Tomaten geschält.

Feiertage

Die offiziellen Feiertage sind:
1. Januar – Neujahr *(Año Nuevo)*
Ostern (aber nicht der Ostermontag; *Pascua*)
1. Mai – Tag der Arbeit *(Día del Obrero)*
21. Mai – Jahrestag der Schlacht von Iquique *(Combate Naval de Iquique 21 de Mayo 1879)*

29. Juni – Peter und Paul *(San Pedro y San Pablo)*
15. August – Mariä Himmelfahrt *(Asunción)*
18. September – Unabhängigkeitstag *(Día de la Independencia)*
12. Oktober – Tag der Entdeckung Amerikas *(Día de la Raza)*
1. November – Allerheiligen *(Todos los Santos)*
8. Dezember – Unbefleckte Empfängnis *(Immaculada Concepción)*
25. Dezember – Weihnachten *(Navidad)*.
Am Heiligabend wird offiziell gearbeitet, und es gibt keinen 2. Weihnachtstag.

Fotografieren

Sämtliches Filmmaterial ist in Chile problemlos erhältlich, nur liegen die Preise höher als in Deutschland, so daß nichts dagegen einzuwenden ist, einige Filme auf Vorrat mitzunehmen. Fotos kann man in 24 Stunden entwickeln lassen. Das Land ist übersät mit lohnenden Motiven, die wegen der starken Sonneneinstrahlung besonders früh am Morgen und am Spätnachmittag bis in die Abendstunden ihren schönsten Reiz entfalten.

Eine Selbstverständlichkeit sollte es sein, bei Aufnahmen von Personen nach deren Einverständnis zu fragen und eine Ablehnung zu akzeptieren. Mapuche und Rapu nui verlangen zu Recht eine Entlohnung ihrer Dienste.

Geld und Kreditkarten

Der Chilenische Peso zirkuliert in Münzen zu 1, 10, 50 und 100 Pesos sowie in Scheinen zu 500, 1000, 2000, 5000 und 10000 Pesos. Die Umtauschkurse halten sich relativ stabil, z.Zt. 1 US-$ = ca. 760 Pesos. Am unproblematischsten sind US-Dollars zu tauschen (auch sind viele Preise in US-$ ausgezeichnet), andere Währungen bekommt man am besten in Santiago in den Wechselstuben *(casas de cambio)* der Straßen Agustinas und Huérfanos.

Mit ›Redbanc‹ gekennzeichnete Banken haben Geldautomaten *(cajeros automáti-*

cos). Das ist wohl auch die vernünftigste **Umtauschmöglichkeit,** will man Warteschlangen beispielsweise in Banken vermeiden. Wer in jedem Ort von touristischem Interesse Wechselstuben vermutet und damit rechnet, wird enttäuscht sein. In Castro und in Puerto Varas z. B. gibt es erst seit kurzem eine solche Einrichtung, hier tauschen die Banken gar nicht, und so ist man mit einer Redbanc gut bedient. Auf der Osterinsel tauscht der Banco del Estado de Chile nur bis 12 Uhr Dollars. Sie werden auch als zweite offizielle Währung akzeptiert. Bargeldbezug mit Kreditkarte ist hier nicht möglich.

Zum Bezahlen **Kreditkarten** einzusetzen ist in Chile vielleicht sogar verbreiteter als hierzulande. Akzeptiert werden VISA, MasterCard, Diner's Club und auch American Express. Bei Verlust sollte man so schnell wie möglich die Notrufzentralen verständigen:
VISA/MasterCard Tel. in Santiago 02/631 70 03 (24-Std.-Hotline in Chile);
Diner's Tel. 02/232 00 00 (in Santiago) oder Tel. 00 49/59 21/86 12 34 (24-Std.-Hotline in Deutschland);
American Express Tel. 800 201 022.

Nicht unbedingt üblich ist das Bezahlen mit **Traveler Cheques.** Wer aus Sicherheitsgründen damit reisen will, sollte solche in US-Währung von American Express mitnehmen, weil sie am bekanntesten sind, und sich darauf einstellen, außerhalb der größeren Städte entweder gar nicht oder nur gegen eine – sehr stark differierende – Gebühr tauschen zu können.

Gesundheitsvorsorge

Die Hygiene-Institute und Gesundheitsämter sprechen keine besonderen Empfehlungen aus, aber generell gilt, daß der Typhus-, Hepatitis- und Tetanusschutz intakt sein sollte. Wer nach Bolivien und Peru weiterzureisen plant, sollte gegen Cholera geimpft sein. Cholera kann vereinzelt auch im Norden des Landes vorkommen, läßt sich mit den üblichen Vorsichtsmaßnahmen aber leicht umgehen. Tabu sind Leitungswasser, rohe Meeresfrüchte und ungeschältes Obst.

Wer auf den *altiplano* reist, kann Opfer der Höhenkrankheit werden. Die Chilenen schwören auf das Kauen von Kokablättern als wirksamste Rezeptur. Viel Flüssigkeit zu sich zu nehmen, fettarm zu essen, weder Alkohol noch Kaffee zu konsumieren, sich langsam zu akklimatisieren und nicht zu überanstrengen hilft, die *soroche* oder *puna* erst gar nicht entstehen zu lassen.

Unbedingt einzukalkulieren sind die extreme Sonneneinstrahlung und die dünne Ozonschicht. Auch an nebligen und bedeckten Tagen sollte man sich wirkungsvoll vor der Sonne schützen, denn sie ruft Hautkrebs und Schädigungen der Netzhaut hervor.

Indigene Völker

Nachrichten über die Mapuche und andere indigene Gemeinden findet man im Internet: www.Hookele.com/netwarriors (auf Englisch, von der UN); www.gfbv.de (auf Deutsch, Website der Gesellschaft für bedrohte Völker).
Speziell zu den **Mapuche:**
www.mapuche.cl (auf Spanisch, Nachrichten, Kultur, Kunst); www.dibam.renib.cl/ISC563 (auf Spanisch, Präsentation des Mapuche-Museums, Cañete); www.soc.uu.se/mapuche (auf Spanisch, Englisch und Mapungdun).

Informationsstellen

Chile unterhält keine Fremdenverkehrsvertretung. Die Wirtschaftsabteilung des Konsulates in Hamburg hat ein Informationsbüro eingerichtet: **Pro Chile,** Kleine Reichen Str. 1, D-20457 Hamburg, Tel. 040/ 33 58 35, Fax 32 69 57, prochile.hamburgo @t-online.de, www.prochile.cl, oder www. chiletrip.cl. Sie versendet gegen einen frankierten, adressierten Rückumschlag Listen von Hotels, Jugendherbergen, Campingplätzen, Autoverleihern, Reiseveranstaltern und ein Infoblatt mit praktischen Hinweisen.

Die Fluggesellschaft **Lan Chile,** Lieb-
frauenstr. 1–3, D-60313 Frankfurt, ver-
schickt ebenfalls Reiseinfos und offeriert
einen Touristen-Hotline-Dienst: 0 69/29 80
01 29, Fax 131 07 76, www.lanchile.com.
Im Land selbst wendet man sich am
besten an **Sernatur** (Servicio nacional de
Turismo; www.sernatur.cl). Büros mit in
der Regel sehr auskunftsfreudigen Mitar-
beitern und viel Prospektmaterial gibt es in
jeder größeren Stadt.

Weitere hilfreiche Websites:
www.segegob.cl
Allgemeine Infos
www.visit-chile.org
Seite des Veranstalter-Verbandes Corporación Turística de Chile auf Spanisch und
Englisch
www.aduana.cl
Seite der chilenischen Zollbehörde, allgemeine Einfuhrbestimmungen. Öffnungszeiten der Grenzübergänge unter ›pasos
fronterizos‹ (auf Spanisch und Englisch)
www.gochile.com
Touristische Information über ganz Chile
mit Hoteltips, Gastronomie, Touren,
Buchungsmöglichkeiten
www.concepcion.cl
Informationen über die Stadt Concepción
www.travelhouse.com
Ein sehr interessantes Reisemagazin für
die Region de los Lagos (10. Region) mit
Interviews, Informationen zur Ökologie,
Kunst und Kultur, auf Englisch, Spanisch
und Französisch.
www.patagoniachile.cl
Gute touristische Informationen über Pata-
gionien, Schwerpunkt Coyhaique und
Puerto Aisén.
www.magallanes-region.cl
Touristische Informationen der 12. Region
www.chile-hotels.com
Hotellisten der Städte mit Buchungsmöglichkeiten
www.chilegolf.cl/club.htm
Golfplätze in Chile
www.chileaustral.com
Stellt die Attraktionen Patagoniens vor,
auch praktische Informationen.
www.condor.cl
Wochenzeitung in deutscher Sprache

www.tercera.cl
Tageszeitung
www.elmercurio.cl
Tageszeitung
www.volare.cl
Tourismuszeitschrift
Weitere Websites s. Adressen und Tips
von Ort zu Ort, S. 291ff.

Kleidung und Ausrüstung

Spezielle Kleidungscodes gibt es in Chile
nicht. Man kleidet sich gepflegt, korrekt
und ein wenig konservativ im Geschäfts-
alltag sowie bei abendlichen Einladungen
und sportlich-lässig für die Freizeit. Shorts
und kurze Hosen tragen die Chilenen nicht
in der Stadt. Die Chileninnen sind ausgesprochen modebewußt und folgen gerne
allen Gags aus Europa oder Nordamerika,
die älteren *señoras* dagegen legen Wert
auf einen damenhaften Stil. Eine Chilenin
würde selten ohne BH herumlaufen und
nie ihr Bikinioberteil am Strand ausziehen;
danach sollten sich die mitteleuropäischen
Besucherinnen richten. Abgesehen davon,
daß es keinen guten Eindruck hinterläßt,
wenn man diese Regel mißachtet, ist es
auch lästig. Dafür betont man gerne die
Unterschiede zwischen Mann und Frau.
Enge, kurze Röcke und weit ausgeschnit-
tene Tops gehören zum sommerlichen All-
tagsoutfit der Damen.
Auch wer im chilenischen Sommer im
Süden unterwegs ist, braucht einen guten
Regenschutz. Trekker packen regenfeste
Überhosen ein. Unterkleidung aus wasser-
ableitender Mikrofaser, Fleece-Shirts und
-Jacken empfehlen sich als Wanderaus-
rüstung. Für längere Ausritte sind Jeans
mit ihren dicken Nähten nicht die geeig-
nete Beinkleidung, weichere, aber stabile
Baumwollhosen sind die bessere Wahl.
Wasserdichte Wanderschuhe sollten auf je-
den Fall ins Gepäck. Ebenso unverzichtbar:
ein Sonnenschutzmittel mit extrem hohem
Lichtschutzfaktor, da die Ozondecke über
Chile, besonders im Süden, sehr dünn ist.
Auch eine *gorra,* eine Baseballkappe, und
eine gute Sonnenbrille schützen effektiv.
Wer Exkursionen plant, sollte einen Tages-

rucksack mitnehmen, Taschenmesser und Taschenlampe sind eine sinnvolle Ergänzung für Outdoor-Aktivitäten.

Die Chilenen machen sich für das abendliche Ausgehen gerne schick. Wer das Theater oder ein feineres Restaurant besuchen möchte, sollte daran denken. Trotzdem braucht man auf seiner Chile-Rundreise, die in der Regel durch verschiedene Klimazonen führt, nicht viele Koffer mitzuschleppen. Es gibt überall Wäschereien oder die Möglichkeit, innerhalb eines Tages die Kleidung im Hotel waschen zu lassen.

Literarische Einstimmung

Da sich chilenische Autoren in der Regel intensiv mit ihrem Land auseinandersetzen, ist es nicht schwer, Bücher zu finden, die als Einstimmung geeignet sind, allen voran die Werke von **Pablo Neruda,** darunter seine Autobiographie ›Ich bekenne, ich habe gelebt‹ (dtv). Viele seiner Gedichtsammlungen enthalten wundervolle Oden an Chile, so z.B. ›Aufenthalt auf Erden‹ (dtv) und ›Memorial von der Isla Negra‹ (Luchterhand; nicht mehr lieferbar). Eine gnadenlose, aufrüttelnde Tour de Force durch die traurige Abhängigkeit der lateinamerikanischen Kolonien unternimmt er mit dem Gedichtband ›Canto General‹ (›Der große Gesang‹; dtv, Luchterhand), den Mikis Theodorakis in den frühen 1970er Jahren vertonte und damit auf Tournee ging.

Der von Neruda hochgeschätzte **Francisco Coloane** ist ein auf Chiloé als Sohn eines Walfängers geborener Abenteurer und abenteuerlicher Literat. Vom tiefen Süden künden seine faszinierenden, rauhen Erzählungen aus den Anfängen des 20. Jh. über die Pioniere dieser Landstriche, über Goldsucher, Matrosen, Farmarbeiter, Robbenjäger, die unter dem Titel ›Feuerland‹ erschienen sind. Auf Deutsch ist auch sein erster Roman ›Der letzte Schiffsjunge der Baquedano‹ erhältlich (beide Unionsverlag).

Luis Sepúlveda heimste für seinen spannenden Walfang-Krimi ›Die Welt am Ende der Welt‹ (Fischer Taschenbuch) einen wichtigen spanischen Literaturpreis ein. Als Hauptstädter nähert er sich darin neugierig, aufgeweckt und ein wenig skeptisch den südlichsten Landstrichen Chiles und entwirft en passant ein faszinierendes Porträtpuzzle ihrer fesselnden Verlassenheit und Unregierbarkeit. Schön für einen Aufenthalt in Patagonien: ›Patagonien Express‹, in dessen Mittelpunkt die Begegnungen mit ungewöhnlichen Menschen aus dieser Region steht (Fischer).

Wer sich auf eine äußerst unterhaltsame Zeitreise durch Chiles Geschichte des 20. Jh. begeben will und lebenspralle Begleiter sucht, ist mit **Isabel Allendes** zauberhaftem ›Geisterhaus‹ gut beraten. In ›Von Liebe und Schatten‹ skizziert sie den Konflikt zwischen dem unter Pinochet tief zerrissenen Chile neu. In ›Aphrodite‹ wendet sie sich der Küche zu und zieht amüsant Parallelen zur Erotik, die sie mit allerlei Rezepturen zu untermauern versucht. ›Fortunas Töchter‹ und ›Porträt in Sepia‹ sind ebenfalls wie alle anderen Bücher von ihr Bestseller geworden.

Die in gesamt Lateinamerika sehr populäre Schriftstellerin **Marcela Serrano** ist hierzulande noch nicht sehr bekannt. ›Damit du mich nicht vergißt‹ erschien in der Reihe ›Frau in der Gesellschaft‹ im Fischer Verlag, eine spannende und nachdenklich stimmende Auseinandersetzung einer wohlhabenden Frau mit der Vergangenheit. Neu auf dem Markt ist der Kriminalroman ›Unsere Señora der Einsamkeit‹, Distel Literaturverlag, mit einer weiblichen Detektivin.

Wichtigste politische Gegenwartsautoren von hohem internationalen Rang und literarische Innovateure sind **José Donoso** mit seiner arabesken Parabel ›Das Landhaus‹ (Hoffmann und Campe) und **Ariel Dorfman,** dessen ›Maske‹ (Fischer Taschenbuch) kafkaeske seelische Labyrinthe schildert.

Der berühmte **Antonio Skármeta** kehrte als Botschafter nach Berlin zurück, wo er lange während seines Exils unter Pinochet gelebt hatte. Richtig populär gemacht hat ihn nicht die Literatur, sondern die Verfilmung von ›Der Postbote‹ eine Liebesgeschichte auf Capri, parallel montiert zur

Liebe von Pablo Neruda zu Matilde Urrutia. Sein neuestes Werk, ›Die Hochzeit des Dichters‹, ist im Piper Verlag erschienen.

Einen rasanten und lebensvollen Roman mit einem überbordenden, kaum gefaßten Erzählstrom hat **Alejandro Jodorowsky** geschrieben. ›Wo ein Vogel am schönsten singt‹ (Suhrkamp) schlägt atemlos eine Brücke zwischen Altem und Neuem Kontinent, zwischen Rußland und Chile. Das Schicksal zweier Familien wird unter zahlreichen literarischen Volten aufgeblättert.

Einen ganz vorzüglichen, in aller geschichtlichen Belehrung unterhaltsamen Abstecher in die Welt der Eroberung Chiles leisten die Briefe von **Pedro de Valdivia,** ›Die alltägliche Conquista‹ (Vervuert).

Wer alte Reiseberichte liebt, findet einige schöne Ausgaben. Hochinteressant sind die Aufzeichnungen von Naturforschern, Forschungsreisenden und Malern, die praktisch mit unseren Augen diese unbekannte Welt ertasten, wie sie Jahrhunderte zuvor beschaffen gewesen war. Dies zu lesen, selbst Eindrücke zu sammeln und zu vergleichen, ist immer ein fesselndes Leseerlebnis. Von **Eduard Poeppig** gibt es eine ausgesprochen attraktive Neuauflage der ›Reise in Chile, Peru und auf dem Amazonenstrome‹ aus dem Jahre 1831 (Brockhaus).

Charles Darwin hat in seiner ›Reise um die Welt‹ (Thienemann) aufsehenerregende und spannend zu lesende Aufzeichnungen und Theorien formuliert.

Der Maler **Otto Grashof** hielt sich ein halbes Jahr in Santiago und Valparaíso auf und streifte durch die Kordillere. Was er zur chilenischen Gesellschaft zu sagen weiß, wie er das Nebeneinander von Licht und Schatten schildert, amüsiert und informiert vorzüglich. Seine Bilder und Skizzen konfrontieren uns mit einer vergangenen Welt und bewahren und beschützen sie gleichzeitig. Sehr schön ausgestattet ist der Band von Renate Löschner, ›Otto Grashof. Die Reisen des Malers in Argentinien, Uruguay, Chile‹ (Gebr. Mann).

Ein wundervolles Buch für alle, die dem Labyrinth der Entdeckungsgeschichte des südamerikanischen Subkontinents folgen wollen, hat **Oswald Dreyer-Eimbcke** geschrieben. Geschichte ist hier spannender verfaßt als ein Kriminalroman, denn bei aller präzisen Datensammlung hat der Autor süffig und neugierig (machend) geschrieben. Neben der Chronologie der Ereignisse vom 16. zum 20. Jh. ist der reiche Kartenanhang eine Augenweide: ›Auf den Spuren der Entdecker am südlichsten Ende der Welt‹ (Perthes).

Naturschutz

Wenn man die Absicherungserklärungen der chilenischen Regierung verfolgt, so scheint ihr zur Zeit kaum etwas näher und förderungswürdiger zu sein als der Naturschutz – bis auf die wirtschaftlichen Wachstumsraten. Und genau unter dieser Quadratur des Kreises leidet die staatliche Forstbehörde **Conaf** (Corporación Nacional Forestal), eine Unterabteilung des Ministeriums für Landwirtschaft. Sie versucht, mit geringsten Mitteln das beste aus der Situation zu machen – und die ist schlecht. Auch in bestehenden Parques Nacionales werden Lizenzen zur Ausbeutung der natürlichen Ressourcen erteilt. Conaf verwaltet 32 Nationalparks, 43 Reservate und 12 Naturmonumente. Mit 140 000 km² stehen etwa 18% der gesamten Staatsfläche unter Naturschutz. Die Zentrale der Organisation befindet sich in Santiago, Av. Bulnes 259, 2. Stock, Tel. 02/671 18 50, www.conaf.cl (Regionalbüros s. Adressen und Tips von Ort zu Ort, S. 291ff.).

Notrufnummern

Ambulanz *(Ambulancia)* Tel. 131
Polizei *(Carabineros)* Tel. 133
Feuerwehr *(Bomberos)* Tel. 132
Seerettungsdienst (Rescate Marítimo) Tel. 137

Diese Nummern gelten einheitlich für das ganze Land. Weitere Notrufnummern sind der Tagespresse zu entnehmen.

Öffnungszeiten

In den **Büros** wird 8/9–17/18 Uhr gearbeitet, in den **Banken** 9–14 Uhr (Osterinsel: bis 13 Uhr, Innenstadt Santiago bis 16 Uhr). **Geschäfte** öffnen zwischen 9 und 10 Uhr und schließen gegen 20 Uhr, kleinere Läden machen häufig für eine Mittagspause 13.30–15 Uhr dicht. **Shoppingcenter** dagegen haben teilweise auch samstags bis 22 Uhr geöffnet. Die **Post** arbeitet 9–18 Uhr, in den kleineren Orten legt sie 13–15 Uhr eine Mittagspause ein. An Samstagen werden die Schalter bis 13 Uhr (Osterinsel: bis 12 Uhr) offengehalten.

Die Öffnungszeiten auf der **Osterinsel** unterscheiden sich leicht. Geschäfte haben generell 9–14 und 17–21.30 Uhr geöffnet. Die Tankstelle arbeitet von 7 bis 23 Uhr.

Museen sind montags meist geschlossen und sonntags nur am Vormittag geöffnet. Präzise Angaben s. Adressen und Tips von Ort zu Ort, S. 291ff.

Post

Postkarten und Briefe erreichen Mitteleuropa zuverlässig in durchschnittlich 8–10 Tagen, das Luftpost-Porto beträgt einheitlich 300 Pesos. Unproblematisch ist es, sich Post nach Chile an zentrale Postämter über die *lista de correos* senden zu lassen. Die Adressaten können sich anhand eines Aushangs über eventuell eingegangene Briefe informieren und sie sich gegen eine geringe Gebühr und die Vorlage des Reisepasses aushändigen lassen.

Preise

Das Preisniveau richtet sich nach dem Standort. Nicht billig sind Santiago, Pucón, Punta Arenas und Puerto Natales, auch liegen die Preise auf der Osterinsel über denen des Festlandes, da vieles von dort importiert werden muß.

Für **Hotels** gelten Hoch- und Nebensaison *(temporada alta* und *temporada baja)*.

Es ist üblich, als Ausländer nicht die Mehrwertsteuer von 18% auf die Hotelpreise zahlen zu müssen. Dafür wird eine besondere Rechnung in Dollarwährung angefertigt *(factura de exportación)*. Die Preise sind stark aufgefächert. In ausgesprochenen Luxushotels oder abgelegenen Unterkünften, wie beispielsweise den ›Termas de Puyuhuapi‹, in Santiago im ›Carrera‹ und im ›Hyatt‹ können die Übernachtungen im DZ leicht etwa 250 € kosten, auf der Osterinsel ist es ebenfalls nicht sonderlich billig, aber sonst kalkuliert man etwa 100–160 € pro Übernachtung im Vier-Sterne-Hotel (chilenische Kategorisierung) ein. In Familienpensionen oder Etagenhotels, die häufig empfehlenswert und blitzsauber sind, zahlt man nicht mehr als etwa 20–30 €.

Das Preisgefüge in den **Restaurants** ist erstaunlicherweise sehr homogen; auch in ausgewiesenen Luxusrestaurants bezahlt man nicht exorbitant viel. Die international gelobten chilenischen Weine kommen sowieso relativ günstig auf den Tisch. Billig und gut satt essen kann man sich in den Marktrestaurants und in den *sandwicherías*.

Empfindlichere Einschnitte ins Budget verursachen die **Exkursionen** (pro Tag und Person bis zu 100 US-$) und die **Wagenmiete**. Das Benzin schlägt mit etwa 0,5 € pro Liter zu Buche.

Reisen im Land

Über das weit auseinandergezogene Land ist ein ausgesprochen dichtes **Flugnetz** geknüpft, das auf das Zentrum Santiago ausgerichtet ist. Beispielsweise gibt es keinen Direktflug von Iquique nach Puerto Montt, sondern man muß in Santiago umsteigen. Im unwegsamen Süden und zu den Islas Juan Fernández fliegen lokale Veranstalter.

In der Luft hat sich ein ausgesprochener Preiskampf entwickelt, deswegen lohnen sich Vergleiche. Eine günstige Möglichkeit, Chile per Flugzeug zu bereisen, bietet der ›Visit Chile Air Pass‹ von Lan Chile. Enthalten sind drei Coupons, deren Datum kostenlos umgebucht werden kann, bei Streckenänderungen ist eine Gebühr fällig. Die Routen sind vor Reiseantritt festzulegen. Der Gesamtpreis beträgt 250 US-$. Jeder weitere Coupon schlägt mit 60 US-$ zu Buche.

Wer auf die Osterinsel fliegt, sollte seine Flugdaten unbedingt bestätigen – das Abflugdatum z. B. gleich nach der Ankunft –, da die Maschinen häufig überbucht sind, besonders in der Hochsaison (Jan.–März). Nach Hanga Roa fliegt nur Lan Chile.

Websites der Fluglinien: aeroviasdap.cl (DAP, Flugverbindungen 12. Region und Antarktis); www.lanchile.cl.

Das **Bussystem** funktioniert tadellos und pünktlich von normalerweise zentral gelegenen oder leicht zu erreichenden Terminals. Die ordentliche Qualität der Fahrzeuge macht die Busreise unanstrengend. Für längere Fahrten sollte man der Bequemlichkeit halber *coche cama* mit gut ausziehbaren Sitzen buchen. Wer kein Videofan ist, muß allerdings häufig leiden, denn eine unablässige Beschallung und Bestrahlung gehört zum guten Ton der besseren Linien auf den Fernstrecken. Da ist man dann gnadenlos dem Geschmack der Busbegleiter ausgeliefert.

Die schwarzen **Taxis** mit gelben Dächern stoppt man an der Straße, sie arbeiten mit Taxameter und sind ziemlich preiswert. Ein Trinkgeld wird nicht erwartet, aber gerne genommen. Es gibt auch Funktaxis.

Ebenfalls Verlaß ist auf die **Shuttle-Dienste** zu den Flughäfen. Wer in Santiago ankommt, hat die Auswahl zwischen drei Busdiensten, die in die Innenstadt fahren. Die meisten halten auch an einigen Metrostationen. Informationsschalter der Dienste befinden sich in den Hallen des Flughafens. In Iquique mit dem 30 km entfernten Flughafen funktioniert dieses System ebenfalls – auch spätabends.

Zugverkehr kommt in Chile leider kaum vor. Es gibt nur zwei Strecken: Calama–Oruro (Bolivien) und Santiago–Temuco, wo allerdings ein sehenswertes 1920er-Jahre-Modell verkehrt. Die Fahrt dauert die ganze Nacht. Abfahrt ist am ebenfalls sehenswerten Estación Central.

Reisezeit

Wegen seiner extremen Längsausdehnung auf der südlichen Erdhalbkugel weist Chile große klimatische Unterschiede auf – von der trockensten Wüste der Welt mit hohen Hitzewerten während des Tages und einem rapiden Temperaturabfall um etwa 25–30 Grad in der Nacht bis zum Süden mit feuchtkühlen Sommern, starken Regenfällen und böigem Wind ist einfach alles möglich. Da die größten touristischen Sehenswürdigkeiten sich über diese gesamte Fläche verteilen, eignen sich die chilenischen Sommermonate von Ende November bis Mitte März für einen Besuch des gesamten Landes.

Wer nur einzelne Regionen sehen will, braucht sich daran nicht zu halten. Die Osterinsel und der gesamte Norden mit der Region Atacama und den Hochplateaus und Küsten bis nach Peru lassen sich problemlos ganzjährig bereisen, die Monate Oktober bis April eignen sich für die Zentralregion, den ›Kleinen Süden‹ und Patagonien, und wer skifahren möchte, wählt den chilenischen Winter von Juni bis September. Für winterliche Besuche in Patagonien und auf Feuerland, die sehr interessant sein können, ist es ratsam, sich nach den Öffnungszeiten der Hotels zu erkundigen.

Sicherheit

Chile gilt als eines der sichersten Reiseländer Südamerikas – und das ist es auch. Normalerweise wird davor gewarnt, Geld auf der Straße zu tauschen und auf belebten Plätzen und Märkten das Portemonnaie offen zur Schau zu stellen. Auch die Metro in Santiago gilt unter Chilenen als Revier von Taschendieben. Alltagserfahrungen zeigen indes, daß man auch spätabends problemlos durch die Straßen laufen kann. Taxifahrer verweisen schnell auf ihre Taxameter und demonstrieren, daß sie niemanden übervorteilen wollen.

Gepäckstücke und Kameras sollte man allerdings nie im Kofferraum eines Wagens liegen lassen, und auch das Autora-

dio entfernen, wenn eine entsprechende
Vorrichtung vorhanden ist.

Alleinreisende Frauen werden überall
gerne willkommen geheißen, ihre ausge-
sprochene Ritterlichkeit verbietet den Chilenen grobe Anmache. Aufmerksamkeit
und interessierte Blicke lenkt man hingegen
leicht auf sich. In Restaurants und Hotels
werden alleinreisende Frauen meist zuvorkommend und besonders höflich behandelt. Kein Wunder: Chileninnen sind
selbst gerne solo unterwegs. Allerdings:
Obwohl Trampen üblich und verbreitet ist
– besonders auffällig ist dies auf der Isla
de Chiloé –, sollten es Frauen besser nicht
alleine tun – wie in jedem anderen Land
auch.

Souvenirs

Chile verfügt über ein stark regional ge-
prägtes Angebot an Kunstgewerbe. Strickwaren und Körbe von der Isla de Chiloé,
die auch in Puerto Montt erhältlich sind,
Schmuck aus Lapislazuli und Silber, Holzschnitzereien, indianische Keramik, Flecht-
werk aus Pferdehaar, Schmuck aus Alpaka-
Silber der Mapuche: alles bekommt man
auf lokalen Märkten in vielfältiger Auswahl. Diese Märkte, z. B. in Temuco, Puerto
Montt, Dalcahue, Castro, Arica und La Serena, dürfen als Sehenswürdigkeiten gelten. Wein und der Tresterschnaps Pisco
sind ebenfalls begehrte Mitbringsel.

Sprache

Die vorherrschende Staatssprache ist die
südamerikanische Version des Spanischen, mit winzigen abweichenden Eigen-
heiten. Englisch wird nicht überall gesprochen oder verstanden, im Süden kommt
man sogar eher mit Deutsch durch, da er
von deutschen Einwanderern kolonisiert
wurde und sich einige deutsche Ausdrücke
pur und rein zur Überraschung aller erhalten haben. Wer Spanisch versteht und
spricht, erleichtert sich die Kommunika-
tion mit den redelustigen Chilenen ungemein.

Die indigenen Sprachen der Aymara,
Mapuche und *Rapa nui* haben sich allmählich durchgesetzt. In vielen Namensgebun-
gen von Orten, Landschaften, Flüssen, Blumen, Tieren und Bergen sind indianische
Begriffe und Silben auffindbar; so ist die
Osterinsel komplett zweisprachig, und mit
bolivianischer und peruanischer Unterstützung wurde in Iquique eine Lehreruniversi-
tät aufgebaut, die das Aymara unterrichtet,
damit die Kinder des *altiplano* bilingual
aufwachsen können. Die Mapuche sprechen ihr *mapungdun*.

Telefonieren

Ein *centro de llamados* mit Fax-Dienst findet man auch im kleinsten Ort. Dort werden nationale und internationale Gesprä-
che vermittelt. Die Preise sind nach Minu-
ten-Einheiten gestaffelt und variieren je
nach Gesellschaft. 1 Minute nach Deutschland kostet 500–700 Pesos. Telefonieren
mit Telefonkarten ist nicht ganz so einfach, da jede Gesellschaft ihre eigene
Karte hat.

Von Chile aus lautet die Vorwahl für
Deutschland 00 49, für Österreich 00 43, für
die Schweiz 00 41. Von Europa aus ist die
Vorwahl für Chile 00 56; bei der Ortsvor-
wahl entfällt dann jeweils die 0.

Trinkgeld

Das übliche Trinkgeld beträgt 10 % des
Rechnungsbetrags – die Frühstückskellner
nicht vergessen! Zimmermädchen sollte
man mit einem Dollar pro Tag pro Person
belohnen, Kofferträger erhalten selbstverständlich auch eine kleine Summe für ihre
Dienste. Parkwächter erwarten 200 Pesos
am Tag und 500 bis 1000 Pesos in der
Nacht.

Unterkunft

Im gesamten Land steht eine breit gefä-
cherte Palette an Unterkünften zur Verfügung, die mit fünf Sternen klassifiziert

wurden. Der Standard ist für ein südamerikanisches Land hoch, so daß man sich vertrauensvoll in ein Zwei-Sterne-Hotel einmieten kann. Mitunter, wie z. B. auf der Osterinsel, haben die familiär geführten Frühstückspensionen, in denen auf Wunsch auch Vollpension angeboten wird, gegenüber den großen und wesentlich teureren Hotels den Vorteil, nicht weniger zu offerieren als sie vorgeben. Auch in den meist blitzsauberen *residenciales,* besonders im Süden, z. B. in Puerto Varas und in Puerto Natales, läßt es sich behaglich wohnen. Das gestiegene und steigende touristische Aufkommen hat den Ausbau der Hotelkapazität stark stimuliert.

Urlaub in *cabañas* ist besonders bei Chilenen sehr beliebt. Ausstattung und Architektur der Ferienbungalows variieren stark. Eigene Laken sollte man für das Zelten mitnehmen oder dort kaufen. Ähnliches gilt für Campingplätze; mitteleuropäischer Standard ist dort nicht zu erwarten, aber häufig anzutreffen.

Das Preisniveau in Santiago, im ›Großen Süden‹ und Calama liegt hoch. Spitzenhotels verlangen leicht Londoner Preise. Generell gilt, daß der Süden höher zu Buche schlägt als der Norden.

Urlaubsaktivitäten

Eine prachtvolle und außergewöhnliche Natur ist Chiles größte Attraktion, und zu deren Genuß führen viele Wege. In den letzten Jahren hat sich das Land zu einem Dorado für Sportler und Aktivurlauber entwickelt. Kein Wunder, denn neben der herausfordernden Landschaft hat es die passende Infrastruktur: Unterkünfte für alle Reisebudgets, zuverlässige Busverbindungen mit modernen und schnellen Fahrzeugen. Wer es ganz natürlich liebt, findet Zeltplätze.

Für **Trekker und Wanderer** haben die staatliche Forstbehörde Conaf und private Initiativen Wanderrouten und Naturlehrpfade ausgearbeitet. Sogar Vulkane lassen sich erklimmen: Im Süden der (aktive) Villarrica und der Osorno, im Norden Lascar

und Licancabur. Man kann über das Gletschereis des San Lorenzo wandern oder über die Darwin-Kordillere. Die Nationalparks sind durch Pfade erschlossen, die unbekannteren (z. B. Volcán Isluga, Salar de Surire, Tres Cruces) entdeckt man am besten mit professioneller Anleitung. Mehrtägiges Wandern in der trockensten Wüste der Welt, der Atacama, gehört zu den extravaganten Höhepunkten, die man sich ebenfalls gut organisieren lassen sollte.

Die Region de los Lagos, die Isla de Chiloé und der Norden der Carretera Austral bieten sich für **Rafting** an; **Kayaking und Sea Kayaking** haben dort auch fest etabliert. Die beliebtesten Terrains sind der Río Espolón und der Futaleufú. Nordamerikaner und Kanadier sind gerne mit dem Kayak in den Fjorden der Carretera Austral und der Isla de Chiloé unterwegs.

Besonders der Süden mit seinen Nationalparks Torres del Paine und Vicente Pérez Rosales sowie die kalten Flüsse der 12. Region stehen bei **Anglern und Fliegenfischern** hoch im Kurs. Lodges vermitteln Guides und Ausrüstung.

Die **Surfparadiese** liegen im Norden. Iquique und Arica haben sich zu bedeutenden internationalen Surf-Zentren gemausert.

Zu entdecken sind die zahlreichen **Thermalquellen** des vulkanbesetzten Landes. Einige, wie die Termas de Chillan, de Puyehue, de Huife und de Puyuhuapi, genießen einen guten Ruf und werden durch teilweise luxuriöse Hotelanlagen genutzt. Andere haben nicht mehr als ein Becken aus grobem Beton, als Umkleidekabine dienen rohe Steine …

Eintages-Bootsfahrten zu Gletschern mit anschließenden kurzen Wanderungen (im Süden), Besuche von Tierkolonien (Reserva Nacional Humboldt bei La Serena, Pinguinkolonien in Magallanes), Wanderungen mit Tierbeobachtungen, Reitausflüge und Kurztrips in die Nationalparks haben verschiedene Reiseveranstalter im Programm. Weitere (erprobte) Adressen s. Adressen und Tips von Ort zu Ort, S. 291ff.).

Zeitungen

Unangefochtener Marktführer unter den Tageszeitungen ist der konservative ›El Mercurio‹, der der einflußreichen Familie Ibáñez del Campo gehört. Hatte er sich während der Allende-Zeit den Vorwurf gefallen lassen müssen, von der CIA gekauft worden zu sein, so präsentiert er sich auch heute ohne wirklich ernsthafte Konkurrenz, höchstens die konservative ›La Tercera‹ kann noch ein wenig mithalten.

Ansonsten beherrschen bunte Blätter das Geschehen: Esoterisches, Klatsch und Tratsch, Sportmagazine und Pornoheftchen pflastern mit ihren bunten Titelblättern die Zeitungskioske. Die spanische Zeitschrift für den *educated gossip,* ›Hola‹, findet reißenden Absatz, speziell weil sie ›chilenisiert‹ ist, und chilenische Ausgaben internationaler Frauen- und Modezeitschriften von ›Marie-Claire‹ bis ›Cosmopolitan‹ machen der chilenischen ›Paula‹ Konkurrenz. Ein empfehlenswertes politisches Magazin ist ›Análisis‹.

Wer nach seiner deutschen Tageszeitung oder Wochenzeitschrift sucht, wird im Paseo Ahumada fündig. Dort lassen sich ›Die Zeit‹, ›Frankfurter Allgemeine Zeitung‹, ›Spiegel‹, ›Stern‹ und ›Bunte‹ erstehen.

Die deutschsprachige chilenische Wochenzeitung ›Cóndor‹ informiert quasi aus zwei Welten und faßt nationales wie auch internationales Geschehen zusammen.

Zeitunterschied

Die Abweichung der chilenischen Ortszeit gegenüber MEZ variiert mit der Sommer- bzw. Winterzeit. Vom 2. Samstag im Oktober bis Ende März beträgt der Unterschied −4 Std. im Vergleich zu Mitteleuropa; vom 2. Samstag im April bis Ende September −6 Std. In den jeweils zwei Wochen zwischen der Zeitumstellung in Europa und in Chile gibt es einen Unterschied von 5 Std. Ortszeit der Osterinsel: chilenische Zeit −2 Std.

Kleiner Sprachführer

■ Allgemeine Redewendungen/ Begriffe

Guten Morgen	Buenos días
Guten Tag (ab 14 Uhr)	Buenas tardes
Gute Nacht	Buenas noches
Auf Wiedersehen	Adíos/Hasta luego/ Chao
Vielen Dank	Muchas gracias
Bitte	por favor
Sehr liebens- würdig!	¡Muy amable!
Es tut mir leid	Lo siento
Entschuldigen Sie!	¡Disculpe Usted!
Ich heiße …	Me llamo …
Wie ist Ihr Name, bitte?	¿Cómo se llama Usted?
Sehr angenehm!	¡Mucho gusto! ¡Encantado!
Wie geht es Ihnen?	¿Cómo está Usted?
Bleiben Sie lange hier?	¿Se queda mucho tiempo aquí?
Wir reisen heute (morgen) ab	Nosotros viajamos hoy (mañana)
Bis auf bald!	¡Hasta pronto!
Ich freue mich	Me alegro
schön, hübsch	lindo
billig	barato
(zu) teuer	(demasiado) caro
Ich möchte gerne … kaufen	Quisiera comprar …
Kann ich das anprobieren?	¿Me lo puedo probar?
Ich benötige eine andere Größe	Necesito otro tamaño/otra talla
Was kostet das?	¿Cuanto vale?
Ich habe Kopf-/ Magen-/Leib- schmerzen	Tengo dolor de cabeza/estómago/ vientre
Ich habe einen Sonnenbrand	Tengo una quema- dura por el sol
Mir tut es hier weh	Me duele aquí

■ Örtliche und zeitliche Orientierungshilfe

Wo ist/ Wo befindet sich…?	¿Dónde está/ Dónde se encuentra …?
… das Krankenhaus	… el hospital
… die Polizei	… la policía
… die Straßen- polizei	… los carabineros
… das nächste Telefon	… el próximo teléfono
… eine Apotheke	… una farmacia
… ein Arzt/ Zahnarzt	… un médico/ dentista
… eine Wäscherei	… una lavandería
… eine chemische Reinigung	… una tintorería
… das Fremden- verkehrsbüro	… la información turística
… ein Reisebüro	… una agencia de viaje
… eine Wechsel- stube	… una casa de cambio
… die Post	… el correo
… eine Autover- mietung	… un alquiler de coches
… eine Tankstelle	… una bomba de bencina/gasolinera
… der Busbahnhof	… el terminal de pasajeros, termi nal de buses (micros)
… die Haltestelle (für Sammeltaxis)	… la parada (de los colectivos)
… die Metrostation	… la estación del metro
… ein Taxistand	… una parada de taxis
… der Bahnhof	… la estación de ferrocarril/tren
… der Flughafen/ … Hafen	… el aeropuerto/ el puerto
Wie komme ich nach/Wie gelange ich zu …	¿Como llego a(l) …?

Ist das weit
(von hier)?
¿Queda lejos
(de aquí)?

Wie viele Kilometer
ist das entfernt?
¿A cuántos kiló-
metros queda?

Wie viele Häuser-
blocks ist das
von hier entfernt?
¿A cuántas cuadras
queda de aquí?

Welches ist der kür-
zeste/sicherste/
bequemste Weg?
¿Cuál es el camino
más corto/
seguro/cómodo?

Wieviel Uhr ist es?
¿Qué hora es?

Gibt es hier einen
Fahrplan?
¿Existe un itinerario
por aquí?

Wann kommt
¿Cuándo llega

... der Zug
... el tren?

... der Bus
... el autobús?

... das Flugzeug
... el avión?

... das Schiff an?
... el ferry?

Wann fährt ... ab?
¿Cuándo sale ... ?

Gibt es keinen
früheren/
späteren ...?
¿No hay un ... que
salga más tem-
prano/más tarde?

Er (sie, es)
hat Verspätung
Lleva retraso

Wo löst man
die Fahrkarten?
¿Dónde se compra
los boletos?

Eine (Hin- und
Rück-)Fahrkarte,
bitte!
¡Un boleto de ida
(y vuelta),
por favor!

◼ Unterkunft

Ich suche ein
gutes Hotel
Estoy buscando un
buen hotel

Ich suche ein
mittleres/
preiswertes/
ruhiges Hotel
Estoy buscando un
hotel mediano/
económico/
tranquilo

Haben Sie ein
Einzel-/Doppel-/
Dreibett-/
Vierbettzimmer?
¿Tiene una
habitación
individual/doble/
triple/cuádruble?

mit/ohne Bad/
Dusche/
Frühstück
con/sin baño/
ducha/desayuno

Haben Sie eine
Hotelgarage?
¿Tiene estacionami-
ento en el hotel?

Haben Sie einen
Hotelsafe?
¿Tiene una caja
fuerte en el hotel?

Könnten Sie uns
mit dem Gepäck
helfen?
¿Nos podría ayudar
con el equipaje?

Wir zahlen bar/
Pagamos en

mit Kreditkarte/
in US-Dollar
efectivo/con
tarjeta/en dólares

Wo ist der
Empfang, bitte?
¿Dónde está la re-
cepción, por favor?

Haben Sie Platz für
ein großes/
kleines Zelt?
¿Tiene sitio para
una carpa grande/
pequeña?

Haben Sie eine
schattige Stelle
(für uns)?
¿Tiene un lugar que
tenga sombra?

Wir sind
... Personen
Somos
... personas

Was berechnen
Sie uns pro
Tag/Woche?
¿Cuánto cobra por
día/semana?

Kann man hier
Lebensmittel
kaufen?
¿Se puede comprar
alimentos aquí?

Gibt es einen
Grillplatz?
¿Hay un fogón/una
parilla?

Wo befinden/
befindet sich
die Wasch-
räume/
der Strom-
anschluß/
ein Wasserhahn?
¿Dónde se en-
cuentran/
encuentra
... los baños/
el enchufe
para la luz/
un grifo de agua?

◼ Im Restaurant

Bitte, bringen
Sie mir ...
Tráigame
por favor ...

... die Speisekarte
... el menú/la carta

... ein Erfrischungs-
getränk
... un refresco

... ein Mineralwasser
mit/ohne
Kohlensäure
... un agua mineral
con/sin gas

... ein Glas/
eine Flasche
Rotwein/
Weißwein
... un vaso/
una botella de
vino tinto/
blanco

... ein Bier
... una cerveza

... einen Salat
... una ensalada

... ein Fleisch-/
Fischgericht
... un plato de carne/
pescado

... eine Portion Huhn
... una porción de
pollo

... einen Nachtisch
... un postre

... einen (Milch-)
Kaffee
... un café
(con leche)

... die Rechnung
... la cuenta/
dolorosa

Glossar

Adobe: ungebrannte Lehmziegel
ají: Chilepfeffer
altiplano: Hochebene im Norden Chiles, an der Grenze zu Bolivien und Argentinien
asado: Braten; bezeichnet auch eine Einladung zum Essen
avenida: Allee
ayllo: dörfliche indianische Gemeinde (der Atacameños)
barranco: Abhang
barrio: Stadtviertel
cabaña: Hütte, Bungalow
camino: Weg, Pfad
Campo de Hielo Norte/Sur: riesige Eisfelder in Patagonien
carretera: (Land-)Straße
cerro: Berg
chicha: Apfelwein
colectivo: Sammeltaxi
Conaf (Corporación Nacional Forestal): Nationale Forstbehörde; ist in Chile für die Verwaltung der Nationalparks zuständig
conjunto histórico: historisches Häuser-Ensemble
conventillo: den Klosterkreuzgängen nachempfundene Bauweise (auch die ersten Mietskasernen Santiagos)
corregidor: Landvogt
cuadra: Straßenblock
Cuzqueñer Schule: künstlerische Richtung des 17. Jh. mit Ursprung in der peruanischen Stadt Cuzco
empanada: im Ofen gebackene, gefüllte Teigtasche

encomienda: Herrschaftsverhältnis zwischen spanischem Eroberer und ihm ›anempfohlenem‹ Indianer
feria: Messe
frontera: Ländergrenze
galería: Einkaufspassage
hospedaje: preiswerte, einfache Pension
huaso: chilenischer Cowboy
junta: Versammlung, auch Regierung
Kordillere: Gebirgszug, -kette
ladrillo: Backstein
laguna: abflußloser See, Lagune
manzana: Häuserblock
mirador: Aussichtspunkt
Mudéjar-Stil: spanischer Baukunststil des 16. Jh. mit arabischen Einflüssen
municipalidad: Stadt- bzw. Landesverwaltung
palafito: Pfahl- bzw. Stelzenbau
parillada: Grillfest
parlamento: Aussprache (in der Politik)
playa: Strand
plaza: Platz
pukara: indianische Festung
quebrada: Flußbett, Schlucht
Quiteñer Schule: künstlerische Richtung des 17. Jh. mit Ursprung in der ecuadorianischen Stadt Quito
residencial: Unterkunft
salar: Salzsee mit fester Oberfläche; entsteht in Trockengebieten durch Verdunstung
selva: Dschungel, Wald
solana: überdachter Balkon
solar: Passagenhof
teleférico: Seilbahn

Abbildungs- und Quellennachweis

Alle Fotos: Hubert Stadler,
Fürstenfeldbruck, außer:
Deutsche Presse-Agentur (DPA), Frankfurt/Main   S. 41, 46, 55, 56
Klaus Görgen/VERSION, Köln   S. 282
Ullstein Bilderdienst, Berlin   S. 29, 33

Karten und Pläne:
© DuMont Reiseverlag, Köln

Zitate von Pablo Neruda auf S. 54 u. 56
(›Die erste Reise‹, ›La condition humaine‹) aus: Pablo Neruda, Memorial von der Isla Negra; Luchterhand Literaturverlag, München 1985.
Zitat von Raúl Zurita auf S. 55/56 (›Wie Spreu sind sie zerstoben‹) aus: Raúl Zurita, Vorhimmel; DA Verlag das Andere, Nürnberg 1993.

Register

DUMONT RICHTIG REISEN

»Den äußerst attraktiven Mittelweg zwischen kunsthistorisch orientiertem Sightseeing und touristischem Freilauf geht die inzwischen sehr umfangreich gewordene, blendend bebilderte Reihe **Richtig Reisen**. Die Bücher haben fast schon Bildbandqualität, sind nicht nur zum Nachschlagen, sondern auch zum Durchlesen konzipiert. Meist vorbildlich der Versuch, auch jenseits der ›Drei-Sterne-Attraktionen‹ auf versteckte Sehenswürdigkeiten hinzuweisen, die zum eigenständigen Entdecken abseits der ausgetrampelten Touristenpfade anregen.«

Abendzeitung, München

»Die **Richtig Reisen**-Bände gehören zur Grundausstattung für alle Entdeckungsreisenden.«

Ruhr-Nachrichten

Weitere Informationen über die Reihe
DUMONT Richtig Reisen erhalten
Sie bei Ihrem Buchhändler oder beim

DUMONT Reiseverlag
Postfach 10 10 45
50450 Köln
www.dumontreise.de

Titelbild: Blick vom Ufer des Villarrica-Sees auf dem Vulkan Villarrica
S. 9: Magellanpinguin
Umschlaginnenklappe: Blick über Punta Arenas

Über die Autorin: Susanne Asal, geboren 1952, studierte Geschichte, Ethnologie und Anglistik und lebte mehrere Jahre in Argentinien und Mexiko. Sie arbeitet als freie Autorin und Lektorin für Tageszeitungen und Verlage. Schwerpunkte bilden dabei das südliche Südamerika, Venezuela und Mexiko. Zu diesen Themen hat sie zahlreiche Reiseführer und Bildbände veröffentlicht. Im DuMont Reiseverlag erschien von ihr außerdem der Band ›Richtig Reisen: Venezuela‹ und DuMont Extra ›Isla de Margarita‹.

© DuMont Reiseverlag
3., aktualisierte Auflage 2003
Alle Rechte vorbehalten
Satz und Druck: Rasch, Bramsche
Buchbinderische Verarbeitung: Bramscher Buchbinder Betriebe

Printed in Germany   ISBN 3-7701-4812-6